보르도 와인

VINS DE BORDEAUX

한 관 규
HAN Kwan-Kyu

지구문화

한관규 HAN Kwan-Kyu

와인마케팅경영연구원Wine Marketing & Management Institute 원장
그랑벵코리아Grandvin KOREA CEO

저자 약력

중앙대학교 불어불문학과 졸업, 동 대학원 불어학 석사과정
서강대학교 경영대학원 경영학석사MBA
조지 워싱턴대George Washington University, USA 정치경제외교 최고위과정 수료
프랑스 보르도와인학교Ecole du Vin du CIVB 전문가 과정Intensif Course Niveau I.II 졸업

알리앙스 프랑세즈Alliance Francaise 대전, 광주 지역 매니저
프랑스전시협회Promosalons 한국지사 매니저
주한 프랑스대사관 경제상무관실, 상무관(와인담당)

보르도 쌩떼밀리옹 쥐라드Jurade 와인 기사작위
대한민국 우리술 품평회 심사위원(농림식품부 주최)
대전 국제와인트로피 심사위원

공저 : '웰빙와인상식50', 도서출판 그랑벵코리아
'와인학 원론', 지구문화사

와인마케팅경영연구원 '보르도 및 부르고뉴 그랑 크뤼 와인 과정' 강의
롯데백화점 문화센터 '글로벌 와인강좌' 출강

주요 대학 및 기업체 와인 특강

삼성생명 CEO아카데미, 전경련 국제경영원, 건국대 최고위과정 등
고려대 국제대학원, 뉴욕주립대, 외국어대 통역대학원 등
코트라, 행정자치부, KBS, 신용보증기금 등
현대캐피탈, 국민은행 PB센터, 삼성화재 PB센터, 산업은행 등
SK하이닉스, 삼성물산, 현대건설, 대우건설 등

보르도 와인

VINS DE BORDEAUX

한 관 규
HAN Kwan-Kyu

지구문화
JIGU CULTURE

머리말

한국의 와인시장은 1987년 수입자유화를 기점으로 와인이 수입되기 시작하여 2017년은 30년이 되는 해입니다. 1991년부터 지속적으로 급성장하기 시작하여 소비국가로 전환되는 시점에 있었으나 1997년 경제위기로 와인시장은 위축되었고 수입 또한 급격히 줄다가 1999년부터 차츰 경제회복과 함께 와인시장은 동반 성장하기 시작하였고, 2008년 미국 서브프라임 금융위기로 다시 위축되었지만 지금은 안정적으로 회복되고 증가되어가고 있습니다.

이 증가현상은 지속되리라 보여지는데, 이것은 와인 수입이 소비와 함께 이루어지고 있으며, 몇 가지 긍정적 요인으로 인해 와인시장과 소비가 증가할 것으로 전망되고 있기 때문입니다. 우선, 경제 소득의 증가에 의한 외식산업의 발전과 더불어 전세계의 다양한 요리, 주류를 접할 수 있는 음식 문화의 변화가 일어나고 있는 점입니다. 주류 소비는 건강과 장수 트렌드와 맞물려 포도가 주재료인 와인으로 바뀌고 있으며, 특히 젊은 층과 여성의 소비 증가는 한국 와인시장을 밝게 하고 있습니다.

이러한 시장변화에 따라 와인 관련 보도가 언론으로 이어지고 있고, 와인 전문교육 기관이 설립되어 소믈리에 과정과 같은 전문가로부터 애호가에 이르기까지 개방되어 쉽게 와인 지식과 정보를 접할 수 있게 되었습니다. 또한 와인 카페, 블로거, SNS 를 통해 정보와 행사 소식을 전달할 뿐 아니라 와인 동호회 결성, 정보의 교환, 와인 산지 방문 등 여러 분야에서 활발하게 전개하여 와인 소비에 견인차 역할을 하고 있습니다.

게다가 프랑스를 비롯한 와인 생산국들은 성장잠재력이 있는 한국 와인 시장에서의 점유율을 높히기 위해 와인전시회나 시음회, 세미나 등 국가별, 생산지역별, 회사별로 와인 마케팅에 전력을 다하고 있습니다.

이러한 활동과 기존의 매체들은 와인 초보자들이 알아야 할 상식과 안내자로서 큰 역할을 한 것이 사실입니다. 이제 시장의 변화와 와인 애호가들의 증가로 전문서가 필요한 시점이며 체계적인 지식과 정보 제공이 요구되고 있습니다. 즉 와인을 생산하는 국가별, 지역별, 와인 유형 등으로 세분화가 필요하며, 더 나아가 포도품종, 재배, 양조, 그리고 마케팅, 유통까지 각각의 전문화된 연구 도서가 더욱 필요한 시점인 것입니다.

와인은 본질적으로 우리의 주류는 아니며 한국은 주요 와인 생산국도 아닙니다. 그래서 와인과 와인 산업에 대한 정보나 연구 서적이 부족한 것은 당연할 지 모른다. 따라서 한국에서 와인 전문서를 서술하기에는 많은 제약 조건이 따르는 것이 사실입니다. 특히 프랑스 와인 책을 쓰기 위해서는 불어로 된 와인 관련 원서를 이해하여야 하고, 와인에 대한 지식과 직업적 경험이 풍부해야 할 것입니다. 또한 이 두 가지를 갖추고 있더라도 정확한 와인 정보와 자료는 필수이며 와인 생산자나 협회, 정부기관의 지원 없이는 접근하기 어려운 실정입니다.

20년 간 주한 프랑스대사관 경제상무관실에서 와인 및 식품분야를 담당하고 있는 필자는 전시회, 세미나 개최, 한국 와인시장 분석 업무를 하면서 프랑스 와인 정보와 지식이 절실했습니다. 그러나 한국에 있는 와인 도서들, 특히 프랑스 와인의 지역별 소개와 규정이 빈약하여 큰 도움이 되지 못했습니다. 그래서 직접 프랑스 와인 회사와 협회에 자료를 요청하여 부족한 부분을 이해하고 정리하게 되었습니다.

한국 와인시장에서 프랑스는 와인 종주국으로 인식되었고 역설적으로 와인이 건강에 도움이 된다는 '프렌치 파라독스French Paradox' 이후 보르도 와인과 메독, 쌩떼밀리용의 레드 와인이 잘 알려지게 되었습니다. 또한 와인 애호가들 사이에서는 뽀이약과 마르고, 뽀므롤, 뻬싹 레오녕, 쏘떼른 같은 마을단위 와인을 선호하기에 이르렀고, 일반 와인부터 그랑 크뤼까지, 드라이 와인에서 디저트 와인인 스위트 화이트 와인까지 갖추어 와인을 즐기게 되었습니다.

와인하면 프랑스, 그리고 보르도를 연상하는 것은 비단 한국만의 현상은 아닙니다. 분명히 보르도 지방과 와인은 우리가 알고 있는 것 이상의 역사와 이를 지켜나가려는 노력들이 있기에 전세계인들이 보르도하면 와인을 연상하고 동일시 하는 것입니다. 필자의 이 책 출간 목적이자 핵심이 바로 여기에 있으며 그 과정을 찾아가게 된 것입니다.

그 간의 와인 지식과 업무 경험으로 보르도 지방과 와인에 대한 책을 쓰기로 결정하고 자료를 수집, 정리하여 집필하기 시작하였습니다만 보르도 지방이 너무 방대하고 각 지역별 와인에 심취하게 되어 예상보다 심도있게 다루게 되었으며, 또한 포도재배, 양조와 규정 등의 전문 분야에서는 전문가들의 도움 없이는 이해하기 어려운 부분도 있었습니다.

그리하여 보르도 포도원들을 여러 번 방문하였고 보르도 와인학교에 들어가 집중적으로 와인에 대한 교육을 받았으며 이 기간 동안 보르도 와인생산자 연합회 CIVB 도서관에서 많은 연구와 집중 탐구를 하게 되었습니다. 그곳에서 보았던 다수의 보르도 와인 도서와 CIVB의 자료가 이 책의 기본이 되었고, 보르도 유명 네고시앙과 100개가 넘는 그랑 크뤼 샤또로부터 자료를 요청하여 지원을 받게 되었습니다.

이렇듯 오랜 준비와 작업 끝에 보르도 지방과 와인을 소개하는 책자인 "보르도 와인"이 탄생하게 되었습니다. 앞으로도 보르도 "1855 메독 그랑 크뤼"라는 주제로 61개 그랑 크뤼, 샤또에 대한 역사와 와인에 대해 집필하여 보르도 와인을 집대성할 계획입니다.

이 책을 쓰기까지 많은 분들의 도움이 컸습니다. 주한 프랑스대사관 경제상무관실, 한국소펙사, 보르도와인 생산자연엽회CIVB는 물론, 샤또에서 도움과 사진도 지원해 주셨습니다. 특히 추천사를 써주신 전 보르도와인생산자연합회(CIVB), 장 루이 뜨로꺄르 회장님께 경의를 표하는 바입니다.

이 책이 나오기까지 여러 도움과 출판을 결정해 주신 분들을 위해 이 책 뒤에 '감사의 글'을 통해 인사를 드리고자 합니다.

와인은 살아 숨쉬는 식품으로 그 수명은 영원하지 않습니다. 그래서 와인은 탄생하면서 변화되어 가고 소비자의 요구에 의해 새롭게 생산되는 것입니다. 포도재배와 양조방법, 모든 규정은 이러한 요구에 맞추어 변화되어 가고, 와인은 끊임없이 품질이 개선되어 점점 와인 애호가들을 즐겁게 해 줄 것입니다.

이 책도 와인이 살아있는 식품처럼 변화되는 상황에 따라 지속적으로 수정 · 개편될 것입니다. 지금 이 책은 처음 나온 햇 와인처럼 아직은 덜 숙성되었는지 모릅니다. 그러나 와인 애호가와 전문가 여러분의 조언과 지적으로 숙성되면 한국의 보르도 와인 전문서로 역할을 담당할 것으로 확신합니다.

2017년 4월

저자 한 관 규

Château Lafite Rothschild

Premier Grand Cru Classé en 1855

Pauillac

추천의 글

Le monde du vin de Bordeaux est un univers magique, construit siécle après siècle, génération après génération et qui vit intensément le temps présent. La ville et son vignoble portent la trace d'une histoire mouvementée et riche, constamment marquée par de nombreuses influences étrangères.

Par delà les différences qui distinguent les peuples de la planète, les consommateurs de vin de Bordeaux se ressemblent. Ils cherchent et trouvent dans chacune de nos bouteilles, l'histoire d'un terroir, d'une famille et le plaisir des sens.

Ce beau livre vous ouvre désormais la porte de notre vignoble : soyez les bien-venus!

Jean-Louis TROCARD
Président du CIVB

보르도 와인의 세계는 신비로운 우주입니다. 이 우주는 세기에 세기를 거듭하고, 세대와 세대를 걸쳐 현재로 열정적으로 이어져 가고 있습니다. 보르도 지방과 포도원은 격정적이고 유구한 역사가 스며져 있으며, 지금까지도 외부와 지속적으로 교류하고 있습니다.

이 지구에는 다양한 민족들이 살고 있지만 보르도 와인을 사랑하는 사람들은 모두 닮아 있습니다. 이들은 각각의 보르도 와인 병에서 떼루아, 가족, 감각이라는 즐거움의 역사를 찾으려 하고, 그것을 발견하기 때문입니다.

이 전문서는 바로 이러한 보르도 포도원의 문을 여러분께 열어 주는 책입니다. 여러분 모두 환영합니다 !

장 루이 뜨로꺄르
(전)보르도 와인생산자연합회 회장

Château Latour

Premier Grand Cru Classé en 1855
Pauillac

차례

Château Margaux

Premier Grand Cru Classé en 1855
Margaux

Chapter Ⅳ 보르도 AOC 와인 생산 지역

Château Mouton Rothschild

Premier Grand Cru Classé en 1855
Pauillac

Chapter V 보르도 와인 즐기기

Chapter VI 보르도 와인 영광을 위해

부록

책의 구성과 일러두기

이 책은 보르도 와인에 대해 심층적으로 다루고자 한다. 그러나 와인을 처음 접하거나 알고자 하는 와인 초심자들에게는 와인을 보다 친근하게, 와인을 즐기는 애호가들과 와인 분야 종사자, 그리고 와인을 공부하는 학생들에게는 보르도 지방과 와인 지식을 정리하는 생각으로 읽었으면 한다.

한국에 유통되는 와인들, 특히 고가품 중 보르도 와인이 단연 큰 비중을 차지하며, 소비자들 또한 보르도 와인 선호도가 높다. 이러한 이유로 보르도 지방의 와인과 관련된 역사, 문화, 규정, 그리고 각 지역의 와인 특성을 알고자 하는 욕구가 높아진 것이 사실이다.

이 책은 이러한 점을 염두에 두고 7개장으로 구성하였다. **제1, 2장**에서는 **보르도 지방의 전반적인 와인 역사와 생산 개요**를 시작으로 포도에서 **보르도 와인이 만들어지는 과정**을 서술하였다. **3장**에서는 **와인규정과 그랑 크뤼**를 상세히 소개하였고, **4장**은 **보르도 AOC 생산지역**을 심도있게 다루었다. 그리고 **5장**은 와인 즐기기 부분으로 애호가 관점에서 접근하였으며, **보르도 와인과 관련된 기관**들을 **6장**에 안내하였다. **부록**에서는 **프랑스 와인 용어**와 **참고자료**를 첨부하였다.

또한 각 장마다 6~7개의 소제목으로 나누었으므로 독자들이 쉽게 원하는 부분을 찾아 읽을 수 있다. 또한 와인의 학문적 접근 수준의 정도를 독자에 맞게 고려하면서 나름대로 몇 가지 원칙과 특징을 가지고 집필하였으므로 아래의 소개를 숙지한 후 읽어나가면 이해하기가 쉽고 정리가 잘 될 것이다.

이 책의 특징으로는 각 장에 따라 보르도 지방에 한정하거나, 프랑스 와인을 전반적으로 소개 또는 일반적인 와인 상식을 구분하여 독자들에게 보르도 와인뿐 아니라 프랑스 와인 지식의 이해를 돕고자 하였다.

첫째, 지리, 역사, 원산지와 포도 품종, 양조, 그리고 생산에 관계된 내용과 와인 관련 단체는 보르도 지방으로 한정하고 있다.

둘째, 포도 구성, 포도나무 재배와 와인 관련 규정 및 와인 용어에 관해서는 전반적으로 프랑스 와인을 중심으로 하였다.

셋째, 와인 시음과 서비스, 보관, 건강과 관련해서는 일반적인 와인 상식을 보다 체계화하여 서술하였다.

이 책에 나오는 불어 와인 용어 및 지명은 주한 프랑스대사관 담당자들과 한국 소펙사, 그리고 각 부분에 감수해주신 여러 전문가들이 의견을 모은 것으로서 몇 가지 원칙을 가지고 채용하였다.

- 모든 불어 용어와 지명은 불어 발음 그대로 한국말로 옮기고자 했다.
- 예) 샤또Château, 디쌍d'Isan, 까베르네 소비뇽Cabernet Sauvignon의 ca는 "까"의 된소리로 표기하였다. Grand그랑, Blanc블랑 같이 불어 철자 "an"은 "엉"발음에 가깝지만 "앙"으로 사용하였다. 이처럼 한국에서 잘 알려진 포도 품종이나 불어 용어 발음일 경우 그대로 채용하기로 하였다.
- 불어 관사와 Saint와 같이 쓰인 단어가 –로 연결된 경우, 한국어 사용에서는 습관화 되지 않아 삭제하였고 연음된 발음은 그대로 표기하였다. 예) 쌩떼스테프Saint-Estèphe, 쌩떼밀리용Saint-Émilion
- 영어가 와인 용어로서 상용화되어 한국말로 표현하기 이상할 때 영어 용어를 그대로 사용하였다. 예) 포도주는 와인, 생산연도는 빈티지, 무감미 포도주는 드라이 와인, 감미 포도주는 스위트 와인으로 표기하였다. 그러나 레드와인과 화이트와인은 하나의 고유 명사처럼 사용하기로 하였다.
- 불어로 된 와인용어는 이해를 쉽게 하기 위하여 와인 용어편을 부록으로 넣어 불어 발음과 설명을 하였다.

또한 필자는 이 책에서 두 부분을 심도있게 다루었다. 하나는 4장으로 보르도 지방을 크게 여섯 그룹화하고 60개의 원산지통제명칭 AOC로 세분화하여 각 지역별로 다루었다.

정도의 차이는 있으나 각각의 AOC 생산지 소개하는 순서로는 다음과 같다.

- **지리적 또는 역사적 상황** : 먼저 생산 지역 위치나 역사를 소개하였다.
- **떼루아–산지** : 그 지역의 토양과 관련된 떼루아와 기후를 서술했다.
- **크뤼–포도원** : 포도원의 크기, 크뤼의 수와 그랑 크뤼를 생산하는 샤또들을 요약하였다.

- **와인 특성** : 그 지역에서 생산하는 레드와인과 화이트와인의 색깔, 향과 맛에 대한 와인의 특징을 요약하였다.
- **숫자로 보는 데이타** : 포도품종과 생산 면적을 도표화하였다.

또 하나의 특징은 5장 와인 시음 부분을 강조한 점이다. 저자가 졸업한 프랑스 보르도 와인학교의 교육 내용을 중심으로 여러 시음 전문서와 자료를 참고하여 서술하였으므로 이 책은 시음에 있어, 시각, 후각, 미각, 테이스팅 방법과 표현을 애호가들이 잘 이해할 수 있도록 상세하게 다루어졌다. 또 가능한한 시음용어에 있어 한국어를 사용하는 것을 원칙으로 하였고 이미 영어가 쉽게 익숙한 표현은 옆에 영어 표기를 넣었다.

필자는 양조학자도 소믈리에도 아니다. 따라서 와인 생산에서 유통까지의 모든 부분에 걸쳐 전문가로서 글을 쓴다는 것은 불가능한 일이었다. 그래서 각각의 장, 또는 부분마다 필자 나름대로 국내 와인 전문가들의 감수를 받아 검증하게 되었다.

이렇게 탄생된 이 책은 아직도 부족한 부분이 많이 있을 것이다. 의문 사항, 지적할 부분이 있으면 필자에게 연락해 주시기를 바란다. 아울러 진심으로 바라는 것은 이 책을 인용할 때는 원전을 밝히고 필자의 동의를 구했으면 한다. 왜냐하면 필자가 참고한 원서와 자료들을 함께 사용하여 인용한다면 더 가치있는 연구가 될 수 있기 때문이다.

끝으로 이 책이 와인업계 종사자, 애호가, 그리고 와인을 배우려는 학생들, 특히 와인마케팅경영연구원에서 진행하고 있는 "**보르도 그랑 크뤼 와인 과정**"의 수강생들에게 보르도 와인에 대한 지식과 정보의 지침서가 되었으면 한다. 그리고 국내 최초의 보르도 와인 전문서로서 와인산업 발전과 와인학 연구에 초석이 되었으면 하는 바람이다.

보르도와 와인

세계 어느 곳에서 보든 보르도는 와인과 동의어이다. 이것은 보르도가 전세계 와인 생산량의 1.5%를 차지하며, 유럽 국가 각 지방 산지 중에서 최대 규모를 갖고 있다는 이유이다. 또한 보르도 지역에는 6,800여 개의 샤또와 36개 와인생산조합, 300개 이상의 와인 도매상인 네고씨앙들이 있을 뿐 아니라 다양한 종류와 품질의 와인이 생산되고 유통된다는 큰 특징이 있기 때문이다.

보르도 지방에 포도나무를 심기 시작한 이 후, 거의 천 년에 가깝도록 전세계에서 섬세한 와인을 생산하는 가장 큰 지방으로 보르도가 지목되어 온 것은 결코 우연이 아니다. 이러한 이미지는 매년 와인을 생산하는 다양한 떼루아의 결과로서 보르도 지방은 와인을 생산하기에 천혜의 조건을 갖추고 있다.

와인의 풍부한 맛과 색깔을 보장해주는 지롱드강의 모래층 하구가 있는 대서양, 습기가 자연적으로 형성될 수 있는 배경의 강들, 대서양 외풍을 막아주는 랑드 숲, 온화한 기후를 형성하는 45도 위선의 위치 등이다. 게다가 와인 색깔과 맛의 핵심적인 요소인 포도품종 선별과 이에 적합한 떼루아의 결합과 같은 모든 조화로운 요소들이 있기 때문이다.

뿐만 아니라 보르도가 항구라는 조건을 최대한 활용하고 있다는 점이다. 이미 오래 전부터 상업, 특히 무역의 중요성을 인식하고 있던 보르도에서는 프랑스 시장을 넘어 무한한 가능성이 있는 국제시장으로 진출하였다. 와인 생산과 판매의 분리할 수 없는 이 커플은 보르도 지방이 이룩한 지난 세기의 성공을 설명하는 비밀의 열쇠이다.

그리고 보르도의 성공을 가져온 빼놓을 수 없는 또 하나의 이유로, 다양한 떼루아에 놀라울 만큼 잘 적응한 보르도 지방 사람들의 이용 능력을 들 수 있다. 보르도 와인의 풍요로움과 60개의 원산지 명칭은 포도 재배자들이 수 세기 전부터 갖고 있던 포도재배 경험과 여러 포도품종을 다룰 줄 아는 노하우와 떼루아의 조화로 품종의 장점을 키울 수 있는 지혜에 의해서 만들어진 것이다. 이처럼 보르도 와인 생산자들은 이 지방의 자연에서 최고의 산물이 탄생하도록 끊임없이 품질개선에 대해 연구를 해왔으며, 그리하여 오늘날 전세계에서 명품 와인의 예술을 창조하는 사람들로 꼽히고 있다.

이 예술은 보르도 지방에서 한결같이 사용하는 블렌딩의 과학적 기술이며 제각기 맛이 다른 품종을 각 샤또들의 경험과 노하우를 가지고 정해진 범위 비율을 맞춰서 미묘하게 섞는 기술이다. 블렌딩은 와인마다 각각 다른 방법으로 배합, 개성이 드러날 수 있도록 하는 독특한 작업이며 이를 통하여 하나의 예술작품이 탄생하게 된다. 이렇게 생산된 와인들은 과일, 풀, 토양, 나무향 등의 예상할 수 없는 향으로부터 사냥짐승이나 향신료, 꿀, 열대과일과 같은 놀라운 향과 맛이 나타나게 된다.

결론적으로 와인 애호가들은 어떤 종류의 와인이건 보르도 와인에서 언제나 만족을 찾을 수 있을 것이다. 매일 즐기는 일상적인 와인부터 최고의 감탄을 자아내는 그랑 크뤼까지, 드라이 와인에서 스위트 와인 혹은 연한 레드와인에서 아주 짙은 레드와인까지 보르도 와인은 믿기 어려울 정도로 다양한 종류와 품질로 즐거운 만족을 제공하고 있다.

이처럼 보르도를 말할 때 와인과 분리하여 설명하기 어려우며, 전세계인들에게 보르도하면 와인을 연상하게 하는 것은 보르도인들의 역사와 생활이 와인을 위한 것이었고 이를 발전, 유지하려는 노력이 보르도와 와인을 동의어로 인식되게 한 결과인 것이다. 그럼 이제 본격적으로 이러한 보르도와 보르도 와인의 세계로 들어가 보도록 하자.

Château Haut-Brion

Premier Grand Cru Classé en 1855
Pessac

Chapter

I

보르도 개요

1. 지리적 여건
2. 보르도 와인 역사
3. 떼루아Terroir－토양
4. 기후
5. 포도 재배 면적과 AOC 와인 생산량
6. 보르도의 와인 경제

1. 지리적 여건

보르도 포도재배지역은 파리로부터 약 450km 떨어진 프랑스 남서부에 위치하며 북극과 적도의 한가운데 놓여 있는 지롱드Gironde 도 전역에 걸쳐 펼쳐져 있다. 이 지롱드 도는 아끼텐느Aquitaine 지방에 속해있고 국제 자오선을 기준으로 서쪽 경도 1도 17분과 동쪽 0도 19분에 놓여있고 위도상으로는 북위 44도 11분과 45도 35분 사이에 위치한다. 이 도를 중심으로 북쪽에는 샤랑뜨 마리띰Charente-Maritime, 동쪽으로는 도르돈뉴Dordogne와 로떼가론Lot-et-Garonne, 남쪽에는 랑드Landes 도가 있으며 서쪽으로는 대서양과 접하고 있다.

지롱드도의 면적은 아르까숑 유역Bassin d'Arcachon과 두 개의 호수를 제외하고 1,008, 588 ha로 프랑스에서 가장 광활한 행정구역이다. 남북으로 105Km, 동서로 130Km에 이른다. 보르도 포도재배면적은 약 111,150 ha로 남아프리카, 독일의 각 국가별 전체 포도재배지역 면적과 동일하며, 프랑스 부르고뉴와 보졸레 지역의 약 4배가 되는 가장 많은 양의 우수한 품질의 와인을 생산하는 세계 최대의 와인 생산면적을 가지고 있다.

지리적 외형에 있어서 지롱드 지방은 매우 다른 두 형태를 갖고 있다. 동쪽으로는 굴곡이 많고 깊은 계곡이 있는 그리 높지 않은 평원으로 형성되어 있고, 서쪽으로는 서서히 아래로 기울어 거의 평지처럼 보이는 구릉지로 되어 있다.

보르도 지방은 대서양으로 이어지는 지롱드강과 이 지롱드강의 원천이 되는 가론Garonne강과 도르돈뉴Dordogne강 그리고 여러 지류들이 포도재배 지역을 지나가고 있어 풍부한 수자원 혜택을 받고 있다. 가론강은 말라데따Maladeta 기슭에서 시작되어 보르도를 향해 흘러간다. 이 강이 도르돈뉴강과 합류하는 보르도 벡당브Bec d'Ambes에서 25km 떨어진 곳에서 지롱드도 지역이 되며 길이 80km, 너비 12km가 되는 하구를 형성한다. 또한 이 강은 지롱드강 쪽으로 흐르며 여러 물줄기, 즉 씨롱Ciron강, 잘르 드 블랑끄포르Jalle de Balnquefort 지류와 메독 지역의 작은 수로들과 만나게 된다.

도르돈뉴강은 도르Dore와 돈뉴Dogne라는 작은 도랑이 있는 오베르뉴Auvergne산이 발원지다. 이 둘은 몽도르Mont-Dore에서 만나 도르돈뉴라는 이름을 얻게 되었으며 깡딸Cantal, 꼬레즈Correze와 도르돈뉴도를 지나 지롱드도 지역에 도달한다.

이곳에서 강폭은 약 200m가 되며, 리부른Libourne을 지나는 곳에서는 약 280m, 가론강과 만나는 곳에서는 거의 1,000m가 된다. 또한 지롱드 지방을 지나면서 여러 지류와 교차하게 되는데 그 중 남쪽에 있는 규모가 큰 일르Isle강은 여러 작은 샛강을 만난 후 도르돈뉴강으로 흘러 들어간다.

가론강과 도르돈뉴강이 만나는 지롱드강 하구는 크게 세 개의 지역으로 구분된다.

① 가론강의 좌안과 지롱드강 안쪽에 펼쳐진 지역으로, 동쪽 강가에 포도가 재배 되며 자갈, 조약돌 또는 모래진흙으로 구성된 석회질 하층토로 되어 있어 최상의 포도 재배 토양으로 구성되어 있으며 메독과 그라브, 쏘떼른 지역이 여기에 포함된다.
② 지롱드강과 도르돈뉴강 우안 지역으로, 이회암과 진흙이 섞인 석회암이 주를 이루는 언덕이 있는 프롱삭Fronsac, 블라이Blaye와 부르Bourg지역과 남쪽 지역에 모래와 약간의 자갈로 언덕이나 평원을 이루고 있는 쌩떼밀리용 지역으로 구분된다.
③ 도르돈뉴강과 가론강 사이에 석회 고원인 앙트르 드 메르Entre-deux-Mers지역이 있고 가론강 남쪽 강변을 따라 꼬뜨Côtes 지역이 연결되어 있다.

2. 보르도 와인 역사

보르도가 세계적인 포도원이 될 수 있었던 것은 이 지역이 자연의 혜택을 많이 받고 있을 뿐만 아니라 역사적 사건과도 연관되어 있다. 보르도 지역의 포도원 출현은 1세기로 거슬러 올라간다. 호전적인 켈트 토착민들인 비뛰리쥬Bituriges가 까베르네 포도품종의 조상인 추위에 가장 잘 이겨내는 비뛰리카Biturica를 가져와 그들의 소유지 포도원에 이 품종을 심으면서 시작된 것으로 여겨진다.

그 후 보르도 와인이 널리 알려지고 번영하기 시작한 시점은, 1152년 보르도 지방 옛 이름인 아끼뗀느Aquitaine공국의 공작 딸인 알리에노르Aliénor가 장차 영국의 왕이 될 앙리 플랑타즈네Henri Plantagenêt와 결혼하면서이다. 이 결합은 막강한 앵글로 가스꽁Anglo-Gascon공국의 탄생을 알리며 중대한 세력이 되었다. 그때부터 중요한 교역이 시작되는데, 영국은 보르도 지역의 와인을 선명한 색상을 갖고 있다고 하여 '클라레Claret'라 부르며 영국으로 수입하기 시작했다. 그 당시에는 오늘날 영국인들이 좋아하는 음료수인 차Tea와 커피, 코코아가 유럽에 아직 알려지지 않았기 때문에 와인의 인기는 매우 높았다.

와인 수출을 위해서는 선박이 필요하였는데 지롱드강 어귀의 보르도 항구는 이런 배들이 접근하기에 매우 유리한 곳이었다. 이 항구로부터 해상으로 와인이 운반되었고 이로 인하여 보르도 포도원들은 영국의 주문에 의한 체계적인 생산이 이루어짐과 동시에 보르도 지역 항구의 비약적인 발전을 가져오게 하였다. 이 시기에는 225리터 통 4개의 분량이 들어가는 900리터 용량의 또노Tonneau에 담아 와인을 수출하였는데 또노는 이후 선박들의 국제적 상품량을 측정하는 배수 톤 단위가 되었다.

영국과의 교류만큼은 알려지지 않았지만 17세기에 들어와 네덜란드가 새로운 고객으로 출현하면서 교역의 새로운 시대가 시작되었다. 이들은 프랑스 남서부 지방 와인의 중요한 구매자 였을 뿐 아니라 상업적 · 기술적 혁신으로 구매를 촉진시켰다. 네덜란드인들은 다른 형태의 무역으로 많은 와인을 구매하여 오드비Eaux de Vie라고 부르는 브랜디를 만드는데 사용하였다. 보르도에서는 그때부터 전통적인 끌라레Clairet뿐 아니라 증류주에 쓰이는 드라이 화이트와인과 스위트 와인을 수출하기 시작하였다.

18세기에는 아메리카 섬들, 쌩도미니끄와 서인도제도 작은 섬들이 보르도 와인 수출에 크게 기여하였다. 이 프랑스 식민지 지역을 무역중개지로 하여 보르도 와인은 미국 시민혁명 시기 때까지 미국시장에서 번성하였다. 한편 그 당시 영국은 보르도 와인을 예전처럼 많이 수입하지 않았지만, 런던의 상류층들이 찾는 고품질의 와인이 유행하기 시작하였고 이 시기에 처음으로 마개로 와인병을 밀봉하여 유통하게 된다.

위기와 번영은 함께 오는 것일까? 19세기 중반에 위협적인 오이듐Oidium균의 질병이 포도원을 덮쳤으나 1857년 황 성분을 살포함으로써 이 병균의 확산을 막을 수 있는 새로운 길을 발견하게 된다. 지롱드 포도원들은 오이듐균의 위기를 벗어난 동시에 1855년 지롱드 지방 내 메독과 쏘테른, 그라브 지역의 샤또 오브리옹Haut-Brion이 그랑 크뤼 끌라쎄 등급이 매겨지는 영광도 갖게 된다. 또한 그 당시 유럽의 산업혁명은 네고씨앙과 와인 생산업자들이 자연스럽게 동반자적 관계를 갖게 되었고 보르도 와인 산업의 번영에 크게 기여하였다. 1865년부터 1887년까지 보르도 지역에서는 최고의 와인이 생산되었고 독일, 스칸디나비아 반도, 벨기에, 네덜란드와 영국으로의 수출은 절정을 이루었다.

위협적이었던 오이듐균 질병이 있은 지 25년 후에는 포도나무의 뿌리를 갉아먹는 진딧물인 필록세라Phylloxéra가 처음 보르도에서 발견된다. 1865년부터 1869년까지 포도나무에 징후가 나타나기 시작하다가 1882년에는 보르도 전 지역에 퍼져 모든 품종들에서 무차별하게 나타났다. 결국 보르도의 포도원들은 해충에 강한 미국 품종의 뿌리에 보르도 포도품종을 접목시키는 처방책의 발견으로 재건하게 된다.

19세기말에서 20세기 초에 필록세라의 위기로 와인의 품귀현상이 일어나자 와인 밀조가 성행하고 가격이 폭락하는 등 새로운 위기에 직면한다. 이러한 위기를 극복하기 위해 지롱드인들은 와인 원산지에 대한 정부 법령 수립에 참여하여 명칭 영역을 한정하게 된다. 1936년 프랑스 INAO국립원산지명칭연구소의 출범으로 원산지 범위가 완전히 이루어졌고, 상세한 생산조건을 기술하고 적용을 강제하는 "통제 법령" 에 의한 AOC원산지 통제 명칭가 탄생하게 되었다. 이 조건은 지리적 범위, 포도품종, 수확량, 알코올 도수, 재배 및 양조 방법이 포함되어 있으며 보르도 와인의 97%가 AOC에 속해있다.

이렇듯 20세기는 규정을 마련하는 시기로 시작하면서 새로운 그랑 크뤼 끌라쎄 등급은 그라브 지역에 이어 1955년 쌩떼밀리용에도 시작되었다. 1956년에는 영하 20도까지 내려가는 혹독한 강추위로 인하여 지롱드 포도원의 15%정도가 냉해를 입어 많은 포도재배자들은 포도나무 재배를 포기하였다. 그러나 이러한 재해는 포도재배자들에게 현대화에 박차를 가하는 기회가 되었다. 농가의 숫자는 줄어든 대신 재배 면적은 확장되었고 기계화 · 전문화되어 갔다. 또한 청포도 품종에서 적포도 품종 재배로 전환되기 시작했고 메독과 그라브 지역에 이어 리부르네와 꼬뜨 지역에서도 동일한 경향이 일어났다.

이후 양조기술은 비약적인 발전을 이룩하였고, 전세계 수요 증가 덕분에 와인 생산 역시 놀라울 만큼 성장하였다. 더불어 오크통에서의 와인 숙성과 샤또에서 와인 병입이 일반화되는 등 와인 품질 향상은 지속적으로 이루어졌다. 결과적으로 샤또 상표의 와인들은 큰 성공을 거두었고 조합 와인인 꼬뻬라티브Cooperative와 네고씨앙의 상표명 와인들도 중요한 위치를 차지하게 되었다. 와인 가격 역시 크게 상승하였으며 포도원 소유에 대한 투자에도 외국자본의 참여가 늘어났다.

와인 생산의 절정기에 도달하고 있는 오늘날 보르도 포도원들은 전세계 와인 정복에 나서고 있다. 보르도는 그 어느 시대보다 전세계 와인 비지니스의 중심지로서의 위치를 굳혀가고 있는데, 2년마다 개최되는 보르도 와인 전시회인 빈엑스포VINEXPO가 그 증거이자 모델이다.

1999년에는 쌩떼밀리용 마을이 와인 생산과 관련하여 유네스코UNESCO 문화유산으로 지정되었고 보르도에서 양조학을 전공하는 학생들이 점점 외국인으로 형성되어 전세계 와인 교육의 중심지가 되고 있다. 또한 2016년 보르도에서는 세계에서 가장 큰 와인 테마파크인 씨떼 뒤 벵Cité du vin이 오픈하였다. '와인의 발상지 또는 도시'라는 의미의 씨떼 뒤 벵은 와인 관련 문화, 예술 및 이벤트 공간이 있으며, 박물관과 와인숖이 있어 와인 전문가와 애호가이 필수적으로 방문하는 명소가 되고 있다. 이처럼 보르도의 역사는 와인을 위한 것이며 이를 유지하려는 노력의 역사이기도 하다.

3. 떼루아 Terroir-토양

보르도의 와인 생산업자들은 "우수한 와인은 밭에서 만들어지는 것이지 와인 양조장에서 생성되는 것이 아니다."라고 주장한다. 이러한 점은 양조 기술과 장비, 시설 등에 더 중요성을 부과하는 외국의 포도 재배자들과 뚜렷이 비교된다. 이 포도밭을 특징지어 주는 자연적 요소의 포괄적인 개념을 나타내는 것이 떼루아다. 포도원의 토양과 자연환경, 토질구조, 방향, 위치 등의 지정학적인 조건뿐만 아니라 미세기후대 등 기후환경을 통틀어 "떼루아"라고 부른다.

그러나 천혜의 자연조건도 사람의 손을 거치지 않는다면 잠재적인 것에 불과하다. 개성있는 와인의 맛과 향으로 표현되기 위해서는 적절한 시기에 사람의 노력과 애정이 부가되는데, 예를 들어 각 지역마다 독창적인 방법으로 전해져 오는 포도나무 가지치기 기술, 포도나무 식재 밀도 결정, 포도 묘목 선택 방법 등 사람의 판단이 필요하다. 자연적인 환경에 이러한 인간적인 조건들이 전체적인 떼루아의 개념에 포함되는 것이다.

토양

좋은 토양은 마치 살아있는 생명체와 유사하다. 토양이 살아있다는 것은 토양 내에 미생물이 살아있다는 의미인데, 이 미생물들의 활동으로 토양 내 미세한 구멍이 많이 생기는 다공질을 형성하게 된다. 이렇게 되면 흙 속의 작은 구멍을 통해서 배수가 용이하고 포도나무의 뿌리가 땅 속 깊숙이 내릴 수 있게 된다.

포도나무에 적합한 토양은 비옥한 것 보다는 오히려 척박하고 너무 깊지 않으며 배수가 잘 되는 토양이다. 토양의 깊이는 포도나무의 뿌리와 관계되는데 깊이가 깊을수록 땅의 밀도가 높고 배수 조건이 좋지 않아 항상 수분을 지니게 된다. 이러한 토양은 포도나무의 성장을 촉진하여 열매를 과잉 생산하게 되고 맛이 농축된 포도를 생산하는 데 문제가 생길 수 있다.

반면에 토양층의 깊이가 상대적으로 얇고 수분을 적게 가진 토양에서는 포도나무의 뿌리가 아래로 깊숙이 뻗어 내려가 땅속 바위층의 성분인 미네랄 영양소를 흡수하게 되어 와인에 긍정적인 영향을 주게 된다.

토양의 구조도 매우 중요한데 자갈, 모래, 진흙 또는 석회질 토양인지, 촘촘하고 밀도가 있는지의 여부가 뿌리 구조에 영향을 끼치게 된다. 그리고 토양의 성분 역시 우수한 와인 생산에 영향을 주는 포도나무에 중요한 요소이다. 토양은 최초에 큰 바위의 형태였다가 점점 변화되어 다양한 형태의 토양을 형성한다. 포도와 와인과 관련하여 토양은 다음의 요소들과 연결되어 정의된다.

토질 : 비옥한 성분 함유량 여부로 포도나무의 에너지에 관여한다. 너무 비옥한 토양은 나무를 지나치게 번성하게 하여 포도송이의 숙성을 저해하고 와인 성분에 영향을 준다. 반대로 척박하고 깊지 않은 토양은 자연적으로 포도의 수확을 제한하여 포도송이를 더 충실하게 해 와인의 성분 구성에 도움을 준다.

구조 : 토양 안의 구성 요소 배열 여부를 말한다. 즉 자갈이 있는지, 통풍이 잘되는지, 반대로 촘촘한지, 밀도가 높은 지 등으로 이것은 포도나무의 뿌리구조에 특히 중요한 역할을 한다. 자갈이 많아 틈이 많으면 포도나무 뿌리가 아래로 깊게 뻗어나가도록 해주며 반대로 진흙과 촘촘한 석회질 토양은 뿌리 내리기가 쉽지 않게 된다.

미네랄 성분 : 보르도의 토양이 석회질과 자갈, 모래의 충적물뿐만 아니라 화강암, 이회암, 진흙 등으로 매우 다양하기 때문에 이 토양으로부터 얻어지는 미네랄 성분으로 매우 우수한 품질과 다양한 와인이 생산된다.

색깔 : 토양은 색깔에 따라 태양 빛에 상이하게 반응한다. 자갈이 많은 붉은 토양일수록 밝은 색 토양보다 태양열에 더 빨리 데워진다.

지형조건 : 포도밭의 방향, 언덕의 기울기와 고도 등은 포도원의 포도 품질을 결정하는 주요 요인이다. 북반구에서는 남향이, 남반구에서는 북향이 햇볕을 받기에 가장 좋다. 아주 더운 지역에서는 오히려 그 반대쪽 사면에 포도나무를 심어 포도가 더위에 익어버리지 않도록 하고 있다. 특히 언덕의 경사면은 태양빛의 반사를 결정짓는 중요한 요소이다. 경사가 완만한 지형은 지표면 위의 자연 배수, 즉 비 온 뒤 물이 빠르게 빠져 나갈 수 있는, 조건을 적합하게 만든다. 이러한 경사면은 찬 기운을 아래 쪽으로 내려 보내면서 포도밭의 기온을 일정하게 유지해 준다.

지면의 기복 : 일반적인 규칙으로 가장 좋은 떼루아는 언덕, 구릉 등이 다소 강조된 경사 지면에 위치하여야 포도가 잘 숙성되며 충분한 일조량도 누릴 수 있다. 뿐만 아니라 서리의 피해를 덜 입을 수도 있고 빗물의 자연적인 배수에도 용이하다.

방향과 환경 : 포도원은 남향, 남동향이 좋다. 이는 포도나무에 있어 매우 중요한 일조량에 영향을 주기 때문이다. 포도원의 고도에 따라 포도나무 성장에 변화를 가져온다. 산맥이 포도원 가까이 있을 경우에는 서늘하게 되어 포도알이 서서히 익게 되고, 호수, 강 등을 끼고 있으면 온도 조절의 역할을 해 주며, 숲이 가까이 있으면 찬바람으로부터 보호해 준다.

보르도 지방 토양

보르도 지방의 토양은 크게 세가지로 구분할 수 있다. 무게감이 있고 섬세함이 덜한 와인을 만드는 두꺼운 점토와 가벼운 와인을 생산해 내는 석회질토양, 그리고 더욱 섬세하고 균형감과 바디감이 느껴지는 와인을 생산하는 자갈토양이 있다. 특히 자갈 토양은 보르도 포도밭의 주요 특성으로 배수가 잘 되며 포도나무가 영양소, 물, 미네랄 등을 잘 섭취할 수 있고 땅속으로 뿌리를 잘 내릴 수 있도록 도와준다.

메독 지역의 가장 우수한 포도밭은 지롱드강 유역 좌안의 약간 경사진 동쪽에 펼쳐져 있다. 다른 종류의 농사가 적합하지 않은 메독의 토양은 자갈과 모래토양으로 이루어져 있고 지하층은 두께를 달리하며 가론강의 퇴적물로 구성되어 있다.

보르도 남쪽에 위치한 그라브 지역은 그 지명에서도 알 수 있듯이 메독보다 좀 더 두터운 자갈층위에 암석토로 되어 있다. 이 지역의 와인을 특징짓는 흙 내음과 미네랄 향은 바로 이 토양에서 기인한다.

쌩떼밀리옹 지역의 토양은 여러 특징으로 분명하게 구분된다. 아름다운 중세도시 둘레에 예전에는 강둑이었던 언덕지대 위에 포도밭이 자리하고 있는 이곳의 토양은 석회질, 백악질, 점토질로 되어있으며, 언덕의 유명한 포도원 중에서는 샤또 오존Ausone과 샤또 까농Canon, 샤또 빠비Pavie 등이 대표적이다. 그러나 쌩떼밀리옹 지역일지라도 자갈, 모래 토양으로 이루어진 포도원에서 나오는 와인은 점토, 석회질 언덕에서 생산되는 와인과는 다르며 샤또 슈발 블랑Cheval Blanc과 샤또 피쟉Figeac은 자갈과 모래토로 형성된 포도원으로 알려져 있다.

뽀므롤 지역에선 철분이 풍부하고 비옥한 점토층 위에 자리하고 있는 뻬트뤼스Petrus와 점토는 거의 없고 모래와 자갈로 이루어진 토양 위에 자리하고 있는 샤또 라플뢰르 뻬트뤼스Chateau La Fleur-Petrus를 비교해보는 것만으로도 충분하다. 이 두 군데서 생산되는 와인은 같은 팀의 책임하에 동일한 양조방식으로 제조되는 것임에도 불구하고 맛이 제각각 다르다는 특성이 있다.

와인의 스타일이나 특성에 영향을 미치는 토양 구성의 미묘한 차이는 다음의 인접하는 세 곳의 포도원을 통해 알 수 있다. 메독 지역의 유명한 3개 포도원인 뽀이약의 샤또 라뚜르Latour, 샤또 삐숑 롱그빌 바롱Pichon-Longueville Baron과 쌩줄리엥의 샤또 레오빌 라 꺄즈Léoville Las Cases 포도밭은 서로 인접해있다.

이웃하고 있는 이 포도원들의 수확량과 각 품종의 혼합비율, 양조방법, 포도나무의 평균나이, 숙성 기간 등이 별 차이가 없다. 그럼에도 이 세 포도원에서 생산되는 와인의 향, 스타일, 질감 등이 각각 고유한 특성을 가지고 있는 이유는 이들 포도원의 떼루아가 서로 다르기 때문이라 할 수 있다.

4. 기후

프랑스의 기후는 지중해성 기후, 대양성 기후, 그리고 대륙성 기후가 만나 어우러지는 온대기후에 속한다. 프로방스와 랑그독 루시옹 지방, 발레 뒤 론의 남부지역은 지중해성 기후에 속하고 보르도와 루아르 지방은 대서양 기후대에 속하며 알자스와 샹파뉴, 부르고뉴, 쥐라, 발레 뒤 론 북부지방은 대륙성 기후가 지배적이다. 이렇게 색다른 기후들은 식물의 생육 환경을 다르게 하고 각 지방의 독특한 떼루아를 형성하게 한다. 각 지방에서 재배되는 포도 품종들도 이러한 기후 조건에 맞추어진 것이다. 이를테면 북쪽 지방에 위치한 포도 산지에는 조기에 숙성될 수 있는 포도 품종이 적합하다.

또한 기후는 포도 산지의 지형과도 연관이 있다. 포도밭의 고도와 포도밭 인근에 강이나 숲의 유무, 포도밭의 방향과 경사면 등에 따라 독특한 기후를 형성하게 된다. 예로서 높은 언덕에 위치한 포도밭은 평지에 위치하거나 언덕 아래 부분에 있는 포도밭보다 서리의 피해를 적게 받는다. 포도밭마다 일조량과 기온, 습도가 미묘하게 다를 수 있는데 한 포도밭을 특징지어주는 기후를 미세기후Microclimate라고 하며, 이 미세기후는 포도나무의 생장에 영향을 주게 된다. 따라서 포도 품종과 재배 기술의 선택은 각 지방의 기후적 특색에 맞추어져야 한다.

태양(일조량) : 일조량은 와인의 색깔에 결정적인 영향을 준다. 포도가 당분을 형성하고 붉은 색소가 합성되기 위해서는 보다 많은 태양 에너지가 필요하다. 이러한 이유로 북쪽 지역에서는 화이트와인을, 남쪽에서는 색깔이 짙고 짜임새 있는 레드와인을 생산한다. 태양의 일조량은 식물의 광합성 자체의 신진대사뿐 아니라 당분의 축적을 위하여도 필요하다. 또한 포도의 완숙에 필요한 열기를 준다는 의미에서 더욱 중요하다.

보르도 지역 월평균 일조시간(1991년~2010년, 20년간) 단위 : 시간

1월	2월	3월	4월	5월	6월	7월	8월	9월	10월	11월	12월	총일조량
96	115	170	182	217	238	249	242	203	147	94	82	2035

*프랑스 기상청Météo-France

강우량 : 강우량은 수확의 양과 품질에 지대한 영향을 미친다. 이처럼 포도 재배에 결정적인 기후요소가 강우량인데 특히 연중분포와 비가 내리는 형태가 중요하다. 비가 오는 시기에 따라 포도나무의 반응은 제각기 다르다. 포도나무는 대략 연간 670mm의 비가 필요한데, 선선한 겨울과 봄에 걸쳐 대부분의 비가 내리고 여름에는 포도나무의 성장을 보장할 정도의 비만 내리는 것이 가장 이상적이다.

보르도 지역 월평균 강우량(1981년–2010년, 30년간) 단위 : mm

1월	2월	3월	4월	5월	6월	7월	8월	9월	10월	11월	12월	총강수량
87.3	71.7	65.3	78.2	80.0	62.2	49.9	56.0	84.3	93.3	110.2	105.7	944.1

*프랑스 기상청Météo-France

기온 : 포도나무는 서리를 싫어하므로 연평균 기온이 높아야 하며 포도나무의 생장주기 기간에 포도의 숙성을 위해서도 더운 열이 필요하다. 와인용 포도를 생산하기 위해서는 연평균 기온이 10° 이상이어야 하며, 여름철의 평균 기온은 최소한 19° 이상이 되고 겨울철은 영하 1° 이상이어야 한다.

보르도 지역 월평균 기온(1981년–2010년, 30년간) 단위 : C°

1월	2월	3월	4월	5월	6월	7월	8월	9월	10월	11월	12월	년평균기온(C°)
6.6	7.5	10.3	12.4	16.1	19.3	21.4	21.4	18.5	14.9	9.9	7.2	13.8

*프랑스 기상청Météo-France

추위 : 겨울의 추위는 포도나무를 튼튼하게 단련시켜 주며 껍질 속에 숨어 있는 기생충과 나쁜 균을 죽이기 때문에 이로운 자연 현상이다. 포도나무는 영하 20°까지 견딜 수 있으나 그 이하로 내려가면 피해를 입게 된다.

기후적 문제 : 겨울의 서리는 기온이 영하 15° 정도 되면 포도나무 둥지와 뿌리에 부분적으로나 전체적으로 막대한 피해를 준다. 또한 봄에 서리가 있는 경우 꽃봉오리와 어린 싹에 해를 입혀 수확에 큰 피해를 준다. 우박은 부분적으로 수확에 영향을 주며 그 다음 번 수확에도 부정적인 영향을 미친다. 비가 많이 오거나 더위가 높은 경우에는 포도나무 해충인 밀디유, 오이둠균, 보트리티스 등을 유발하게 되며, 많은 비와 추위는 개화와 수분이 진행되는 동안에 포도알의 성장을 막아 포도의 결실을 방해하므로 수확에 손실을 가져오게 된다.

보르도 지방 기후

대표적인 대서양 기후를 나타내는 메독 지역은 프랑스 남서쪽 대서양과 지롱드강 어귀 사이에 놓여 있으며 북위 45도에 위치하고 있다. 이 지리적 위치는 기온, 강수량, 일조량 그리고 공기 순환 같은 기후 관계를 잘 설명하고 있다. 이는 늦봄에 찾아오는 냉해와 여름 우기 때에 많이 활성화되는 진딧물 병충해로부터 보호를 해주며 다량으로 유입되는 물이 기후 조절 역할을 하여 메독 반도에 유리한 기후대를 형성하고 있다. 또한 이러한 매년 다양한 기후 형성은 와인 빈티지의 특징을 갖게 하는 조건이 되고 있다.

보르도 지방의 연간 강수량은 약 944 mm 내외이며 연 평균기온은 13.8℃ 정도로 보르도 지역은 프랑스 내에서도 가장 온난한 편에 속하며 겨울 동안에 강추위도 거의 없다. 하지만 봄철에 가끔 늦서리가 내려 포도밭에 피해를 입히기도 한다.

포도는 8월과 9월 습기가 적고 가장 햇빛이 강할 때 잘 익으며 최상급의 수확물은 언제나 덥고 건조한 여름에 의해 결정된다. 그러나 비가 많이 오거나, 기온이 떨어져 개화할 시기가 늦어지게 되면, 품질에는 문제가 되지 않더라도 수확량은 감소할 수 밖에 없기 때문에 중요한 요소이기도 하다.

우수한 품질의 와인을 생산하기 위해서는 포도알이 완전히 익었을 때 수확해야 하는데 포도품종이나 지역에 따라 수확 날짜가 결정된다. 보르도 지방에서 9월에 시작하여야 할 포도수확을 10월까지 기다려야 한다면 그 해의 기후가 비정상적으로 시원했다거나 또는 습했다는 것을 의미한다.

이는 날씨가 뜨겁고 건조하며 햇빛이 잘 들 땐 포도알이 빨리 익어 조기 포도수확이 가능한 것이다. 그러나 기후조건이 좋지 않을 땐 포도알이 물이 차고, 잘 익지 않기 때문에 10월까지 기다리는 것이다.

얼마 전부터는 포도 재배업자들이 포도수확 시기를 조금씩 늦추기 시작했다. 전통적으로는 개화한지 100일 후에 포도를 수확하여 왔는데, 오늘날은 풍미가 강하고 더욱 풍부한 질감과 덜 신맛의 와인을 선호하기 때문에 개화 후 110일 또는 심지어 120일이 지나 수확하기도 한다. 이를 미루어 보아 앞으로는 10월에 수확하는 포도가 더 이상 예전처럼 와인의 질을 떨어뜨린다고 볼 수 없을 것이다.

보르도 레드와인을 만들어 내는 이상적인 기후조건은 쏘떼른과 바르싹의 스위트 화이트와인을 생산하는 데는 해당되지 않는다. 이 지역에서 훌륭한 와인을 얻으려면 아침나절에 안개 자욱한 습기와 오후의 건조하고 강렬한 햇빛이 필수적이다. 이러한 기후조건에서 보트리티스Botrytis균이 잘 번식하여 귀족적인 부패라는 뜻인 '뿌리뛰르 노블Pourriture noble', 즉 '귀부 현상'을 형성하게 된다.

보트리티스균은 포도알 과즙을 농축시켜 달콤함을 가져다 주는데 그 포도알마다 귀부되는 시점이 다르다. 귀부현상이 빨리 진행되는 것도 있고 나중에 일어나는 경우도 있다. 질 좋은 와인을 얻기 위해서는 손으로 귀부화된 포도알을 따는 작업을 해야 한다.

물론 쏘떼른과 바르싹 지역의 포도수확 시기는 메독, 그라브, 쌩떼밀리용, 뽀므롤 지역의 적포도 시기보다 훨씬 늦다. 이 지역 수확은 보르도에서 기후조건이 가장 불안한 때인 10월말에서 11월초에 행해진다.

이 시기는 기후적으로 매우 위험하여 한 주일 이상 지속되는 가을비로 포도알의 당도가 떨어져 포도에 착상된 보트리티스균이 사라질 수도 있으며 포도수확에 큰 피해를 주는 경우도 종종 있다. 포도가 잘 열리든 잘 안 열리든 상관없이 와인 생산자들은 잘 익어서 당분이 농축된 포도를 생산하기 위해 노력을 아끼지 않는다. 역설적으로 포도 수확량이 극히 적어야 고품질의 와인을 만들 수가 있다.

보르도 AOC 지역

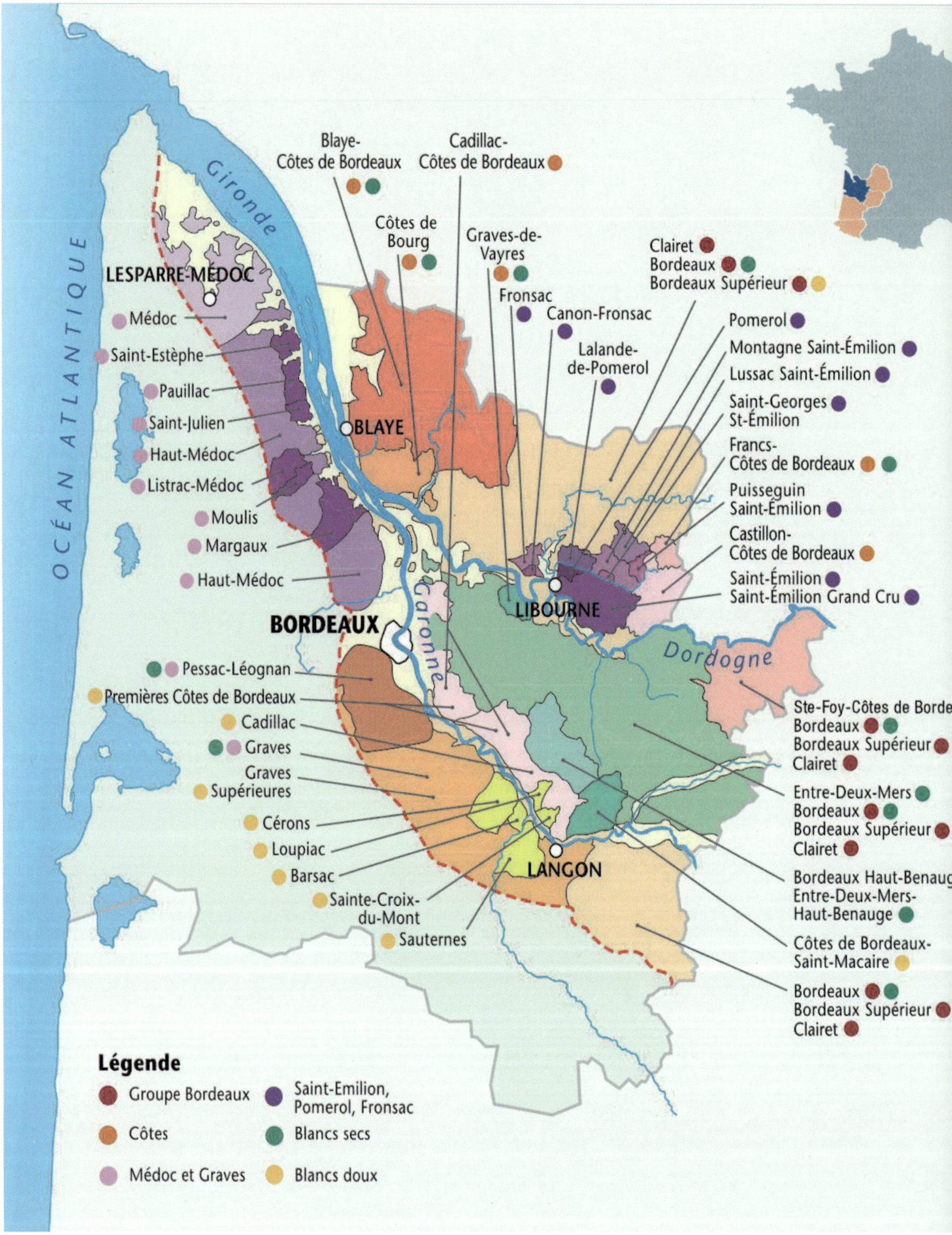

CIVB

5. 포도 재배 면적과 AOC 와인 생산량

보르도에서는 레드와인, 드라이 화이트와인, 스위트 화이트와인, 로제 와인, 스파클링 와인과 적은 양의 브랜디와 같은 다양한 제품을 생산한다. 종류별 와인 생산 비율은 레드와인과 로제와인 88%, 화이트와인이며 소량의 스파클링 와인 12%를 차지하고 있다.

보르도 지방은 매우 다양한 떼루아로 인해 프랑스 국립원산지명칭연구소INAO로부터 60개 AOC 지역으로 지정받아 와인을 생산하고 있다. 2015년도 보르도 포도재배면적은 111,150 ha를 이루고 있고, AOC 급 와인 생산량은 약 5,450,000 hℓ이다. 보르도 각 지역에서 생산되는 와인의 특징과 지역적인 특성을 고려하여 6개의 그룹으로 나누어 재배면적과 생산량을 살펴본다.

보르도 지역 포도 재배 비율 및 AOC 수 2015년

와인 종류 및 지역	비율	AOC 수
레드와인	88%	33개
• 보르도Bordeaux, 보르도 쉬뻬리외르Bordeaux Supérieur	48%	5개
• 메독Médoc	14%	8개
• 그라브Graves	4%	2개
• 꼬뜨 드 보르도Côtes de Bordeaux	12%	8개
• 쌩떼밀리옹Saint-Emilion, 뽀므롤Pomerol, 프롱싹Fronsac	11%	10개
화이트와인	12%	27개
• 드라이 화이트와인	8%	13개
• 스위트 화이트와인	3%	14개
합계	100%	60개

*CIVB

6개 그룹별 포도재배 면적 2015년도

지역 그룹	재배 면적(ha)	면적 비율(%)
보르도Bordeaux 보르도 쉬뻬리외르Bordeaux Supérieur	50,900	46%
메독Médoc과 그라브Graves	18,500 (15,000 + 3,500)	18%
쌩떼밀리용Saint-Emilion 뽀므롤Pomerol/프롱싹Fronsac	12,300	11%
꼬뜨 레드와인Red Côtes	15,600	13%
드라이 화이트와인Dry White Wine	12,600	9%
스위트 화이트와인Sweet White Wine	4,400	3%

* *CIVB*-프랑스 농림수산부 통계국
재배면적 단위는 ha, 생산량은 hℓ 헥토리터, 1hℓ는 100 ℓ

보르도와 보르도 쉬뻬리외르 AOC: 2개 지역

두 개의 명칭으로 나누어지는 보르도와 보르도 쉬뻬리외르 지역의 포도 재배 면적은 보르도에서 가장 넓어 약 50,900ha가 된다. 보르도 전지역에 걸친 토양과 품종, 미세기후 등의 다양성으로 드라이, 스위트 화이트와인에서부터 레드와인, 로제, 클라레와 스파클링 와인까지, 이 명칭으로 전 종류의 와인을 생산하고 있다.

그러므로 보르도와 보르도 쉬뻬리외르 AOC는 보르도 지방산 와인으로 보르도 전 지역에 걸쳐 분포하고 있다. 각 지역이나 마을 단위 지역 AOC에 통과하지 않은 포도 재배 지역이나 독자적인 AOC를 가지고 있지 않은 와인 중에서 보르도 AOC 심사에 통과한 와인은 Bordeaux AOC란 명칭을 사용할 수 있다. 그리고 Bordeaux AOC보다 좀 더 엄격한 규제와 심사에 합격한 와인은 Bordeaux Supérieur급 와인이 된다.

레드와인은 음용하기 쉬운 햇 와인과 장기 숙성용 두 종류 모두 생산된다. 이 와인들은 떼루아로 인해 제한된 단위지역 통제명칭 사용이 금지되어 있을지라도 품질에 있어서는 보르도 명칭에 어울릴 만한 자부심을 갖고 있다.

보르도와 보르도 쉬뻬리외르 지역의 포도재배 면적과 생산량

AOC	재배 면적(ha)	생산량(hℓ)
보르도Bordeaux 보르도 쉬뻬리외르Bordeaux Supérieur	50,900	2,586,000

메독 지역의 AOC : 8개 지역

(지역명칭 2개, 마을명칭 6개)

대서양과 지롱드강의 사이에 위치하여 "중간의 대지"라 불리며, 포도재배면적은 약 15,000ha이다. 토양은 자갈, 모래, 조약돌들이 점토질 토양을 덮고 있고 포도밭은 지롱드강을 바라보며 작은 자갈 언덕들로 이어져 있다. 이러한 척박한 토양은 배수가 잘되며 햇볕을 잘 받는 떼루아로 구성되어 있어서 이 지역의 주요 레드와인 품종인 까베르네 소비뇽을 재배하기에 적합하다.

메독 와인은 풍부한 향과 입안에서 느껴지는 바디가 있고 와인의 짜임새가 좋으며, 탄닌이 풍부하여 오래 보존할 수 있는 레드와인들이다.

메독 8개 지역의 AOC 포도재배 면적과 생산량

AOC		재배 면적(ha)	생산량(hℓ)
지역명칭Regionals	메독Médoc	5,040	271,000
	오메독Haut - Médoc	4,387	222,000
마을명칭Communales	마르고Margaux	1,408	72,000
	쌩떼스테프Saint-Estèphe	1,231	61,000
	뽀이약Pauillac	1,178	54,000
	쌩쥴리엥Saint-Julien	911	43,000
	리스트락 메독Listrac-Médoc	663	37,000
	물리스Moulis	589	33,000

그라브 지역의 AOC : 3개 지역

이 지역은 메독 지역 남동쪽의 연장선에 위치하고 있으며 포도재배 면적이 약 3,500ha이다. 토양은 자갈과 퇴적물 층이 모래질 토양과 점토성 토양에 섞여 구성되어 있다. 1987년부터 그라브 북쪽의 뻬삭 레오냥 지역은 독자적인 AOC 명칭을 사용하고 있으며 그라브 지역의 고급 레드와인은 대부분 이 북부 지역에서 생산되며 진한 색깔의 강직하고 짜임새가 있는 장기보관용 와인들이다. 남쪽 지역에서는 힘이 있고 잘 숙성된 화이트와인을 생산하는데 그 맛은 지나치게 중후하지도 않으면서 섬세한 부케 향을 가지고 있다.

그라브 3개 지역 AOC의 포도재배 면적과 생산량

AOC	재배 면적(ha)	생산량(hℓ)
그라브Graves 그라브 쉬뻬리외르Graves Superieur	2,376	137,000
뻬삭 레오냥Pessac – Léognan	1,122	57,000

리브르네 지역의 AOC : 10개 지역

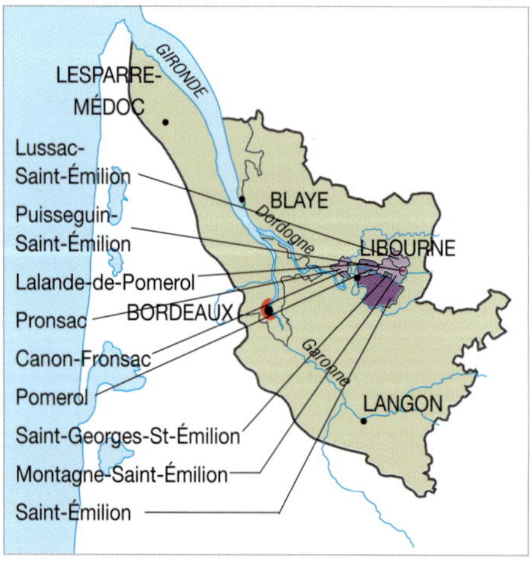

이 지역은 도르돈뉴강 우안에 위치하고 있으며 크게 쌩떼밀리용, 뽀므롤과 프롱싹 지역으로 크게 구분 할 수 있다. 쌩떼밀리용의 포도밭은 중세도시인 쌩떼밀리용 마을을 중심으로 형성되어 있다. 석회성분과 모래 진흙의 언덕들, 아래쪽은 진흙 섞인 모래가 주성분인 토양이 대표적이다. 거의 레드와인을 생산하며 포도품종으로는 메를로가 지배적이어서 장기 숙성 와인은 유연하며 부드럽고 아주 섬세한 아롬향과 진한 석류 색깔을 띠고 있다.

뽀므롤지역은 리부른시 입구의 고원에 자리잡고 있으며, 이 지역 포도밭의 토양은 규토질 토양과 자갈과 모래가 섞인 토양으로 구성되어 있다. 지하토양은 철분이 함유된 충적층으로 이루어져 이 지역 와인은 양질의 아로마와 탄닌 함량이 풍부하며, 벨벳처럼 부드러우면서도 독특한 맛을 가지고 있다. 프롱싹 지역은 포도원들이 진흙과 석회성분, 혹은 진흙과 모래로 이루어진 언덕에 위치하고 있다. 이 지역은 주로 알코올함량이 높고 짜임새 있는 장기보관이 가능한 레드와인을 생산한다.

리브르네 10개 지역 AOC의 포도재배 면적과 생산량

AOC		재배 면적(ha)	생산량(hℓ)
쌩떼밀리용 Saint-Emilion 지역군	쌩떼밀리용 그랑크뤼 Saint-Emilion Grand Cru 쌩떼밀리용Saint-Emilion	3,725 1,774	245,000
	몽따뉴 쌩떼밀리용 Montagne-Saint-Emilion	1,575	75,000
	뤼싹 쌩떼밀리용Lussac-Saint-Emilion	1,437	75,000
	쀠쓰갱 쌩떼밀리용 Puisseguin-Saint-Emilion	742	43,000
	쌩죠르즈 쌩떼밀리용 Saint-Georges-Saint-Emilion	183	10,000
뽀므롤Pomerol 지역군	라랑드 드 뽀므롤Lalande de Pomerol	1,119	53,000
	뽀므롤Pomerol	793	36,000
프롱싹Fronsac 지역군	프롱싹Fronsac	839	31,000
	꺄농 프롱싹Canon-Fronsac	301	16,000

꼬뜨 레드와인 지역의 AOC : 6개 지역

'비탈'의 의미를 나타내는 꼬뜨Côtes의 포도재배 지역은 그라브 드 베르를 제외하고는 주로 지롱드강과 도르돈뉴강의 오른쪽 강 언덕을 끼고 있는 기복이 심한 구릉지대에 있다. 포도재배면적은 약 15,000ha에 이르며 여러 지역에 나누어져 있다. 떼루아의 특징으로는 꼬뜨의 정상은 점토성 석회질 토양으로 구성되어 있고 낮은 비탈에는 석회질 지층, 곳곳에 자갈이 섞인 지역도 있다. 대체적으로 꼬뜨 포도원은 남쪽이나 남서쪽의 좋은 방향에 위치해 있다.

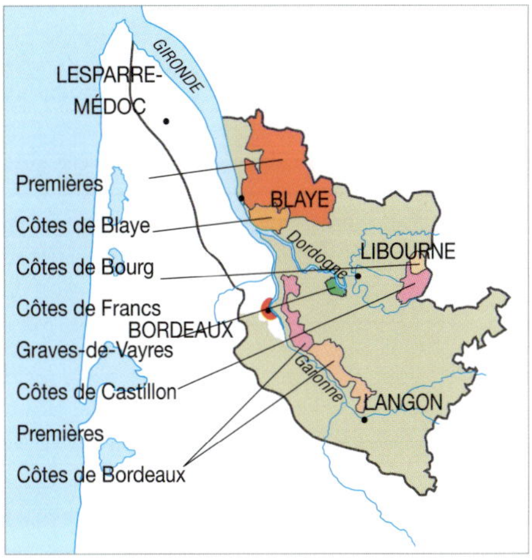

꼬드 레드와인 6개 지역 AOC의 포도재배 면적과 생산량

AOC	재배 면적(ha)	생산량(hℓ)
프르미에르 꼬뜨 드 블라이 Premières Côtes de Blaye	5,457	254,000
꼬뜨 드 부르 Côtes de Bourg	3,827	166,000
프르미에르 꼬뜨 드 보르도 Premières Côtes de Bordeaux	3,501	76,000
꼬뜨 드 꺄스띠용 Côtes de Castillon	2,988	80,000
그라브 드 베르 Graves-de-Vayres	533	32,000
꼬뜨 드 프랑 Côtes de Francs	492	28,000

드라이 화이트와인 AOC : 11개 지역

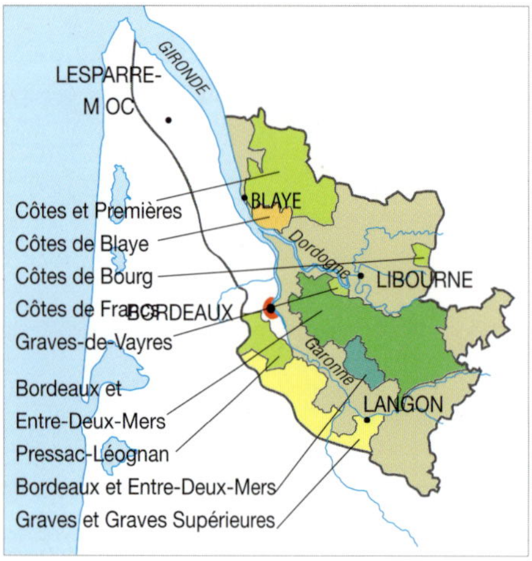

드라이 화이트와인은 보르도 전 지역에서 생산되고 있다. 단맛이 없는 이 와인은 조개, 굴, 생선 등의 해산물 요리에 완벽하게 어울리며 식전주로도 적합하다. 대표적인 AOC로는 보르도 블랑, 그라브, 앙트르 드 메르 지역과 꼬뜨 드 블라이 지역이 있다.

특히 도르돈뉴강과 가론강 사이에 위치한 앙트르 드 메르 지역은 점토질이 포함된 다양한 토지로 구성되어 있어, 쎄미용 품종의 드라이 와인은 입안에서 유연함과 경쾌한 느낌을, 쏘비뇽 품종의 화이트와인은 풍부한 과일향과 조화로운 산도로 신선한 맛을 제공하고 있다.

드라이 화이트와인 11개 지역 AOC의 포도재배 면적과 생산량

AOC	재배 면적(ha)	생산량(hℓ)
보르도 블랑Bordeaux Blanc	7,922	313,000
앙트르 드 메르Entre-Deux-Mers	1,508	78,000
그라브Graves	792	35,000
크레망 드 보르도Crémant de Bordeaux	257	17,000
뻬삭 레오녕Pessac-Léognan	273	13,000
프르미에르 꼬뜨 드 블라이Premières Côtes de Blaye	208	12,000
블라이Blaye	167	8,000
그라브 드 베르Graves-de-Vayres	127	7,000
꼬뜨 드 부르Côtes de Bourg	50	2,700
꼬뜨 드 블라이Côtes de Blaye	49	2,700
꼬뜨 드 프랑Côtes de Francs	14	500

스위트 화이트와인 AOC : 11개 지역

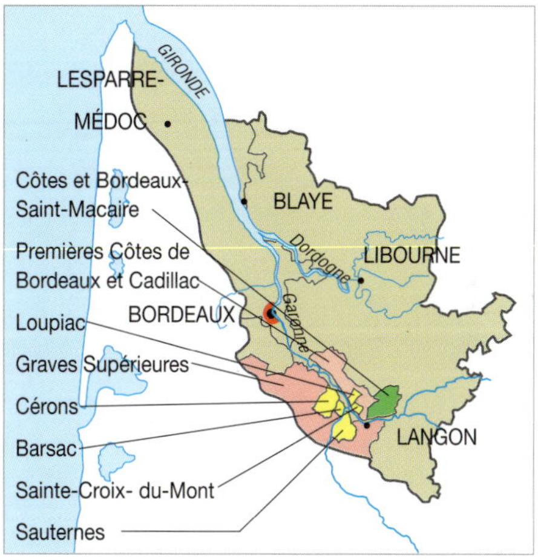

이 와인은 알코올 도수가 높고 당분이 많이 함유된 화이트와인을 말한다. 단맛의 와인을 생산하는 AOC지역은 모두 11개이며, 그 중 6개 지역이 쏘떼른과 바르싹 지역을 중심으로 한 단맛이 많은 스위트 와인 생산지와 단맛을 어느 정도 느낄 수 있는 미디엄 스위트Medium-Sweet 와인 생산지로 면적은 약 4,400 ha에 이른다. 특히 쏘떼른 지역은 씨롱Ciron강이 지나고 있어 적당한 습도와 더운 건조한 날씨로 포도가 "귀부현상"이 일어나 높은 함량의 당분을 갖게 되어 우수한 품질의 스위트 화이트와인을 생산하고 있다.

스위트 화이트와인 11개 지역 AOC의 포도재배 면적과 생산량

스위트 화이트와인 AOC	재배 면적(ha)	생산량(hℓ)
쏘떼른Sauternes	1,624	28,000
쌩뜨크루와 뒤몽Sainte-Croix-du-Mont 루삐약Loupiac / 바르싹Barsac / 까디약Cadillac 쎄롱Cérons / 기타	2,776	59,000

ZIDANE
10

6. 보르도의 와인 경제

프랑스의 지롱드Gironde 도에는 보르도Bordeaux, 블라이Blaye, 랑공Langon, 레빠르Lesparre와 리부른Libourne이라는 도시가 있으며 많은 군과 면 단위 마을로 구성되어 있다. 도 전체 인구는 약 1,214,000명이며 보르도시에는 245,000명이 거주한다. 그 중에서 와인 분야에 약 60,000명 정도가 일하고 있다. 이 숫자는 지롱드 지방에서 경제 활동과 관련하여 포도재배와 와인 산업에 종사하는 인구가 많다는 것을 의미한다.

지롱드도 내 와인관련 산업체와 종사자 수

와인 생산자	6,800개
와인생산자조합Cave Cooperatives	36개
네고씨앙Negicians	300업체
와인 중개인Courtiers	84업체
전체 와인 산업	60,000명

이처럼 보르도 지방의 경제는 와인 산업과 직접적으로 연관되어 있고 보르도 와인 산업 역시 프랑스와 국제적 관점에서 경제 무게가 실려있다.

프랑스 지방별 포도재배 면적 2015년 단위 : ha

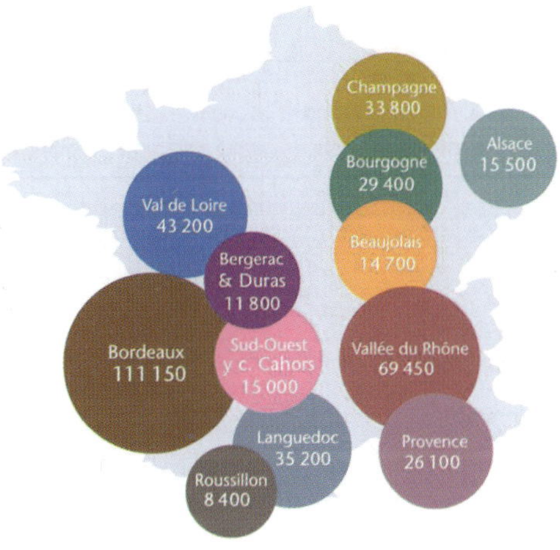

보르도 와인 생산자 연합회

*CIVB

2015년도 보르도 와인 전체 거래 규모는 38억 유로EURO이다. 그 중 약 58%인 20억 유로는 프랑스 내에서 차지하며 수출은 42%로 약 18억 유로에 해당한다. 프랑스에서 유통되는 보르도 와인은 약 46%가 중 · 대형 할인점에서 주로 판매되며, 금액으로는 9억 2천만 유로에 해당한다. 이것은 보르도 와인 전체 거래의 27%로서 157만 hℓ다.

프랑스 국내 보르도 와인 유통의 특징은 할인점 판매가 강세를 보이고 있는 점이다. 가정에서 소비할 목적으로 보르도 와인을 구매할 경우 중대형 할인점에서의 구매는 매우 강한 구매력을 나타내는데 프랑스인 44%가 평균 10병 구매한다는 것이다.

특히 대형할인점에서의 오픈마켓에서 프랑스인들은 보르도 와인 구매시 화이트보다 레드와인을 선호하고 있다. AOC 와인지역은 중 · 고가 와인을 생산하는 메독과 그라브, 쌩떼밀리옹과 뽀므롤 지역보다 보르도와 꼬드 지역 같은 저렴한 지역 와인을 더 구매하는 경향이 있다.

보르도 와인 매출 – 프랑스 시장과 수출 통계(2015년)

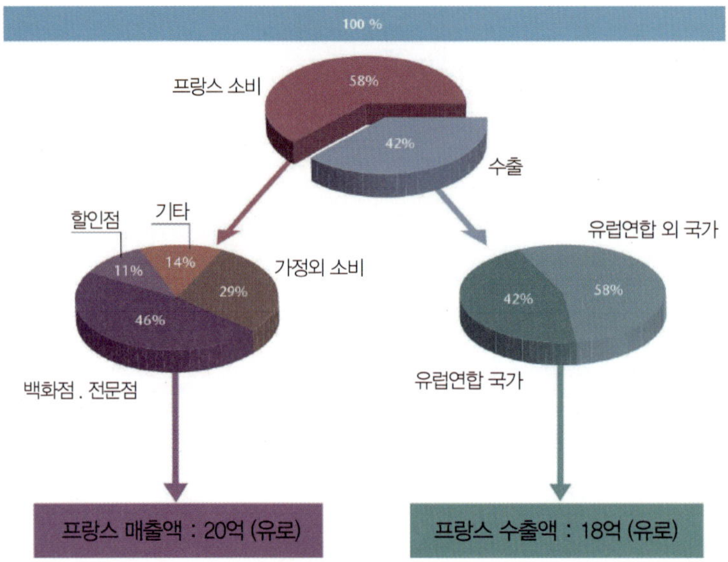

*CIVB

보르도 와인 수출 규모는 2015년도에 약 18억 유로, 용량으로는 200만 hℓ로, 프랑스 전체 와인 수출에서 금액으로는 36%, 용량으로 17%를 차지하고 있다. 세계적으로는 금액으로 8%에 해당한다.

주요 수출국은 중국이 2억7,700만 유로, 홍콩 2억7,700만 유로로 보르도 와인의 중요한 시장이다. 뒤이어 영국이 2억400만 유로 그리고 미국이 2억300만 유로이고, 유럽 연합에서는 독일과 벨기에가 주요 수출국이다.

한국으로의 수출은 2015년 금액으로는 2,200만 유로로서 14번째 수출국이며, 용량으로는 22,000 hℓ로서 11번째로, 중국, 홍콩, 일본, 싱가포르와 대만에 이어 아시아 지역에서는 6번째 수출 국가이다.

보르도 와인 15개 수출 국가-금액순

(전체 수출의 88% 차지) (단위 : 백만 유로)

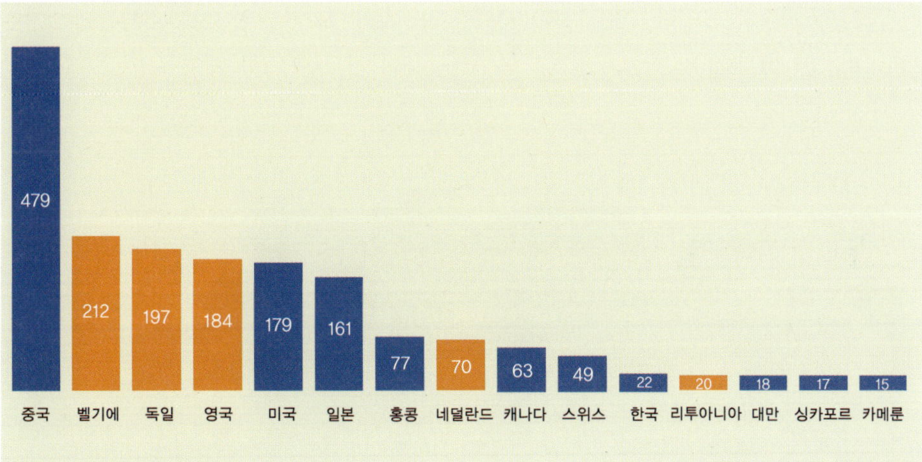

*CIVB, 프랑스세관

보르도 와인 15개 수출 국가-용량순

(전체 수출의 87% 차지) (단위 : 1000hℓ)

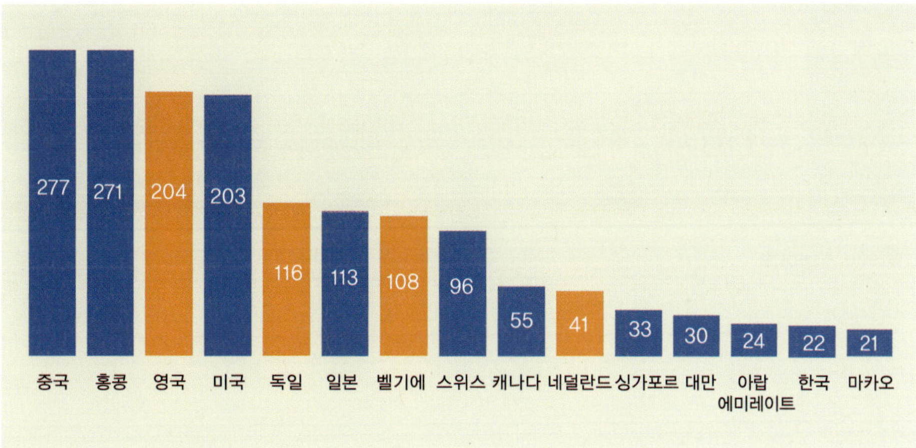

*CIVB, 프랑스세관

Château Ausone

Premier Grand Cru Classé "A"
Saint-Emilion

Chapter

Ⅱ 포도에서 보르도 와인으로

1. 포도 품종
2. 포도나무와 포도재배
3. 포도의 구성과 성분
4. 포도수확
5. 보르도 와인 양조
 • 레드와인 양조 과정
 • 화이트와인 양조 과정
 • 스위트 화이트와인 양조 과정
 • 로제와인과 클라레 양조 과정
6. 오크통 특성과 사용
7. 코르크 마개

1. 포도 품종

레드와인용 포도 품종

보르도 레드와인을 만들기 위해 사용되는 포도품종에는 주로 쓰이는 까베르네 소비뇽, 메를로, 까베르네 프랑의 3가지 품종과 소량으로 사용하는 쁘띠 베르도와 말벡이 있다. 보르도 포도원들은 포도 품종 선택이 와인 스타일에 엄청난 영향을 끼치기 때문에 수세기 동안 경험을 통해서 각 떼루아에 가장 적합한 품종을 찾게 되었다.

떼루아에 따라 다른 품종을 재배하는 포도원들은 각기 고유의 품종 혼합방식을 가지고 있다. 즉, 메를로를 주로 사용하는 포도원이 있는가 하면 까베르네 프랑이나 까베르네 소비뇽을 더 선호하는 포도원이 있고 쁘띠 베르도의 비율이 더 높은 곳도 있다.

전체적인 품종 비율은 포도재배지역에 따라 크게 구분된다. 배수가 잘되며 자갈 토양으로 구성된 메독 지역의 레드와인은 일반적으로 까베르네 소비뇽, 메를로, 까베르네 프랑과 적은 양의 쁘띠 베르도와 말벡 순으로 구성되어 있다.

뽀이약 와인은 대체로 까베르네 소비뇽이 주성분을 이루고 있고 쌩떼쓰테프 원산지는 좀더 두꺼운 진흙층의 토양으로 구성되어 메를로의 비율이 높다. 또한 크뤼에 따라 다르게 나타나며 마르고의 샤또 빨메르는 뽀이약의 샤또 삐숑 롱그빌 꽁떼쓰 드 라랑드처럼 최종적인 포도 품종 배합에서 다른 메독 지역 샤또들보다 메를로를 많이 사용하기도 한다.

까베르네 소비뇽과 메를로는 메독 지역에서 품질좋은 와인을 생산하는데 가장 적합한 품종이다. 까베르네 소비뇽은 탄닌 성분이 많고 단단하며 진한 색깔을 띠는데, 메를로와 블렌딩함으로써 텁텁한 질감의 와인을 부드럽고 유연하며 육감적인 성질로 중화시켜 주기 때문에 최근에 많은 샤또들이 메를로를 더 선호하고 있다. 그래서 일반적으로 까베르네 소비뇽이 많이 섞이면 그 와인은 진하고 풍부하여 풍미가 강해 장기간 보존에 적당하고, 메를로가 많이 섞인 와인이라면 더 빨리 숙성되는 성향을 갖게 되는 것이다.

메독 지역에서 상대적으로 적게 사용되는 까베르네 프랑은 까베르네 소비뇽이나 메를로처럼 풍부한 색깔을 띠지는 않지만 와인에 섬세함을 가져다 주며, 민트향과 허브향 특히 향신료향같은 복합적인 향을 제공하고 있다.

가장 더디게 익는 쁘띠 베르도 품종은 보르도에서 거의 재배되지 않는다. 그러나 메를로를 많이 섞는 포도원에서는 너무 무르고 유연해질 수 있는 메를로 와인에 쁘띠 베르도를 첨가하여 탄닌 성분으로 풍부한 질감을 얻을 수 있기 때문에 유용하게 활용된다.

지롱드강 우완에 위치하고 있는 리부르네 지역의 쌩떼밀리용과 뽀므롤의 토양은 대부분 진흙으로 되어 있어 배수도 잘 안되며 좀 무거운 편이다. 이러한 토양에서 완벽하게 잘 자라는 메를로와 까베르네 프랑이 주요 품종이며 이런 유형의 토양과는 전혀 맞지 않는 까베르네 소비뇽은 배수가 잘되는 자갈토가 있는 특정한 곳을 제외하곤 이 지역에선 거의 재배되지 않는다.

쌩떼밀리용 지역의 가장 보편적인 혼합비율은 메를로 50%를 기본으로 까베르네 프랑과 까베르네 소비뇽을 합하여 50%로 한다. 뽀므롤 지역에서는 메를로가 가장 우세한 품종이고 샤또 끌로 레글리즈Clos l'Eglise, 비외 샤또 쎄르땅 같은 포도원 지역을 제외한 까베르네 소비뇽은 뽀므롤 지역에서는 거의 재배되지 않는다. 뽀므롤의 혼합 비율은 60~80%의 메를로와 20~30%의 까베르네 프랑이다. 따라서 쌩떼밀리용과 뽀므롤 지역의 포도가 메독 지역보다 빨리 숙성되며 과즙이 더 많고 유연할 뿐만 아니라 기름지다고 해서 그다지 놀랄 필요가 없는 것이다.

그라브 지역은 자갈토양이기 때문에 땅의 배수가 용이하여 메독 지역에서 처럼 까베르네 소비뇽이 많이 재배되며 메를로와 까베르네 프랑의 혼합비율은 메독 지역보다 더 높다. 이 때문에 이곳 와인이 좀 더 가볍지만 특히 비가 많이 온 해에 그라브 지역의 와인 품질은 다른 산지보다 더 우수한 편으로 알려져 있다.

보르도 지역 적포도 재배 비율

	보르도 전체	메독	그라브	리부르네	앙트르 드메르
메를로Merlot	66%	34%	48%	68%	37%
까베르네 소비뇽 Cabernet Sauvignon	22.5%	52%	38%	7%	37%
까베르네 프랑 Cabernet Franc	9.5%	10%	13%	24%	21%
말벡 / 쁘띠 베르도 Malbec /Petit Verdot	2%	〈 1%	〈 1%	1%	5%

*CIVB

COS
D'ESTOURNEL

까베르네 소비뇽Cabernet Sauvignon

까베르네 소비뇽은 메독의 최고 포도품종으로 지롱드강 좌안산 고급 크뤼들에게 고유의 성격을 준다. 보르도 품종으로 프랑스의 고급 품종들 중 대표적인 것의 하나로 전세계 포도 산지에 많이 분포되어 있다.

포도 재배 : 원래는 까베르네로 불렸던 이 품종 명칭의 어원은 확실하지는 않지만 청포도인 쏘비뇽 블랑과 나뭇잎의 생김새가 비슷하다고 해서 까베르네 소비뇽이라는 이름을 얻게 된 것이라고 한다. 포도나무의 싹눈이 매우 늦게 돋아나기 때문에 봄에 내릴 수도 있는 서리를 피할 수 있어 재배하기에 유리하다. 포도알의 껍질이 두꺼워 포도수확기에 비가 오더라도 부패에 잘 견디는 장점이 있다.

이 품종의 와인 생산량은 그다지 많은 편은 아니지만 매년 생산량이 거의 일정하다. 또한 과실의 성숙이 느리게 진행되며 향미가 강하고 탄닌 성분이 많은 것이 특징이다.

주요 산지 : 프랑스에서 까베르네 소비뇽의 전체 경작지 규모는 프랑스 내 포도 품종들 중 5번째를 차지한다. 보르도가 포함된 지롱드 지방에서 약 27,000ha의 재배 면적을 차지하고 있으며 메독 지역에서 이 포도를 위주로 고급 와인을 생산한다. 예전보다는 줄었지만 포도밭 면적의 약 22.5%를 차지하며 따뜻한 자갈성 토양으로 완만하게 경사가 있는 곳에 주로 포도밭이 형성되어 있다.

메독 지역의 6개 마을인 리스트락 메독과 물리스 앙 메독, 마르고, 뽀이약, 쌩떼스테프, 쌩쥴리엥 AOC 지역에서 이 품종을 주로 사용하여 명성이 있는 와인을 생산한다. 이러한 메독 포도밭이 포도재배의 선두 지역으로 부상한 것은 18세기부터였다. 그 당시 포도원 소유주들은 떼루아와 와인 품질 사이에 밀접한 연관성이 있음을 깨닫게 되었고 이러한 인식이 이어져 1855년 크뤼 클라쎄 등급이 결정되었다. 이 작업은 다른 지역보다 한 세기 정도 빨리 이루어진 것으로 그 때부터 까베르네 소비뇽은 포도 품종으로는 최고의 지위를 얻게 되었다.

와인 특징 : 생산량을 제한한 경우 까베르네 소비뇽은 색깔이 있는 진하고 탄닌이 강한 와인을 만든다. 햇 와인일 때는 탄닌성분이 강하게 느껴지고, 생산연도와 크뤼에 따라 차이는 있지만 시간이 지날수록 와인의 탄닌 성분은 부드러워지며 복합적인 향이 생성된다. 숙성된 와인은 카시스, 삼나무, 향신료 냄새를 풍긴다. 약간 매콤한 고추향이 까베르네 소비뇽 포도의 특징이지만 너무 강하면 아직 포도가 덜 익었음을 의미하며 와인 시음 시 강한 야채향이 느껴진다. 메독 지역은 단일 포도 품종으로만 와인을 만들지 않고 몇 종류를 섞어서 만드는데 카베르네 소비뇽의 최대 비율이 70%에 이르기도 한다.

나머지는 메를로, 까베르네 프랑, 또는 쁘띠 베르도가 차지한다.

특히 이 품종을 위주로 만들어진 뽀이약 와인은 장기 숙성용으로 고급스러우며 짙은 검붉은 과일 색상을 띠고 있다. 카시스향에 가죽향의 부케가 느껴지고 오크통 숙성과정에서 생긴 바닐라 향과 감초 및 태운 향이 함께한다. 햇 와인일 때는 텁텁하지만 뽀이약 와인은 시간이 흐를수록 맛이 원만해지면서 복합적이고 섬세함을 지니게 된다.

메를로Merlot

전세계적으로 재배되고 있는 메를로 포도 품종의 기원에 대해서는 정확하게 알려진 바가 없다. 19세기 이전에 메를로는 크라뷔떼 누아르Crabuter noir라는 이름으로 불려지며 2등급의 포도품종으로 여겨졌고 이후 메를로 또는 비트라이Vitraille라는 이름으로 불리게 되었다. 1857년에 처음으로 랑듀라는 와인학자가 메독의 그랑 크뤼에 대해서 설명하는 자료에 이 포도품종을 언급하게 되었다.

포도 재배 : 일찍 싹이 돋아나기 때문에 봄철의 늦서리에 피해를 입을 위험이 높다. 재배지역은 습기가 많고 선선한 땅이 좋다. 반대로 메마른 언덕 지역은 포도송이가 잘 익지 않으며 포도알도 잘아진다. 메를로 포도는 성숙이 빠른 편으로 까베르네 소비뇽보다 1~2주 먼저 익는다. 이 포도는 포도 껍질이 얇고 탄닌 성분이 적어서 병충해에 민감하며 포도알이 떨어지는 낙과 현상이 자주 발생한다.

주요 산지 : 프랑스에서 메를로는 까리냥Carignan, 그르나슈Grenache에 이어 세 번째로 많이 재배되는 적포도이다. 프랑스 남부 미디Midi지방에 많이 심기 시작하여, 프랑스 내 총 재배면적은 96,600 ha 가운데 58,000 ha가 보르도 지역에 집중되어 있고 전체 포도재배 면적의 66%를 차지하는 최고의 품종이다.

메독 지역에서 메를로는 보통 경사지 아래의 선선하고 배수가 잘되는 점토나 석회질 토양이 풍부한 곳에서 많이 재배된다. 메를로는 쌩떼밀리용과 뽀므롤 지역과 매우 밀접한 관계를 지니고 있다. 쌩떼밀리용의 떼루아는 점토와 석회질 토양으로 구성되어 있고 뽀므롤에서는 자갈이 섞여 있어도 점토질이 위주이기 때문에 메를로의 특징을 완벽하게 발휘할 수 있다. 이 지역 최고의 포도원인 샤또 뻬트뤼스에서는 메를로를 95% 이용하여 부드럽고 제비꽃향이 감도는 고급 와인을 만들고 있다.

와인 특징 : 일반적으로 메를로를 사용한 와인은 색의 농도가 높으며, 2~3년이 지난 다음에 음용할 수 있다. 잘 익은 붉은색 과일향과 향신료향이 함께 느껴지며 포도가 매우

잘 익었을 때는 말린 자두향도 난다. 탄닌 성분이 많아서 맛이 강하고 텁텁하게 느껴지는 까베르네 소비뇽과 섞을 경우 와인에 유연함을 부여하여 마시기에 부담이 없어진다. 이러한 점이 메를로가 가진 최대의 장점이다.

메를로를 주 품종으로 하는 뽀므롤 와인은 매우 오래 숙성될 수 있는 잠재력을 지니고 있지만 유연하고 부드러운 탄닌 때문에 양조한지 얼마 안된 햇 와인일 때 마셔도 좋다. 석류빛이 감도는 붉은색의 뽀므롤 와인은 힘있고 복합적이며 메를로의 전형적인 제비꽃향이 느껴지며 붉은색 과일향과 가죽냄새, 동물냄새가 느껴지기도 한다.

까베르네 프랑Cabernet Franc

까베르네 프랑은 보르도에서는 까베르네 소비뇽과 메를로에게 주연의 자리를 넘겨주었지만 그래도 조연급으로는 최고의 몫을 차지하고 있다.

포도 재배 : 까베르네 프랑은 상대적으로 단위 면적당 생산량이 적어 보르도에서는 ha당 40 hℓ를 넘지 못한다. 하지만 생산성이 좋은 랑그독Langues d'Oc 지방에서는 80hℓ를 넘기도 한다. 그래서 랑그독에서는 이 품종을 위주로 그 지방 고유의 포도 품종들과 혼합하여 색상이 아름답고 품질이 좋은 와인을 생산하지만 보르도 지방에서는 보조적인 품종으로 머물고 있다.

까베르네 프랑 포도나무의 발아기는 까베르네 소비뇽보다 약 12일정도 빠르다. 노균병과 오이듐균, 회색곰팡이병에 민감한 포도 품종으로 잎사귀에 필록세라 혹이 생길 수도 있다. 까베르네 소비뇽 보다 힘이 있지만 생산을 적게 하기 때문에 보다 길게 가지치기를 하는 편이다.

주요 산지 : 전세계 까베르네 프랑의 재배면적은 약 45,000 ha로 이중 약 36,000 ha가 프랑스의 보르도 지방과 루아르 지방에 집중되어 있다. 보르도에서 약 13,000 ha가 재배되고 있는 까베르네 프랑은 까베르네 소비뇽과 메를로를 보완하여 블렌딩된다. 이 포도는 익는데 유리한 따뜻한 모래와 자갈 토양이 지배적인 도르돈뉴와 지롱드 우안에서 많이 재배되고 있으며 와인의 섬세한 구조감을 부여하는 데 기여한다.

예외적으로 뽀므롤의 자갈토양의 경계에 위치한 샤또 슈발 블랑은 까베르네 프랑이 약 50%이고 메를로가 48%로 이 품종을 가장 많이 사용하고 있다. 이 곳의 와인은 장기 숙성용 와인이지만 햇 와인인 경우에도 부담없이 마실 수 있는 원만함을 지니고 있다.

처음 심은 포도 나무(Young Vine)

오래된 수령의 포도나무(Old Vine)

자갈, 조약돌 토양의 포도밭

진흙 토양의 포도밭

와인 특징 : 까베르네 프랑을 사용한 와인은 까베르네 소비뇽보다 색깔이 좀 연하고 탄닌은 더 적어서 더 빨리 음용할 수 있다. 포도가 백토나 진흙, 모래 토양에서 자란 경우 이것으로 만들어진 와인은 산딸기나 제비꽃, 감초의 복합적인 진한 향을 발산한다. 반대로 좀 더 차가운 성질의 토양에서 자란 까베르네 프랑으로 만든 와인은 보다 연한 색상을 지니고 있으며 고추향과 같은 야채 향미를 내게 된다.

쁘띠 베르도Petit Verdot

유용한 적포도 품종이긴 하지만 아주 늦게 익는 문제점이 있다. 그러나 포도가 완전히 잘 익었을 경우 진한 색깔과 적당한 탄닌 성분, 알코올과 함께 향신료향을 제공해 준다. 반대로 잘 익지 않은 포도로 만들어진 와인은 맛이 다소 시큼하고 씁쓸하며 거친 맛을 지니게 된다.

말벡Malbec

꼬뜨Cot라 불리기도 하며, 쌩떼밀리용과 뽀므롤 지역에서는 프레싹Pressac이라고 불리는 말벡은 보르도의 적포도 품종 가운데서 재배 면적이 가장 적다. 좋은 평가를 받는 여러 다른 품종들에 밀려 보르도에서는 말벡의 미래는 다소 불투명하다. 말벡 와인의 색상은 진하고 적절한 탄닌 성분을 지니고 있으며 와인의 구조감이 느껴지지만 향미가 부족한 것이 단점이다. 보르도의 다른 적포도 품종에 비해서 발아기와 결실기가 빠른 편이다.

앞에 소개된 각 포도 품종들은 각자의 리듬대로 싹트고 개화하고 열매를 맺는다. 이중에서 메를로가 가장 조기에 숙성하는 유형이며, 그 다음 까베르네 프랑과 까베르네 소비뇽 , 쁘띠 베르도 순서이다. 따라서 가장 먼저 개화하는 메를로는 봄에 오는 서리에 피해를 입을 수도 있고 까베르네 소비뇽이나 쁘띠 베르도만큼 껍질이 단단하지 않기 때문에 날이 습하거나 비가 올 때면 혹시 썩지 않을까 하는 염려도 하게 된다.

보르도 포도품종별 재배 비율(2015년)

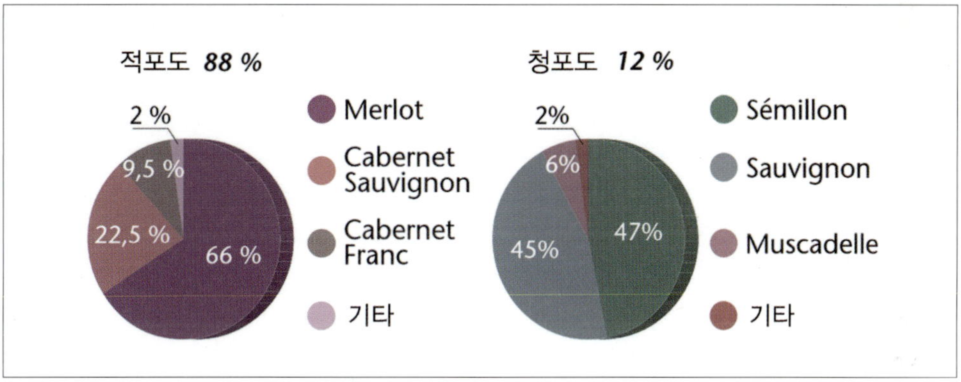

*CIVB. 프랑스세관

화이트와인용 포도품종

보르도에선 드라이한 화이트와인과 스위트 와인을 모두 생산한다. 가장 대표적인 화이트와인용 품종으로 쏘비뇽 블랑과 쎄미용, 뮈스까델이 있는데 쏘비뇽 블랑과 쎄미용은 달콤하거나 드라이한 타입의 와인을 모두 만들 수 있는 주 품종이고 뮈스까델은 보조적으로 소량 사용된다.

쏘비뇽 블랑Sauvignon Blanc

쏘비뇽 블랑은 세계적으로 널리 재배되고 있지만 보르도 지방에서 쏘비뇽 블랑으로 만든 와인은 다른 나라나 지역에서 만들어진 와인과는 차별화된다. 이 품종은 고급스런 스위트 와인 또는 향이 강한 드라이 화이트와인에 모두 사용되는 포도품종으로 모두가 인정하는 화이트와인 포도품종이다.

포도 재배 : 보르도 지방에서 이 포도품종은 기세가 왕성하여 잘 자라는 편이며 봄에 싹눈이 피어나는 시기는 중간 정도에 해당된다. 무난하게 잘 자라지만 낙과가 자주 발생하는 경향이 있고 생산성은 ha당 50~100hℓ이다. 그런데 쏘비뇽 블랑 포도나무는 오이듐균과 회색곰팡이병과 같은 질병에 매우 약하다.

포도 산지 : 프랑스내 쏘비뇽 블랑의 재배 면적은 해마다 조금씩 늘어나고 있다. 보르도 지방의 와인제조자들은 쏘떼른과 바르싹, 루삐악, 쌩뜨 크르아 뒤몽 등 AOC 지역에서 고급 디저트 와인인 스위트 와인을 생산한다. 또한 그라브 지역에서는 드라이한 화이트와인을 생산하며 쏘비뇽 블랑만으로 와인을 만드는 곳도 있지만 일반적으로 쎄미용, 뮈스까델과 함께 블렌딩하여 만든다.

와인 특징 : 쏘비뇽 블랑은 신선하고 풀향이 있으며 때때로 짜릿한 향과 톡 쏘는 맛을 와인에 제공한다. 이 품종으로 만든 와인에는 지역에 따라서 연한 금빛 색상과 카시스 싹의 전형적인 향긋한 향에 복합적인 레몬향이 감도는 과일향이 가미되기도 한다.

보르도의 스위트 와인은 쎄미용을 위주로 만드는데 여기에 쏘비뇽 블랑을 섞어주면 신선한 향이 부각되어 보트리티스균에 감염된 세미용의 높은 알코올에 균형을 잡아준다. 쏘떼른에서는 보통 블렌딩의 15~25%를 차지하고 있으며 쎄미용이 스위트 와인의 지배적인 재료가 된다.

쎄미용Semillon

쎄미용은 위니 블랑Ugni Blanc 다음으로 프랑스에서 가장 많이 재배되고 있는 청포도품종으로 그 재배면적은 조금씩 줄어들고 있지만 이 고급스런 품종은 지롱드 지방에서는 여전히 많은 사랑을 받고 있다.

포도 재배 : 보르도에서 재배되는 쎄미용 품종은 활기차고 생산적이다. 시간에 따라 싹이 트는 관계로 봄의 서리가 내릴 경우 조금은 싹눈이 남아 있기도 하다. 쎄미용은 낙과가 잘 발생하지 않으며 노균병, 오이듐균에 저항력이 높다는 장점이 있다. 하지만 우기에는 회색곰팡이병의 발생 위험이 높다. 포도재배업자들은 고급 품질과 당분이 풍부한 와인을 얻기 위해 생산성을 제한하고 있으며 쏘떼른 지역에서는 더욱 엄격하게 관리되고 있다.

포도 산지 : 보르도의 고급 스위트 와인을 생산하는 쏘떼른과 바르싹, 쌩뜨 크르아 뒤몽, 루삐약, 쎄롱, 꺄디악 등 지역에서는 주요 포도품종으로 남아 있다. 이들 지역에서는 아침에 안개가 많이 발생하고 오후에 해가 비치는 날씨가 지속되어 열매에 귀부현상이 생겨 스위트와인에 좋은 포도가 생기게 된다. 포도 수확량은 헥타르당 20hℓ 이하로 엄격하게 제한하고 당도가 매우 높은 포도를 몇 차례에 걸쳐 선별적으로 수확하여 스위트 와인을 만들게 된다.

또한 쎄미용은 쏘비뇽 블랑이나 뮈스까델과 함께 블렌딩하여 드라이하거나 부드러운 화이트와인을 생산하고 있다. 그리고 크레망 드 보르도와 같은 발포성 와인을 만들기도 하지만 이런 경우 쎄미용의 전형적인 특징은 덜 표출되는 편이다.

와인 특징 : 쎄미용은 블렌딩 동반자인 쏘비뇽 블랑보다는 다소 약한 일련의 향을 가졌으며 산도도 낮은 편이다. 또한 몇 년 동안 숙성이 되면 벌꿀이나 밀랍, 견과류 향을 느낄 수 있으며 입안에서 원만함을 느낄 수 있고 쏘비뇽 블랑의 새콤함과 적당한 균형을 이룬다. 쎄미용은 생산성에 매우 민감한 포도품종인데 ha당 50 hℓ가 넘을 경우에 와인의 품질이 현저하게 떨어지게 된다.

쎄미용으로 만든 대표적인 스위트 와인인 쏘떼른 와인은 처음에는 황금빛을 띠다가 숙성이 될수록 호박빛 색상을 지니게 된다. 귀부현상으로 얻어진 달콤한 포도로 만들어진 이 와인은 구운 향이 특징적이며 아몬드와 개암, 꿀, 살구, 익은 배, 아카시아꽃 향이 수반된다. 입안에서는 매우 유연하고 부드러운 촉감이 느껴지며 매혹적인 달콤함을 즐길 수 있다.

뮈스까델Muscadelle

지롱드와 도르돈뉴 지방에서 집중적으로 재배되는 뮈스까델은 아끼뗀 지방에서 유래된 것으로 보인다. 포도가 잘 익은 상태에서는 사향냄새가 나지만 사향포도 계열에 포함되지 않는다.

포도 재배 : 뮈스까델은 중간 정도의 활기가 느껴지는 포도 품종으로 싹이 늦게 트는 편이다. 헥타르당 50~80hl를 생산하며 그 이상은 매우 드물다. 포도 수확 시 초파리로 인해 변질되기 쉽고, 너무 신 맛의 포도를 가려내기 위한 별도의 선별작업이 필요하다. 이 포도는 기생충에 민감하고 회색곰팡이병에 걸리기 쉽다.

포도 산지 : 뮈스까델은 보르도와 부근 지방에서 재배되고 있지만 단일 품종으로 와인을 만들지는 않는다. 추가적인 파종이 늘어나지 않아서 뮈스까델의 포도 재배 면적은 점점 줄어들고 있으며 보조 품종으로 역할을 하고 있다.

뮈스까델은 쎄미용, 쏘비뇽과 함께 보르도 지방 스위트 와인에 사용하기 위해 가론과 씨롱강이 만나는 지역을 중심으로 소량 재배되고 있다. 또한 뮈스까델은 앙트르 드 메르 지역에서 드라이 와인 생산에도 사용된다.

와인 특징 : 뮈스까델은 산도가 적고 부드러우며 잘 익었을 때는 진한 꽃 향기를 풍긴다. 그러나 꽃향을 내는 쏘비뇽 블랑 품종을 만나면 자신을 감추는 특징이 있다. 그래서 쏘떼른과 바르싹 지역 몇몇 포도원에서 보조적인 품종으로만 사용되고 있다.

2. 포도나무와 포도재배

와인은 물이나 알코올 또는 다른 성분을 첨가하지 않고 순수하게 100% 포도만 이용하여 만든다. 그래서 포도가 와인의 품질에 절대적인 비중을 차지하기 때문에 포도나무의 재배조건과 환경은 매우 중요하다. 또한 포도재배 방법은 지역이나 포도원마다 조금씩 다르지만 와인 생산용 포도를 생산하기 위해서는 기본적이고 중요한 재배과정을 거치게 된다. 그러면 포도나무 재배조건과 환경을 살펴보기로 하자.

포도밭의 배수관리

포도밭이 자갈이나 모래 또는 석회질로 이루어진 토양이라면 배수가 잘되고 포도나무에게 훌륭한 생장환경을 제공한다. 물이 잘 스며드는 이러한 두터운 토양은 포도나무로 하여금 쉽게 수분을 흡수할 수 있게 해 주고 건조한 환경으로부터 보호해 주며 성장에 필수적인 자양분과 에너지를 공급하게 된다. 포도나무는 낮에 외부의 열기를 안으로 흡수하여 밤까지 지속적으로 유지하게 되고, 열을 복사함으로써 포도원 온도를 일정하게 유지해 준다.

좋은 떼루아를 갖춘 포도밭은 방향이 남쪽 또는 동남쪽을 향하고 경사가 완만해서 자연적으로 배수가 잘되며, 밤에 내린 이슬을 신속하게 말려 포도밭을 건조한 상태로 유지할 수 있는 곳이다. 포도밭이 습하고 배수가 잘 안될 경우 여러 가지 병충해가 생길 수 있어 포도나무에 부정적인 환경이 된다.

포도밭 떼루아와 포도품종의 적응

일반적으로 포도나무에게는 점토 성분이 있는 척박한 토양이나 배수가 잘 되고 열을 비축할 수 있는 자갈이 있는 지역 등이 이상적인 토양이다. 또한 석회질을 함유한 토양은 포도나무의 성장을 더디게 하지만 포도송이가 잘 여물도록 해 준다. 이처럼 포도밭의 자연적인 환경 요소인 떼루아에 따라 품종이 선택된다. 예컨데, 까베르네 소비뇽은 햇빛이 강하고 배수가 잘 되는 자갈 밭에서 최적의 떼루아가 형성된다.

계절별 포도나무의 성장과정

4월

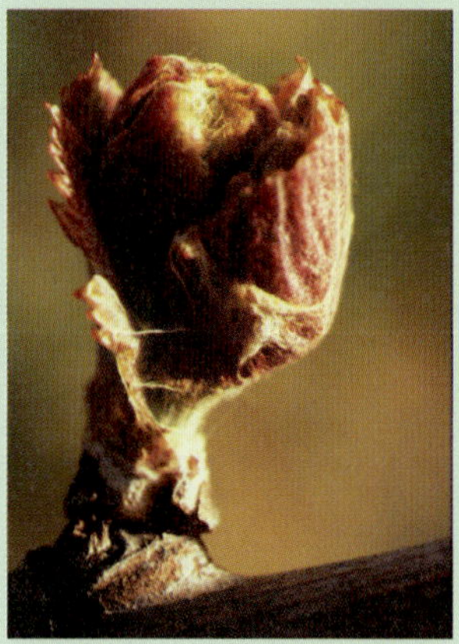

5월

6월

7월

8월

9~10월

포도나무의 성장 제한

좋은 품질의 포도를 얻기 위해서 포도 재배자들은 각 포도나무의 성장을 제한하기 위하여 신경을 쓰고 있다. 이러한 제한으로 포도나무가 수분과 무기질로부터 영양분을 잘 섭취할 경우 진한 향과 풍부한 맛을 지닌 포도의 수확이 가능하다. 따라서 이를 고려하여 각 지역마다 포도재배 관리 방법이 조금씩 다르게 이루어지며 포도나무의 성장을 나름대로 지연시키도록 유도하고 있다. 이러한 방안으로는 포도나무 묘목의 식재 밀도를 제한하고 인공 비료의 사용을 엄격하게 금지하며 상대적으로 성장이 더 더딘 포도 묘목을 선택하고 있다.

적절한 포도 수확량

겨울 동안에 포도나무 그루마다 포도를 갖게 하는 발아의 숫자를 제한하기 위하여 가지치기를 진행하고 있다. 와인 품질의 원천이 되는 포도알은 포도나무 잎만으로 양분을 섭취하는 것이 아니다. 보통 포도나무의 식재 밀도가 높으면 포도나무 한 그루 당 수확고는 감소하게 되지만 가장 농축된 와인 생산 결과를 가져오게 한다. 단위 면적당 포도 수확량은 각 지역의 농지마다 일률적으로 정해져 있지 않다. 왜냐하면 토양과 환경에 따라서 포도나무의 재배 환경이 달라질 수 있기 때문이다. 그러나 고급와인 생산지역일수록 1ha 당 포도수확량은 적게 된다.

포도 성숙시기와 수확기 선택

포도나무의 개화 후 포도 열매가 달려 완전히 익기까지 걸리는 시일은 포도 품종과 지역에 따라 다르다. 이론적으로 포도는 개화 후 110~115일 사이에 열매의 색깔이 변하기 시작하고 그로부터 45~50일이 더 지나면 열매가 익기 시작한다. 포도알의 성숙이 와인 품질을 결정짓는 기본적인 요소라고 보면 기상학적인 시간 요소는 가장 중요한 핵심이라 할 수 있다. 또한 최고의 빈티지는 언제나 잘 익은 포도에서 유래된다. 포도가 잘 익었을 때 수확하게 되면 당분과 탄닌, 색상이 최적의 상태이기 때문에 그를 통해 얻은 와인은 풍부한 알코올 도수와 산도를 실현하며 결국 좋은 빈티지를 얻게 되는 것이다.

포도나무 재배 과정

일반적으로 포도원에서는 어떻게 포도를 재배하고 계절에 따라 포도재배자의 작업들이 어떻게 이루어지는지 알아보자.

1~2월 : 포도나무의 가지치기 시기로 이 작업은 포도나무의 생장 균형을 유지시키며 수명을 길게 하기 위한 목적이다. 품종, 토양, 기후에 연결된 여러 요소들을 고려하며 판단하고 관찰해야 하는 중요하고도 세심한 작업이다. 이때 잘라낸 잔 가지들을 모아서 태우는 작업을 한다.

3월 : 이때가 되면 포도밭에 천연 비료를 주기로 한다. 포도나무는 보통 수령이 40년 이상까지 포도밭의 동일한 지역에서 살아간다. 하지만 매년 반복되는 포도 수확으로 인해 부족해진 필수 영양분들을 보충해 주어야 하며 땅속에 아직 남아있는 성분들도 재구성해야 한다. 따라서 포도밭에 비료를 주는 것은 포도나무의 생장 주기와 함께 열매가 맺히는 것을 돕고 병충해와 서리로부터 저항할 수 있도록 하기 위한 것이다.

이 시기에 포도나무의 성장주기가 시작되는데 가지치기가 끝나면 수액이 올라와 깔끔하게 다듬어진 나무가지 끝으로 수액이 올라와 맺힌다. 이를 포도나무가 운다고 표현하는데 이것이 보이면 포도 뿌리 조직의 활동이 시작되었음을 알 수 있게 된다.

4월 : 포도재배자는 포도나무 그루터기의 밑둥을 파내기 위해 나무의 열 가운데 쪽으로 흙을 모아주는 작업을 한다. 이것은 제초작업의 효과가 있을 뿐만 아니라 토양을 숨쉬게 하고 빗물이 스며들도록 도와준다. 또한 제초작업을 통해서 포도밭에 잡초가 자라지 못하게 없앤다.

서서히 포도나무의 순환기로 접어들어 잎을 감싼 봉오리가 점점 커지기 시작하여 기온이 10도 이상으로 오르고 알맞은 습도가 유지되면 봉오리가 벌어지게 된다. 봉오리를 감싸고 있던 보호비늘이 벗겨지면서 솜털같은 발아가 진행된다. 그때부터 포도나무의 식물 생장 주기가 시작된다. 옅은 초록색 어린 싹이 돋아난 후 토양이 덥혀지게 되면 곧 이어 나뭇잎이 돋아나게 된다.

5월 : 이 시기가 포도재배에 어려운 시기이다. 포도재배자는 봄부터 여름철까지 포도나무를 위해 필요한 일련의 작업과 손질을 계속해야 한다. 또한 포도나무가 곰팡이나 바이러스, 박테리아로 유발되는 병에 걸리지 않도록 꼼꼼히 확인해야 한다.

6월 : 포도나무가 개화하고 수정이 일어나는 시기이다. 기온이 20°에 이르면 포도나무가 개화하기 시작하는데 10여일 간 준비작업을 거친 후 꽃으로 피어난다. 개화는 포도의 수확시기를 결정짓는 기본 조건이다. 대다수의 건강한 꽃들은 수정되어 열매를 맺게 되지만 일부 꽃들은 제대로 수정이 되지 않고 낙화 과정을 거치게 된다. 만일 이 시기에 낮은 기온이 지속되면 개화에 지장을 주게 되어 포도수확량이 줄어드는 결과를 초래한다. 이 무렵 포도 줄기의 인도 작업을 하게 되는데 가지를 말뚝에 고정시키는 포도원에서는 그루터기에서 돋아나는 잔가지나 어린 가지들은 철사로 묶어 준다.

7월 : 포도나무가 자라면서 포도가 흡수할 영양분 손실을 방지하기 위해서 영양분을 가로챌 우려가 있는 포도나무의 가지 끝을 친다.

8월 : 이때가 되면 포도나무의 무성한 잎들을 솎아 주어야 한다. 포도송이 주변의 잎들을 어느 정도 제거해 주어야 일조량을 늘릴 수 있으며 포도 껍질의 착색과 포도알의 숙성을 촉진시킬 수 있다.

포도열매가 물들기 시작하는 시기이다. 초여름 동안 알이 커진 포도는 아직은 초록색의 단단한 모양을 하고 있다. 그러나 8월 중순이 되면 품종에 따라 짙은 보라색이나 반

투명의 노란색 빛깔로 물이 들어가며 이를 베레종veraison이라고 부른다. 이때부터 수확기까지의 시기에 비가 오면 포도의 품질이 나빠지기 때문에 포도재배자는 햇빛이 강하게 내리쬐어 포도가 잘 익기를 바란다.

8~9월 : 포도가 숙성되는 시기이다. 뿌리와 나뭇잎으로부터 영양분을 공급받게 되면 포도알이 당분으로 가득 차고 산도가 낮아지며 말랑말랑해진다. 수확하기 전까지 포도 속의 탄닌과 색소, 아로마의 함량은 계속해서 증가한다.

9~10월 : 포도를 수확하는 시기이다. 중점을 두어야 할 것은 잘 익은 건강한 포도를 수확해야 하기 때문에 수확날짜는 포도의 익은 상태에 따라 달라진다. 포도가 잘 익었는지를 관찰하고 확인한 다음 최적의 상태에서 포도수확을 진행한다.

10~11월 : 포도수확이 이루어진 후 늦가을이 되면 포도나무잎은 변색되고 마침내 떨어져 버린다. 포도나무는 자신의 생애 중 이제 휴식기에 들어가게 된 것이다. 포도잎을 통해 광합성 작용으로 저장된 성분들이 나뭇가지와 줄기로 이동하여 저장된다. 이 저장된 성분들의 양에 따라 그 포도나무의 생물학적 균형이나 수명이 결정된다.

11~12월 : 이때가 되면 포도나무 주위로 흙을 북돋아 주는 작업을 한다. 이것은 큰 추위가 닥쳐오기 전에 끝내야 하는 작업으로서 흙을 나무 그루터기 쪽으로 부어서 겨울의 결빙을 막아주는 것이다. 포도나무는 잎을 떨어내고 식물 성장기 다음에 해당하는 휴지기로 들어간다.

포도나무의 구조

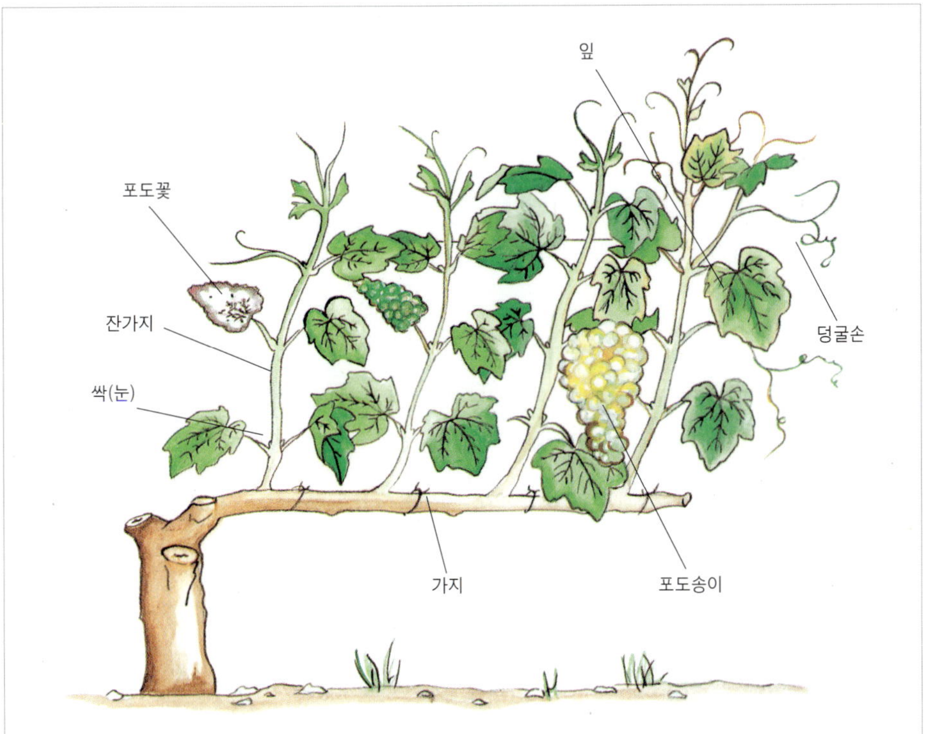

CHÂTEAU COS D'ESTOURNEL

3. 포도의 구성과 성분

포도송이는 포도알과 그들을 연결하는 꽃자루로 되어 있다. 와인 양조에 있어 포도의 구성 성분은 매우 중요하며 특히 포도알을 구성하고 있는 껍질과 과즙, 씨는 와인의 특성과 품질을 결정하게 된다.

꽃자루

포도나무 줄기에 걸려있는 꽃자루는 포도송이의 골격을 형성한다. 원줄기로부터 잔가지를 친 각각의 작은 포도알 꽃자루는 포도송이를 이루는 포도알들을 고정시키고 있다. 이 자루는 포도수확이 이루어 질 때까지 포도나무에 남아있고 양조장에 도착하여 줄기제거압착기라는 기계에 의해 완전히 제거된다.

포도알의 구조

① **표피** : 아주 얇은 막의 표피는 포도알 껍질을 감싸고 있으며 포도 알맹이를 외부 환경으로부터 보호하고 있다. 적포도의 표피는 짙은 자주색을 띠는데 여기에서 박테리아나 효모가 자랄 수 있다.

② **껍질** : 포도알을 키우는 세포조직과 여러 향을 내는 성분과 탄닌, 색소를 함유한 폴리페놀 성분으로 이루어져 있다. 청포도 품종의 노르스름한 껍질은 화이트와인의 색깔에 영향을 끼치지 않는 반면 적포도 껍질의 짙은 색상은 레드와인의 색상에 영향을 준다.

③ **과육** : 큰 세포들을 포함하고 있는 과육은 주로 수분으로 되어 있고 당분, 산, 기타 여러 구성요소들이 있다. 과즙은 청포도든 적포도든 포도 종류와 상관없이 진한 껍질의 포도 품종을 제외하고는 거의 색깔이 없으며 포도 주스가 되어 와인의 기본적인 원료가 된다.

④ **씨** : 포도알 중앙에 위치해 있는 씨앗은 양조의 포도 압착 단계에서 으깨어지는 것을 피해야 한다. 깨어진 씨앗에서는 기름 성분과 다량의 탄닌이 방출되기 때문에 와인의 맛에 영향을 줄 수 있다.

포도 성숙에 따른 포도알의 변화

6월에 포도나무 꽃이 만개하면 꽃가루들이 날아다니고 수분이 이루어져 포도알 모양이 생겨난다. 이때 풍부한 엽록소로 포도는 초록빛을 띠고 아주 약한 당도를 지니고 있다. 8월에 포도송이가 물들기 시작하여 청포도 품종은 노란색으로 변하고 적포도 품종은 연보라색에서 점차 짙은 적색으로 변한다. 이때부터 포도가 완숙에 이를 때까지 포도알 속의 당분은 계속 축적되어 점점 더 늘어나는 반면에 산도는 점차 낮아진다.

포도알의 성분

포도알의 성숙은 색깔이 드는 시기까지 확장되며 그 때부터 파란색 포도송이는 완전히 익을 때까지 색깔이 변화되어 간다. 포도가 완전히 익기 전 포도알이 굵어지면서 수분, 당분과 페놀성분은 포도알에 축적되고 산도가 약해지는 등 다양한 변화가 일어난다. 포도알의 주요 구성 성분을 살펴보자.

① 수분 : **과즙의 주요소**

포도알 과즙의 주요소인 수분이 약 70%를 차지한다. 성숙되어 가는 동안 포도알에 수분이 축적되고 알은 굵어지며 그 속에 있던 산도는 희석되어 감소된다. 수분의 함유량은 기후와 토양에 따라 다르며 지나치게 많은 경우 포도 알이 터지기도 하고 와인 농도에 장애가 되기도 한다.

② 당도 : **알코올 도수의 징후**

당분 함유량은 와인 알코올 도수와 연관이 있다. 포도당과 과당은 8월 포도송이가 물들기 시작할 때부터 과즙 안에 축적된다. 이 당분은 잎으로부터 오고 과일이 만들어 질 때까지 수액에 의해 옮겨진다. 일반적으로 포도알의 당분 농도는 포도가 익기 시작하는 시기에는 리터당 20g이고 완숙기에는 200g에 이른다.

③ 산도 : **사과산과 주석산**

사과산은 포도나무의 엽록소 부분에서 종합되어 만들어진다. 사과산 농도는 물들기 시작할 시기에 정점에 달하고 온도가 30도가 넘으면 생화학적 현상으로 낮아지게 되고 묽어지면서 75%까지 점진적으로 낮아진다. 주석산은 사과산보다 더 안정적인데 온도가 35도 이상으로 올라가지 않으면 생화학적 현상을 덜 받기 때문이다. 착색 시기와 성숙 단계에서는 그 농도가 더욱 묽어져 50%까지 내려간다.

④ 페놀 성분 : **안토시안과 탄닌**

안토시안은 막 만들어진 레드와인의 색깔에 관여한다. 포도알이 물들기 시작하면 몇 일 사이에 포도 껍질 속에 안토시안이 모이게 되고 특히 날씨가 덥고 건조하여 포도나무에 활기가 있으면 더 많이 축적된다. 그리고 껍질부분에 많이 함유되어 있는 탄닌은 와인 숙성과정에서 큰 역할을 한다.

포도알 구조

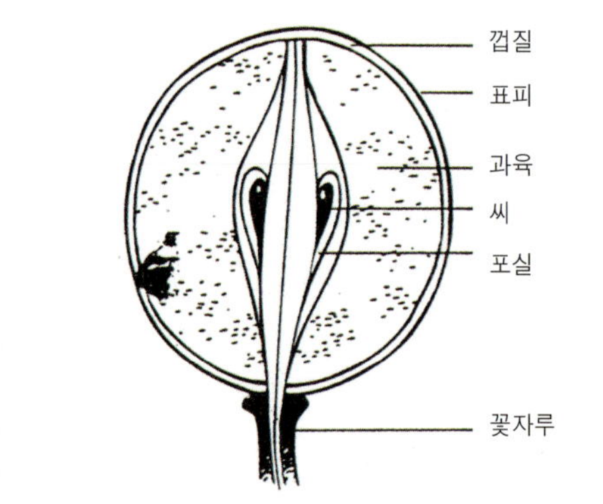

포도알 성분의 변화

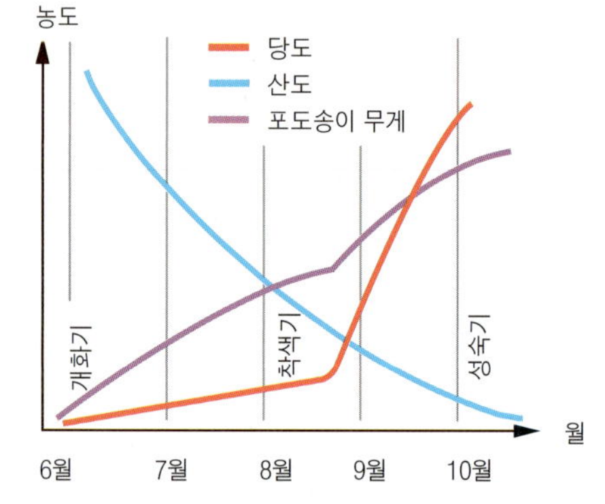

이 탄닌은 레드와인 색깔에 점진적으로 관여하는데 초기 와인 색깔을 형성했던 안토시안이 사라지면서 뒤이어 탄닌이 영향을 끼치게 된다. 오래된 와인에서 볼 수 있는 적색이나 적갈색은 탄닌에서 기인한다.

⑤ 아로마향들

쏘비뇽 블랑이나 뮈스까 등의 청포도 품종들은 포도알 껍질에서 개성적인 향을 발산한다. 테르펜Terphene이라고 불리는 향 분자들은 효모들의 도움으로 발효과정에서 풍부하고 자유롭게 그 향을 드러낸다.

보르도 포도의 품종별 리터당 포도즙 성분표 *ℓ당 1/1000g 당량수

품종		알코올도수	산도	주석산	사과산
레드와인 품종	메를로	12.0도	92	110	36
	까베르네 프랑	11.3도	99	102	40
	까베르네 소비뇽	11.4도	102	111	50
	말벡	11.0도	108	98	55
	쁘띠 베르도	12.5도	120	120	60
화이트와인 품종	쏘비뇽 블랑	13.0도	90	80	45
	쎄미용	12.4도	80	82	32
	뮈스까델	11.2도	84	90	38

* 같은 포도원에서 생산된다는 조건 Ch. COCKS et Ed. Feret, "Bordeaux et ses Vins"

4. 포도수확

포도 수확 시기는 포도재배자들에게 일 년 농사의 결과를 확인하는 때가 되므로 가장 중요한 시점이다. 포도를 자라게 한 것은 자연이지만 와인으로 만들기 위해 최고 상태의 포도를 거두어 들어야 하는 일은 사람의 정성과 노력이 필요하다.

먼저 포도수확 날짜를 결정해야 한다. 고품질의 와인을 만들기 위해서는 포도가 아주 잘 익고 손상되지 않은 포도여야 하기 때문에 수확일 결정은 대단히 민감한 문제이다. 포도를 너무 일찍 수확할 경우 포도는 아직 덜 성숙되어 당분은 약하고 산도가 지나쳐 와인은 빈약하고 시큼한 맛을 갖게 된다.

반대로 너무 늦게 수확하게 되면 포도가 농익어 아로마향의 감소와 산도의 부족, 당도의 과잉으로 이어지게 된다. 이럴 경우 와인은 너무 익은 맛이 되어 거의 향이 없으며 입안에서 무겁게 느껴지고 또한 알코올과 구조의 불균형으로 힘이 느껴지는 않는 결과를 얻게 된다.

최적의 날짜에 수확하기 위해서는 8월말 경 포도품종에 따라 숙성상태를 파악하는 것이 필수적이다. 매주에 한두 번씩 포도재배구역별로 포도송이를 따서 과즙을 짜내어 그 속의 당분과 산도의 양을 측정한다. 당도와 산도의 측정 작업으로 포도 성숙의 수준을 파악할 수 있다. 그러나 이 분석만으로는 충분하지 않으며 사람이 직접 포도알을 맛 봄으로써 입안에서 느끼는 감각으로 포도의 성숙 상태를 더욱 잘 파악할 수 있다.

매년 보르도 지방의 포도수확을 위해 "지롱드 포도원 포도 완숙 단계 기술위원회"에서 포도원 구획별로 포도를 분석하고 다양한 포도 품종에 따른 완숙단계표를 만든다. 성숙의 최적 단계에 이르러 이 목록은 정부 관련기관으로 전달된다. 정부가 이러한 내용을 인정하고 허가하면 지방청에서는 포도수확 날짜를 공시한다. 포도원들은 이때부터 수확을 시작하고 필요하다면 해당 정부기관으로부터 허가를 받은 후, 설탕을 첨가하는 보당작업이 가능해진다.

각 포도원들은 수확 개시 공고일부터 분석자료와 예상된 수확방법에 따라 포도를 맛본 후 그들의 수확 날짜를 최종 결정하고 각 포도 품종과 떼루아별로 수확이 시작된다.

CHATEAU ANGELUS

5. 보르도 와인 양조

포도가 와인으로 태어나기 위해서는 사람의 시음과 기술 노하우를 통해 양조와 숙성 과정을 거쳐 만들어진다. 와인을 만드는 기술은 오랫동안 전통적으로 전승되어왔고 오늘날에도 양조학 지식이 접목되어 발전이 거듭되고 있다.

하지만 와인 양조에 있어 과학적인 방법을 적용한다고 해도 와인마다 다른 종류로 만들어지는 이유는 양조자의 역할과 방법이 저마다 다르기 때문이다. 이는 일률적인 양조방법이 공식화되어 있는 것이 아니므로 양조자들은 가장 좋은 와인을 만들기 위해서 수확한 포도에 해마다 가장 알맞은 양조방법을 적용하게 되고, 얻고자 하는 와인 유형에 따라 그들만의 양조기법을 선택하게 된다.

포도 수확

와인 양조에서 가장 중요한 결정은 포도수확을 언제 시작할 것이냐 하는 것이다. 포도가 충분히 익었을 때 따야지, 덜 익은 상태로 와인을 만들게 되면 너무 시큼하거나 풋내가 강해 마시기 거북한 와인이 나오게 된다. 보르도의 와인 생산자들은 질감이 더 풍부하고 신맛이 덜한 와인을 만들 목적으로 포도 수확 시기를 조금 더 늦추어 보통 포도나무 꽃이 개화한 지 110일을 전후로 해서 포도수확 날짜를 잡고 있다.

최근에는 주로 기계로 포도수확 작업이 이루어지고 있으나 고급 와인을 생산하는 그랑 크뤼 포도원들은 더 좋은 와인을 얻기 위해 사람의 손으로 일일이 포도송이를 선별하고 완벽하게 잘 익은 포도만을 골라내어 수확하기도 한다. 그리고 양조자는 포도밭의 포도를 한꺼번에 또는 부분적으로 수확해야 할 지를 결정해야 하지만 포도를 한꺼번에 따는 것이 일반적이다.

보르도에서는 화이트와인과 레드와인을 위한 포도수확은 3주에 걸쳐서 이루어지고 스위트 와인인 경우에는 2개월에 걸쳐 이루어진다. 드라이한 화이트와인을 만들 수 있는 청포도 종류가 가장 빨리 익고 제일 먼저 수확된다. 그 다음이 레드와인 품종인 메를로와 까베르네 프랑, 까베르네 소비뇽이고 마지막으로 쁘띠 베르도 순이다. 양조의 첫 단계인 포도수확은 포도원이 구획별 · 품종별로 수확하여 양조장에 도착하여 떼루아와 품종별로 각각 동시에 양조단계에 진입한다.

레드와인 양조 과정

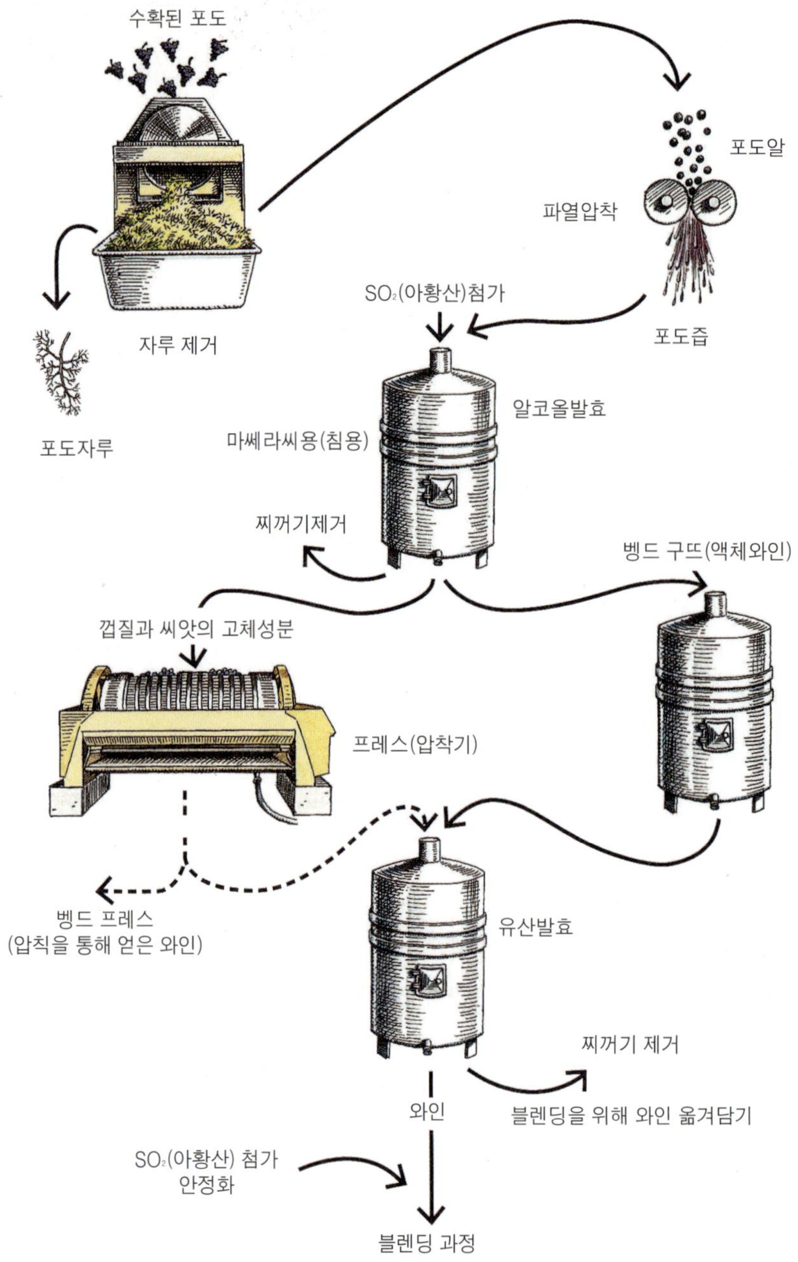

Précis des vins de Bordeaux, Ecole du Vin de CIVB

레드와인 양조 과정

포도자루 제거와 파쇄하기

수확된 포도는 자루 분리와 파열과정이 동시에 "자루 제거-파열기"에 의해 이루어진다. 이 작업은 포도송이에 남아있는 포도알을 줄기로부터 분리하고 그 알들을 으깨어 포도과즙이 흘러나오게 하는 것이다. 이 과정에서 포도껍질에 붙어있는 효모는 포도과즙과 접촉하여 알코올 발효를 일으키며, 포도 성분인 안토시안과 탄닌성분 또한 추출된다. 이때 포도 씨앗이 으깨어지지 않도록 주의해야 한다. 이 과정에서 얻어진 과즙과 껍질, 씨앗은 산화작용의 위험을 피하기 위해 바로 양조통으로 옮겨 다음 과정이 시작된다.

알코올 발효 Alcohol Fermentation

압착된 포도즙은 발효를 위해 퀴브Cuve, 즉 발효조로 옮겨진다. 시멘트 퀴브들이 있지만 스테인레스 탱크를 많이 사용하고 있다. 이것은 청소나 유지가 쉬울 뿐만 아니라 온도조절이 용이하기 때문이다. 또한 참나무로 만든 양조통을 이용하는 데도 있다.

퀴브로 옮겨진 즙은 자연 효모에 의해 알코올 발효가 시작되는데, 이때 배양효모를 넣기도 하고, 발효과정에서 어떤 미생물들로 발효가 멈추는 것을 방지하기 위하여 아주 작은 양의 SO_2무수아황산을 첨가하기도 한다. 발효는 탄산가스를 배출하면서 포도의 당분을 알코올로 변화시키는 과정인데 이 동안에 발효조의 온도를 주의 깊게 관찰해야 한다. 왜냐하면 온도가 조금만 변하여도 와인 스타일이 변할 수 있기 때문이다.

발효온도를 높이는 곳도 있지만 대다수의 양조 전문가들은 25°에서 30° 사이를 가장 알맞은 온도라고 생각하고 있다. 고온에서 탄닌 성분과 색깔을 우려내는 색소를 최고로 추출할 수 있으나 높은 온도일 경우에는 와인에 불쾌한 식초냄새를 내게 하는 초산 박테리아가 많이 늘어날 가능성이 있다. 게다가 이런 고온에선 자연 효모가 파괴되어 발효과정 자체가 멈출 수도 있다.

일반적으로 고온 발효를 행하는 샤또에서는 탄닌 성분이 많아 맛이 진한 와인을 생산하기를 원한다. 그러나 25° 보다 낮은 온도를 유지하는 샤또에서는 탄닌 성분이 강하지 않은 대신 과일향미가 더 풍부한 와인을 얻으려고 하는 것이다.

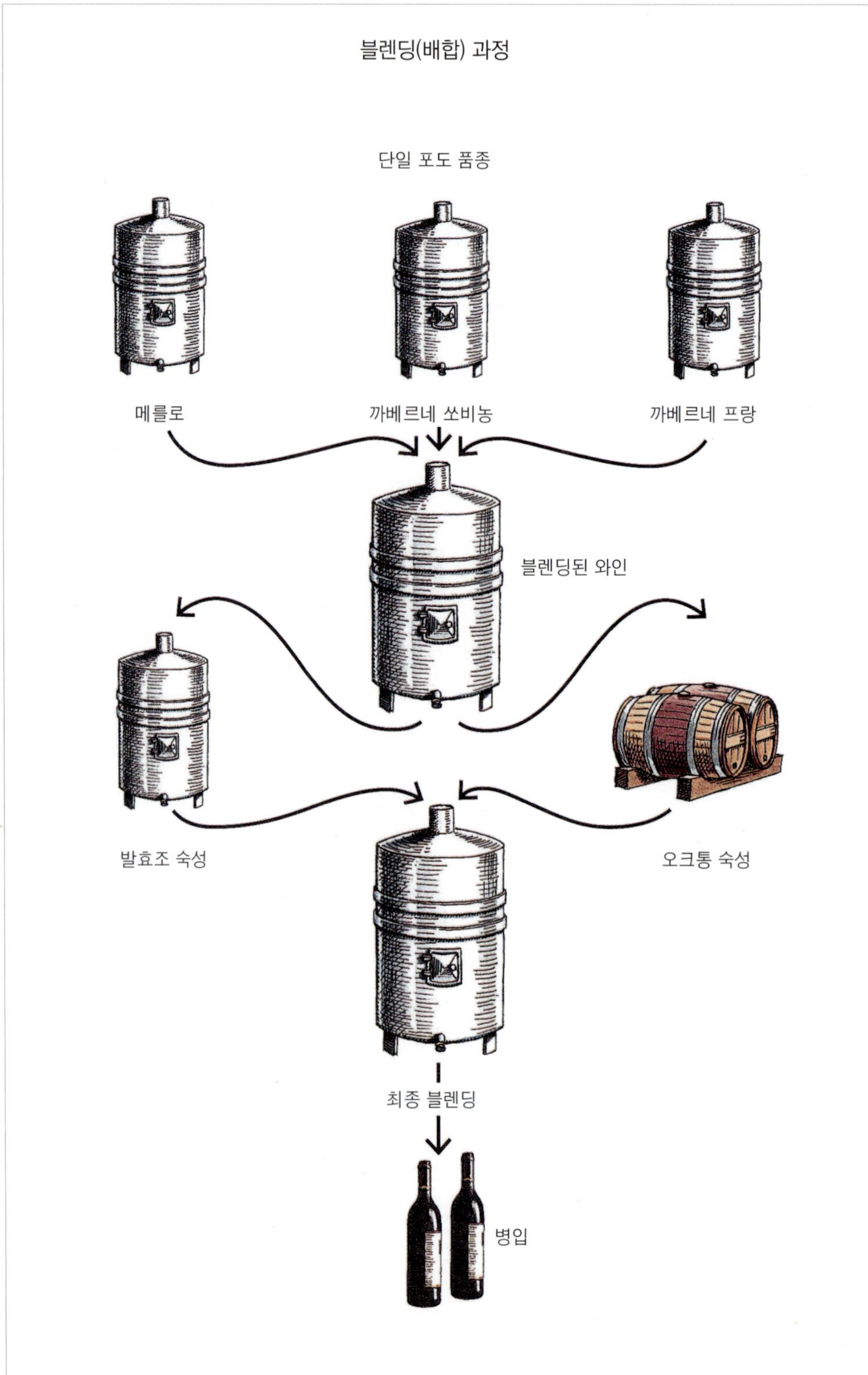

Précis des vins de Bordeaux, Ecole du Vin de CIVB

발효가 진행되는 과정 중에 지속적으로 관찰하면서 발효조 온도의 지나친 상승을 막아야 한다. 스테인레스 퀴브인 경우 내벽면을 타고 물을 흘려 보내는 것만으로도 간단히 냉각시킬 수 있다. 반면에 나무로 만든 퀴브나 시멘트 퀴브에선 별도의 냉각장치를 발효조에 설치하여 온도를 조절하고 있다.

르몽따쥬Remontage : 발효되는 동안에 포도껍질과 꽃자루, 씨와 같은 고형성분이 위로 올라와 와인 표면 위에 "덮개"를 형성하는데, 덮개 부분을 "샤뽀Chapeau"라고 부르는데 마치 모자를 쓴 모습과 같다고 하여 이렇게 부른다. 탄닌 성분과 포도껍질의 색깔을 충분히 우려내고 또한 박테리아 번식도 막기 위해선 발효조 아래쪽에 있는 와인을 덮개가 형성된 고형성분 위로 계속 올려주어야 한다. 이러한 과정을 르몽따쥬라고 한다.

샵딸리쟈시옹Chaptalisation **– 보당** : 발효초기 단계에서 와인의 스타일에 영향을 끼칠 중요한 과정이다. 전체 알코올 함유량을 높이기 위해 발효 전 포도즙에 당분을 첨가할 것이냐 말 것이냐 하는 결정이다. 이것은 수확된 포도가 잘 익지 않은 경우에 사용하는 방법이며 보르도 지방에서는 법으로 허용되어 있다. 이 설탕의 첨가 과정을 샵딸리쟈시옹, 즉 보당이라 하고, 이 과정으로 자연적 알코올 도수를 1~2도 올려주는 결과를 얻게 되어 양조자가 바라는 알코올 함유량의 와인을 만들게 된다. 효모가 알코올 1도를 만드는데 필요한 당분의 양은 리터당 17.5g이며 모든 당분이 없어지면 발효는 중단되며 다음 과정으로 넘어간다.

마쎄라씨용Macération **– 침용** : 이렇게 모든 당분이 알코올로 변했을 때 1차 발효가 끝나게 되며 이어서 포도껍질과 씨앗을 포도과즙 속에 일정 기간 동안 담가두게 되는데 이것을 마쎄라씨옹 즉 침용과정이라고 부른다. 먼저 붉은 색소인 안토시안이 추출되고 그리고 페놀 성분인 탄닌이 얻어지는데 이 과정을 통해 와인의 색상과 다양한 향, 와인의 구조감을 얻게 된다.

풍부한 질감과 진한 색깔을 띤 탄닌 성분이 풍부한 장기보관용으로 적합한 와인으로 만들거나 반대로 유연하고 금방 마시기에 좋은 와인으로 만들 지를 결정하는 것이 바로 이 침용과정이다. 대부분의 보르도 샤또들은 이 침용기간을 7~14일로 잡고 평균적으로 전체 발효기간을 21일로 잡고 있다.

발효조 옮기기와 포도 찌꺼기의 압착

1차 발효 후 새로 만들어진 와인 액체부분에서 껍질과 씨앗이 있는 고체부분인 침전물 찌꺼기를 분리해 내기 위하여 다른 스테인레스 탱크나 오크통으로 옮기게 된다. 분리에 의해 얻어진 자연 액체 상태의 와인을 벵 드 구뜨Vin de Goutte라고 하고, 고체 부분의 찌꺼기를 압착해서 얻은 와인을 벵 드 프레스Vin de Presse라고 하는데 더욱 텁텁하고 탄닌 성분이 많고 색깔이 아주 진하다.

이 압착한 와인은 먼저 유출한 와인과 섞어 블렌딩하는데 각 지방마다 그 비율이 다르다. 탄닌 성분이 가벼운 와인을 선호하면 뱅 드 프레스를 섞지 않고 좀 더 무겁고 짜임새 있는 와인을 원한다면 10~20%의 벵 드 프레스를 섞는다. 일반적으로 얻고자 하는 와인에 따라 또는 수확한 포도의 품질에 따라서 섞어 넣는 벵 드 프레스의 비율은 달라질 수 있다.

말로락틱 발효Malalatic Fermentation

유산 발효라고 부르며 와인 안에 함유된 사과산Acide malique이 박테리아의 활동으로 유산Acide lactique으로 변화되는 과정을 지칭한다. 유산 발효가 진행되면 과즙의 색깔이 더 진해지고 수소이온 농도의 증가와 함께 향이 변하게 된다. 포도가 지닌 1차 향과 1차 발효 과정 중에 생긴 2차 향이 다같이 줄어들고 새로운 향이 생겨나는 데 대표적인 것이 버터 향이다. 유산 발효가 진행된 와인은 산도가 감소하고 유산이 생성되며 향과 맛이 한결 매끄럽고 부드러워진다.

일반적으로 햇 와인에서 일어나는 과정인 유산 발효는 알코올 발효에 이어서 2차적으로 보통 10월에서 1월 말까지 서너 달에 걸쳐서 이루어진다. 이 발효는 레드와인에 특별한 중요성을 갖는데 유산 발효를 통해 와인 맛이 조화롭게 변하고 개성적인 맛이 나기 때문이다. 보르도에서는 발효가 오크통에서 이루어져 바람직한 와인의 결과를 얻고 있다.

와인 숙성

레드와인 양조에 있어 중요한 과정으로 와인을 오크통에서 보통 12~24개월 심지어 30개월까지 장기간 숙성하는 것이다. 최근에는 이 기간이 점점 짧아지고 있는 추세이다. 요즘은 오크통 숙성기간을 더 짧게 하고 병입 단계로 바로 들어가려는 경향이 일반적인데 이것은 와인의 산화를 방지하고 나무향이 강해지는 것을 피하고 과일향을 유지하여 더욱 신선하게 보관하기 위한 목적이다.

하지만 유명한 샤또들은 여전히 장기숙성을 선호하여 최소한 숙성과정을 18~24개월까지 유지한다. 보통 와인은 숙성기간이 길수록 색상이 더욱 진해지고 맛도 풍부해진다. 탄닌이 강하고 질감이 풍부한 와인은 오크통과 접촉하면서 오랫동안 변하지 않고 견딜 수 있게 되는 반면 그렇지 않은 와인은 오크통과의 접촉으로 맛이 쉽게 변할 수 있기 때문이다. 일반적으로 24개월 이내에 병입 단계에 들어가는 것은 특별한 경우를 제외하고는 상업적이고 실용적 이유라 할 수 있다.

이제 오크통 속의 와인 숙성과정 중에 와인 양조자가 주의를 갖고 실행하는 주요 작업들을 살펴보자.

CHÂTEAU COS D'ESTOURNEL

우이야즈Ouillage **– 와인 채워 넣기** : 숙성기간 동안 오크통 속의 와인은 미세한 증발 현상으로 양이 조금씩 줄어든다. 이때 비어있는 공간 속의 공기로 인해 와인이 변질될 우려가 있기 때문에 오크통 속의 빈 부분에 와인을 채워 넣어 빈 공간이 없도록 해야 하는데 이 작업을 우이야즈라고 하며, 지속적으로 실시한다.

수띠라즈Soutirage **– 와인 따라내기** : 숙성단계 첫 해에는 일반적으로 숙성 중인 와인을 네 번 정도 거른다. 이러한 과정은 와인을 맑게 하는데 필수적인데 이 작업을 통해서 스테인레스 탱크나 오크통 밑바닥에 가라앉아 있는 찌꺼기와 투명한 와인을 분리해 낼 수 있는 것이다. 만약 걸러내는 작업이 규칙적으로 제대로 이루어지지 않는다면 찌꺼기에서 발생하는 황화수소로 인해서 안 좋은 냄새가 와인에 배게 된다.

따라내기는 3개월에 한 번 하는게 좋으며, 빈 오크통은 유황으로 훈증하여 살균해야 한다. 이러한 작업은 많은 노동력이 요구되지만 와인에 섞여 있다가 가라앉게 되는 이 찌꺼기가 와인의 향에 큰 영향을 주기 때문에 필수적인 과정이다.

꼴라즈Collage – 와인 정제하기 : 이 작업을 통해서 와인은 더 맑고 깨끗해지며 작은 불순물 입자들이 제거된다. 예전에는 계란 흰자를 풀어 오크통에 넣어, 가라 앉은 불순물을 제거했으나 최근에는 전통과 명성있는 샤또들을 제외하고는 신선한 계란 흰자 대신 벤토나이트나 젤라틴과 같은 더 효과적인 물질을 사용하는데, 병입 바로 전 단계에서 이 과정을 거친다. 그러나 지나치게 불순물을 제거한 와인은 그 고유의 특징을 잃어버리게 되기 때문에 많은 주의가 필요하다.

또한 와인의 안정화와 산화로부터 보호하기 위하여 아황산SO_2 처리를 하는데 이는 와인 속에 어떠한 미생물도 자라지 못하도록 방지하기 위함이다. 이 단계에 있는 오크통 속의 와인은 아직 단일의 포도 품종들이 각 떼루아 별로 분리되어 있는데 이 와인은 블렌딩하기 전에 각 품종과 떼루아의 특징들을 그대로 표현하는 결과물인 것이다.

아쌍블라즈Assemblage – 와인 블렌딩 : 레드와인을 한 포도 품종만으로 생산하기도 하지만 보르도의 경우 2종류 이상의 품종을 블렌딩하여 와인을 완성하는 특징이 있다. 사실 모든 보르도 품종들은 자신들의 고유한 특질 가지고 있으나 블렌딩을 통해 완벽하고 조화로운 품질을 만들어 낸다. 특히 이러한 품종배합을 통해 까베르네 소비뇽은 메를로에게 탄닌 구조를 강화시켜 장기 보존이 가능하도록 도와주고 반면에 메를로는 까베르네 소비뇽에 부드러움과 유연성을 선사하게 된다. 이 두 품종의 특별한 포도 성분들이 놀랄 만큼 서로 잘 어울려 조화를 이루어 낸다.

배합 단계에서 유명한 샤또인 경우 양조학자의 참여 하에 양조 책임자는 최고급 와인이자 대표 와인인 그랑벵Grand Vin과 2차 와인Second Vin, 또는 일반 와인이 될 것을 분류하기 위해 엄격한 심사를 거친다.

최초의 선택은 포도밭에서 이루어진다. 오래된 포도밭과 생성된 지 얼마 안된 포도밭이 구분되어 재배된다. 사실 초보자라 할지라도 5년 된 포도밭과 30년 된 포도밭에서 생산된 와인이 서로 다르다는 것을 느낄 수 있을 것이다. 오래되지 않은 포도밭에서 나온 포도로 만들어진 와인은 오래된 포도밭에서 나온 포도로 만든 와인보다 깊은 맛, 풍부한 질감, 농축도 등은 떨어진다. 이러한 이유로 신중한 샤또에서는 이 두 가지를 서로 섞지 않으며, 만일 두 종류의 와인을 섞더라도 이 과정은 와인의 품질에 영향을 주기 때문에 중요하고 섬세한 심사를 거친다.

포도밭에서의 구별과 더불어 대부분의 샤또들은 까브인 와인 저장고에서 와인 블렌딩을 시행한다. 매년 1월이나 2월에 샤또의 양조책임자는 양조전문가의 도움으로 고급 와인과 일반 와인을 결정하기 위한 시음회를 실시한다. 시음 · 분석 후 숙성 중인 포도품종별 와인들을 원하는 비율로 블렌딩한다. 이렇듯 가장 엄격한 분류기준을 거치는 샤또에서 가장 우수한 와인이 만들어진다는 사실은 우연이 아니다.

블렌딩 단계에서 그 해 빈티지 와인에 대한 품질 평가가 이루어진다. 여기에는 어떤 우수한 분석기계도 이 자리를 차지할 수 없고 오직 인간의 시음을 통해 떼루아와 포도품종별 와인으로부터 최고의 역할을 발휘할 수 있도록 한다. 이 블렌딩을 통해 복합적이고 균형있는 조화로운 와인으로 탄생하게 되어 본래 품종의 개별적 특징을 넘어 그 이상의 품질로 거듭 태어나는 것이다.

와인 병입

숙성기간 동안 특별한 문제, 예를 들어 박테리아 번식 등 위생불량 상태가 발생하지 않는 한 와인은 곧바로 오크통에서 스테인레스 탱크로 옮겨진다. 이 발효조에서 병입 바로 전에 마지막으로 불순물을 가라앉히는 작업이 이루어진다. 이때 양조자는 마지막 결정을 내리는데 이 과정이 와인의 최종적인 특성과 품질에 영향을 미칠 수 있다.

많은 샤또에서는 마이크로필터 시설을 갖추어 놓고 포도즙에 남아 있는 고형성분을 걸러 낸다. 이 과정이 와인을 깨끗하게 해 준다고 생각하는 있는 양조자가 있는 반면에 불필요한 작업이라고 여기기도 한다. 누가 옳다고 할 순 없지만 와인 유통업체는 고객들에게 침전물이 있는 와인을 내놓기를 꺼리고 있다는 것이 사실이다. 소비자에게는 침전물이 어떤 결점으로 인식되기 때문이다.

따라서 많은 샤또들은 첨단의 필터 사용을 통해 침전물을 없애는 경우도 있고 고급 샤또에서는 비교적 가벼운 필터링 방식을 이용해서 굵은 고형 성분들만 제거하기도 한다. 가볍게 처리하는 샤또들은 와인 소비자들이 침전물을 절대 흠이 아니라 오히려 와인의 건강한 상태를 나타내주는 상징이라고 인식하기 바라면서 와인을 지나치게 정제하는 작업을 최소화하고 있다.

필터링 작업은 양조학에선 1970년대에 시작된 과정으로 와인의 복합성과 풍부한 질감의 관점에서 정말로 해가 되는지의 여부를 좀더 두고 보아야 한다. 그러나 대부분의 보르도산 와인과 같이 와인이 생물학적으로 안정되고 깨끗하다면 불순물 제거와 과도한 필터링 작업은 불필요한 것처럼 보인다.

이렇게 필터링 과정을 거친 후 와인을 병입하는 것이다. 샤또에서 병입하는 것은 일반화되어 있지만 1960년대 말까지만 해도 대부분의 샤또에서 그들의 생산품을 외국 수입업자 특히 벨기에나 영국으로 보내서 이들이 직접 와인 병입을 담당케 했다. 이러한 관행은 와인의 위조를 조장할 뿐만 아니라 위생상으로도 별로 좋지 않아 각 샤또에서 병입하는 것을 법제화하여 시행하고 있다.

오늘날은 샤또나 와인생산자 조합에서 적절한 실내 온도와 현대설비를 갖추고 그 곳에서 와인 병입을 시행한다. 이러한 작업은 한 달에서 많게는 석 달까지 걸린다. 특히 보르도에선 와인에 따라 숙성기간이 다를지라도 수확연도가 지난 와인은 병입을 시행하지 않는데 이것이 빈티지 별로 통일성을 부여해주고 각각의 병에 담긴 와인이 동일 조건하에서 보관되었을 때 차이가 나지 않도록 해주기 위해서이다.

병입 후 안정화 : 일단 병에 담긴 와인은 2~4개월간 와인 저장창고인 까브에서 그대로 보존된다. 병입 과정은 와인에 일종의 자극을 주게 되어 불안정하게 만들고 스트레스를 발생시킬 수 있다. 따라서 한동안 안정화 과정이 필요하며 까브에 와인을 보관하면 천천히 숙성이 진행되어 간다.

화이트와인 양조 과정

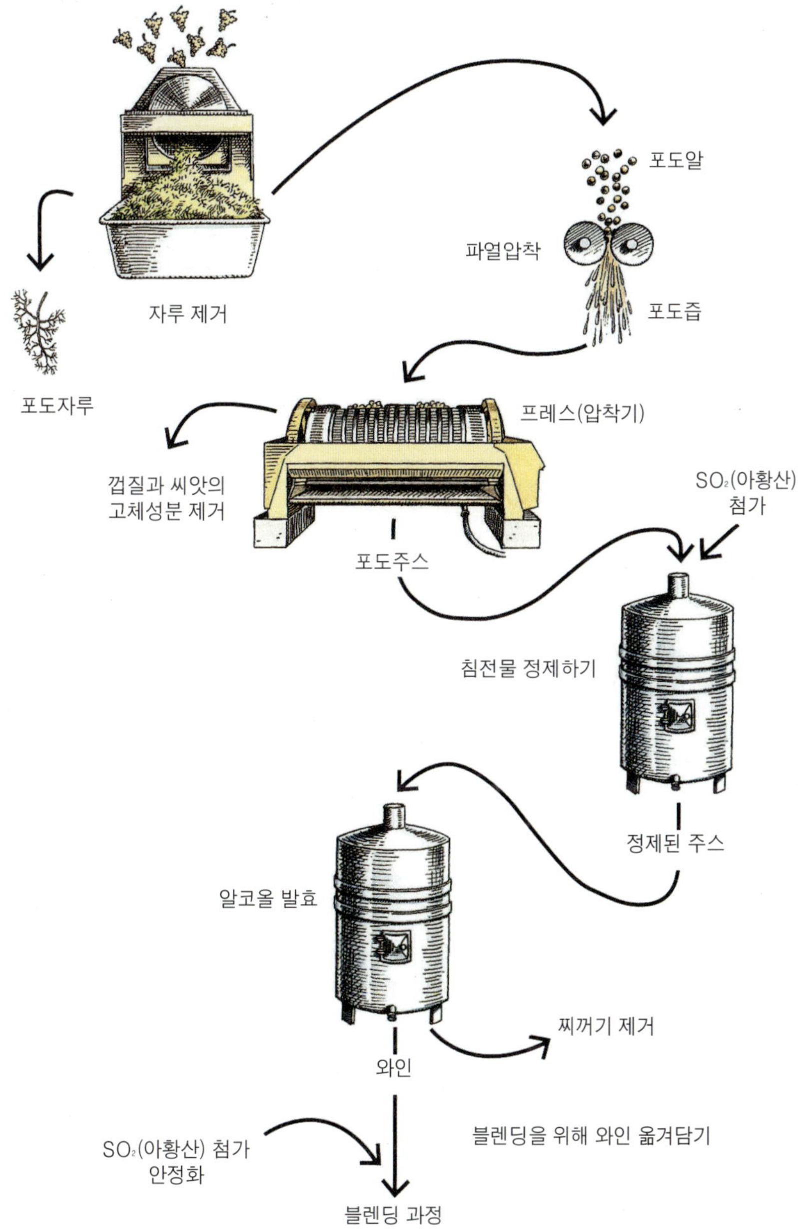

Précis des vins de Bordeaux, Ecole du Vin de CIVB

화이트와인 양조 과정

보르도에서의 모든 화이트와인은 청포도 품종 즉, 블랑 드 블랑Blancs de Blanc에서 얻는다. 따라서 레드와인과는 다르게 화이트와인 양조 시 포도의 침용과정은 없으며 어떤 색깔과 탄닌도 얻지 않는다.

우수한 품질의 드라이 화이트와인은 무엇보다도 신선함과 활기가 있어야 하므로 화이트와인 양조는 이 특질을 고려하면서 이루어지게 되고 만약 이런 특성이 없다면 와인은 빈약하고 좀 무거운 느낌이 될 것이다.

포도자루 제거와 압착

포도수확 후 양조장에 도착했을 때 포도는 상처를 입었기 때문에 즉각적으로 즙과 껍질을 구분하기 위해서 꽃자루 제거와 압착을 진행해야 한다. 이렇게 해야 혹시 일어날 수 있는 침용과정을 피할 수 있다. 압착은 풀향이 거칠게 나지 않도록 살짝 행해져야 하고 포도즙이 산화되지 않도록 신속하게 이루어져야 한다.

침전물 정제하기

압착에서 얻어진 와인은 간단한 아황산 처리를 거쳐 발효조에 채워진다. 발효는 맑은 주스일 때 일어나야 와인이 섬세해지기 때문에 알코올 발효가 일어나기 전에 압착된 흰 주스의 정제 과정이 필수적으로 요구된다. 이 과정은 정지되어 있는 포도 과즙의 미립자와 침전물을 제거하기 위한 목적으로 일반적으로 낮은 온도에서 자연적 디캔팅에 의해 포도즙을 가라앉혀 맑게 하고 아래에 쌓인 앙금을 제거하게 된다.

알코올 발효Alcohol Fermentation

알코올 발효는 씨와 껍질이 없이 정제된 와인만 가지고 일어난다. 레드와인 보다 확실히 낮은 온도인 18~20도에서 평균 12~15일간 이 과정을 거친다. 그러나 보르도의 화이트와인 양조과정에선 15~17도 저온발효를 실시하는데 이 방법은 최대한의 아로마를 추출하기 위해 포도껍질과 즙의 연장된 접촉을 위해 껍질 침용과정을 거친다. 이러한 방법으로 생산한 화이트와인이 진한 아로마 향과 맛이 풍부하여 그라브 지역과 앙트르 드 메르 지역에서도 이 기법이 사용되고 있다.

말로락틱 발효Malalatic Fermentation

레드와인 양조과정에서 필수적인 유산발효는 화이트와인인 경우 임의적이다. 이것은 유산발효과정을 거치면 와인에서 산도가 너무 낮아지게 되는 위험이 있기 때문이다. 그러나 일부지역에서 포도 품종에 따라 또는 원하는 와인 유형에 따라 이 과정을 선택하기도 한다. 이 발효는 사과산을 더 부드럽고 유연한 젖산으로 변화시키는 것이다. 그래서 유산발효를 거쳤는지 아닌지에 따라서도 와인의 특성이 결정된다.

일반적으로 빠른 시일 내에 소비되는 화이트와인은 산도와 함께 신선하게 마시는 편이기 때문에 이 과정을 피하게 된다. 하지만 장기 숙성용 화이트와인의 경우에는 이 발효를 거쳐 와인이 더 진하고 균형이 있으며 안정성을 갖게 된다. 대다수의 보르도산 드라이 화이트와인은 그랑 크뤼를 제외하고는 아황산 처리를 통해 이 발효가 일어나지 않게 한다.

수띠라즈Soutirage – 와인 따라내기 : 발효가 끝난 후에 발효조 또는 오크통의 와인은 무수아황산SO2을 넣고 다른 통으로 와인 따라내기 작업을 통해 아직 남아 있는 다양한 찌꺼기를 와인에서 분리해야 한다. 이때 섬세한 찌꺼기를 제거하기 위해 저온과 필터를 사용하기도 한다.

아쌍블라즈Assemblage – 와인 블렌딩 : 각 발효조 또는 오크통에는 포도품종별, 포도원 구획별로 와인 고유의 특징을 지니고 있다. 보르도에서 양조자들은 원하는 와인과 그들의 명성에 맞게 준비된 2개 이상의 품종을 섞는다. 이 블렌딩을 통해 새로운 화이트와인이 탄생하게 되며 고유 특징의 와인에서 다양하고 균형있으며 복합적인 맛을 지닌 와인이 되는 것이다.

숙성

숙성을 거치는 것은 와인을 정제하고 안정화시키기 위해서이다. 햇 와인에 있는 결점을 완화시키고 복합적인 품질로 향상시키기 위해서 진행된다. 오크통에서 숙성시키는 경우에 샤또에서는 6~18개월 사이에 이루어지며 이 과정에서 여과와 불순물 침전작업이 행해진다. 샤또 드 피외잘, 샤또 오브리옹, 도멘느 드 쉬발리에 등과 같은 유명한 그랑 크뤼 끌라쎄의 고급 화이트와인을 생산하는 곳에서는 와인의 복합성을 잃지 않으려고 이러한 정제 작업을 최소한으로 실시하고 있다.

병입

병입 과정은 제품 품질에 결정적으로 기여하는 중요한 요소이다. 전통적으로 와인의 좋은 상태를 유지하기 위해 저온 상태에서 병입이 이루어지며 신선도를 간직하기 위해 일반적으로 수확한지 3~6개월 사이에 병입 단계로 들어간다.

발효조의 종류와 특징

자료와 형태	발효조 특징
 **나무 발효조** 전통적으로 오크로 만든 마름모꼴 원통형이다.	외관이 심미적이고 전통적인 와인 발효조이다. 청소하기가 어렵고 박테리아나 효모가 살 수 있어 와인품질에 영향을 끼칠 수 있다. 오크로 인해 얻어지는 장점으로 여전히 선호하고 있다.
 **시멘트 발효조** 여러개의 발효조가 배터리 형태로 연결되어 있다.	재료 구매가 경제적이고, 밀폐가 완벽하다. 시멘트와 와인이 직접 접촉하는 것을 피하기 위해 발효조 내벽을 주석, 타일, 세라믹 또는 수지로 입힌다. 이로써 시멘트 사이에 자랄 수 있는 박테리아나 효모의 생성을 피하게 된다.
 **스테인레스 탱크** 스테인레스 스틸로서 원주형 모양이며 크기가 다양하다.	재료로 인한 와인의 변질 위험이 없고 관리하기 가장 쉽다. 특히 자동 온도 장치로 온도 조절이 매우 유리하다. 그러나 구매가격이 매우 비싸며 와인 유형에 따라 알맞은 스테인레스 품질과 크기가 요구된다.

스위트 화이트와인 양조 과정

드라이한 화이트와인은 발효 후 당분이 리터당 4g 미만을 가지고 있다. 반면에 스위트 화이트와인은 발효되지 않고 남아 있는 당분이 풍부하다는 특징이 있다. 당도는 리터당 4g 이상이다. 이 와인은 알코올 도수가 높으며 산도와 당도가 풍부하지만 균형이 있는 와인이다.

보르도에서는 두 종류의 스위트 와인이 생산되는데 아주 단맛인 당분 함유량이 리터당 15g 이상의 와인과 중간 정도의 단맛으로 당분 함유량이 15g 이거나 그 이하의 와인으로 나뉘어 진다. 아주 단맛의 화이트와인은 귀부현상으로 얻어진 포도로부터 생산된 와인으로 아주 매혹적이고 달콤하며 알코올의 양이 풍부하다.

단맛이 강한 스위트 와인을 생산하는 바르싹과 쏘떼른 지역은 포도수확에 있어서 더 많은 노동력이 필요하며 많은 위험을 감수한다. 이 곳 유명한 샤또에서는 포도수확을 한꺼번에 하지 않고 여러 번에 걸쳐서 진행하는데 이것은 보트리티스균에 감염된 포도만을 수확하기 위해서이다.

이곳의 스위트 와인 양조과정을 살펴보면 수확된 포도는 양조장으로 곧바로 옮겨 신속하게 포도줄기 제거와 압착을 진행한다. 압착은 포도즙 유출이 제한적이고 농축되어 있기 때문에 매우 주의를 요하는 과정이다.

바르싹과 쏘떼른 지역에서는 저온추출방식을 도입하고 있는데 이는 압착 단계 전에 포도알의 수분을 얼음입자로 변형시키기 위해 포도를 냉각시키는 기술이다. 이렇게 해서 얻어진 포도즙은 더 진하고 풍부한 질감을 띄게 되는 것이다. 샤또 디껨과 같은 그랑 크뤼 샤또들이 이 방법을 사용하는데, 이것은 보트리티스균에 감염된 포도알을 저온추출했을 때 희석될 위험도 감소되고 과즙도 더 진해지는 이유 때문이다.

드라이 화이트와인과 같이 침전물 가라앉히기 과정을 거쳐 포도즙을 맑게 한 후에 알코올 도수가 14~15%에 이를 때까지 발효가 진행된다. 발효 과정 동안 포도즙이 알코올로 변한 것과 발효되지 않고 남아 있는 당분이 서로 조화되도록 하기 위하여 자연발효가 끝나기 전에 이 발효를 정지시키는 것이 필수적이다.

이 정지로 발효되지 않은 당분이 스위트 와인의 당도를 결정하게 된다. 그리고 발효가 끝난 와인은 다시 저온 과정을 거쳐 정제되고 아황산을 첨가한 후 숙성과정에 들어간다.

이름난 샤또의 경우 발효가 끝난 와인을 오크통으로 옮겨 담아 숙성시키게 된다. 샤또 디껨에서는 숙성기간이 3년이고 모두 새 오크통에서 진행된다. 샤또 끌리망, 샤또 쉬뒤로 등의 샤또에서는 새 오크통의 사용비율이 50~100%에 이른다. 반면 아주 훌륭한 와인을 생산하면서도 새 오크통을 사용하지 않는 샤또 지레뜨Chateau Gilette 같은 곳도 있다. 마지막 병입 단계에서는 대부분 불순물 침전단계와 가벼운 여과작용을 거치고 병입을 마치게 된다.

로제와인과 클라레 양조 과정

로제와인 색깔은 레드와인에 가깝지만 맛의 특징은 화이트와인에 더 가깝다. 그렇다고 로제와인이 레드와인과 화이트와인을 적당히 섞어 양조하는 것은 아니다. 이는 적포도 껍질의 침용에 의해 얻어진 옅은 색깔의 과즙으로 생산되는 것으로 이러한 유형의 와인이 보르도에는 로제와인과 클라레 두 종류가 있다.

로제와인의 양조는 세심하게 이루어지며 두 가지 방법으로 생산된다. 첫 번째로는 수확된 적포도를 압착하게 되면 색깔이 번지게 되고 곧 이어 그 주스를 짠 후 발효과정을 거치는 방법이 있지만 이것은 잘 사용되지 않는다. 다른 하나의 로제와인 양조법으로 일반적으로 사용하는 기술은 단기 침용 기법이다. 이는 수확 후 으깨지고 짓이겨진 포도를 그대로 양조통에 넣어 단기간의 침용과정을 거쳐 색상을 내는 방법이다.

이 침용을 위해 와인은 전체량의 15~20%정도 남겨두며, 원하는 색깔의 정도에 따라 몇 시간에서 약 12시간 또는 24시간 동안 일어날 수 있다. 이렇게 얻어진 정제된 로제 색깔의 주스와 적은 양의 탄닌은 18~20° 온도에서 발효된다. 2차 발효는 일반적으로 신선함을 유지하기 위해서 이 과정은 거치지 않는다.

클라레는 레드와인과 로제와인의 중간 정도의 와인 특성을 가지고 있다. 중세 때에는 영국인들이 보르도 레드와인을 클라레라고 불렀고 현재에는 로제와인보다 좀 더 진한 색상의 와인을 지칭하고 있다. 로제와인의 침용 기간 보다 시간이 길어 더 깊은 색깔과 가벼운 탄닌을 느끼며, 과일향이 풍부한 것이 특징이다.

6. 오크통 특성과 사용

와인 양조과정 중에서 오크통 숙성은 와인 품질에 지대한 영향을 미친다. 이 오크통을 처음 사용한 민족은 프랑스인의 선조인 골Gaul족 이었으며 와인의 운송과 보관 용기로써 오랜 기간 동안 사용해 왔다. 와인 역사와 더불어 오크통 제조에 대한 변화는 조금씩 변화하였는데 그것의 형태는 세련되어지고, 오크통의 경제성이 커지고 선택의 다양성이 더 넓어졌다.

오늘날까지 지속적으로 이 전통적인 오크통이 사용되고 있으며 아직도 장인들이 직접 손으로 제작하고 있다. 그러나 몇 세기 전부터 이 오크통은 더 이상 운송과 보관뿐만이 아니라 포도원에서의 와인 숙성과정에서 사용되고 있는데, 프랑스뿐만 아니라 전세계에서 이용되고 있다. 이는 숙성과정에서 오크가 주는 여러가지 혜택이 발견되면서 많은 양조업자들이 오크통 사용에 큰 관심을 갖게 되었기 때문이다.

오크가 와인에 미치는 영향과 혜택

와인은 숙성과정에서 일정한 양의 산소가 필요하며 이 산소는 아주 미세한 분량으로 천천히, 지속적으로 제공되어야 한다. 오크나무의 자연 조직은 바로 이 미세한 산소 공급을 가능케 하는 통기성을 가지고 있어 와인이 안정적으로 숙성할 수 있도록 하는 최적의 조건을 제공한다.

또한 오크통에서 숙성되는 와인은 부케의 복합적이고 미묘한 성분들을 더해 준다. 오크 나무 조직에 함유되어 있는 폴리페놀 성분은 무려 60여 가지나 되는데 그 중에 대표적인 것이 바닐린과 탄닌이다.

바닐린은 직접적으로 와인의 부케 형성에 관여 하는데 오래 숙성된 고급 와인의 은은하면서도 향긋한 나무 냄새는 바로 이 오크의 바닐린 성분이 와인의 알코올 성분에 의해 추출되어 산소와의 미세한 산화 작용을 거쳐 나타난다. 또한 오크의 탄닌 성분은 와인의 골격을 강화시켜 탄탄한 구조를 형성하는데 영향을 끼친다. 그래서 주로 장기 숙성용 고급 와인에 오크통을 사용하는 것이다.

프랑스 참나무(오크) 생산지역

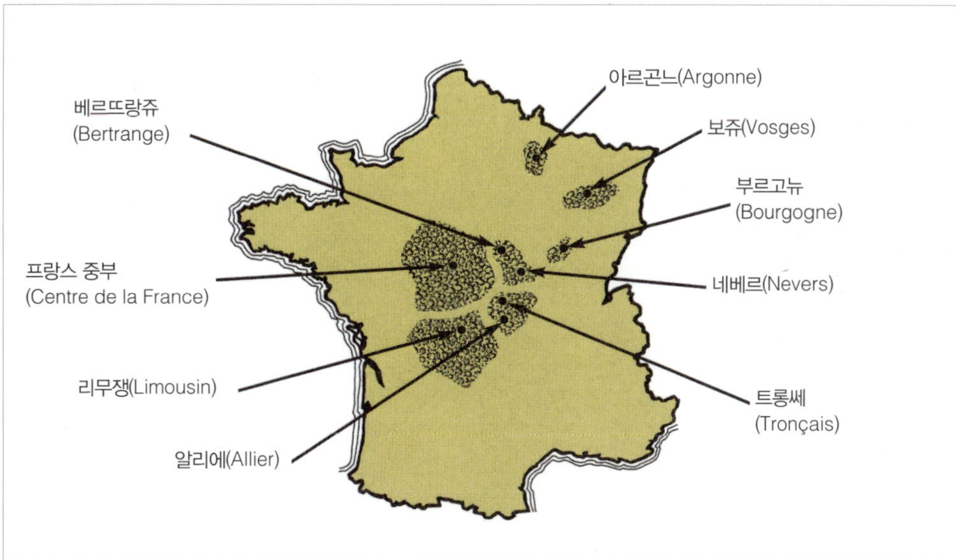

Donald J.P. Ziraldo, (Anatomie d'un vignoble-Inniskillin)

오크의 종류와 산지

오크통에 사용되는 참나무는 오크통 제작에 요구되는 물리적 압력에 견디는 힘과 특성 즉, 길고 둥그런 모양의 통 제작에 필요한 탄력성과 유연성을 지니고 있다. 또한 온도와 열 전도에 덜 민감하고 방수성과 밀봉성 역시 뛰어나다. 그런데 이 오크통의 특성은 재료로 사용된 오크나무의 품종과 산지에 따라 차이가 있다. 일반적으로 추위가 적당히 교차되는 선선한 기후대에서 비교적 천천히 자란 오크나무가 조직이 탄탄하며 와인 숙성에 효과적인 것으로 알려졌다.

와인 숙성용 오크로는 프랑스 중부지방의 알리에Allier 특히 트롱쎄Tronçais 지역에서 자란 참나무가 최상급이며, 브랜디 숙성용으로는 리무쟁Limousin 산 참나무를 최상의 품질로 여겨진다. 이것은 특정 지역의 떼루아와 관련된 것으로 이 지역산 나무들은 그 품질의 균질성이 보장되고 있다. 물론 미국과 러시아에서도 오크가 생산되지만 특성이 제각각 다르며 와인의 특정한 스타일에 따라 이것들을 선호하기도 한다.

오크통의 제조와 크기

보다 나은 양질의 와인을 만들기 위한 탐구 노력과 오크통에서 숙성된 와인에 대한 소비자의 선호, 와인 산업의 전반적 호황과 같은 원인들이 함께 맞물려 와인 숙성에 필요한 오크통의 수요가 지속적으로 증가하고 있다. 현재 프랑스에서는 연간 60만 개 이상의 오크통이 제조되고 있다.

오크통 만드는 첫 단계는 주문한 통의 크기에 맞게 건조된 오크 널판을 잘라서 동그란 모양의 강철밴드 안에 하나씩 길게 끼워 넣어 기본적인 모양을 만든다. 그 다음 참나무 조각으로 불을 피워 그 열기로 널판자를 유연하게 해서 구부러지게 한다.

다시 여러 겹의 강철밴드로 조이고 아래 위 통판을 덮으면 오크통이 탄생한다. 이때 사용하는 강철밴드의 수와 오크통의 크기는 지역과 제조자의 전통에 따라 다르며 오크 내부를 불에 그을리는 정도는 그 안에 들어갈 와인의 품질과 스타일에 따라 강하게 하거나 중간쯤 또는 약하게 할 수도 있다.

오크통의 모양과 크기는 지방에 따라 조금씩 차이가 나는데 이는 오크통의 형태와 크기에서 고유한 스타일의 와인이 만들어 진다는 데서 기인한다. 작은 오크통일 경우 와인과 통 내부 접촉 면적이 더 크기 때문에 작을수록 좋다고 여겨진다. 보르도 지역의 오크통은 바리끄Barrique라고 부르며 용량이 225ℓ300병로 상대적으로 날렵하고, 부르고뉴에서 오크통은 삐에쓰Pièce라고 부르며 228ℓ304병 용량으로 높이가 더 낮고 배가 불쑥 나온 모양이다. 오크통 하나가 가진 200~230ℓ의 용량은 옛날에 보통 한 사람이 하룻동안 만들 수 있는 와인 양에 해당하는 것이었다.

오크통 사용 비율

양조가들이 큰 관심을 갖는 것은 와인 숙성단계에서 새 오크통의 사용 여부다. 지롱드 강 우안 쪽의 유명한 세 샤또인 샤또 슈발 블랑과 오존, 뻬트뤼스는 물론 지롱드 강 좌안의 샤또 라피뜨 로칠드와 무똥 로칠드, 라뚜르, 마르고, 오브리옹과 같은 일등급 그랑 크뤼에서는 거의 매년 전량 새 오크통을 사용하고 있다. 다른 우수한 샤또들에서는 새 오크통의 사용 비율이 50~75%에 이르고 있다. 이 뿐만 아니라 최근 전세계 와인 제조자들이 유행처럼 오크통을 사용해 와인을 숙성시키고 있다.

와인 소비자들이 오크통에서 숙성된 와인을 선호하는 이유라 할지라도 오크통 사용은 많은 비용이 들 뿐 아니라 오크통이 줄 수 있는 긍정적인 효과를 고려해야 한다. 오크통 사용은 그 속에 들어가는 와인이 품질 좋은 포도로 만들어진 경우라야만 한다. 오크 나무는 자체적인 향이 강할 뿐 아니라 오크통 제조 과정에서 다시 불로 내부를 그을리기 때문에 훈제된 향이 강조되어 있다.

오크통은 장기 숙성용 고급 레드와인에 적용되는 것이고 특정 지방의 샤르도네나 쎄미용 같은 화이트와인도 오크통을 통한 숙성을 하기도 한다. 포도품종과 상태를 생각하지 않고 무조건 오크통에 넣어 숙성할 경우 지나치게 나무향이 강조되어 본래의 와인에 안 좋은 영향을 끼칠 수 있다. 오크는 제대로 사용되었을 경우에 와인에 복합미를 더해

주고 고급 와인의 특성과 개성을 살려 주는 것이다.

또한 오크통이 줄 수 있는 효험은 한계적이다. 오크통은 생산하여 사용하는 첫 해 1년 정도가 가장 좋고, 그 후 2~3년 까지 쓸 수 있지만 4년이 지나면 나무의 통기성 효과만 있을 뿐 너무 오래되면 오히려 불쾌한 냄새를 유발하게 된다. 따라서 와인의 스타일에 따라 새 오크통과 헌 오크통의 비율을 적당히 조절해 사용하는 것이 효과적인 사용법이다.

골격이 있고 짜임새 있는 레드와인의 경우 새 오크통 비율이 상대적으로 높고, 비교적 가볍고 연한 와인들은 헌 오크통의 사용 비율이 대체적으로 높다. 따라서 새 오크통을 사용하려면 와인 자체가 질감이 풍부한 것이어야 하며 그렇지 않으면 새 오크통에서 나는 바닐라향이 너무 지배적이어서 와인 숙성이 제대로 이루어지지 않는다. 일반적으로 오크통은 과일향과 탄닌, 나무향이 서로 잘 결합될 수 있도록 사용해야 하기 때문에 상황에 맞추어 적절하게 이용해야 한다.

7. 코르크 마개

와인 역사에 있어 코르크 껍질로 만든 마개 등장은 유리병 속에 와인을 담기 시작하면서부터이며 17세기 프랑스 샹파뉴 지방의 수도승인 동 뻬리뇽Dom Pérignon에 의해서 시작되었다고 여겨지고 있다. 와인 병마개의 기본적인 역할은 와인이 외부로 흘러나오지 않게 밀봉하는 것이다.

따라서 마개는 막을 때 삽입이 쉬어야 하고 열 때 쉽게 빠질 수 있는 탄력성이 강한 재질이어야 한다. 또한 삽입한 후에는 팽창되어 완벽한 밀봉상태를 유지시켜야 하고 장기적으로 부패하지 않고 유지되어야 한다. 이러한 까다로운 조건을 코르크 마개는 만족시키는 동시에 병입된 와인에 어떠한 영향도 끼치지 않는 중성의 재질로서도 장점이 있다.

코르크는 온대 지역과 지중해 연안에서 자생하는 께르꾸스 수베르Quercus Suber 참나무의 껍질로 만든다. 주로 와인 마개로 사용하는 코르크는 지중해 연안에서 생산되는 나무를 사용하며 포루투갈의 코르크가 최상품이며 전세계 생산량의 절반을 차지한다. 보통 수령이 30년 이상 된 참나무의 코르크 껍질이어야 쓸 만하며 새로운 생산을 위해서는 오랜 시일이 필요하므로 경제성 또한 요구된다.

코르크 껍질을 마개로 만들어 사용하는 데는 그가 가지고 있는 수축성과 통기성의 특성 때문이다. 코르크 나무는 다른 나무 껍질과 다르게 14면체의 공기주머니 형태로 되어 있어 압착이 가능하며 좁은 병목에 쉽게 삽입할 수 있고 들어간 후 바로 팽창되면서 완벽한 밀봉이 이루어진다.

이 코르크는 가볍고 탄력이 뛰어나며 잘 썩지 않아 장기간20~30년 유지될 수 있다. 와인을 마실 때에도 쉽게 빠지는 것은 코르크의 신축성 때문이다. 또 마개로서의 중요한 역할은 통기성인데, 압축되어 밀봉 상태의 코르크는 와인이 필요로 하는 최소한의 산소 공급만을 허용하여 와인 숙성에 도움을 준다. 이는 수 억 개의 공기주머니 세포로 이루어진 미세한 세포집으로 형성되어 있어서 와인을 눕혀서 보관할 경우 코르크를 통해서 들어가는 공기의 양은 한 달에 0.01mℓ 정도이다.

코르크 마개는 와인의 종류와 알코올 도수, 용기에 따라 재질과 모양, 길이가 다르다. 천연 코르크 마개를 전통적으로 선호하지만 가격의 상승과 와인 대비 마개 비용의 부담으로 인하여 최근에는 개량 코르크 마개를 많이 만들어 사용하고 있다. 그러나 장기 숙성을 요구하는 고급 와인인 경우 천연 코르크 마개가 필수적이다. 그랑 크뤼급 와인인 경우 긴 코르크가 필요하며 약 25년 이상이면 새 마개를 갈아주는 것이 바람직하다.

보르도에서 코르크의 길이는 다양하며 최소 4.4cm이며 몇 유명한 샤또들은 5.4cm 길이의 마개도 사용한다. 보통 750mℓ 와인에 사용되는 코르크는 직경이 2.4cm정도인데 병입 시 18.5mm로 기계로 압축하여 삽입되어 밀봉된다. 일반적으로 긴 마개는 장기 숙성용 와인일 경우에 사용하지만 길이보다는 코르크 품질이 중요하다. 코르크는 균질성과 신축성이 있고 결점이 없어야 하며 특히 틈새나 균열이 없는 마개이어야 한다.

코르크 특성과 관련하여 와인을 비스듬히 눕히고 보관하는 것이 좋은 보관 방법이다. 이것은 코르크 마개를 적시어 병의 밀봉성을 유지하기 위해서인데 와인을 똑바로 세워서 2~3개월 놓아두면 코르크는 말라 수축하며 밀봉성이 약해져서 다량의 공기가 유입되어 와인에 나쁜 영향을 끼치게 된다.

와인이 병입되어 완벽하게 포장된 제품일 경우 코르크 마개는 캡슐로 싸여 보호되어 있다. 와인을 마실 때에 뽑은 코르크 마개는 와인 서빙에 있어 중요한 정보를 제공하는데 일반적으로 코르크에는 와인의 원산지, 양조회사명과 생산연도가 적혀있어 라벨과 더불어 진품을 확인할 수 있으며, 코르크 상태에 따라 와인의 보관 상태와 품질을 어느 정도 감지할 수 있다.

Château Cheval Blanc

Premier Grand Cru Classé "A"
Saint-Emilion

Chapter

III

보르도 와인 규정

1. 프랑스 와인 품질 등급

2009년 8월부터 유럽연합 와인생산국가에서는 프랑스 와인 등급 AOC원산지통제명칭 시스템을 개정한 규정을 사용하기 시작했다. 유럽 와인시장조직위원회 OCM Organisation Commune des Marches Vitivinicoles은 와인등급 시스템을 공표하고 적용하도록 했다. 이 규정은 유럽연합이 정한 규정이며, 각 와인 생산국은 자체적으로 더욱 엄격한 규정을 추가할 수 있다. 프랑스에서 오랫동안 유지해 오던 벵 드 따블Vins de Tables, 벵드 뻬이Vin de Pays, AOVDQS, AOC 등급 와인은 아래의 3단계 중 하나가 된다.

유럽 와인 등급의 3단계

1단계 : VIN sans IG Indication Geographique Vin de France 지역 명칭을 쓰지 않는 와인
2단계 : IGP Indication Geographique de Provenance 생산지역 명칭을 쓰는 와인
3단계 : AOP Appellation d'Origine Protegee 원산지 보호 명칭 와인

1단계 : 가장 아래 등급인 VIN sans IG는 지역 명칭을 표기하지 않는 와인으로, 기존 등급에 비유하자면 프랑스 내 포도밭에서 생산된 벵드 뻬이에 해당한다. 새로 개정된 OCM 규정의 범위 안에서, 그 등급에 해당하는 자격과 품질이 합당할 경우, 포도품종의 이름과 포도수확 년도를 표기할 수 있다. 이 등급의 와인은 단순히 '벵 드 프랑스Vin de France'라는 명칭으로 표기되며 기존의 벵 드 따블급도 여기에 속한다.

2단계 : 중간 단계 등급인 IGP는 OCM이 정한 와인 생산국가의 각 생산지구 이사회 규정에 맞게 생산되었을 때 획득 가능하며, 보다 넓은 범위의 지역적 생산지 이름이 표기된다. 기존의 특정 지역내 우수품질 와인AOVDQS 등급 와인 중 일부와 벵드 뻬이 등급 와인 중 일부가 여기 속한다. 벵 드 뻬이 등급은 150개가 넘는 다양한 지역적 명칭으로 구분했었으나, IGP등급은 10개의 생산지구로 간단하게 나뉘게 되며, 74개가 있다.

3단계 : 최고 등급인 AOP의 의미는 "원산지 보호 명칭" 와인 등급으서, 해당 원산지의 떼루아 특성을 근본적으로 보여주는 와인의 범주에 해당하는 등급이다. 기존의 AOC등급이 여기에 해당한다. 현재 프랑스에서는 와인 및 스피릿츠를 포함하여 330개의 AOC/AOP가 있다. 2012월 1월부터 모든 유럽 농식품에 AOP를 넣어 사용해야 하지만 프랑스에서 생산된 와인은 AOC도 인정하여 사용하고 있다.

프랑스 와인은 크게 4가지 범주로 등급을 구분하고 있다. 그러나 최근 원산지가 유럽 와인인 경우 유럽 연합의 규정을 따르는 추세인데 이것은 자국의 소비뿐 아니라 유럽, 또는 수출을 목적으로 하고 있기 때문이다. 와인에 대한 유럽연합의 규정은 두 단계로 구분하고 있다. 제한된 지역에서 생산되는 우수 품질 와인인V.Q.P.R.D.등급과 테이블 와인Table Wine으로 나뉜다. 따라서 프랑스 와인 4 등급 중에 AOC와 VDQS는 유럽연합 규정의 V.Q.P.R.D.등급에 해당하고 벵 드 따블과 벵 드 뻬이는 유럽 규정의 테이블 와인 단계로 규정되고 있다.

프랑스 와인 품질 분류 시스템

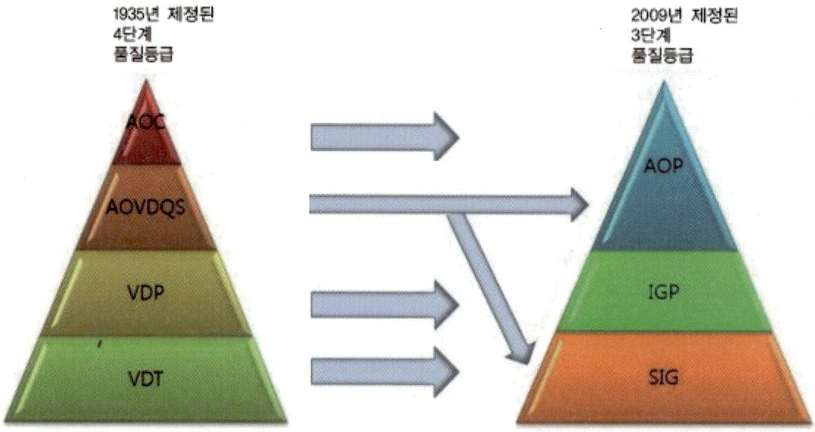

벵 드 따블Vins de Table – 테이블 와인

특별한 지역 원산지 명과 생산연도를 표시하지 않는 와인들이다. 이 와인들은 흔히 프랑스 여러 지방의 와인을 섞어서 만드는데 그러한 경우 "Vin de Table de France" 라고 명시할 수 있다. 일반적으로 브랜드 명으로 판매되는데, 맛이 일정하고 가격이 저렴하여 일상적인 식사와인으로 많이 소비된다.

벵 드 뻬이 Vins de Pays – 지방명칭 와인

이 와인들은 원산지의 지방 명칭을 가질 뿐만 아니라 이 와인과 관련된 포도품종과 헥타르 단위 포도생산량 제한규정이 있고 성분 분석과 시음위원회의 심사를 거쳐서 만들어진다. "벵 드 뻬이" 뒤에 원산지명을 붙여 사용하는데 "Vin de Pays d'Oc"의 경우 프랑스 남부지역인 랑그독–루시옹 지방을 중심으로 론과 프로방스 일부 지역에서 생산된 와인을 지칭한다.

또한 최근 들어 프랑스에서도 한가지 포도 품종인 샤르도네 또는 메를로, 까베르네 소비뇽 등으로 생산하는데 이 와인은 벵 드 뻬이에 해당하며 생산량이 증가하고 있다. 벵 드 뻬이 와인의 포장은 750mℓ 들이 보통 와인 병 이외에 5ℓ 들이 큰 벌크통에 넣어 판매하는 경우도 있다.

원산지통제명칭 와인 AOC Vins d'Appellation d'Origine Controlée

프랑스 와인 중 가장 높은 단계로서 품질관리가 철저한 분류이다. 세계적으로 프랑스의 AOC는 고품질을 보증하는 라벨로 널리 인정받고 있다. 토양 및 경작지 위치, 사용하는 포도품종, 포도재배 관리와 양조 및 숙성법에 대해 규정을 정해놓고 있다.

이러한 규정에 맞게 생산한 후, 와인의 성분 검사와 프랑스 국립원산지명칭연구소INAO가 주도하는 시음회를 통과해야만 AOC를 사용할 수 있다. 이처럼 AOC는 와인의 품질도 보증하지만 지방 전통에 따른 각 지방 와인의 특성을 지켜주는 역할도 한다. AOC에 대한 규정 편을 참조하면 더 쉽게 이해할 수 있다.

프랑스 국립원산지명칭연구소(INAO Institut National des Appellations d'Origine)

INAO는 프랑스 와인 및 식품 원산지를 지정하고 명칭을 통제하며 사용할 수 있게 하는 국가기관으로, 포도재배 관련종사자, 생산자, 판매자 등이 참여하는 와인 의회의 기능을 담당하고 있다.

1936년 설립하여 포도재배업자들이 오랫동안 해온 일들을 인정하고 보존하는 업무를 시행하고 있다.

- 최적의 토양을 목록화하고 가장 적합한 품종을 선별하는 것
- 포도 재배 방법과 양조 방법을 꾸준히 개선하는 것
- 프랑스 포도 재배와 관련된 문화적 유산을 보존하는 것
- 프랑스의 원산지 개념을 해외에서도 보호하는 것.

INAO의 원산지통제명칭(AOC)을 정해 소비자들에게 와인 품질을 보증하고 있다.

1. AOC는 농업에 종사하는 사람들의 공동의 자산이며 동시에 프랑스의 자산
2. 크고 작은 생산 지역의 특성을 고려하여 총 330개의 명칭을 품질 순으로 분류
3. 수확률, 허용 품종, 재배 및 양조 방식, 알코올 등 4가지 기준으로 결정
4. 분석을 통한 기술 검사와 전문가들로 구성된 심사 위원단의 시음을 거친 후에만 허가

2. AOC 생산 조건과 규정

사람들은 오래 전부터 그들이 만드는 제품에 이름과 원산지가 언급되는 것을 선호하였고 동시에 제품에 해당 지명을 넣고 그 원산지를 정부가 인증해 주기를 원하였다. 이러한 명칭의 보증은 해당 제품의 품질에 대한 신뢰를 부여하고 명성을 얻게 하여 거래의 편의성과 동시에 상업적인 성공을 보장해줄 수 있게 된다.

일찍이 로마인들이 만든 와인에 국가명과 원산지 떼루아의 이름을 새겨 상업화하였는데 이것이 원산지 명칭의 유래가 되었다. 특정한 명칭을 가진 와인들이 시장에서 성공을 거두게 되자 유명한 와인 산지의 명칭을 도용하여 가짜 제품들이 생겨나는 부작용이 생기게 되었다. 이러한 남용을 제한하기 위해서 관련 규정이 만들어지게 되었다.

보르도 지방에서도 여러 시대에 걸쳐 전문 협회의 주도하에 관련 규정들이 만들어졌는데 초기에는 제조 및 상업을 위한 상표를 대상으로 공포하였다. 첫 번째 법률로는 세관에 관한 권고 사항으로 1899년 포도원 원산지 명칭Appellation d'Origine을 위한 것이었고, 그 뒤 원산지 명칭Appellation d'Origine에 "통제" 개념인 꽁트롤레Controlée"를 더 붙여주게 된다. 그리고 이 제안은 1935년 7월 30일 원산지통제명칭Appellation d'Origine Controlée; AOC의 탄생과 국립원산지위원회 설립에 관한 법률이 공포되었다. 그 후 프랑스 국립원산지명칭연구소INAO가 와인 및 주류 원산지 통제를 위해 설립되었고 1990년에는 프랑스의 모든 농식품에 AOC 제도가 적용되기 시작하였다.

2009년 8월부터 유럽연합의 와인생산국가에서는 새롭게 개정된 AOP 규정에 의거하여 와인을 생산하도록 하였다. 2012월 1월부터는 모든 유럽 농식품에 AOP를 넣어 사용해야 하지만 프랑스에서 생산된 와인은 유일하게 AOC도 인정하고 있다.

AOC승인을 위해서는 각 포도원은 그들이 속해있는 생산자 조합의 협조아래 엄격한 생산조건에 따라야 한다. 이 AOC 등급은 프랑스 와인의 최고 단계로서 포도재배와 양조, 생산된 와인의 심사에 이르기까지 철저한 검사를 거친 다음에 승인되는데 그 내용은 다음과 같다.

① **생산 지역 범주** : 와인 생산지 명칭은 행정 구역에 해당하는 지역의 명칭으로 정해지고 있다.

② **지역 범위** : 지리적으로 한정된 지역 내에 위치한 떼루아에서 AOC와인을 생산하는 데 적절하다고 인정되는 마을이나 지역을 뜻한다. 기본적으로 이 범주는 생성된 토양과 지층, 수리적 측면이 중요한 분류 기준이 된다.

③ **포도품종** : 오랫동안 한 포도원의 떼루아는 고유의 품종이 존재해 왔다. 그에 따라 각 AOC마다 한 개 또는 몇 개의 포도품종을 지정하고 있다. 하지만 한 품종의 지정 비율이 지나치게 높지 않게 하기 위해서 최소 혹은 최대의 범위를 비율로 정해 놓고 있다. AOC 와인 생산자는 재배하기를 원하는 포도품종을 INAO에 신고해야 하며 승인을 얻어야 한다.

④ **포도나무 식재 밀도** : 헥타르당 포도나무 그루 수를 유지해야 한다. 관리규정은 포도원들이 신뢰할 수 있는 농업규정에 따라 각각 전통적으로 유지되도록 하고 있다. 메독 AOC 경우, 포도재배 밀도는 헥타르당 5,000 ~ 10,000 그루이며, 오메독과 마을 단위 AOC 경우는 6,500 ~ 10,000 그루 사이로 정해져 있다.

⑤ **포도나무 수령** : 수령이 2~3년 이내의 어린 포도나무에서 얻은 와인은 AOC 와인에서 제외된다.

⑥ **알코올 도수** : 알코올 도수는 매년 INAO에서 정해진 조건에 맞게 수확된 포도와 과즙의 당분에 따라 달라진다. 당분 함량은 포도 유형과 생산 지역에 따라 정해져 있는데 메독과 오메독에서 최고의 알코올 도수는 12.5°, 마을 단위 AOC 지역은 13°로 정해져 있다.

⑦ **생산한도** : 허가된 최고 수확한도를 미리 통지한다. 날씨의 상태에 따라 매년 그 범위가 정해지고 각 포도재배 조합의 제안에 따라 와인 생산한도가 재배 면적 1헥타르당 헥토리터로 결정된다.

⑧ **포도수확** : 가장 먼저 포도가 익은 농지로부터 포도수확을 허가하는 날짜는 포도재배자와 양조기술자, 양조학자, 관련 행정단체요원으로 구성된 위원회에서 결정하여 공표하는데 이것은 도 법령으로 시행된다.

⑨ **양조** : 와인 양조과정도 법규로 규정되어 있는데 법규에 지정된 방법을 사용해야 하며 특이한 와인을 만들기를 원할지라도 규정이 허용하는 방법으로만 생산해야 한다. 포도 압착 기계도 허가된 제품만 사용해야 하며 와인에 첨가되는 아황산의 양도 와인유형과 원산지에 따라 다르게 정해져 있다.

⑩ **시음과 분석** : 승인을 원하는 모든 포도재배자는 매년 INAO와 공인된 시음 테스트 기관에 승인 신청을 해야 한다. 와인 생산 조건인 지역과 포도품종, 농지 범위와 밀도, 포도수확량이 규정과 일치하는지 확인한 후에 INAO 또는 이 기관으로부터 위임 받은 직원이 채취한 견본을 정부 공인 와인양조시험소에 분석을 의뢰한다. 동시에 다른 하나의 샘플은 INAO와 각 지역 포도재배 조합에서 시행하는 블라인드 시음 테스트를 받아야 한다.

⑪ **AOC 승인** : 포도재배자와 네고씨앙, 중개인과 양조학자들로 구성된 시음 심사위원들은 시각과 후각, 미각적으로 그 와인을 평가한 다음 승인 또는 연기, 거절하게 된다. 분석과 시음을 통과한 생산자는 규정을 준수한다는 조건으로 승인서를 받게 된다. 그럴 경우 AOC자격으로 통제된 와인을 생산하고 판매할 수 있게 된다.

3. 보르도 와인 AOC 분류

보르도에서 생산되는 와인은 포도가 재배되는 지역에 따라 아래 3가지 범주의 원산지 명칭 가운데 하나에 속할 수 있다. 이것은 가장 넓은 지역을 포괄하는 지방명칭Regional AOC와 지역명칭Sous-Regional AOC, 가장 좁은 단위인 마을명칭Communal AOC로 구분된다.

① **지방명 AOC 와인 명칭** : 보르도 지방에서 생산된 와인으로 이 곳에 위치한 포도밭에서 수확한 포도로 양조된 와인 중에서 선택되며 "보르도Bordeaux"라는 지방 명칭을 사용한다. 프랑스 원산지통제명칭연구소INAO에서 규정한 포도 품종과 양조 조건과 규칙 등에 적합해야 한다.

예) Boredeaux보르도 AOC, Bordeaux Supérieur보르도 쉬뻬리외르 AOC, Crémant de Bordeaux크레망 드 보르도 AOC 등

② **지역명 AOC 와인 명칭** : 보르도의 하위 지역명을 원산지 명칭으로 사용하는 와인이다.

예) Medoc메독 AOC, Haut-Medoc오 메독 AOC, Graves그라브 AOC, Saint-Emilion쌩떼밀리용 AOC 등

③ **마을명 AOC 와인 명칭** : 떼루아의 특징이 반영된 와인을 생산하는 마을 이름으로 규정되는 원산지 명칭이다.

예) Magraux마르고 AOC, Pauillac뽀이약 AOC, Saint-Estephe쌩떼스테프 AOC, Saint-Julien쌩쥘리엥 AOC, Cadillac까디약 AOC, Loupiac루삐악 AOC 등

보르도 와인 생산 지역 및 마을 AOC 분류

구분	보르도 지방 하위 생산 지역 및 마을 분류		
Bordeaux 보르도	Bordeaux보르도 AOC		
	Bordeaux Supérieur보르도 쉬뻬리외르 AOC		
	Crémant de Bordeaux크레망 드 보르도 AOC		
	Bordeaux Clairet보르도 클라레 AOC		
	Côtes de Bordeaux꼬뜨 드 보르도 AOC		
	보르도 지방 하위 생산 지역 및 마을 분류		
	구 분	지역명칭AOC	마을명칭AOC
	Médoc메독 지역	Médoc메독 AOC	
		Haut-Médoc오메독 AOC	
			Margaux마르고 AOC
			Pauillac뽀이약 AOC
			Saint-Juluen쌩쥘리엥 AOC
			Saint-Estéphe 쌩떼스테프 AOC
			Moulis물리스 AOC
			Listrac리스트락 AOC
	Blay블라이 / Bourg부르 지역	Blaye블라이 AOC	
		Côtes de Blaye 꼬뜨 드 블라이 AOC	
		Côtes de Bordeaux Blaye 꼬뜨 드 보르도 블라이 AOC	
		Premières Côtes de Blaye 프르미에르 꼬뜨 드 블라이 AOC	
		Bourg 부르, Bourgeais 부르제, Côtes de Bourg 꼬뜨 드 부르 AOC ※3개 중 1개 명칭 사용	
	Graves그라브 지역	Graves그라브 AOC	
		Graves Supérieures 그라브 쉬뻬리외르 AOC	
			Pessac-Léognan 뻬삭 레오녕 AOC
	Sauternes쏘떼른 지역	Sauternes쏘떼른 AOC	Sauternes쏘떼른 AOC
			Barsac바르싹 AOC
			Cérons쎄롱 AOC
		Saint-Emilion쌩떼밀리용 AOC	Saint-Emilion쌩떼밀리용 AOC
	Libourne리부른 지역		Saint-Emilion Grand Cru 쌩떼밀리용 그랑 크뤼 AOC

구분	보르도 지방 하위 생산 지역 및 마을 분류		
Bordeaux 보르도	Libourne 리부른 지역		Lussac−St−Emilion뤼싹 쌩떼밀리용 AOC
			Montagne−St−Emilion 몽따뉴 쌩떼밀리용 AOC
			Puisseguin−St−Emilion 쀠스갱 쌩떼밀리용 AOC
			Saint−Georges−St−Emilion 쌩조르즈 쌩떼밀리용 AOC
		Pomerol뽀므롤 AOC	Pomerol뽀므롤 AOC
			Lalande de Pomerol라랑드 드 뽀므롤 AOC
		Fronsac프롱싹 AOC	Fronsac프롱삭 AOC
			Canon−Fronsac까농 프롱삭 AOC
		Côtes de Castillon 꼬뜨 드 까스띠용 AOC	Côtes de Bordeaux Castillon 꼬뜨 드 까스띠용 AOC
		Côtes de Francs 꼬뜨 드 프랑 AOC	Côtes de Bordeaux Francs 꼬뜨 드 보르도 프랑 AOC
			Côtes de Bordeaux꼬뜨 드 보르도 AOC
	Entre-Deux-Mers 앙트르 드 메르 지역	Entre−Deux−Mers 앙트르 드 메르 AOC	
		Bordeaux Haut-Benauge 보르도 꼬뜨 드 브노즈 AOC	
		Premières Côtes de Bordeaux 프르미에르 꼬뜨 드 보르도 AOC	
		Côtes de Bordeaux 꼬뜨 드 보르도 AOC	
		Côtes de Bordeaux Saint-Macaire꼬뜨 드 보르도 쌩 마께르 AOC	
		Sainte-Foy Bordeaux 쌩 푸아 보르도 AOC	
			Entre-Deux-Mers Haut-Benauge 앙트르 드 메르 오 베노즈 AOC
			Graves de Vayres그라브 드 베이르 AOC
			Cadillac까디약 AOC
			Loupiac루삐악 AOC
			Sainte-Croix-du-Mont 쌩 크루아 뒤 몽 AOC

4. 크뤼Cru의 정의와 분류

보르도는 독특한 지정학적 위치와 다양한 토양과 더불어 독특한 기후와 지역적인 미세 기후Micro-climate를 형성한다. 이러한 자연적인 포도재배 환경을 떼루아라고 부른다. 여러 포도품종들의 잠재적 특질들은 크뤼라고 부르는 포도밭의 떼루아를 통해서 나타난다. 척박한 토양의 떼루아에서 선택된 품종은 포도재배와 양조과정에 투입된 인간의 노동과 어우러져 고급스런 품질의 와인이 탄생된다.

크뤼 등급 분류

보르도의 다양한 등급을 언급하기에 앞서 우선 각기 다른 AOC 사이에서는 어떤 등급도 존재하지 않으며 크뤼들 간에는 일반적인 등급 분류가 없다는 것을 알아야 한다. 사실 이러한 등급 매기기는 의심과 논란의 여지가 많으며 실현시키기 매우 어려운 것이다. 예를 들어 레드와인과 화이트와인, 메독과 뽀므롤의 와인을 비교하는 것은 논리적으로나 공정성에 맞지 않다. 따라서 현재 존재하는 등급 분류는 단지 같은 AOC 명칭 내에서 단위 마을 지역에서 국한하여 실행되었을 뿐이다.

와인 등급을 결정하는 평가의 기준으로서 많은 요소들이 있는데 와인의 본질적 요소인 품질과 포도 수확연도, 크뤼 및 소유주의 평판 등이 있고 그와 더불어 시음을 통한 주관적 결정이 있다.

그러나 크뤼에 대한 진정한 품질 수준을 알아내고 인정하는 것은 소비자인 것이다. 또한 그들이 가격에 의한 크뤼 등급을 매길 때만이 소유주에게 관심있는 현실적인 유일한 등급이 된다. 참고할 수 있는 좋은 예가 뽀므롤 와인이다. 이 지역은 보르도에서 크뤼 등급 분류 공식화의 필요성이 제기되지 않았던 유일한 유명한 와인을 생산하는 마을단위 AOC지역 중 한 곳이다. 그럼에도 불구하고 유통가격에 의한 실제적인 등급이 존재한다. 이것의 최고 정점에는 샤또 뻬트뤼스가 있다. 이처럼 실질적인 등급이 현존한다고 하더라도 공식적으로 등급을 매기는 것은 생산자들이 원하지 않기 때문에 등급 분류는 크게 문제가 되지 않는다고 볼 수 있다.

그랑 크뤼Grand Cru의 개념

그랑 크뤼는 배수가 잘되는 토양과 흡수력이 강한 지하토양으로 구성된 최적의 떼루아를 형성하고 있어 뛰어난 와인을 생산하는 포도밭을 의미한다. 이것은 인간의 기술과 몇 세대에 걸친 그들의 노력으로 품질에 있어 지속성이 있음을 반영하는 것이다. 보르도의 그랑 크뤼는 공식적인 등급이 매겨지기 전부터 사용되어 왔는데 1609년 샤또 오브리옹과 1703년 샤또 마르고와 샤또 라피뜨와 샤또 라뚜르이다. 그 후 그들의 숫자가 증가하였고 품질 역시 입증되었다. 현재는 보르도에서 4개의 지역인 메독, 그라브, 쌩떼밀리용과 쏘떼른에 184개가 "그랑 크뤼 끌라쎄"로 공식 인정되어 존재하고 있다.

메독 지역의 크뤼 분류

그랑 크뤼 끌라쎄Grand Crus Classés

크뤼에 대한 개념은 17세기로 거슬러 올라간다. 이미 1750년부터 확인되기 시작하였으며 1855년에 크뤼의 등급 분류가 이루어 졌다. 그 뒤로 1973년에 유일하게 샤또 무똥로칠드 한 곳의 등급만이 조정되었을 뿐 나머지는 원래대로 유지되고 있다. 등급 분류는 와인 품질의 지속성을 창출하고 있으며 이것은 와인 생산 방법의 저하 방지와 크뤼 생산과 관련된 사람들의 지속적인 유지를 설명하고 있다. 본질적으로 그랑 크뤼 끌라쎄Grand Crus Classés는 와인 가격표를 구성하는 것과 같이 품질의 평판과 명성이 요구되며 그로 인한 메독 지역 다른 크뤼들의 가격도 매겨지는 것이다.

사실 1855년 공식적인 등급이 지정되기 전부터 비공식적인 등급이 매겨져 활용되고 있었다. 미국의 3대 대통령이자 대단한 와인 애호가였던 토마스 제퍼슨Thomas Jefferson은 대통령이 되기 이전에 프랑스 대사로 근무할 때 보르도 와인 산지를 여행하면서 와인 목록을 만들었는데 당시에 알려진 와인 평가 기준들을 참고하였다.

최초의 등급 분류는 나폴레옹 3세Napoléon III 제정 시대에 개최된 프랑스 만국박람회Exposition Universelle에서 지롱드 와인이 소개되는 시점에 이루어지게 된다. 먼저 기초적인 등급 분류는 보르도 증권소Bourse de Bordeaux 소속의 중개인상업조합 Syndicat des Courtiers de Commerce이 보르도 상업회의소Chambre de Commerce de Bordeaux에게 초안 작성을 의뢰하면서 시작되었다. 그 작업은 "오랜 기간 동안 경험을 기준으로 한 분류"를 공식화 하는 것으로서 권위 있는 와인 관련 참고 자료의 인용과 중개인 사무실에 존재하는 구매 서류를 구체적 자료로 사용하면서 진행되었다.

1855년 4월 18일 사용된 자료에 대한 현황과 더불어 '몇 세기를 걸쳐 지속되고 있는 크뤼들의 평판과 와인 품질 정도'를 반영하였다. 지롱드 지역 모든 레드와인들이 대상이었고 등급분류에서 메독 지역과 그라브 1개 크뤼 그리고 소테른 지역 크뤼들만 결정되었다.

이처럼 나폴레옹 3세의 명령에 의해 이루어진 이 등급분류 작업은 메독지역 60개의 샤또들에 적용되었다. 그 때에 1등급으로 샤또 라피트 로칠드, 라뚜르, 마르고와 오브리옹이 지정되었다. 이 같은 결정은 원래 2등급이던 샤또 무똥 로칠드가 1973년에 1등급으로 수정되었을 뿐 현재까지 변함이 없다. 그라브 지역에서 유일하게 등급을 부여받은 샤또 오브리옹은 보르도의 그랑 크뤼 끌라쎄 전체 숫자에 포함되어 61개로 표시되기도 한다. 이 분류에는 2등급 그랑 크뤼 끌라쎄가 14개이며 3등급 크뤼 끌라쎄는 14개, 4등급 10개와 5등급 18개의 샤또가 있다.

그랑 크뤼 끌라쎄는 와인 생산의 전체 과정을 엄격하게 선택해야 함은 물론, 그들이 갖고 있는 최고 명성의 와인 라벨에 어울리는 와인을 병입해야 한다. 소유자들은 매년 수확연도 와인의 숙성과 와인 병입을 각 샤또에서 독자적으로 진행하고 있다.

그랑 크뤼 끌라쎄 포도원의 총 면적은 3,000 ha이고 메독 지역에서 생산되는 와인의 24%를 차지하고 있으며, 해외 수출에 있어서도 큰 비중을 담당하고 있다. 대다수의 샤또 소유자들은 몇 세대에 걸쳐 가족 중심으로 운영해오고 있다. 이제는 세계적인 부호들과 금융 그룹들도 샤또들을 보유하고 있으며, 이 사실에 대해 자부심을 느끼고 있다.

메독 지역은 5개의 마을 이름으로 AOC 지역이 구분되며, 60개의 그랑 크뤼 끌라쎄들이 있다. 이곳은 메독 지역 전체 와인 생산량의 약 4분의 1을 차지하고 있다.

AOC	오메독	쌩떼스테프	뽀이약	쌩쥴리엥	마르고	메독지역 합계
그랑 크뤼 끌라쎄(수)	5	5	18	11	21	60
지역 생산 분포(%)	8%	20%	84%	80%	69%	24%

* 그랑 크뤼 명은 메독 지역 등급분류를 참고.

크뤼 부르주와Crus Bourgeois

12세기 무렵부터 보르도에 처음으로 "부르주아Bourgeois"라는 용어가 나타나기 시작했다. 영국 지배하에서의 부르주아라는 계급은 봉건시대부터 누렸던 권리나 특권을 유지시켜주는 의미였다. 1203년에 영국왕은 보르도 상인들의 수출품에 부여하던 세금을 면제해 주었는데 이를 '위대한 관행Grande Coutume'이라 불렀다.

그 대가로 이 지방의 부르주아들은 프랑스 왕인 필립 오귀스트에 대항하여 영국 왕을 지지하기로 약조하였다.

이 조치를 통해 보르도 지방 상인들에게 영국 와인 시장 독점권을 부여하였고, 메독 크뤼 부르주아가 탄생하는 계기가 된다. 그 이후 귀족으로서 누리는 유리한 예우를 얻게 되었고, 몇 세기를 통해 국제 무역으로 얻어진 자산으로 포도원을 구입하였고 메독 지역 포도원 발전에 중요한 역할을 담당하게 된다.

크뤼 부르주아의 등급 개념은 1855년 메독 지역에서 그랑 크뤼 끌라쎄 등급 결정에서 제외된 주요 크뤼들을 대상으로 심사가 이루어졌다. 1932년 최초 등급 결정과 1966년과 1978년에 새로운 명단을 발표되었다. 1930년에서 1932년 사이 보르도 상업회의소와 지롱드 농업회의소의 주관 하에 메독 지역 444개 포도원이 등급을 부여받았고, 1973년 메독 크뤼 부르주아 조합Syndicat des Crus Bourgeois du Médoc이 프랑스 농림부의 법령에 의해 공적인 등급에 관련된 업무를 관장하게 되었다.

① 등급 인증 대상 및 방법

크뤼 부르주아 등급의 인증은 와인 생산 방법 검증과 관계되며 매년 블라인드 테이스팅을 통한 와인 평가로 이루어진다. 등급은 와인의 품질을 인증하고 소비자들에게 그 품질을 보장하는 역할을 한다. 등급 인증은 검증 절차에 따른 규정집을 바탕으로 각 와인 생산자들이 규정집과 검증 기준을 준수하고 있는지의 여부를 독립된 기관인 뷰로 베리타스에서 확인한다.

후보로 등록한 와이너리는 체계적으로 와인 생산 방법에 대하여 점검을 통해 후보 자격 심사를 거치게 된다. 적어도 5년에 1번 확인을 받아야 하고, 후보 자격을 획득하게 되면 와이너리는 생산한 와인들을 크뤼 부르주아 인증을 위한 테이스팅 심사에 제출할 수 있게 된다.

② 메독 크뤼 부르주아 현황

2004년에 메독 크뤼 부르주아 연합Alliance des Crus Bourgeois의 새로운 조직이 설립되었고, 2010년 9월 새롭게 인증된 총 243개의 와이너리가 공식적으로 등급을 부여 받았다. 선정된 243개 와이너리는 8개 지역에 있으며, 면적은 약 3,500 ha로 전체 메독 생산 면적의 22%를 차지하고 있다.

AOC	메독	오메독	쌩떼스테프	뽀이약	쌩줄리엥	마르고	물리	리스트락	합계
크뤼 부르주와	96	81	22	5	2	13	12	12	243
지역 생산 분포	40%	33%	9%	2%	1%	5%	5%	5%	100%

크뤼 아르띠장Cru Artisan

메독 지역에서 "크뤼 아르띠장"이라는 명칭은 이미 150년 전부터 존재하여 왔다. 아르띠장은 "개인의 주관 하에 수작업으로 하나의 생산품을 책임있게 만드는 장인"으로 정의되는 것처럼, 포도재배에도 아르띠장의 개념이 그대로 적용되고 있다. 크뤼 아르티장은 개인 또는 가족 중심으로 와인 생산을 전적으로 담당하고 있는데 포도원 작업부터 와인양조, 와인 숙성, 포장에서 판매까지 직접 다루고 있다.

대부분 작은 규모의 포도원인 이들은 메독 지역 포도원들에 닥치는 모든 위기를 극복하고 조심스럽게 그들의 정체성을 지켜오고 있다. 지난 세기 연이은 전쟁과 경제불황, 농촌 사람들의 도시집중 같은 위기에서도 크뤼 아르띠장들은 와인에 대한 열정으로 어려움을 잘 이겨냈다.

오늘날에도 여전히 그들은 장인정신을 유지하며 그들이 만드는 와인들이 하나의 "창의적인 와인"으로 인정받도록 노력하고 있다. 1989년 이래로 메독 크뤼 아르띠장 조합Syndicat des Crus Artisans du Médoc은 그들에게 귀족의 문장을 라벨에 사용하게 하여 크뤼 아르띠장에 대한 인식을 향상시키고 있다. 또한 1994년 유럽 규정은 이러한 명칭 사용이 공식화되어 처음으로 인정하는 기회가 되었고 그 토대 위에 크뤼 아르띠장을 알리는데 노력하고 있다.

포도원과 양조장을 직접 가지고 있는 그들은 포도재배와 양조 노하우에 관해서 양조학자, 중개인, 네고씨앙, 포도재배자와 애호가들로부터 와인품질로서 인정받고 있다. 그들은 매 수확연도 마다 허가된 조건 하에서 생산하여 최소 15개월의 숙성 후 병입할 때 새롭게 시음 위원회의 동의하에 병입이 이루어지고 있다.

현재 크뤼 아르띠장의 대부분은 아직도 포도원 농가의 면적은 1~5 ha의 작은 규모로서 구성되어 있다. 크뤼 아르띠장 포도재배자들은 메독 지역 와인 생산량의 11% 정도를 차지하고 있다.

까브 꼬페라티프Caves Coopératives

메독 지역에는 13개의 조합형태로 이루어진 까브 꼬뻬라티프가 약 천개의 포도재배업자들을 묶고 있다. 이 조합 활동은 1930년대 심각한 경제 위기에 맞서기 위해 시작되었다. 이 당시에 와인의 생산과 판매의 어려움으로 인해 큰 포도원들은 가족 중심으로 이루어진 대다수의 작은 포도원들에게 자리를 빼앗기고 스스로 쇠퇴하기도 하였다. 기술과 경제 상황의 변화를 극복하기 위해서 포도 재배자들은 그들이 함께 공동으로 대처하기로 하였고 와인 생산과 품질관리의 발전을 가져오는 결과를 얻게 되었다.

현재의 조합은 메독 와인과 관련하여 중요한 고리로 연결되어 있다. "샤또"가 다양한 포도원 구획을 이루고 있는 것처럼 조합 역시 각기 다른 포도원을 구성하고 있다. 더불어 유명한 포도원에 끼어 있거나 둘러싸고 있는 경우도 있다.

그들의 유통 판매는 다양한 방법을 취하는데 조합원 중 그의 와인을 분리하여 양조하는 경우 하나의 샤또 이름이나 상표명으로 생산한다. 이런 경우 상표는 대개 까브 꼬뻬라티프나 연합회 또는 네고씨앙의 소유이다. 메독 와인 판매에 있어 지배적인 역할을 하고 있는 보르도 지역 네고씨앙들은 오래 전부터 그들 소유 상표 사용을 증가시키고 있다. 이것은 메독 지역의 다양한 떼루아의 조화로운 종합의 결실로서 까브 꼬뻬라티프의 와인으로부터 품질과 보증을 쉽게 얻을 뿐 아니라 고객 만족에 필요한 와인 공급이 계속하여 유지될 수 있는 것이다.

이들 와인은 그 지역 떼루아의 포도만을 합치기 때문에 와인 품질이 보증된다. 작은 포도원들의 집합으로 유명 샤또의 포도원에서 존재하지 않는 새로운 포도원 면적이 흔히 발견된다. 포도수확은 포도품종, 접목과 떼루아에 따라 기술위원회에서 프로그램화하여 실행하고 있다.

또한 일반화되어 있는 품질보증 표시는 포도원 조합원들에게 그들의 노력을 보상해 줌과 동시에 넓은 의미의 경쟁심도 일으키게 하는 요소가 되고 있다. 최고 성능의 기술 장비를 갖추고 있으며 메독 지역 전통의 양조기술의 토대 위에 가장 저명한 양조전문가들의 기술 조언으로 와인을 생산하는 까브 꼬뻬라티프는 메독 와인의 평판에 기여하고 있다.

1933년 첫 조합이 결성되기 시작한 이래 1966년 이후 현재까지 13개의 까브 꼬뻬라티프가 있으며 1개의 연합회로 재구성되고 메독 8개 명칭 중 5개 지역으로 나누어져 있다. 와인 생산은 메독 와인의 15%를 차지한다.

AOC	메독	오메독	쌩떼스테프	뽀이약	리스트락	합계
까브 꼬뻬라티프	5	5	1	1	1	13
지역 생산 분포	32%	7%	17%	6%	25%	15%

	숫자	조합원 수	AOC면적(hl)	AOC생산(hl)
메독	13	900	1,836	107,012
블라이-부르제	9	1,100	3,520	216,347
리부르네	11	1,200	4,690	280,572
앙트르 드 메르	22	2,100	14,880	1,007,308

5. 크뤼 클라쎄CRUS CLASSÉS 등급

메독 지역 등급 분류

1855년 나폴레옹 3세의 명에 의해 이루어진 등급 분류에 해당되는 곳은 메독 지역의 60개 샤또가 포함된다. 1973년 샤또 무똥 로칠드가 2등급에서 1등급으로 수정된 것을 제외하고는 변함이 없다. 현재 1등급 샤또 5개와 2등급 14개, 3등급 14개, 4등급 10개, 5등급 18개의 크뤼로 분류되어 있다. 샤또 오브리옹은 그라브 지역에 있지만 1855년에 레드와인 1등급으로 분류되어 메독 크뤼 분류 때 함께 포함된다.

1등급 : 프르미에 크뤼Premiers Crus

크뤼명–샤또		AOC
Château Lafite Rothschild	라피뜨 로칠드	Pauillac
Château Margaux	마르고	Margaux
Château Latour	라뚜르	Pauillac
Château Haut-Brion	오브리용	Pessac
Château Mouton-Rothschild	무똥 로칠드	Pauillac

2등급 : 되지엠므 크뤼Deuxièmes Crus

크뤼명–샤또		AOC
Château Brane-Cantenac	브란 깡뜨낙	Margaux
Château Cos d'Estournel	꼬스 데스뚜르넬	Saint-Estèphe
Château Ducru-Beaucaillou	뒤크뤼 보까이유	Saint-Julien
Château Durfot-Vivens	뒤르포르 비방	Margaux
Château Gruaud Larose	그뤼오 라로즈	Saint-Julien
Château Lascombes	라스꽁브	Margaux

크뤼명-샤또		AOC
Château Léoville Poyféré	레오빌 뿌아페레	Saint-Julien
Château Léoville Barton	레오빌 바르똥	Saint-Julien
Château Léoville-Las Cases	레오빌 라까즈	Saint-Julien
Château Montrose	몽로즈	Saint-Estèphe
Château Pichon Longueville Comtesse de Lalande	삐숑 롱그빌 꽁떼스 드라랑드	Pauillac
Château Pichon-Longueville	삐숑 롱그빌	Pauillac
Château Rausan Gassies	로장 가씨에	Margaux
Château Rausan-Ségla	로장 세글라	Margaux

3등급 - 트루와지엠므 크뤼Troisièmes Crus

크뤼명-샤또		AOC
Château Boyd-Cantenac	보이드 깡뜨낙	Margaux
Château Calon-Ségur	깔롱 쎄귀르	Saint-Estèphe
Château Cantenac Brown	깡뜨낙 브라운	Margaux
Château Desmilail	데스미라이유	Margaux
Château d'Issan	디쌍	Margaux
Château Ferrière	페리에르	Margaux
Château Giscours	지스꾸르	Margaux
Château Kirwan	끼르완	Margaux
Château La Lagune	라 라귄느	Haut-Médoc
Château Lagrange	라그랑즈	Saint-Julien
Château Langoa	랑고아	Saint-Julien
Château Malescot Saint-Exupéry	말레스꼬 쌩떽쥐뻬리	Margaux
Château Marquis d'Alesme Becker	마르끼 달렘 벡께르	Margaux
Château Palmer	빨메르	Margaux

4등급 – 까트리엠므 크뤼Quatrièmes Crus

크뤼명-샤또		AOC
Château Beychevelle	베이슈벨	Saint-Julien
Château Branaire-Ducru	브라네르 뒤크뤼	Saint-Julien
Château Duhart-Milon Rothschild	뒤아르 밀롱 로칠드	Pauillac
Château La Tour Carnet	라뚜르 까르네	Haut-Médoc
Château Lafon-Rochet	라퐁 로쉐	Saint-Estèphe
Château Marquis de Terme	마르끼 드 떼름	Margaux
Château Pouget	뿌제	Margaux
Château Prieuré-Lichine	프리외레 리신	Margaux
Château Saint-Pierre	쌩뻬에르	Saint-Julien
Château Talbot	딸보	Saint-Julien

5등급 – 쌩끼엠므 크뤼Cinquièmes Crus

크뤼명-샤또		AOC
Château Batailley	바따이에	Pauillac
Château Belgrave	벨그라브	Haut-Médoc
Château Camensac	까망싹	Haut-Médoc
Château Cantemerle	깡뜨메를르	Haut-Médoc
Château Clerc-Milon	끌레르 밀롱	Pauillac
Château Cos Labory	꼬스 라보리	Saint-Estèphe
Château Croizet-Bages	크르와제 바즈	Pauillac
Château d'Armailhac	다르마이약	Pauillac
Château Dauzac	도작	Margaux
Château du Tertre	뒤 떼르트르	Margaux
Château Grand-Puy Lacoste	그랑 쀠이 라꼬스뜨	Pauillac
Château Grand-Puy-Ducasse	그랑 쀠이 뒤까스	Pauillac
Château Haut-Bages Libéral	오바즈 리베랄	Pauillac
Château Haut-Batailley	오바따이에	Pauillac
Château Lynch-Bages	린치 바즈	Pauillac
Château Lynch-Moussas	린치 무싸	Pauillac
Château Pédesclaux	뻬데스클로	Pauillac
Château Pontet-Canet	뽕떼 까네	Pauillac

그라브 지역 등급 분류

1855년, 샤또 오브리옹Haut-Brion만이 그라브의 크뤼 중 유일하게 선정되었다. 그라브의 등급 승인은 그 후 1세기가 지난 후에 이루어졌다. INAO에 의해 그라브 와인생산자조합이 희망하여 이루어진 이 분류는 1953년과 1959년 두 차례의 시행령에 의해 승인되었다. 분류는 16개의 크뤼를 알파벳순으로 서열없이 구분되고 있다.

그라브의 크뤼 클라쎄는 뻬싹 레오냥Pessac-Léognan 원산지 명칭으로 분류되어 있다. 이 지역 와인들은 특별한 섬세함이 있는데 이는 주로 자갈성인 떼루아와 유리한 미기후 환경 덕분이었다. 샤또 오브리옹을 포함하여, 그라브 크뤼들 중 레드와인 7개, 화이트와인 3개와 레드 · 화이트와인 동시에 얻은 6개로 분류되었다. 이 16개의 크뤼들은 등급 분류 없이 라벨에 크뤼 클라쎄 드 그라브Cru Classé de Graves만 언급하게 된다.

크뤼명 – 샤또명		생산와인
Château Bouscaut	부스꼬	레드, 화이트
Château Carbonnieux	까르보니외	레드, 화이트
Château Couhins	꾸엥	화이트
Château Couhins-Lurton	꾸엥 뤼르똥	화이트
Château Fieuzal	피외잘	레드
Château Haut-Bailly	오바이	레드
Château Haut-Brion	오브리용	레드
Château La Mission-Haut-Brion	라미씨용 오브리용	레드
Château La Tour-Haut-Brion	라뚜르 오 브리용	레드
Château Latour-Martillac	라뚜르 마르띠약	레드, 화이트
Château Laville Haut-Brion	라빌 오브리용	화이트
Château Malartic-Lagravière	말라르띡 라그라비에르	레드, 화이트
Château Olivier	올리비에	레드, 화이트
Château Pape Clément	빠쁘 끌레망	레드
Château Smith Haut Lafitte	스미트 오라피트	레드
Domaine de Chevalier	도멘 드 슈발리에	레드, 화이트

쏘떼른과 바르싹 등급 분류

1855년 쏘떼른과 바르싹 지역에서 스위트 화이트와인을 생산하는 26개에 크뤼 등급을 부여했는데 특1등급인 프리미에 크뤼 슈페리어Premier Cru Supérieur 1개와 1등급 크뤼Premier Cru 11개, 그리고 2등급 크뤼Deuxième Cru 14개가 되었다.

특1등급 Premier Cru Supérieur

크뤼명 – 샤또		AOC
Château d'Yquem	디껨	Sauternes

1등급 : 프르미에 크뤼 Premiers Crus

크뤼명 – 샤또		AOC
Château Climens	끌리망	Barsac
Château Coutet	꾸떼	Barsac
Château Guiraud	기로	Sauternes
Château Lafaurie-Peyraguey	라포리 뻬이라게	Sauternes
Château Latour Blanche	라뚜르 블랑쉬	Sauternes
Château Rabaud-Promis	라보 프로미	Sauternes
Château Rayne-Vigneau	레인 비뇨	Sauternes
Château Rieussec	리외섹	Sauternes
Château Sigalas-Rabaud	씨갈라 라보	Sauternes
Château Suduiraut	쒸뒤로	Sauternes
Clos Haut-Peyraguey	끌로 오뻬이라게	Sauternes

2등급 : 되지엠므 크뤼Deusièmes Crus

크뤼명-샤또		AOC
Château Broustet	부르스떼	Barsac
Château Caillou	까이유	Barsac
Château d'Arche	다르쉬	Sauternes
Château de Maille	드 마이으	Sauternes
Château de Myrat	드 미라	Barsac
Château Doisy-Daëne	드와지 다엔	Barsac
Château Doisy-Dubroca	드와지 뒤브로카	Barsac
Châtcau Doisy-Védrines	드와지 베드린	Barsac
Château Filhot	필로	Sauternes
Château Lamothe	라모뜨	Sauternes
Château Lamothe-Guignard	라모뜨 기냐르	Sauternes
Château Nairac	네락	Barsac
Château Romer du Hayot	로메르 뒤 아이요	Sauternes
Château Suau	쒸오	Barsac

쌩떼밀리용 등급 분류

이 지역 크뤼의 등급분류는 1954년 시행령으로 시작되어 1969, 1979, 1984, 1996, 2012년에 수정되었다. INAO의 감독하에 포도재배조합의 요청에 따라 이루어진 분류는 다른 보르도 등급과 확연하게 달랐다. 그랑 크뤼 명칭으로 사용되며 두 종류 등급으로 분류된다. 하나는 프르미에 그랑크뤼 클라쎄Premier Grand Cru Classé로서 A와 B로 나뉘고, 다른 하나는 그랑 크뤼 클라쎄Grand Cru Classé로 분류되어 이 용어를 사용하고 있다.

쌩떼밀리용 등급분류의 주된 특징은 원칙적으로는 10년마다 정기적으로 재분류가 가능하다는 것이다. 첫 결정 이후 여러 차례의 재분류가 이루어졌으며, 이때마다 몇몇 샤또가 퇴출되기도, 다시 재합류하기도 하는 변화가 이루어지고 있다. 2012년 9월 수정에는 프르미에 그랑 크뤼 클라쎄 18개로서 A등급 4개, B등급 14개와 그밖에 그랑 크뤼 클라쎄 등급으로 64개 샤또가 결정되었다.

프르미에 그랑 크뤼 끌라쎄 Premier Grand Cru Classé

A 등급

크뤼명-샤또		2012년 승급
Château Angélus	앙젤뤼스	승급
Château Ausone	오존	유지
Château Cheval Blanc	슈발 블랑	유지
Château Pavie	빠비	승급

B 등급

크뤼명-샤또		2012년 승급
Château Beauséjour	보쎄주르	유지
Château Beau-Séjour Bécot	보쎄주르 베꼬	유지
Château Bél Air-Monange	벨에르 모낭즈	유지
Château Canon	까농	유지
Château Canon la Gaffelière	까농 라 가플리에르	승급
Château Figeac	피작	유지
Château Fourtet	푸르떼	유지
Château La Gaffelière	라 가플리에르	유지
Château Larcis Ducasse	라르씨스 뒤까스	승급
Château Mondotte	몽도트	승급
Château Pavie Macquin	빠비	유지
Château Troplong Mondot	트로롱 몽도	유지
Château Trottevieille	트로뜨비에이으	유지
Château Valandraud	발랑드로	승급

그랑 크뤼 끌라쎄 Grand Cru Classé 2012년 등급

크뤼명-샤또	크뤼명-샤또
Chateau l'Arrosee 라로제	Chateau Haut Sarpe 오 사르프
Chateau Balestard la Tonnelle 발스따르 라 또넬르	Chateau Jean Faure 장 포레
Chateau Barde-Haut 바르도	Chateau Laniote 라니요트
Chateau Bellefont-Belcier 벨퐁 벨시에	Chateau Larmande 라르망드
Chateau Bellevue 벨르뷔	Chateau Laroque 라로크
Chateau Berliquet 베를뤼께	Chateau Laroze 라로즈
Chateau Cadet Bon 까데 봉	Chateau la Madelaine 라 마들렌느
Chateau Cap de Mourlin 깝 드 무르랭	Chateau La Marzelle 라 마르젤르
Chateau Chauvin 쇼벵	Chateau Monbousquet 몽부스께
Chateau Clos de Sarpe 끌로 드 사르프	Chateau Moulin du Cadet 물렝 뒤 까데
Chateau la Clotte 라 끌로트	Chateau Pavie-Decesse 빠비 드세스
Chateau la Commanderie 라 꼬망드리	Chateau Peby Faugeres 뻬비 포제르
Chateau Corbin 꼬르벵	Chateau Petit Faurie de Soutard 쁘띠 포리 드 수따르
Chateau Cote de Baleau 꼬뜨 드 발로	Chateau de Pressac 드 프레삭
Chateau la Couspaude 라 꾸스뽀드	Chateau Le Prieure 르 프리외르
Chateau Dassault 다소	Chateau Quinault l'Enclos 뀌노 랑끌로
Chateau Destieux 데스띠외	Chateau Ripeau 리포
Chateau la Dominique 라 도미니크	Chateau Rochebelle 로쉬벨르
Chateau Faugeres 포제르	Chateau Saint Georges 쌩 조르즈
Chateau Faurie de Souchard 포리 드 수샤르	Chateau Sansonnet 상소네
Chateau de Ferrand 드 페랑	Chateau La Serre 라 세르
Chateau Fleur-Cardinale 플뢰르 까르디날	Chateau Soutard 수따르
Chateau La Fleur Morange 라 플뢰르 모랑즈	Chateau Tertre Daugay 떼르트르 도게
Chateau Fombrauge 퐁보즈	Chateau La Tour Figeac 라 뚜르 피작
Chateau Fonplegade 퐁플레가드	Chateau Villemaurine 빌모린
Chateau Fonroque 퐁로크	Chateau Yon Figeac 용 피작
Chateau Franc Mayne 프랑 메인	Clos de l'Oratoire 끌로 드 로라뚜아르
Chateau Grand Corbin 그랑 꼬르벵	Clos des Jacobins 끌로 데 쟈꼬벵
Chateau Grand Corbin-Despagne 그랑 꼬르벵 데스파뉴	Clos Saint-Martin 끌로 쌩 마르탱
Chateau Grand Mayne 그랑 메인	Couvent des Jacobins 꾸방 데 쟈꼬벵
Chateau les Grandes Murailles 레 그랑드 뮈라이유	
Chateau Grand Pontet 그랑 뽕테	
Chateau Guadet 귀아데	

6. 그랑 크뤼 2차 와인Second Vins

보르도 그랑 크뤼 명품 와인 생산자인 샤또에서는 1차 와인으로 크뤼를 대표하는 그랑벵Grand vin 와인을 양조할 뿐만 아니라 또 다른 상표로 판매하는 2차세컨, second 와인을 생산하고 있다. 이러한 전통은 최근에 생긴 것이 아니며 이미 한 세기 전부터 존재해 왔다. 그러나 실제로 이 와인이 잘 알려지기 시작한 것은 샤또에서 병입을 시작하면서부터인 1960년 이후이고 비약적인 발전은 불과 40년 전부터다.

메독 지역이 보르도 어느 지역보다 더 많이 2차 와인을 생산하고 있다. 이것은 메독 와인 생산에 적합한 포도재배를 매우 논리적으로 설명하고 있다. 메독 지역의 유명 샤또는 적어도 10ha의 넓은 포도원을 소유하고 있다. 이렇게 넓은 대지의 구획들은 같은 크뤼에 속하지만 토양, 위치 또는 포도나무 수령이 서로 매우 다르다. 그래서 같은 샤또의 모든 포도들은 매년 같은 포도품종으로부터 동일한 와인을 얻는 것은 아니기 때문에 메독과 쌩떼밀리옹 지역의 유명 포도원들은 그랑 크뤼와 2차 와인을 분리하고 있다.

최초의 포도 선택은 포도밭에서 이루어진다. 오래된 포도밭과 생성된 지 얼마 안된 포도밭으로 구분되어 재배된다. 초보자라 할지라도 5년 된 포도밭과 40년 된 포도밭에서 생산된 포도로 만든 와인이 서로 다르다는 것을 느낄 수 있을 것이다. 오래되지 않은 포도밭에서 생산된 와인은 신맛과 탄닌이 강하고 색깔은 진하지만 반대로 오래된 포도밭에서 나온 와인보단 깊은 맛, 풍부한 질감, 농축도가 떨어진다. 이러한 이유로 신중한 샤또에선 이 두 가지를 섞지 않으며, 두 종류의 와인을 섞더라도 이 과정은 와인의 질에 영향을 끼치기 때문에 중요하고 섬세한 심사를 거친다.

보르도 와인의 진수는 품종 블렌딩에 있으며 모든 양조책임자의 기술은 이러한 자연으로부터 얻어진 다양한 품종을 섞어 최종적인 와인을 만드는 일이다. 오크통에서 첫 번째 숙성이 끝났을 때에 고유 품종 스타일로부터 크뤼의 최고 와인을 얻기 위해 시음과 블렌딩을 시작한다. 그 과정을 통해 시음자들은 1차, 2차, 심지어 3차까지의 와인을 선택하고 결정하게 된다. 일반적으로 처음 선택된 최고의 품질 와인 샘플로 블렌딩한 것이 그랑벵이며 크뤼를 대표하는 상표로 출시된다.

이어서 2차 와인을 선택함으로써 먼저 선택된 와인이 실질적인 고품질의 와인으로 생산될 수 있고 매년 지속적인 품질 유지 역할을 하고 있다. 세컨 와인은 수령이 얼마 되지 않은 포도 나무에서 얻은 포도를 사용하는 것이 일반적이다. 이 와인의 원래 목적은 유명한 샤또에서 생산되는 와인의 평판을 잘 알리고 싶거나 또는 덜 알리기 위해 다른 상표로서 판매를 시도하려 했다. 그러나 세컨 와인은 상업적으로 성공적인 판매 수단이 되었는데 이것은 많은 와인 애호가들에게 천문학적 가격의 접근할 수 없는 몇 크뤼들로부터 고품질의 와인을 제공할 수 있기 때문이었다.

특히 샤또 라피뜨 로칠드의 레 까뤼아드 드 라피뜨Les Carruades de Lafite, 샤또 라뚜르의 레 포르 드 라뚜르Les Forts de Latour와 샤또 마르고의 빠비용 루즈 드 마르고Pavillon Rouge de Margaux의 세컨 와인은 이미 잘 알려져 있으며, 메독 지역 와인의 스타로서 자리잡고 있다. 새로운 세컨 와인 상표를 정하는데 있어 포도원 소유자들은 존재하지 않았던 환상적인 이름을 사용하는 곳도 있고 특급와인으로서 상표명 우선권을 두어야 하는 "그랑 벵"과는 전혀 관련이 없는 이름이 존재하기도 한다. 또한 몇 샤또들은 세컨 와인 명은 그랑 벵 이름과 연관되어 정하거나 주라벨의 일정부분을 이미지로 사용하기도 하여 그랑 벵을 더 잘 알릴 수 있는 효과를 주기도 한다.

몇몇 2차 와인은 처음 생산된 와인과 비교하여 품질 특성에 있어 전혀 풍부하거나 복합적이지 않은 와인을 생산하기도 한다. 이 와인은 흔히 와인 전문가들로부터 비평을 받기도 하는데 생산업자들이 그들의 "그랑 벵"의 평판에 결부시켜 세컨 와인의 품질 특성과 관계없이 가격을 책정하기 때문이다. 이처럼 가끔 품질에 있어 만족할 수 없는 생산을 하는 세컨 와인으로 인해 어려운 선택이 있을지라도 그들 중에서 특히 좋은 수확연도에는 최상의 품질의 2차 와인을 발견할 수 있다.

이러한 이유는 모든 와인 생산과정에서 세컨 와인이 그랑 벵처럼 같은 포도원에서 정성스럽게 포도를 관리하고 같은 손으로 수확하며, 동일한 양조장에서 규정에 맞게 "그랑 벵"과 같은 숙성과정을 거친 와인으로, 단지 마지막 블렌딩 과정에서 또 다른 선택이 이루어졌기 때문이다.

이 세컨 와인이 그랑 크뤼 와인과는 품질 차이가 있더라도 같은 크뤼에서 생산된 와인을 저렴한 가격으로 구매할 수 있는 매력을 제공해 주기 때문에 선호되고 있는 것이다. 게다가 이 와인은 샤또의 경제적 측면의 도움과 그랑 벵 와인 품질의 일관성을 갖는데 도움을 주고 있다.

주요 그랑 크뤼의 2차 와인

그랑 크뤼 알파벳 순

그랑 크뤼	2차 와인명	
Château Angélus	Le Carillon de L'Angélus	르 깔리옹 드 렁젤뤼스
Château Ausone	Chapelle d' Ausone	샤뻴 도존
Château Beychevelle	Amiral de Beychevelle	아미랄 드 베이슈벨
Château Brane-Cantenac	Le Baron de Brane	르 바롱 드 브란느
Château Calon-Ségur	Château Marquis de Calon	샤또 마르끼 드 깔롱
Château Canon	Clos Canon	끌로 까농
Château Cantenac-Brown	Château Canuet	샤또 까뉘에
Château Cheval-Blanc	Le Petit-Cheval	르 쁘띠 슈발
Château Climens	Cyprès de Climens	씨프레스 드 끌리멍
Château Cos d'Estournel	Les pagodes de cos	레 파고드 드 코스
Château Cos-Labory	Le Charme Labory	르 샤르므 라보리
Château Dauzac	La Bastide Dausac	라 바스티드 도작
Château Ducru-Beaucaillou	La Croix de Beaucaillou	라 크루아 드 보까이유
Château Durfot-Vivens	Segond de Dufort	스공 드 뒤포르
Château Gruaud-Larose	Sarget de Gruaud-Larose	싸르제 드 그뤼오 라로즈
Château Haut-Brion	Le Clarence de Haut-Brion	르 클라랑스 드 오브리옹
Château La Gaffelière	Clos La Gafferière	끌로 라 가프리애르
Château La Mission-Haut-Brion	La Chapelle de la Mission-Haut-Brion	라 샤뻴 드 라 미씨옹 오브리옹
Château Lafite Rothschild	Carruades de Lafite	까뤼아드 드 라피뜨
Château Lafon-Rochet	Les Pelerins de Lafon-Rochet	레 뻬르랭 드 라퐁 로쉐
Château Lascombes	Chevalier de Lascombes	슈발리에 드 라스꽁브
Château Latour	Les Forts de Latour	레 포르 드 라뚜르
Château Latour-Martillac	Lagrave-Martillac	라그라브 마르띠약
Château Léoville Barton	La Réserve de Léoville Barton	라 레제르브 드 레오빌 바르똥
Château Léoville Poyféré	Château Moulin Riche	샤또 물랭 리쉬

〈계속〉

그랑 크뤼	2차 와인명	
Château Léoville-Las Cases	Clos du Marquis	끌로 뒤 마르끼
Château Lynch-Bages	Château Haut-Bages Averous	샤또 오바즈 아베루
Château Malartic-Lagravière	Le Sillage de Malartic	르 실라즈 드 말라르띡
Château Margaux	Pavillon Rouge de Château Margaux	빠비용 루즈 드 샤또 마르고
Château Montrose	La dame de Montrose	라 담므 드 몽로즈
Château Mouton Rothschild	Le Petit Mouton de Mouton Rothschild	르 쁘띠 무똥 드 무똥 로칠드
Château Olivier	Seigneurie d'Olivier	쎄뇌리 돌리비에
Château Palmer	Alter Ego de Palmer	알떼르 에고 드 빨메르
Château Pape Clément	Le Clémentin du Pape Clément	르 끌레망뗑 뒤 빠쁘 끌레멍
Château Pichon Longueville Comtesse de Lalande	Réserve de la Comtesse	레제르브 드 라 꽁떼쓰
Château Pichon-Longueville	Les Tourelles de Longueville	레 뚜렐르 드 롱그빌
Château Pontet-Canet	Château Les Hauts de Pontet	샤또 레 오 드 뽕떼
Château Rausan-Gassies	Chevalier Rausan-Gassies	슈발리에 로장 가씨
Château Rausan-Ségla	Ségla	쎄글라
Château Smith Haut Lafitte	Les Hauts de Smith	레 오 드 스미트
Château Talbot	Connectable Talbot	꼬넥따블 딸보
Domaine de Chevalier	L'Esprit de Chevalier	레스프리 드 슈발리에

LES FORTS DE LATOUR
PAUILLAC
MIS EN BOUTEILLES A LA PROPRIÉTÉ
PRODUCE OF FRANCE
MIS EN BOUTEILLE A LA PROPRIÉTÉ
COS
APPELLATION SAINT-ESTEPHE CONTROLEE
750 ml
DOMAINES PRATS S.A.
L 7SE

CONNÉTABLE
TALBOT
SAINT - JULIEN
APPELLATION SAINT-JULIEN CONTRÔLÉE

MIS EN BOUTEILLE A LA PROPRIÉTÉ
CARRUADES
DE
LAFITE ROTHSCHILD
PAUILLAC
APPELLATION PAUILLAC CONTROLÉE
Sté CIVILE DE CHATEAU LAFITE ROTHSCHILD
PROPRIÉTAIRE A PAUILLAC (GIRONDE) FRANCE
75cl
PRODUCE OF FRANCE
CHATEAU
DULUC
SAINT JULIEN

1997
PRELUDE
A
GRAND-PUY DUCASSE
PAUILLAC
APPELLATION PAUILLAC CONTRÔLÉE
S.C.C.G.P.D. PROPRIÉTAIRE A PAUILLAC (GIRONDE)
Mis en Bouteille au Château
Jean-Pierre A. de la Beaumelle Adm.
L 06908-97
PRODUCT OF FRANCE
RÉCOLTE
1997
CHALLENGE INTERNATIONAL
BLAYE - BOURG
1999
Appellation Saint-Em
Mis en bouteille

7. 보르도 와인 라벨

와인 라벨은 병에 들어 있는 와인과 직접적으로 연관되어 있다. 와인의 오랜 역사와 비교해볼 때 와인 라벨 관련 법령이 시행된 것은 1세기도 되지 않았다. 2차 세계전쟁 시기까지만 해도 와인 라벨의 사용은 완전한 자유의 시대였다.

오늘날 와인 라벨은 아주 엄격한 규정들로 채워져 있다. 그래서 새롭게 라벨을 만들려면 법률가의 조언을 얻어야 할 정도이다. 아울러 라벨의 글씨체와 색상, 크기, 이미지들은 기본적으로 2가지를 충족시켜야 한다. 첫째로는 소비자에게 잘못된 선택으로 혼란을 줄 수 있는 표시는 안되며 정확하게 내용이 전달되어야 한다. 둘째로는 와인에 문제가 있을 경우 책임과 소재지가 분명하게 확인될 수 있어야 한다.

이 같은 요건이 충족된 후 와인생산자나 네고씨앙은 와인 홍보를 위해 라벨에 그림이나 이미지를 삽입한다. 그런데 일부 소비자들은 잘 알려진 와인 라벨들은 무조건 믿고 받아들이려는 경향이 있다. 보르도 AOC와인에 관한 라벨 규정은 유럽에서 병입되어 판매되고 있는 모든 지역통제 명칭의 와인들과 동등하게 적용된다. 사실 프랑스는 라벨에 관하여 매우 엄격하면서도 임의적인 부분에서는 독창성을 부여하여 자유스럽게 시행하고 있다. 그러나 최근에 전 유럽에서 시행하고 있는 유럽 규정은 필수적인 부분뿐만 아니라 임의적인 부분도 거론하고 있다. 물론 그 외의 다른 표현들은 와인 라벨에서 금지되어 있다.

이렇게 라벨 모양은 그래픽에서 독창성이 많이 상실되었지만 와인 구매자는 이 라벨을 통해 와인의 원산지와 제품 종류 등을 이해하고 그 와인에 대한 정확하고 자세한 정보를 얻을 수 있는 것이다.

라벨은 와인의 얼굴이라고 할 수 있는 '주 라벨Main Label'과 '병목 라벨Neck Label', 그리고 사용된 포도품종, 양조법, 빈티지의 특성, 당도의 정도, 와인 서빙 방법 등을 친절하게 알려주는 '후면 라벨Back Label' 등 세 가지이다. 모든 와인 병에 이 세 종류가 다 붙어 있는 것은 아니다. 각 와인생산지역의 전통에 따라 있을 수도 혹은 없을 수도 있다.

보르도 와인에서는 당연히 주 라벨은 필수적이고 후면 라벨은 최근에 등장한 것으로 마케팅의 일환으로 소비자들에게 그 와인과 어울리는 요리, 와인 보관법, 서빙 방법 등에 대해 상세한 정보를 주기도 한다.

보르도 AOC 와인 라벨 표기

① 그랑 벵Grand Vin만 유일하게 사용하는 것은 금지되어 있고 언제나 생산지역과 함께 표기해야 한다. 보르도의 경우 "그랑 벵 드 보르도Grand Vin de Bordeaux'로 써야 한다.

② 빈티지는 임의적이다. 생산년도를 넣을 경우 프랑스 와인은 전적으로 그해 수확하여 생산한 당해 연도 와인에 한해서만 표기할 수 있다.

③ 삽화나 사진은 넣고자 할 때는 이미지가 원본과 실제적으로 일치해야 한다.

④ 지역명은 아벨라시옹Appelation과 꽁트롤레Contrôlée사이에 들어간다.

⑤ 와인 색깔이나 숙성방법을 표시할 때는 정해진 규정 용어를 사용해야 한다.

레드와인 : Vin de Café, Vin Tuilé, Pelure d'Oignon

로제와인 : Vin Gris, Gris de Gris

화이트와인 : Blanc de Blancs, Vin Jaune, Vin de Paille

모든 와인 : Fruité, Vin Nouveau, Vin Primeur, Réserve…

⑥ 병입한 마을이 본사의 주소와 다를 때 병입 지역의 우편번호나 지역 코드를 기입해야 한다. Par 또는 Pour의 뜻은 "~에 의해 병입된" 내용이다. Mis en bouteille au chateau라고 써 있을 경우, 와인이 생산된 샤또에서 병입한 것이다.

⑦ 병입 장소의 주소는 국가명과 함께 빠짐없이 기입해야 한다. 네고씨앙 이름은 혼란이 있을 경우 필수적이고 일반적으로 도시명이 지역명칭으로 표기될 수 있다.

⑧ 포도원, 네고씨앙의 역사는 간단하게 언급한다는 조건으로 허락된다.

⑨ 이 번호는 병입에 사용된 숫자 일뿐 어떠한 컨트롤 관련 번호는 아니다.

⑩ 와인 서빙과 보관과 관련된 표시는 허가 된다.

⑪ 상품 로트 번호는 1992년 7월 1일부터 필수적으로 표기해야 한다.

⑫ 용량 표기의 높이 크기는 195 mℓ이하는 2mm이고, 200~1000mℓ 까지는 3mm 크기이며, 1ℓ 이상은 5mm이다. "e"표시는 유럽 규정에 맞게 병입한 경우 용량 앞에 사용한다.

⑬ 프랑스 국외에서 유통할 때 "Produit de France" 또는 "Produce of France"를 표시해야 한다. 한 와인 생산자가 네고씨앙 회사에서 병입한 경우 허가서류에 명시된 조건하에 소유자 명과 주소를 기입할 수 있다.

⑭ 포장에 사용된 병은 재활용할 수 있다는 초록색 로고를 넣을 수 있다.

⑮ 알코올 도수는 필수적이다.

⑯ 보르도 와인인 경우 2000년도 빈티지부터 모든 와인에 주 라벨 또는 병목 라벨에 보르도 와인생산자연합회에서 제안한 새로운 보르도 와인 로고를 넣어야 한다.

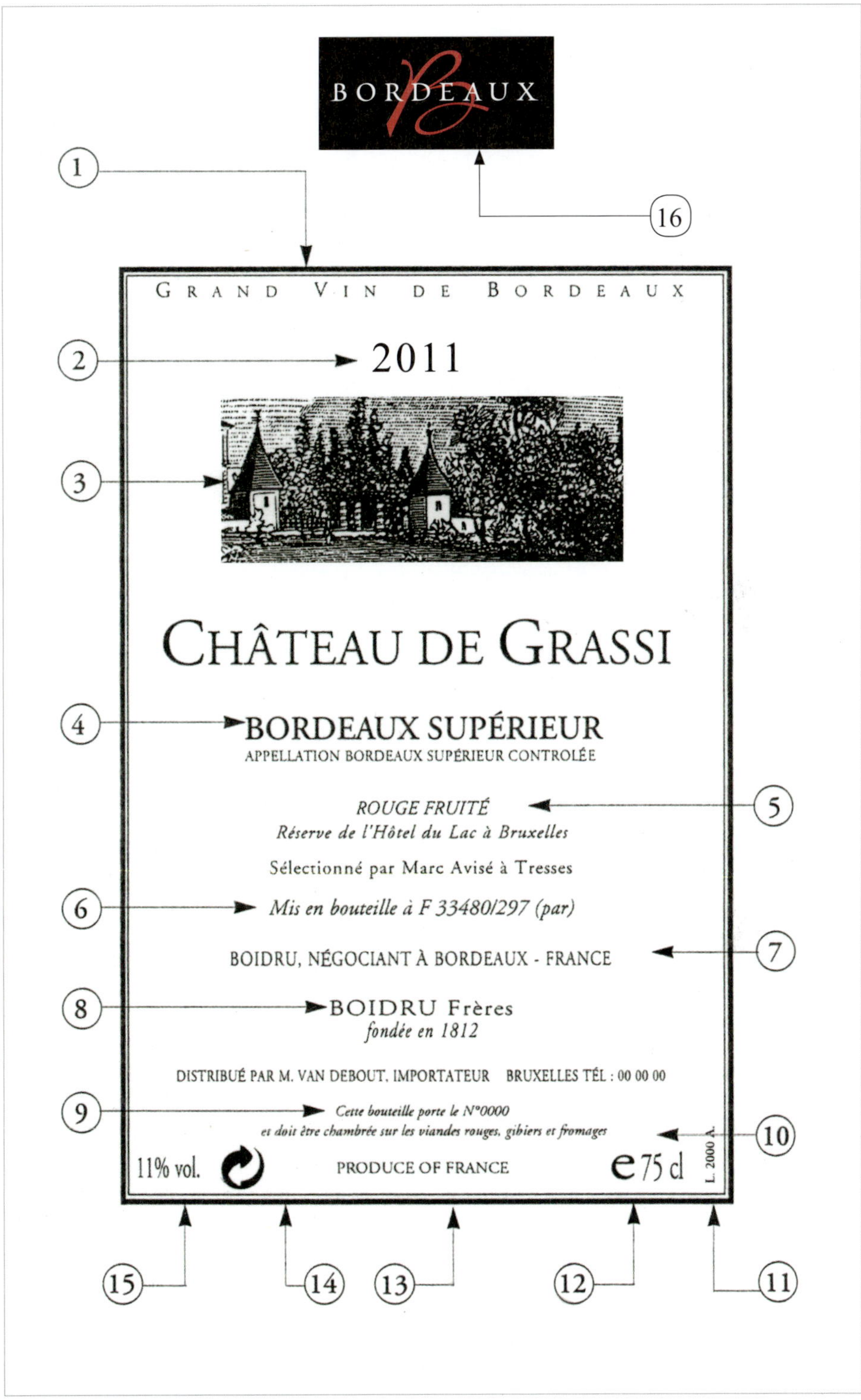

Ch. COCKS et Éd. FÉRET, 〈Bordeaux et ses Vins〉

그 밖에 임의적 표시로는 크뤼의 분류인 크뤼 끌라쎄Cru Classé, 크뤼 부르주와Cru Bourgeois, 크뤼 아르띠장Cru Artisan과 품평회 메달 수상, 포도품종 등이 있다.

알코올 도수 표기는 와인 용량대비 퍼센트... % VOL로 나타낸다. 분석에 의해 결정된 알코올 도수 표기과 비교하여 병입된 와인 실제 도수가 0.5% VOL 이상 또는 이하가 되어서는 안 된다. 예로서 "12% VOL"로 분석된 와인 경우 라벨에 3 가지 %로 표시할 수 있는데 "12% VOL", "11.5% VOL" 과 "12.5% VOL" 이 가능하다. 이것은 3년 동안 병입된 와인은 0.5%까지 알코올 도수 변화가 가능하기 때문에 관련기관에서 약간의 오차를 용인하고 있다.

수상 메달 표기에 관해서는 아직도 유럽 규정은 중요한 문제로 다루고 있다. 기본적 요구 조건으로는 지역 표시가 있는 모든 와인이 해당하며, 이 조건에 맞는 경우 국제와인기구OIV나 각국 정부에서 인정하고 제한적인 품평 대회이어야 한다. 특히 제품의 생산과정, 심사위원의 성격, 메달의 수와 대회의 크기 등은 필수적인 요구 조건들이다. 따라서 유럽연합회, 국가와 OIV에서 인정한 대회와 유럽 위원회에서 공적으로 승인한 품평 대회는 컨트롤이 가능하며 메달의 권위를 인정하고 있다.

이미 앞에서 프랑스 와인 품질 4개 등급을 소개한 것처럼 그 분류에 따라 테이블 와인, 뱅 드 뻬이, VDQS, AOC를 표시해 주어야 하고 이에 따라 라벨의 필수기재 사항과 임의기재 사항은 매우 달라진다. 특히 알코올 함량, 용량, 병입업체의 이름과 주소는 필수로 표시되어야 하는 사항이다. 빈티지 표시는 테이블 와인은 제외된다. 또한 프랑스 와인명중 포도품종 이름이 표시되는 경우에는 미국 등 다른 국가와는 달리 100% 해당 품종으로만 생산해야 한다. 생산연도의 경우도 마찬가지이다. 그러므로 프랑스 와인의 생산연도는 품질 보증의 역할도 한다.

이러한 와인 라벨을 읽고 이해함으로써 소비자는 와인의 타입과 원산지, 빈티지, 특징들을 구별해 낼 수 있다. 또한 후면 라벨에는 한국어로 그 와인을 생산한 제조업자 또는 네고씨앙 정보 및 수입회사 연락처도 명시되어 있다. 따라서 와인 라벨을 읽을 수 있으면 와인에 대한 기본적인 정보를 정확하게 알 수 있는 것이다.

Château Angélus

Premier Grand Cru Classé "A"
Saint-Emilion

Chapter

IV

보르도 AOC와인 생산 지역

1. 메독Médoc 지역
   - 오메독Haut-Médoc
   - 쌩떼스테프Saint-Estèphe
   - 뽀이약Pauillac
   - 쌩줄리엥Saint-Julien
   - 마르고Margaux
   - 리스트락 메독Listrac-Médoc,
   - 물리스 앙 메독Moulis en Médoc
2. 그라브Graves 지역
   - 뻬삭 레오녕Pessac-Léognan
3. 쏘떼른Sauternes과 바르싹Barsac 지역
   - 쎄롱Cerons
4. 리부르네Libournais 지역
   - 쌩떼밀리용Saint-Emilion
   - 쌩떼밀리용 위성 지역
   - 뽀므롤Pomerol
   - 프롱삭Fronsac
5. 앙트르 드 메르Entre-Deux-Mers 지역
   - 스위트 화이트와인 생산-가론강 우안지역
   - 쌩뜨크루아 뒤몽
   - 루삐약
   - 꺄디약
6. 꼬뜨 드 보르도Côtes de Bordeaux 지역
7. 보르도Bordeaux와 보르도 쉬뻬리외르Bordeaux Supérieur 지역

1. 메독MÉDOC

보르도 메독 지역의 포도밭은 정성스럽게 손질이 잘 되어 포도나무들이 늘어선 줄은 마치 열병식을 하는 군대처럼 질서정연해 보인다. 각 줄의 끝에는 군인들이 두르는 장식띠 대신 장미가 심어져 있어서 우아하고 생생한 느낌을 부여한다. 작은 숲을 배경으로 서 있는 샤또들은 고급스러운 포도원의 완성된 이미지를 제공한다. 메독 지역이라는 작은 반도는 서로 다른 개성적인 작은 와인 마을들로 이루어져 있다는 것을 알아야 한다.

지리적 여건

메독은 보르도 북서쪽에 위치한 삼각형의 넓은 반도로서 서쪽에는 소나무 숲과 늪지대, 사구와 해변을 따라 이어지는 대서양이 있고 동쪽은 지롱드강 하구의 좌안을 차지하고 있다. 약 14,000 ha에 이르는 포도밭들은 지롱드 강가에 자리잡고 있다. 이 지역은 너비가 2~5km, 남북 길이가 75~80km로 남쪽 블랑끄포르Blanquefort에서 북쪽으로 방삭Vensac에까지 이르고 있다. 지형적 관점에서 볼 때 이 귀한 "와인 반도"에는 해발 43m로 리스트락에서 가장 높은 지점인 크룹프라는 언덕이 위치하고 있으며 그 주위로 작은 물줄기들이 지롱드강을 따라 완만하게 흐르고 있다.

역사

메독Medoc이라는 지명의 어원은 로마정복시대 이전부터 사용되었다. 이 단어는 "중간의 대지" 또는 "중간의 국가"라는 의미이며 와인으로서의 메독의 위대한 명성은 그리 오래되지 않지만 메둘리Medulli라고 불리우는 이 지역 주민들의 역사는 매우 오래되었다.

기원전 1,500년에서 2,000년경인 청동기 시대부터 보르도 북부지방에 많은 주민이 살고 있었고, 그 후 갈루아 지역 로마인들은 그라브 지역의 끝과 블랑끄포르를 잇는 길을 만들어 이 지역을 지배하였으며 이 곳에는 많은 자취가 남아 있지만 그 당시 포도나무를 재배하였는지는 알 수 없다.

메독 지역은 중세시대에 북쪽 끝부터 남쪽에 이르기까지 숲과 늪이 많은 초원, 특히 호밀류를 재배하기에 무난한 토지로 뒤덮인 황무지였다. 이 지역 중앙에는 마꼬Macau 깡뜨낙Cantenac 같은 수도원과 까스뗄노Castelnau, 라뚜르Latour 등의 영주의 성이 있었다.

이러한 수도원과 성 주변에 몇몇의 포도재배 지역이 존재하였고 이 곳의 포도밭은 많지 않았으나 그 중에서도 대부분은 영주들 것이었으며, 와인은 시대적 권위의 전유물로 성직자 집단 소유였다. 또한 이 지역을 방문한 순례자와 여행객들이 휴식을 하며 먹고 치료를 할 수 있는 장소와 음식이 필요하였는데 이를 위해 성직자들은 무엇이든 필요한 것은 다 재배하였으며 그 중 포도 재배에 큰 심혈을 기울였다.

17세기 초에 네고씨앙들은 포도원 소유지를 구성하게 되었고 메독의 늪지대와 낮은 대지, 질퍽한 토지들을 자갈이 많은 언덕으로 변신하게 된다. 네덜란드 기술자들은 북쪽 메독의 다습한 대지들을 개량하여 보리를 재배하고 가축을 방목할 수 있는 땅으로 바꾸어 놓았다. 17세기 후반에는 세귀르Ségur, 뽕딱Pontac과 브란느Brane의 통치하에 있던 대지들이 훌륭한 포도원이 되도록 옛 영주들은 도움을 아낌없이 주었다. 이리하여 1760년경에 비로소 메독 지역에 포도밭들이 조성되기 시작하였다.

이러한 포도재배지의 발전에서 떼루아의 개념이 탄생하게 되었다. 1677년 영국인 존 로크John Locke는 토지와 와인 사이의 직접적인 관계를 메독 지역의 경험에서 얻게 된다.

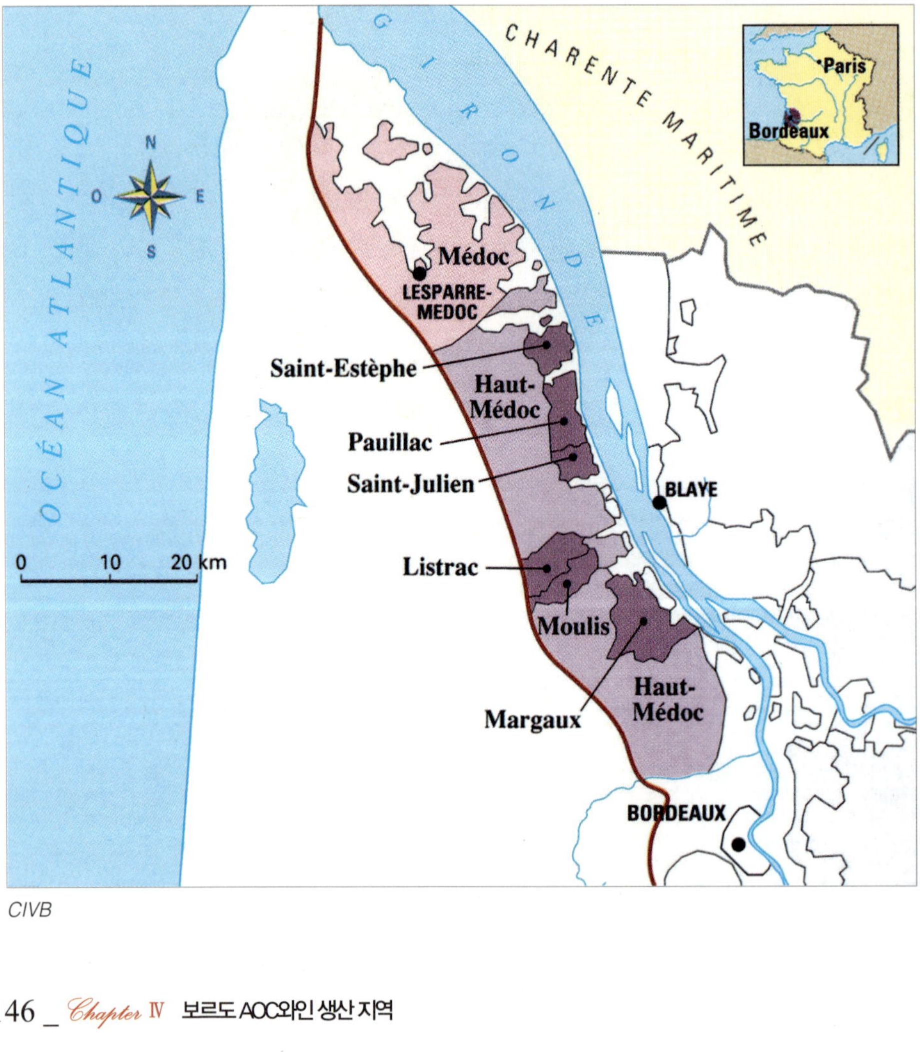

CIVB

1720년 샤또 마르고와 관련된 문헌에서 이를 언급하고 있고, 크뤼라는 개념 또한 인식하게 되는데 척박한 토양인 자갈 구릉 산지에서 재배된 포도로 만든 와인의 매우 특별한 품질을 발견하게 된다.

1730년부터 와인 숙성과정에서 오크통의 와인 보충하기우띠야즈와 따라내기수띠라즈, 네덜란드인들이 소개한 살균 방법의 일반화가 최상의 와인 보관을 가능하게 하였다. 품질 선택에 신경을 쓰게 되는데 명성있는 포도원에서는 1차인 고급 와인과 2차 와인을 분리하기 시작했다. 이렇게 와인을 보존할 수 있고 외국 소비자들이 요구하는 품질 추구 및 원산지 개념이 나타나면서 재력있는 소유주, 의원 또는 귀족 및 프랑스인으로 귀화한 지 얼마되지 않은 외국인들도 이 포도원 매입에 투자하게 되었다.

이들로부터 18세기 중엽에는 그랑 크뤼와 샤또 개념이 인식되면서 포도원내 샤또 건물을 재건축하였고 양조 시설과 지하 저장소에 대해 자금 투자와 장기적 정책이 이루어졌다. 이러한 요인들이 결합되어 메독에서의 포도밭을 조성하려는 열기가 더해갔고 유례없는 포도산지의 확장으로 이어지게 되었다. 이곳의 포도나무들은 철저하게 재배되고 관리되어 얼마 되지 않아 우위를 차지하게 된다.

또한 프랑스내에서 뿐만 아니라 해외에서 몽떼스키외Montesquieu와 포도나무의 왕자라고 불리운 세귀르Seguir 후작과 같은 영향력있는 인사들이 이 지역 와인을 알리는 역할을 했다. 그로부터 메독 지역은 보르도 내 주 포도산지가 되어 계속적으로 자리를 고수하게 된다. 이미 18세기 초부터 메독의 와인은 다른 포도산지에서 생산된 와인보다 더 비싸게 판매되었다.

18세기말에 미국의 3대 대통령이 될 토마스 제퍼슨Thomas Jeperson이 와인 저장고를 마련하라는 조지 워싱턴Goerge Washington 미국 대통령의 임무를 하달받고 유럽을 방문하여 보르도 지방을 둘러보고는 최고급 크뤼 등급을 자체적으로 작성했는데 메독과 쏘떼른느 지역이 최고 위치를 차지하였다. 이러한 평가는 일반인들에게까지 확산되어 갔다.

그 뒤로 프랑스 대혁명 시기에 보르도의 많은 포도원 주인들이 물갈이 되었다. 하지만 포도밭 그 자체에 대한 큰 변화는 없었으며 포도 묘목에 대한 섬세한 관리는 오히려 모든 산지에까지 더욱 강화되었다. 보르도 와인의 상승세는 계속되었으며 1855년 등급분류는 메독 와인의 명성을 최종적으로 확인된 기회가 되었다.

이러한 번영기에 생겨난 포도나무 질병인 필록셀라, 밀디우와 오이디움의 발병으로 인한 타격은 매우 가혹하였다. 하지만 필록셀라의 피해는 미국 포도나무를 접목하는 방법으로 복구의 발판을 마련하게 되었다. 메독 지역의 포도밭은 1880년에 약 25,000 ha가 남아 있었으나, 30년 동안의 병충해와 세계 2차대전과 1956년 냉해 이후 메독 지역 포도원 면적은 크게 줄어들어 오늘날에는 15,000ha 정도이다.

그러한 어려운 시련에도 불구하고 농가들의 혁신과 근대화, 양조학의 발전, 와인 관련 기관의 적극적 참여로 전설적인 부활이 시작되었다. 그러나 메독 지역은 그동안 괄목할 만한 토지 확장에도 불구하고 필록셀라 피해 이전의 재배 면적을 아직도 회복하지 못하고 있다. 동시에 이 지역 포도원들은 건물 혁신과 재건축으로 발효 장비, 숙성 창고, 저장소와 방문객 접대공간을 현대적으로 바꾸었을 뿐만 아니라 재배면적의 확장 등에 수십억 프랑에 이르는 투자가 이루어졌고 이 거대한 투자는 메독 와인 미래를 확신할 수 있는 보증이기도 하다.

20세기에 이러한 우여곡절이 있었지만 상황이 많이 호전되어 좋은 수확연도에 생산된 고급스런 메독 와인은 확고한 이미지를 갖는 결과를 낳았다. 이는 전세계에서 노블레스 문화, 세련미를 겸비한 재산을 확보함과 동시에 예술품을 소유하고자 하는 재력가들을 불러들이게 되었다.

떼루아-산지

소위 메독의 행운이라는 것은 척박한 땅 위에서 풍요로운 재배가 이루어진다는 것이다. 빙하기 제4기 때 지롱드강에 굵은 광물들이 퇴적된 봉우리와 자갈로 이루어진 구릉지croupe은 좋은 포도의 최고 산지로 꼽힌다. 이러한 최상의 장소에 가장 명성이 있는 포도원들이 우선적으로 들어섰다. 또한 '포도나무가 강을 바라볼 때 와인의 맛은 더 좋다.'라는 이 오래된 말은 높은 위치와 강의 영향이 어우러져 비롯되는 효과를 잘 묘사하고 있다. 사실 크기가 다양하고 각양각색인 자갈들이 여러 가지 이유로 와인에 좋은 품질을 가져다 주는 요인이 되지만 이 중에서 배수가 잘되는 것이 가장 중요하다고 하겠다.

지롱드 하구 주변에 심어진 메독 포도밭은 매우 특별한 지리적 여건의 혜택을 받고 있다. 이러한 여건이 유일하다고 할 수 있는 이유는 다음과 같다.

기후 북위 45도선에 위치하여 메독의 포도밭은 상대적으로 따뜻하고 습하며 일조량이 많은 기후의 혜택을 받고 있다. 그리고 무엇보다도 바다와 하구가 만나 만드는 물줄기 사이에 위치하고 있어 가장 유리한 미세기후를 형성한다. 즉 온도차가 적고 더위와 햇빛이 있으면서 대기가 어느 정도 습하여 숙성기의 포도에 특히 매우 이롭다. 이러한 이상적 기후는 연중 부드럽고 습하고 통풍이 잘되고 일사량이 좋으며 극단적인 날씨는 매우 드물다. 따라서 다른 곳보다 이 곳 식물들은 질병이 적고 물가에 근접해 있어 봄의 서리 피해도 거의 없다.

토양 포도나무들은 자갈이 많은 나지막한 언덕 위에 심어져 있다. 자갈은 척박한 땅으로 포도재배나 숲 이외에 다른 재배에는 부적합하다. 하지만 투과성이 높기 때문에 포도재배에 매우 유리하며 포도나무 뿌리를 깊게 하여 물을 비롯한 성장에 필수적인 요소들을 흡수하도록 하여 좋은 품질의 포도나무가 자랄 수 있게 한다.

자갈 언덕은 평균 10~25m로 낮은 편이다. 강과 가깝게 있는 강가쪽은 더 낮고 서쪽에서 물줄기가 갈라지는 곳까지는 더 높으며 바다까지는 다시 차츰 낮아진다. 고도가 비교적 낮기 때문에 토양이 매우 갑작스럽게 변하는 곳이 있다. 몇 미터 차이로 습지에서 자갈토로 바뀌는 지역도 있는데, 습지의 포도밭은 굴곡이 있는 계단식 경작지와 구분이 되며 이들은 각기 특징 있는 산지를 형성하게 한다. 이처럼 메독의 넓은 포도밭이 겉으로는 균일해 보일 수 있으나 각기 특징이 있는 서로 다른 명칭을 갖는 이유이기도 하다.

와인 생산

메독 와인 생산면적은 약 15,000ha에 이르며 보르도 레드와인을 생산하는 포도원의 16%이상을 차지한다. 보편적으로 자영농이 지배적이며 약 1,533 재배자들이 직접 경작하고 그들 제품에 책임을 지고 있다. 이들 포도원은 1855년 등급 분류되어 공인된 60개 그랑 크뤼 끌라쎄 중 하나이든지, 크뤼 부르주아 등급 한 가족이든가, 크뤼 아르티장 또는 포도 재배자 조합꼬뻬라띠프의 한 일원으로서 이 지역 와인에 대한 긍지와 유산을 유지해 나가고 있다.

메독 지역 각 포도원의 규모는 중간 정도 규모의 포도원을 소유하고 있는 경우는 거의 없거나 있더라도 아주 드문 것이 특징이다. 큰 포도원들은 30~50ha의 면적과 그 이상이며, 5~15ha의 면적을 소유한 포도원은 15%를 차지하고 있고, 5ha 미만의 작은 면적의 포도원들은 큰 포도원 주변에 이웃하고 있다.

특히 명성이 있는 샤또들 5분의 1이상이 30ha 면적 이상을 가지고 있다. 그들은 마치 한 촌락을 이루고 있고 메독 지역 풍경을 특징지우고 있다. 또한 이른바 샤또들이 모여 있는데 그 곳은 포도재배 경작과 양조와 관련된 건물, 와인 지하 창고는 물론 소유주, 관리인들의 거주지로 사용되고 있다.

메독 포도원 면적과 생산

AOC	면적(ha)	생산(병)	포도재배자 수
메독 전체	15,000	92,000,000	1,533
메독	5,522	30,500,000	658
오메독	4,682	25,100,000	375
쌩떼스테프	1,229	8,300,000	160
뽀이약	1,213	7,600,000	107
쌩줄리엥	908	5,500,000	25
물리 앙 메독	607	3,300,000	38
리스트락 메독	422	4,100,000	91
마르고	1,530	7,600,000	79

크뤼 분류

의심할 여지없이 메독 지역이 다른 지역과 구별되는 차이점은 크뤼 개념이 포도원과 소유자 사이를 통해 깊게 연관되어 있다는 점이다. 크뤼는 전통적으로 존중되어 이어지는 각 포도원의 유산, 개인적인 상표와 각인을 나타내는 것이다. 이 크뤼들은 끌라쎄, 부르조와, 아르티장으로 나누어져 오랜 기간 동안 그룹으로 묶어져 왔다.

이미 메독 지역에 생겨난 "그랑 크뤼 끌라쎄"라는 용어는 1855년 이전에도 존재하였지만 지롱드 와인의 등급이 1855년에 비로소 서열화되어 공식화된 것이다. 등급부여는 18세기 후반부터 시작하여 1855년까지 와인 업자들의 내부 자료로 자리를 잡았고 와인 가격의 등급표로서 중개상들이 유일하게 사용해 왔다. 이 등급이 1855년 파리 국제 박람회를 즈음하여 공개적으로 대중들에게 알려지는 기회를 갖게 된다.

오늘날의 그랑 끌라쎄 등급은 1855년의 등급분류 이후, 1973년에 일등급에 대한 한 번의 재조정이 이루어졌다. 메독 지역 크뤼들 사이의 서열은 보르도 지역 다른 산지에도 모범적인 사례로 남아 참고 자료가 되고 있다. 이는 원산지통제명칭AOC이 탄생하기 한 세기 전에 이미 와인 품질의 가치를 나타내는 떼루아와 평판에 대한 개념을 강조해 왔던 것이다.

현재 60개의 그랑 크뤼 끌라쎄는 메독 와인 생산의 24%를 차지하며 1932년 등급분류 된 크뤼 부르주아는 419개로서 전체 생산의 50%를 나타내고 있다. 또한 전통적으로 내려 오던 크뤼 아르티장은 1994년 유럽 연합EU에 의해 등급을 인정받은 후 새롭게 알려지게 된다. 그들은 330여개가 있으며 메독 와인 11%를 생산하고 있다. 메독 지역은 자체 상표를 부착하여 생산하는 양이 15%를 차지하고 있는데 이들은 870여개의 포도원들이 참여하는 13개의 조합, 또는 연합회중의 하나이든지, 아니면 보르도 네고씨앙의 상표로서 만들고 있다.

크뤼 등급 종류

크뤼 등급 종류	개수	메독 지역 생산량(%)
그랑 크뤼 끌라쎄Grand Crus Classés	60	24
크뤼 부르주와Crus Bourgeois	243	50
크뤼 아르띠장Crus Artisans, 기타	335	11
까브 꼬페리티프Crus Coopératives	13	15

* 크뤼 분류편 참조

원산지통제명칭AOC 와인

메독의 전체 포도원은 약 15,500ha 면적을 차지하고 있으며 년평균 690,500 hl생산하고 있다. 레드와인에만 해당하는 8개의 AOC는 2개의 지방 명칭과 6개의 마을명칭으로 나뉘게 된다. 지방Regional 명칭으로는 AOC 메독과 오메독이 있고 마을Commune단위 명칭으로는 쌩떼스테프, 뽀이약, 쌩줄리엥, 마르고, 물리스 앙 메독과 리스트락 메독이 있다.

이러한 AOC가 되기 위해서 와인은 정해진 산지 내에서 통제에 관한 법령이 규정하는 조건을 충족하며 생산되어야 한다. 또한 이 지역에서 생산된 모든 AOC는 획득조건만 충족시킨다면 보르도나 보르도 쉬뻬리외르 AOC가 될 수 있다.

마을 단위 명칭의 6개 와인은 와인 전문가들에게 각기 다르게 평가되고 있다.

① 쌩떼스테프 와인은 바디가 있고 풍미가 강하며 숙성에 적합하다. 그렇다고 섬세하지 않은 것은 아니다.
② 뽀이약은 풍부하며 기품이 있어 메독 와인의 최상과 전형성을 잘 나타낸다.
③ 쌩줄리엥 와인은 메독의 북쪽과 남쪽 지방 와인과의 연관성을 잘 드러내고 있다. 그러면서도 고유의 특징을 잘 갖추고 있다. 오랜 숙성은 이 와인에 더욱 좋다.
④ 마르고 와인은 섬세함, 복합성, 매력 그리고 전통성으로 구분된다. 상기 와인보다 더 우아하며 부드럽다.
⑤ 리스트락에서는 쌩떼스테프의 와인 바디와 짜임새를 느낄 수 있다. 여기에 매력과 부드러움까지 곁들여져 있다.
⑥ 물리스 지역 와인은 다른 자갈류 토양에서 생산된 와인보다 가볍지만 부케가 있고 생산이 꽤 일정한 것이 특징이다.

포도품종

포도품종의 비율에 따라 메독 와인의 품질은 달라진다. 명성이 있는 크뤼의 경우 까베르네 소비뇽이 55~70% 비율의 와인으로서 바디가 있고 특징 있는 부케를 선사하고 장기간 숙성이 가능하다. 메독에서 재배가 활발하지 않은 까베르네 프랑은 색깔이 별로 없으나 기분 좋은 부케를 부여한다. 메를로는 부드러움을 가져다 주지만 장기간 숙성에는 적당하지 않다. 그러나 포도원들은 요즘은 메를로를 더 선호한다. 생산성이 있으나 불규칙한 말벡은 메독에서는 재배되지 않는다고 봐야 할 것이다. 숙성이 어려운 쁘띠 베르도는 매우 적은 비율이지만 와인에 바디와 색을 만든다. 몇 년 전부터 이 포도품종은 가치가 인정되어 점점 더 포도재배업자들이 선호하기 시작했다. 레드와인 포도품종 블렌딩은 수확년도와 크뤼에 따라 매년 변화된다. 그러나 까베르네 소비뇽이 항상 메독 레드와인의 주 품종으로 자리잡고 있다.

레드와인의 특징은 표층토양 및 하층토양의 성질에 매우 큰 영향을 받는다. 일반적으로 표층토양이 자갈과 모래가 많을수록 와인은 섬세하다. 이 토양보다는 잘 드러나지 않지만 하층토양의 영향도 매우 크며 전반적으로 진흙질 또는 석회질의 토양은 더 색깔이 뚜렷하고 바디가 있는 와인을 생산한다.

또한 척박한 토양에 ha당 10,000 그루씩 포도 나무를 심어 밀도가 있게 하여 뿌리가 서로 경쟁을 하게 되고 물과 영양을 얻기 위해 뿌리를 깊게 지하로 뻗게 된다. 60~70년 수령의 오래된 포도나무들은 이런 방식으로 자리를 잡아 위로는 별로 자라지 못하고 빈약해 보이지만 색채가 예쁜 포도가 영글게 되고 바로 이 포도나무들이 최고의 와인을 생산하게 된다.

와인 특성

레드와인 와인의 대부분을 차지하는 레드와인 덕분에 이 지역의 위상이 드높아졌다. 많은 와인 애호가들이 메독 레드와인을 프랑스뿐 아니라 세계에서 제일의 와인으로 평가하고 있다. 레드와인은 루비색깔에 바디가 있고 섬세하고 부드러우면서 풍부함을 가지고 있다. 또한 맛이 있으면서 뚜렷하게 특징을 나타내고 향과 부케와 함께 섬세하고 기품 있는 짜임새와 골격이 있다. 일반적으로 알코올과 탄닌이 적당한 비율이어서 아름다운 색을 보존하면서 숙성된 와인이다. 햇 와인이든 숙성된 와인이든 모두 즐겁게 마실 수 있다. 하지만 애호가들은 10년에서 20년 이상 된 병 속의 오래 묵은 와인에서 비길 데 없는 즐거움을 찾을지도 모른다.

화이트와인 예전에 화이트와인이 메독 지역에 풍부했으나 현재는 거의 사라진 상태이다. 몇 년 전부터 일부 소유주들은 청포도 품종을 심어 가볍고 마시기에 유쾌한 와인을 생산하고 있다. 특히 이 품종이 모래가 있는 자갈성 토양에서 재배된 경우 더욱 그러하며 소량으로 생산되어 시장에서 찾기 힘들지만 최상의 품질을 갖고 있다. 이 와인들을 지칭하는 메독 명칭은 없고 다만 보르도 또는 보르도 쉬뻬리외르 AOC를 부여하고 있다.

AOC 지역 : 메독 Médoc
와인 종류 : 레드와인
포도 품종 : 까베르네 소비뇽 54%, 메를로 40%, 까베르네 프랑 6%
재배 면적 : 약 4,687 ha

오메독 HAUT-MÉDOC

메독 지역을 크게 오메독Haut-Médoc과 바메독Bas-Médoc 두 지역으로 나누는데 이 경계는 오래 전부터 전해 오는 지역의 분류로서 하나는 지롱드강 상류, 위Haut를 뜻하고 다른 하나는 하류, 아래Bas를 의미한다. 바메독 지역은 단어에서 오는 '낮은' 혹은 '아래'의 어감으로 용어를 사용하지 않고 단지 메독 AOC 명칭을 사용하고 있다. 이 두 지역의 행정상 분류는 1935년에 있었지만 1815년에 이미 샤르트롱Chartrons의 한 중개인이 오메독의 고급 레드와인으로 허가를 받으면서 언급되기 시작하였다. 그 이후 오메독이 지역 AOC로서 인정을 받게 된 것은 18 세기에 시작한 품질향상 노력의 결과이기도 했다. 오메독 지역은 북에서 남까지 약 60km 정도이며 북쪽 메독지역의 쌩쐬랭 드 까두른Saint-Seurin de Cadourne으로부터 남쪽 브랑끄포르Blanquefort 공업도시에까지 굉장히 넓게 펼쳐져 있다.

떼루아-산지

오메독 지역은 보르도 북쪽에 가론강과 지롱드강의 좌안에 위치한다. 마르고, 물리스, 리스트락, 쌩줄리엥, 뽀이약과 쌩떼스테프 같은 6개의 면 단위 원산지 외에도 눈여겨 볼만한 포도 산지들이 포함되어 있다. 이 지역 표층 토양들은 주로 투과성이 뛰어난 가론식 자갈성 언덕으로 구성되었다. 하층 토양은 매우 다양하고 꽤 굵은 자갈, 순수 모래 또는 철분 내지는 석회질, 진흙의 모래로 구성되어 있다.

오메독 와인은 마을 단위 6개 AOC를 포함하여 여러 마을에서 생산되는데 이곳의 몇몇 와인들은 뛰어난 품질을 제공하기도 하며, 일반적으로 10여년 전 이래로 전체적인 품질이 많이 개선되었다. 또한 몇 개의 단위 지역은 오메독 원산지 와인을 독점적으로 생산하고 있는데 이는 품질 면에서 괄목할 만한 떼루아를 근거로 하고 있다.

20세기 초에 오메독 명칭을 사용했던 최남단 지역과 보르도 도심과 근접한 많은 포도원들은 보르도시 확장의 희생양이 되어 점차로 사라지게 되었다. 그러나 이를 지켜야 한다는 이 지역 열성자들에 의해 현재 남아있는 포도원들은 계속 유지되고 있다.

크뤼-포도원

오메독 지역은 4,200ha의 재배 면적과 연 평균 250,000hℓ 이상을 생산하고 있다. 순수 오메독 AOC 지역에는 1855년 등급 분류된 5개의 그랑 크뤼 끌라쎄를 포함하고 있다. 즉, 삼등급(1개), 사등급(1개)과 오등급(3개)이며 이들은 오메독 생산의 4.3%를 차지한다. 1932년에 시행된 크뤼 부르주아 등급이 71개를 차지하여 전체 생산량의 47%를 나타내고 있으며 또한 28개의 크뤼 아르띠장이 4.1%, 까브 꼬페라티프 5군데서 생산되는 것이 4.6% 이다. 나머지 40%는 기타 다른 크뤼들로 구성되어 있다.

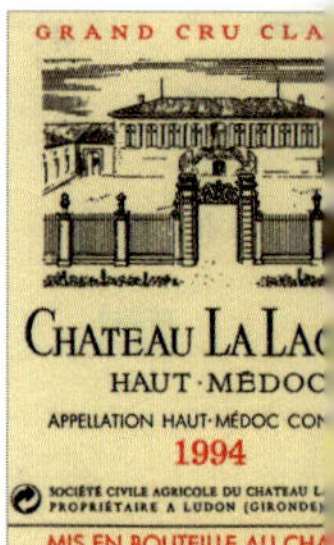

샤또 라 라귄느 La Lagune 1957년 죠르즈Georges가 크뤼를 매입하면서 과거의 명성을 찾기 시작하였다. 그 당시 그는 발효조 시스템으로 스테인레스 스틸관을 설치하는 혁명적인 설치를 감행했다. 그로 인해 와인은 큰 향상을 가져왔으나 많은 투자로 인해 1961년 샴페인 회사인 아얄라Ayala로 넘어가게 된다. 2000년 프레 가족이 막대한 투자를 했는데, 포도밭은 물론이고 와인 양조 시설과 숙성고, 그리고 저택까지 대폭 개조해 탁월함을 추구하고 있음을 보여주었다. 세심한 관리하에 있는 이 샤또 와인은 달콤하고 부드러우며 과일향기가 나는 조화로운 와인이다. 게다가 와인 생산이 규칙적이어서 수익성 측면에서도 훌륭하다.

샤또 라 뚜르 까르네 La Tour Carnet 12세기에 중세 스타일로 지어진 샤또이며, 도랑으로 둘러져 있고 메독에서 가장 오래된 곳이다. 미셸 드 몽테뉴의 누이인 엘레오노르는 16세기에 유명한 샤토 주인 중의 한명이다. 현재 샤또 파쁘 클레망의 성주인 베르나르 마그레즈는 열정적으로 포도밭, 양조장과 까브 등의 복구작업을 진행하였다. 또한 접목, 잎 솎아내기, 이른 수확 등의 방법으로 생산성을 줄여서 품질을 최적화시킨다. 바구니에 담는 손 수확, 직접 손으로 실시하는 엄격한 선별, 중력을 이용한 양조장까지의 이동 그리고 18 ~ 20개월간 오크 숙성을 시키는 일련의 작업들이 이 1855년 그랑 크뤼의 월등함에 기여한다. 메독 남쪽지역의 귀한 진주같은 존재로서 알려져 있으며 와인은 선명한 색상, 풍부한 과일향과 부드러운 맛으로 유명하다.

샤또 벨그라브 Belgrave 메독의 가장 오래된 크뤼 중의 하나이며 깊은 자갈로 된 떼루아의 장점 때문에 1855년에 오메독의 5등급 크뤼로 인정받는다. 1979년에 CVBG그룹이 인수하기 전까지 제대로 투자가 이루어지지 않아 와인은 거의 알려지지 않았고 명성도 미약했다. 새로 인수한 소유자는 양조시설을 현대화하였고, 알랭 레이니에Alain Reynier 교수의 참여와 최고의 양조 컨설턴트 미셸 롤랑Michel Rolland의 노력으로 와인은 크게 개선되었다. 전문가들의 조언과 많은 노력으로 등급에 맞는 와인으로 탄생시켰다. 현재 포도밭은 완전하게 재기하였고 환경친화적이다. 두르떼의 오랜 와인 비즈니스 경험으로 양조된 벨그라브 와인은 어두운 석류빛. 검은 과일향에 훈제향, 바닐라 기운이 느껴진다.

입안에서는 부드러우면서 진한 탄닌과 아로마가 풍부하다. 메독 고급와인의 정예 멤버임을 다시금 확인하게 한다.

샤또 까망싹 Camensac 샤또의 낮은 계단에서부터 포도밭까지 전망이 최고이며 최상의 자갈밭 떼루아를 형성하고 있다. 1965년 포르네Forner가족이 소유하면서 새로운 전환기를 맞이하였다. 복구 작업이 대규모로 진행되었는데 포도밭뿐만 아니라 양조장이 1994년에 전부 리노베이션 되었다. 특히 유명한 양조학자인 에밀 뻬이노Emile Peynaud 교수의 도움으로 포도밭이 다시 경작되었고, 양조장은 완전히 현대화되고 재정비되었다. 90년대 이후, 샤또에서 생산된 와인은 보랏빛 색상. 입에서는 검붉은 과일이 가득하고, 탄닌이 받쳐주고 있다. 가성비 좋은 그랑 크뤼로 강직하고 과일 향이 풍부한 장기숙성용 와인이다.

샤또 깡뜨메를르 Cantemerle 유명하고 오래된 이 크뤼는 뻬에르 뒤보Pierre Dubos가 소유자였을 때 가장 명성을 얻었다. 50년간의 그의 노력에도 불구하고 그 후 여러번 상속인들의 분할로 쇠태기에 접어들었다. 전환점은 1980년 도멘느 꼬르디에Domaine Cordier가 참여하는 기업연합이 참여하면서 이루어진다. 포도밭은 여러 기후와 지질의 영향을 받으며 복합적이며 균형 잡히고 우아한 와인을 생산해 낸다. 깡뜨메를르 와인은 파워풀하지만 부드러워 초기 몇 년에 자두 맛이 좋은데 이는 열정적인 팀의 빈틈없는 작업의 결과이며 전통과 첨단 기술의 교묘한 조화의 결과이기도 하다.

와인 특성

다양한 이 지역 떼루아는 면 명칭의 포도원 면적의 중요성과 더불어 오메독 원산지 와인이 다양성으로 표현되는 것은 같은 지역 단위 원산지에서는 드문 일이기도 하다. 또한 그 다양성을 넘어 기후와 지리적 영향에 의해 모자이크화 되어 있어 이 와인들 모두 각자의 "가족 공간"을 갖고 있다고 표현한다.

레드와인을 주로 생산하며 주요 품종으로는 까베르네 소비뇽, 메를로, 까베르네 프랑 순으로 구성되어 있다. 이 오메독 AOC 레드와인들은 매우 생동감 있고 윤기가 흐른다. 조화롭게 균형이 잡혔으며 수렴성이 있으나 지나치지는 않다. 시간이 흐르면서 멋진 부케를 만든다. 면 단위 원산지에 따라서 색깔의 명도가 다르고 바디와 짜임새의 정도가 다르나 모두가 메독의 특별한 특징을 지니고 있어 세계에서 인정을 받고 있다.

AOC 지역 : 오메독Haut-Mèdoc
와인 종류 : 레드와인
포도 품종 : 까베르네 소비뇽 54%, 메를로 40%, 까베르네 프랑 6%
재배 면적 : 약 4,161 ha

쌩떼스테프SAINT-ESTEPHE

쌩떼스테프는 메독 지역의 모든 와인 종류를 생산하는 곳으로 오메독의 마을 명칭 중 가장 북쪽에 있으며 지롱드강 가에 위치하여 특별한 자연 조건을 갖추고 있다. 이 마을을 구성하고 있는 언덕 꼭대기에 올라가 보면 지롱드강이 보인다.

쌩떼스테프에서 첫 와인 생산으로 알려진 것은 청동기시대 중반이며 로마가 점령한 시대에 포도나무가 처음 심어졌다. 그 이후 메독의 '특권을 받은' 주요 포도생산 마을답게 보르도의 네고씨앙들이 직접 재배하고 판매하면서 명성을 드높이는데 기여했다. 그 시대의 아름답고 거대한 샤또 건축물들은 오늘날 쌩떼스테프 와인의 힘과 활력을 상징하고 있다. 이후 번영의 시대였던 18세기와 19세기에 대규모의 포도원들이 많이 생겼고 이 추세는 지금까지 지속되어 작은 규모의 포도원들이 병합되어 대형화되고 있다.

떼루아-산지

쌩떼스테프에서 특급 와인을 만드는 떼루아 산지는 지롱드강 하구에 인접한 메독 중심에 위치하고 있다. 쌩떼스테프의 고귀한 떼루아는 무엇보다도 토양의 특별함 덕분이다. 지롱드강 위로 자갈 고원이 솟아있고 배수가 뛰어나다. 토양 표면은 메독 지방 특유의 얇은 토양 느낌을 주지만 속을 들여다 보면 석회질 이회암층이 있어 쌩떼스테프 와인의 고유성을 만들어주는 땅의 영양분을 포도나무에 제공하고 있다.

기후가 덥고 일반적으로 강한 햇빛이 많은 해에 이 곳에서는 뛰어난 와인을 생산한다. 이때 모든 포도품종 중에 특히 메를로가 완전한 성숙에 도달한다. 이 훌륭한 품질은 바로 탄닌 성분과 높은 수준의 산도를 보상해 주는 잘 익고 아주 건강한 메를로에서 기인한다. 그러나 쌩떼스테프 토양은 메독 지역의 다른 마을보다 점토성의 하층 토양으로 인해 비가 많은 해에는 쌩쥴리엥이나 뽀이약보다 품질이 다소 뒤떨어진다.

크뤼-포도원

포도재배면적이 1,228ha를 이루고 있는 이 지역은 1855년에 크뤼 등급 분류에 2등급 두 개, 3등급 한 개, 4등급 한 개, 5등급 한 개가 포함된다. 이 다섯 개의 크뤼가 쌩떼스테프 AOC 생산량의 15.5%를 차지하며, 1932년에 만든 크뤼 부르주아는 29개로서 47.3%로 가장 많이 생산하고 있다.

샤또 꼬스 데스뚜르넬 Cos d' Estournel 1980년대 이후로 이 지역의 가장 유명한 샤또는 꼬스 데스뚜르넬이다. 유명한 샤또인 라피뜨 로칠드 바로 위에 위치한 탑 모양의 독특한 건물의 이 샤또는 뽀이약을 지나 쌩떼스테프로 향할 때 처음 발견하는 포도원이다. 1917년 크뤼를 오래 전부터 탐내어 온 페르낭 지네스떼Fernand Ginestet 소유로 넘어간다. 그의 후손 중의 한명인 브뤼노 프라Bruno Prats가 성공적인 경영으로 이미지를 상승시킨 후 2000년 미쉘 레이비에Michel Reybier 가문에 넘기게 된다. 라피트 크뤼의 이웃인 이 와인은 메를로 맛이 강하게 나며 유니크한 원만함과 바디를 가지고 있다. 최근 생산된 와인들은 최고 등급에 들어갈 수 있는 자부심을 갖게 해 주었다. 검은 석류빛. 솔직한 향, 제비꽃과 삼나무 향. 입에서의 첫 느낌은 부드럽고 강한 느낌이 계속 올라온다. 입안에서는 노블하고 아주 잘 익은 탄닌이 두툼하게 잘 덮고 있으며 마지막은 아름다운 여운으로 마무리한다. 강직하면서도 균형감이 뛰어나 장기숙성이 기대되는 쌩떼쓰테프 대표 그랑 크뤼이다.

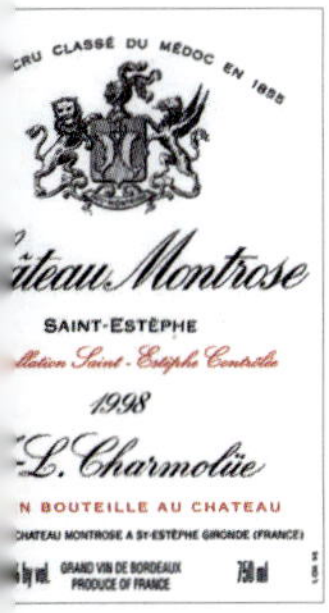

샤또 몽로즈 Montrose 꼬스 데스뚜르넬의 가장 유력한 경쟁자인 샤또 몽로즈Montrose는 지롱드강 가까이에 위치해 있고 쌩떼쓰테프의 지름길에 가려져 있다. 가장 아름다운 포도원으로 가꾸었으며 면적은 68ha이다. 1970년대까지 이 샤또에선 가장 짜임새 있고 심오한 깊이를 지닌 그러나 변화에 있어선 가장 느린 와인을 생산했다. 1980년대 중반 무렵 샤또 몽로즈는 일시적으로 가벼운 스타일을 만들었다. 다시 회복하고자 2006년 몽로즈의 열렬한 애호가인 마틴과 올리비아 부이게가 이끄는 부이그Bouygues 사가 인수하였다. 그들은 대대적인 리노베이션을 진행했는데, 와이너리를 재정비하고, 최첨단 시설들이 탄생했다. 최근 빈티지 와인들은 검은 잉크빛, 잘익은 검붉은 열매향카시스, 블루베리, 뽕이 뛰어나다. 입에서는 풍만하고 부드러우며, 탄닌은 놀라울 정도로 조화롭고 여운이 길며 맛있는 와인으로 느끼게 된다.

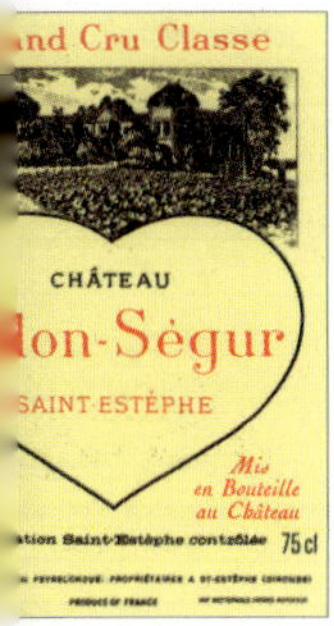

샤또 깔롱 쎄귀르 Calon-Ségur 이 포도원은 가장 오래된 쌩떼스테프 크뤼 중의 하나로 17세기에 지어졌다. 포도나무의 왕자인 니꼴라 알렉상드르 드 세귀르Nicolas-Alexandre de Ségur의 선언으로 유명하다. "나는 라뚜르와 라피뜨에서 와인을 만들지만 내 마음은 깔롱에 있습니다." 라는 선언을 기념하기 위하여 아직도 라벨 위에 작은 하트 그림이 있다. 마을 바로 바깥에 위치한 흰색 정면의 이 샤또는 쌩떼쓰떼프와 메독의 그 어떤 와인만큼이나 품질 좋은 와인을 생산한다. 현재 가스끄똥Gasqueton 부인이 전반적으로 관리하면서 한층 더 훌륭한 포도원이 되었다. 와인은 진한 석류빛이며 농축적이고 매우 신선한카시스, 체리 향이 풍부하다. 입에서는 솔직하고, 넉넉한 과일향과 속이 찬 듯한 탄닌이 이를 뒷받쳐 준다. 고귀함이 와인의 매력을 더 살린다.

샤또 라퐁 로쉐 Lafon-Rochet 1650년부터 있어온 이 포도원은 당시 로세뜨Rochette라고 불리었는데 라피뜨와 꼬스 데스뚜르넬 인근에 위치하고 훌륭한 품질로 명성을 날려 1855년 등급 분류에 포함되었다. 이 와인 역시 과일향이 풍부하고 탄닌 성분이 많아 숙성변화하는데 느린 특성을 가지고 있어 떫은 맛과 거친 맛을 찾는 쌩떼스테프 와인 애호가들에겐 잘 맞을 것이다. 과거의 명성과 1855년의 등급에 맞는 와인을 생산하려는 노력이 계속되고 있으며 최근의 빈티지들이 이 곳의 와인 품질이 개선되었다는 것을 보여주고 있다. 와인은 검은 석류빛, 진한 과일잼 향이 풍부하고 입에서는 부드럽고 과일맛이 살아난다. 탄닌은 부드러워 영할 때 마셔도 좋고 숙성되면 더욱 복합적인 맛의 즐거움을 갖게 해준다.

샤또 꼬스 라보리 Cos-Labory 꼬스라는 단어는 옛 고어 꼬caux의 변형으로 자갈 언덕을 의미한다. 1810년 이웃 꼬스 데스뚜르넬에서 떨어져 나와 포도원은 영국의 은행가 마틴스Martyns가 동시에 소유하는 기간이 있었다. 그 후 꼬스 라보리는 1959년 오두아Audoy가족이 소유하여 품질을 개선시키기 전까지 수면기에 접어든다. 18ha의 작은 포도원은 골격과 짜임새있는 와인을 생산하는데 해가 바뀔수록 향상되고 있다. 꼬스 라보리 와인은 진한 석류빛을 띠고 있고, 향은 매우 신선하며, 붉고 작은 과일향이 느껴진다. 첫 맛은 직접적으로 균형적인 바디로 입에서는 부드럽게 잘 넘어간다. 강직하거나 파워풀하지 않지만 솔직하고 자연스러워 접근하기 쉬운 매력적인 와인이다.

쌩떼스테프에는 뛰어난 크뤼 부르주아를 많이 포함하고 있는데 그 중에 몇몇은 크뤼 끌라쎄가 될 만하다. 특히 향신료향과 나무향이 강한 샤또 오마르뷔제Haut-Marbuzet, 새로운 출발을 시도한 샤또 펠랑 세귀르Phélan Ségur는 훌륭한 와인 애호가들 사이에선 관심을 끌만한 장기보관 와인을 생산해 내고 있다. 샤또 몽로즈 북쪽의 지롱드강 가에 위치하고 있는 넓은 샤또인 메이네이Meyney 역시 훌륭한 크뤼 부르주와급 깊이를 지닌 와인이다.

와인 특성

예전에는 쌩떼스테프 와인이 오메독 와인 중 가장 거칠고 탄닌 성분이 많은 것으로 알려져 있었다. 까베르네 소비뇽을 주 품종으로 메를로와 까베르네 프랑을 부 품종으로 블렌딩하여 와인을 생산하였지만 최근에는 메를로 함량을 더욱 강화하고 새로운 양조방식 덕택에 명품 와인으로 거듭나고 있다. 그럼에고 불구하고 쌩떼스테프는 보르도 내에서 변화를 받아들이는 데에는 느리며 전통을 지키는 마을이기도 하다.

메독의 와인 중 쌩떼스테프 와인이 가장 눈에 띄는 전형적인 특징을 가진 와인이다. 붉은 과일, 블랙커런트, 제비꽃, 감초, 향신료, 모카커피, 바닐라 향이 조화를 이루는 아름다운 아로마를 가지고 있다. 입안에서는 단단하고, 힘차며 구조감이 느껴진다. 아울러 섬세함과 완벽함을 떠오르게 하며, 깊고 상쾌한 끝 맛이 인상적이다. 이곳의 와인들을 제대로 음미하기 위해서는 어느 정도 기간이 지난 후에 마셔야 진수를 느낄 수 있다.

AOC 명칭 : 쌩떼스테프Saint-Estèphe
와인 종류 : 레드와인
포도 품종 : 까베르네 소비뇽(54%), 메를로(40%), 까베르네 프랑(6%)
재배 면적 : 약 1,229 ha

뽀이약PAUILLAC

뽀이약은 보르도에서 가장 유명한 명품 와인 원산지로 지롱드강과 보르도 하구 중간의 강가에 위치하고 있다. 이러한 지리적 여건으로 20세기 초까지 뽀이약은 왕성한 항구 역할을 하였다. 보르도 도심으로 들어가거나 바다로 나가기 위해 많은 배들이 이 곳을 거쳐가야 했다. 이러한 이유로 와인 생산지역으로 명성이 있을 뿐만 아니라 와인 수송에 대한 증거물이자 추억으로 남아 있고 이 시기에 사용되었던 거대한 돛단배들의 모습은 지롱드인들의 마음에 각인되어 있다.

뽀이약의 항구로서의 역할은 기원전 2천년경 청동시대까지 거슬러 올라간다. 더불어 뽀이약은 와인 역사와 연관된 모든 세월을 함께하고 있다. 이 지역 포도밭이 생긴 것은 중세 말이다. 그 후 차츰 확장되어 17세기 초, 그리고 18세기와 19세기에 대규모 소유지가 생기면서 오늘날의 규모가 된 것이다. 뽀이약이 상업적인 항구로 번영의 중심이 되기까지는 18세기까지 기다려야만 했고, 한때는 와인 항구로서 태어나기 위해서는 "보르도 특권"을 포기해야만 했다. 그렇게 하여 이 지역은 19세기에 벌써 몇 개의 와인이 돌파구를 찾아 세계에 알려지게 되었고, 포도원들이 예외적인 영광의 시대로 전성기를 맞이하게 된다.

뽀이약 와인에 대한 성스러운 이야기 하나를 보자.

보르도의 한 주교가 샤또 라피뜨 로칠드에서 점심을 먹으면서 와인에 물을 섞는 실수를 범했다. 이를 보고 놀란 한 남작이 "주교님, 지금 와인에 물을 타고 계시지 않습니까?"라고 질문하자 주교는 "절대 아닙니다! 저는 지금 이 와인에 세례를 베풀고 있는 겁니다." 라고 대답하였다고 한다.

떼루아-산지

지롱드강 어귀의 빛과 조수의 리듬에 잠기는 뽀이약 AOC 지역은 아주 예외적인 떼루아와 기복이 형성되어 있다. 뽀이약은 쌩떼스테프와 구분되어 있는데 북쪽으로는 브뢰의 샛강의 늪지대와 쌩줄리엥 늪지대가 경계를 이루며 남쪽으로는 쥐이약Juillac 시냇물의 작은 계곡으로 구분되어 있다.

뽀이약 남북은 자갈성 언덕으로 구성되어 있다. 이 특별한 외형은 모래가 꽤 있는 가론식의 자갈성 산지의 특징으로 배수가 잘 된다. 이러한 아주 척박한 토양은 어떤 식물 재배에도 적합치 않으나 포도재배에 아주 뛰어난 조건을 제공하고 있어, 이곳 뽀이약 와인의 풍부함과 장기 숙성할 수 있는 탄닌과 산도의 바탕이 된다.

하층토양은 대체적으로 갈색 사암으로 구성되어 있다. 따라서 배수가 잘 되며 포도나무 뿌리가 제대로 뻗어 자리를 잡을 수 있다. 몇 군데는 석회질인 이회암으로 구성되어 있기도 하다. 지롱드강가는 아직도 늪지대 부분이 있거나 또는 최근 충적토양 위로 평원이 있기도 하다.

크뤼 – 포도원

1,200ha 면적의 뽀이약 산지는 1855년 등급 분류된 그랑 크뤼들이 가장 많은 곳이다. 일등급 크뤼 3개, 이등급 2개, 사등급 1개와 오등급 12개가 있다. 이 18개의 크뤼가 뽀이약 AOC 생산의 66%를 차지하고 있다. 그리고 크뤼 부르주아와 크뤼 아르띠장 또는 기타 크뤼, 조합 까브에서 나머지 부분을 생산한다. 이처럼 그랑 크뤼 끌라쎄로 대부분이 이루어져 있어 뽀이약에서는 쌩떼스테프 같은 지역보다 크뤼 부르주아 찾기가 어렵다. 그러나 이곳의 와인은 아주 다양한 스타일을 제시한다.

3곳의 1등급 크뤼와 많은 우수한 크뤼 끌라쎄 때문에 뽀이약은 애호가들 사이에서 메독의 다른 지역에 비해 어떤 우선권 같은 것을 부여받고 있는 것 같으며 심지어 "빈티지에 대중적이고 상업적인 이미지를 부여하는 것은 바로 뽀이약이다" 라고 하기도 한다.

전설적인 3개의 샤또인 라피뜨 로칠드와 무똥 로칠드, 라뚜르가 바로 이 지역에 자리 잡고 있다. 이 3개의 샤또들은 분명히 배수가 잘되는 똑같은 자갈토에 위치해 있지만 뚜렷한 차이점을 보인다.

샤또 라피뜨 로칠드 Lafite-Rothschild 메독 그랑 크뤼 중에서 최고 중의 최고로 여겨진다. 17세기 후반에 라피뜨 영주 자크 드 세귀르Jacques de Segur에게 지참금 형태로 귀속된다. 포도밭은 이때 조성되며, 와인은 영국에서 뉴 프렌치 클라렛new french clarets의 성공과 함께 처음으로 전성기를 맞게 된다. 니콜라 알렉상드르 세귀르Nicolas-Alexandre Segur는 라피뜨와 라뚜르에서 무통과 깔롱을 상속하게 되었을 때, 포도나무의 왕자라고 불리며 와인의 역사가 된다. 19세기 로칠드 가문이 인수한 후 1974년 에릭 드 로칠드Eric de Rothschild 남작이 책임자로 동참하게 되면서 새로운 시대가 시작되었다. 1985년 이래로 와인의 선별은 보다 엄격해졌고, 결과적으로 많은 개선이 이루어졌다. 그 후 새로운 스테인리스스틸 통의 발효조가 전통적인 오크통에 추가되었고 1994년 샤를르 슈발리에Charles Chevalier가 책임을 맡아 성공작을 이끌어 내며 그가 마법의 손길을 지닌 와인메이커임을 증명해 주었다.

최근에 생산된 와인을 비교할 때 가장 두드러진 특징은 색깔의 깊이와 진한 정도, 풍미의 집중도이다. 이 와인을 마시는 것은 어떤 와인 애호가든지 굉장한 경험이 될 것이며, 미래에도 실망하지 않을 것이란 점이 더욱 확실하다. 라피뜨 와인의 부케는 매우 우아하고 다른 것과 비교할 수 없는 섬세함을 지니고 있다. 그래서 라피뜨 와인은 "갓 피어난 장미보다 더 부드러운 향을 지닌 와인"으로 표현되며 "햇빛보다 더 눈부신 느낌을 지닌 와인"으로 비유되기도 한다. 와인색은 깊은 석류빛이며 진하고 매우 순수한 부케로 제비꽃, 미네랄향, 검붉은 과일뽕, 까치밥나무 열매향 등이 복합적으로 나타난다. 입 안에서는 풍만하고 가득차며 은은한 향에 매우 실키한 느낌이며 오크향이 훌륭하게 녹아 있다. 전반적으로 매우 섬세하며, 우아함과 최고의 기품으로 요약될 수 있다.

샤또 라뚜르 Latour 대단한 메독의 역사를 지니고 있으며, 14세기부터 이 곳에서는 이미 포도나무를 재배하였다고 프루아사르Froissart의 기록은 전하고 있다. 메독의 도약시절인 1695년에 도멘은 세귀르가에 귀속되고 3세기 동안 라뚜르를 떠나지 않는다. 1962년에 세귀르의 후손들은 120년간 일반회사를 세워 관리해 오던 샤또 일부 지분을 영국의 한 홀딩사에 양도한다. 1989년에 영국의 홀딩사는 다시 얼라이드 라이온스Allied Lyons에 되판다. 라뚜르의 영국인 주인시절은 프랑스아 피노Francois Pinault가 샤토를 인수하는 1993년에 막을 내린다. 사업가인 그는 막대한 투자를 하는데 작업장비를 전면 재정비하였다.

주 포도밭인 울타리 땅Enclos은 환상적인 자갈성 언덕에 위치하며 완벽한 배수와 자태를 뽐낸다. 또한 이 샤또에서는 강을 내려다보는 전망이 있는데, 강은 기온 완충이라는 중요한 역할을 한다. 이곳에서 나는 와인의 균일성은 경쟁상대가 없을 정도이며, 보르도에서 탄닌 성분이 가장 강한 와인이라고 평가되고 있다. 라뚜르 와인은 검은 석류빛을 띠며 검은 과일향, 흑연 같은 미네랄향과 강직한 동물 향 등이 복합적이다. 입에서는 힘차고, 실질적이며 반듯하다. 과일은 순수하며 농익었으며 강직하지만 부드러운 탄닌을 느끼며, 바디감이 뛰어나다. 와인은 위대하리만큼 전통적인 카베르네의 풍미, 과즙과 탄닌의 눈에 띄는 집중도 등이 특징이다. 세월이 흐를수록 맛이 더 좋아지므로 이 와인의 애호가들은 가장 최신의 빈티지를 제대로 즐길 만큼 자신이 오래 살 수 있을지 의심하곤 한다.

샤또 무똥 로칠드 Mouton-Rothschild 1853년 로칠드 가문의 나타니엘Nathaniel 남작이 브란느 무똥Brane-Mouton 포도원을 사들이면서 시작했다. 1855년 등급분류에서 2등급 중 최고의 자리밖에 얻지 못했다. 1922년 와인 사업에 나선 필립Philippe 남작은 1등급 격상을 위한 힘든 노력을 시작한다. 결국 1973년 메독 등급의 최고 1등급 자리에 올라가게 되고 피카소가 디자인한 1973년 빈티지의 와인 라벨에 이를 기재하게 된다. '난 1등이다, 2등이었으나. 무똥은 변하지 않는다Premier je suis, Second je Fus; Mouton ne Change.' 이처럼 무똥 로칠드는 한 사람의 전생애를 건 역작이다. 필립 남작은 책임을 맡았던 1923년부터 1988년 죽을 때까지 샤또 내에서의 병입을 강제로 시행한 첫번째 인물이다. 또한 매년 예술가들의 작품으로 라

벨을 만드는 아이디어를 내어 1945년부터 특별한 와인 라벨을 보유하게 되었다. 그의 사후, 그의 딸인 필리핀 여사가 샤또의 대를 이어 혁신적인 품질 개선과 열정적인 와인 비즈니스로 명성과 성공을 가져오게 된다.

뽀이약 북쪽에 자갈토양 위에 위치한다. 토양은 모래토로 되어있고 까베르네 소비뇽의 혼합비율이 다른 지역보다 월등히 높다. 이러한 요인들은 강직하면서도 육감적이며, 균형잡힌 와인을 생산할 수 있게 해 준다. 무똥 와인은 진한 석류빛을 띠고 있으며, 검은 열매와 과일향이 가득하고 풍부함이 느껴진다. 입안에서는 밀도감이 있고 부드럽고 풍만하며 유난히 감춰진 탄닌 때문에 입에서는 강직함이 나타난다. 뒷맛은 매우 깔끔하여 다시금 과일이 표현될 수 있도록 해 주며, 전반적으로 무똥의 주성격인 관능미를 잘 드러낸다.

샤또 삐숑 롱그빌 Pichon-Longueville 18세기 롱그빌의 쟈끄 드 삐숑Jacques de Pichon 남작의 이름을 땄다. 그 후 두 개로 나누어 하나는 아들들에게 다른 한 곳은 딸들에게 상속하게 되는데 이 포도원이 '삐숑 롱그빌 꽁떼스 드 라랑드'가 된다. 보르도에서는 흔히 삐숑 바롱Pichon-Baron으로 불리우는 이 샤또는 오랫동안 부떼이에Bouteiller가의 소유였다가 1987년 악사Axa 회사로 인수된다. 또한 1980년대 말 이후 뽀이약 샤또들의 번영과 위상은 대단히 높아졌으며 그 중 가장 눈부신 성공은 아마도 이 샤또가 아닌가 싶다. 1960~1985년도 사이 뽀이약에서 가장 정체되었던 샤또 가운데 하나였던 이 곳은 건물의 재건축과 저장고 신축을 위해 자금을 투자하고 쟝 미쉘 까즈Jean-Michel Cazes의 새로운 관리 체제하에서 이 샤또는 뛰어난 와인을 생산하게 된다.

검은 석류빛을 띠고 있으며, 오크 훈향과 뽕과 같이 붉고 작은 과일향이 잘 어울리며 뛰어나다. 입안에서는 매끄럽고 탄닌이 부드러우며 풀바디하며 산미는 적은 편이다. 피니시는 과일향이 풍부하며 깔끔한 느낌이다. 애호가들은 전반적으로 전통과 현대적인 스타일이 섞인 복합적인 뽀이약 2등급 와인으로 기억하고 있다.

샤또 삐숑 롱그빌 꽁떼스 드 라랑드 Pichon-Longueville-Comtesse-de-Lalande 1850년 나폴레옹법에 따라 포도원이 분할되었다. 라울 삐숑Raoul Pichon은 오늘날 삐숑 롱그빌로 불리는 부분을 상속받았다. 앙리 드 라랑드Henri de Lalande 백작 부인이자 라울의 누이인 비리지니Virginie는 포도밭을 상속받아, 라랑드 백작이란 뜻의 꽁떼스 드 라랑드 포도원을 탄생시킨다. 1925년에 에두아르 마아이Edouard Miailhe의 소유가 되고 그의 딸인 드 랑끄쌩De Lencquesaing부인이 관리하게 된다. 2007년 루이스 뢰데레Louis Roederer 샴페인 가문이 인수하고 현재 프레드릭 루조Fredric Rouzaud를 중심으로 와인의 품질과 명성을 높이고자 노력을 기울이고 있다.

삐숑 라랑드Pichon-Lalande라고도 부르는 이 샤또는 라뚜르 옆에 쌩줄리엥 근처에 위치해 있다. 라뚜르와는 달리 이 포도원은 쌩줄리엥과 비슷한 뽀이약 와인을 재배한다. 즉 비단같이 부드럽고 우아하고 유연한 와인을 생산한다.

이 샤또는 항상 훌륭한 와인을 생산해 왔는데 지속적인 균일성을 보여주면서 일등급 샤또들과 동등한 지위를 누려왔다.

아름답고 진한 석류빛과 자두, 카시스, 향신료, 후추 향이 느껴진다. 입안에서는 풍부하고 부드러우며 구조감이 뛰어나다. 과일과 탄닌의 앙상블이 완벽한 시너지를 일으키며 피니시는 강직하고 인상적으로 길게 유지된다. 신선미에 있어 최고 품질의 와인으로 잠재성이 큰 매력적인 그랑 크뤼 와인이다.

샤또 뒤아르 밀롱 로칠드 Duhart-Milon-Rothschild 샤또 라피뜨 옆에 위치한 이 포도원은 오랫동안 꺄스떼자Casteja가 소유였다. 1855년 이 가문은 이 포도원을 뽀이약 유일의 4등급 크뤼로 인정받게 한다. 1962년 막강한 이웃인 라피뜨 로칠드에게 인수된 후 샤또 이름이 수정되었다. 라피뜨 로칠드와 동일한 팀이 포도원을 운영하지만 두 크뤼 품질의 차이점을 충분히 준수하면서 이루어진다. 또한 로칠드가의 재정적 투자 덕분에 뚜렷한 발전을 가져왔으며, 전통적이고 우아하며 장기보관이 가능한 뽀이약 와인을 규칙적으로 생산하고 있다.

와인은 석류빛을 띠며, 깊은 꽃 향과 훈향 그리고 입안에서는 유연하고 부드러우며 매우 부드러운 오크향이 뛰어나다. 까베르네 소비뇽이 많아 탄닌이 있어 가끔 강직하게 보이나 장기숙성된 와인에서 섬세함과 우아함을 발견하게 한다.

샤또 뽕떼 까네 Pontet-Canet 1750년 드 뽕떼씨는 무똥Mouton 옆, 까네라고 불리우는 곳에 위치한 이 포도원을 사들여 자기 이름을 붙인다. 1975년 샤랑뜨 지방 출신이자 쌩떼스테프의 샤또 라퐁 로쉐Lafon-Rochet를 소유하고 있었던 기 떼쓰롱Guy Tesseron이 포도원을 매입한다. 그가 내린 첫 번째 결정은 자신의 샤또 내에서 와인을 병입을 하는 것이었다. 왜냐하면 뽕떼 까네는 당시까지도 샤또 병입을 하지 않는 마지막 몇몇 포도원 가운데 하나였기 때문이다.

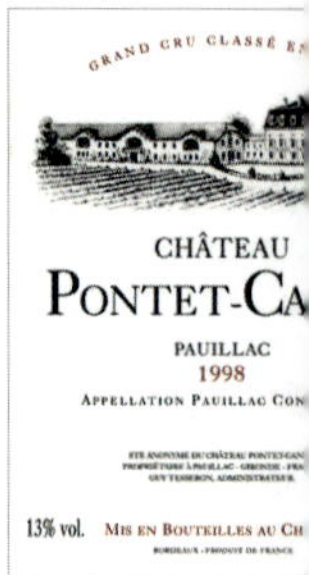

소유주가 바뀐 후 품질이 상당히 개선되었고 와인학자 에밀 뻬노의 조언 덕분에 지금은 뽀이약 스타일을 완벽하게 표현하는 와인을 생산한다. 비교적 균일한 넓은 포도밭은 무똥 로칠드 맞은 편에 위치하고 있고 78ha가 까베르네 소비뇽 품종이다.

와인은 진한 석류빛이며, 깊은 과일향과 은은한 훈제향이 느껴진다. 입에서는 부드러운 첫 맛에 이어 아름다운 생동감과 과일맛이 가득하다. 탄닌은 단단하나 우아하며 밸런스가 뛰어나다.

샤또 바따이에 Batailley 프랑스어로 바따이유Bataille는 전투를 의미하며, 샤또 이름이 14세기 백년전쟁 중 프랑스가 영국을 이기게 되는 결정적인 전투를 상기시킨다. 이 샤또는 가바르똥&게스띠에 가문의 소유였다가 지금은 유통을 하고 있는 보리 가문으로 넘어갔는데 포도원 자체는 꺄스떼자Castéja 가문 소유이다. 탄탄한 유통 덕분에 바따이에는 뽀이약 와인을 널리 알리는 공로를 세웠다. 현재 이 샤또는 꺄스떼자 가문 사람들에 의해 포도원은 잘 운영되고 있다.

와인은 진한 적홍색을 띠며 카시스와 체리의 아름다운 부케가 일품이다. 입안에서는 매우 균일하며, 농익은 과일과 탄닌의 밸런스가 뛰어나다. 최근 빈티지는 더 부드러워 마시기 적합하며, 몇 년 정도 보관한 후 시음하면 뛰어난 맛을 즐길 수 있다.

샤또 오바따이에 Haut-Batailley 샤또 바타이에에서 분리되어 태어났다. 1942년에 보리형제는 가족 재산을 나누면서 프랑시스 보리는 이 샤토 포도밭의 절반을 상속받게 된다. 그 후에 포도원은 그의 딸 프랑스와즈 데 브레스트 보리Francoise des Brest-Borie에게 물려졌으며, 현재 그녀의 조카인 프랑수아 자비에 보리Francois-Xavier Borie가 경영하고 있다. 샤또가 없으나 성모 마리아상이 꼭대기에 있는 아스뻭Aspic 탑은 신앙심이 돈독한 한 부인이 포도밭을 필록세라로부터 보호하기 위해서 지었다.

와인은 진한 보랏빛을 띠며, 훈제된 구운 향과 부케향이 느껴진다. 입에서는 조금 연하고 약한 산도가 있지만 탄닌은 부드럽다. 전반적으로 강직한 부분은 없지만 유연하고 밸런스가 좋아 가성비가 좋은 그랑 크뤼이다.

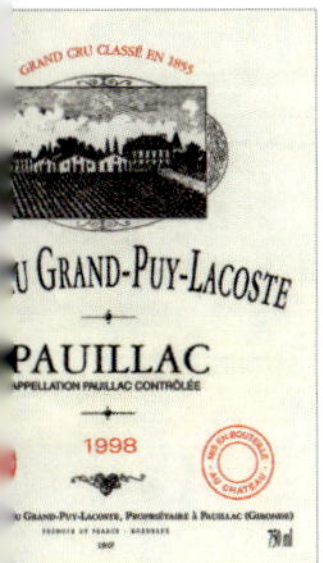

샤또 그랑 쀠 라꼬스뜨 Grand-Puy-Lacoste 기원은 16세기 초반으로 거슬러 올라가며 라꼬스뜨 가문이 매입하면서 확고해진다. 다른 유명한 뽀이약의 샤또들처럼 명성을 얻은 적은 없었던 것 같다. 지롱드강에서 비교적 멀리 떨어진 이 샤또의 포도밭은 바쥬 고원의 한 구역을 이루고 있다. 1978년에 샤토 뒤크뤼 보카이유 주인인 장 외젠 보리Jean-Eugene Borie가 인수하고 프랑스아 자비에 보리가 현재 포도원을 관리하고 있다.

이 곳의 와인 스타일은 라뚜르와 무똥 로칠드의 중간 정도에 해당된다. 이 샤또에선 진정한 뽀이약 특성을 지닌 와인이 생산되는데, 즉 강직하고 균형적이며 풍부하고 부드러운 카시스향이 나며 힘차고 바디가 있는 탄닌 성분이 강한 특징을 갖는다.

샤또 그랑 쀠 뒤까스 Grand-Puy-Ducasse 샤또는 지롱드강을 바라보고 있지만 뽀이약 항구 중심지에 위치해 있다. 1820년경부터 뒤까스 가문이 여러 포도밭을 사들였으며 그중에 그랑 쀠이라는 곳이 포함되어 있었다. 1855년 크뤼는 아르티그 아르노Artigues Arnaud라는 이름으로 등급분류되었다. 그 후, 1971년에 네고씨앙인 메스트르자Mestrezat 회사의 소속이 되었다.

바쥬Bages 고원에 위치한 이 포도원이 두 개 크뤼인 라코스트와 뒤까스 와인을 생산하고 있다. 샤또와 양조 설비들이 지롱드 경계부분 뽀이약에 있기 때문에 와인은 매우 복합적인 특성을 가지고 있다.

오랫동안 알려지지 않았으나 최근의 와인은 강직함과 품질로 예년의 명성을 되찾았다. 진한 보랏빛 색상과 검붉은 과일, 오크 훈향이 풍부하다. 와인은 풀바디하지는 않지만 유연하고, 밸런스가 뛰어나다.

샤또 랭스 바쥬 Lynch-Bages 뽀이약 남쪽의 아름다운 자갈 구릉지인 바쥬 고원에 위치하고 있으며, 명칭은 가문 이름에 덧붙여서 사용되고 있다. 아일랜드 출신의 랭스 가문의 소유지이기도 했던 포도원은 1934년 장 샤를르 카제스가 매입한다.

그 후 손주 장미셸 카제스Jean-Michel Cazes가 1974년부터 열정적인 노력과 최고의 양조 기술 장비를 설치하여 뽀이약의 전형적인 최고 품질 와인으로 생산하여 호평받아 2등급 가격으로 판매가 될 정도이다.

적홍색 빛을 띠며 매우 아름다운 향, 제비꽃과 딸기 기운이 있으며, 숙성되면서 향신료향, 발삼향이 뛰어나다. 입안에서는 볼륨감과 파워가 있으며 진한 구조감이 일품이다. 농익은 과일과 강직하지만 부드러운 탄닌의 시너지를 느끼고 뒷맛이 좋다. 뽀이약의 매력적인 장기숙성용 와인이다.

샤또 랭스 무싸 Lynch-Moussas 랭스 바쥬의 포도원과 같이 포도밭은 뽀이약에서 랭스가문이 소유하는 넓은 도멘에서 만들어졌다. 1919년부터 보르도의 유명한 와인 생산자이며 네고씨앙 가문인 꺄스떼자가가 소유하고 있다. 이 가문은 이 지방에서 매우 오래된 역사를 갖고 있는데 공증인, 소유주, 네고씨앙이었던 이 가문의 이름은 13세기부터 그 흔적을 찾아볼 수 있다. 이 샤또가 사냥꾼들의 만남의 장소였으며 이 곳을 스페인의 왕 알퐁스Alphonse 13세가 자주 방문했다고 전해진다. 꺄스떼자가는 바따이에의 이웃 크뤼도 소유하고 있다. 와인은 검은 석류빛이며, 검은 자두향, 오크의 은은한 훈향이 느껴진다. 입안에서는 단단하며, 탄닌의 균형이 잘 잡혀 있다. 약간 드라이한 오크 기운이 있으며 아름다운 붉은 과일향이 여운을 남긴다. 전반적으로 강직하며 약간 투박하고 매우 솔직한 와인이다.

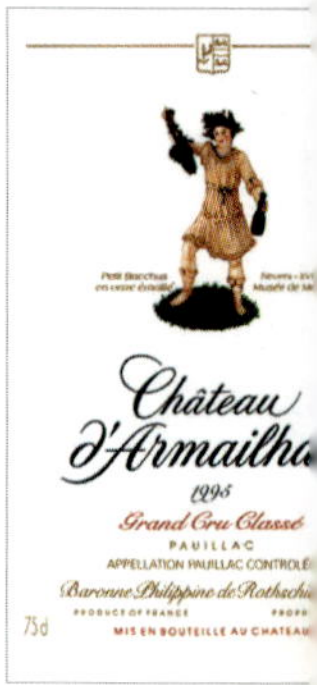

샤또 다르마이약d'Armailhac 18세기에 무똥과 함께 하나의 포도원이었으며 브랑Brane가문의 소유였다. 1853년 분리되는데 한 부분은 무똥 로칠드가 되며 다른 하나는 농학자 다르마이약d'Armailhacq에 의해 매입된다. 1933년 필립 로칠드는 이 포도원을 사들여 여러 차례 이름이 변경된다. 무똥 다르마이약, 무똥 바론느 필립 그리고 마지막으로 최근에 다르마이약이 된다. 이름이 혼동될 소지가 있지만 그래도 철저한 관리가 이루어져 좋은 품질의 와인을 지속적으로 생산하고 있다. 와인은 진한 석류빛이며, 은은한 과일향에 스파이시를 느낀다. 입에서는 적당하고 부드러운 탄닌의 양이 느껴진다. 전반적으로 개성이 있고 여운 또한 길게 나타나 인기있는 그랑 크뤼로 인정 받고 있다.

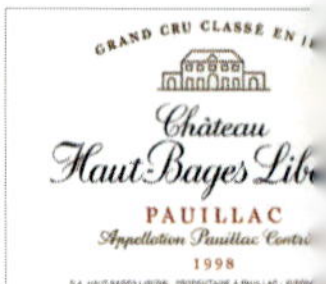

샤또 오바즈 리베랄 Haut-Bages-Liberal 몇 개의 흩어진 포도원으로 구성되어 있으며 샤또 라뚜르 옆에 아름다운 부분이 있으며 나머지는 바즈 고원에 있다. 샤또는 18세기초에 뽀이약에서 대대로 중개상을 하는 리베랄 가문에서 시작되었다.

이 가문은 19세기 중반까지 이 샤또를 소유하면서 크뤼 이름을 알렸고 1855년에 오바쥬라는 이름으로 등급분류되었다. 1960년에 크뤼즈 가문이 인수하여 포도원을 향상시키고 1982년에 유명한 물리스의 샤또 샤쓰 스쁠린Chasse-Slpeen의 주인이자 베르나르 타이양Bernard Taillant의 그룹주인 메를로 빌라르Merlaut-Villars 가문에 인수된다. 와인은 검은 보랏빛을 띠며 카시스, 붉은 과일과 풍부한 아로마가 특징이다.

입에서는 질감이 넉넉하고 탄닌을 느끼면서도 관대한 와인으로 우아하면서도 힘차다. 오늘날 탁월한 균형감과 농축미로 이름을 떨치고 있다.

샤또 끌레르 미롱 Clerc-Milon 끌레르 미롱은 무똥 제국에 마지막으로 합류한 크뤼이다. 19세기에 끌레르Clerc 가문 소유였고, 뽀이약의 작은 마을 이름인 미롱Milon을 섞어 샤또명이 정해졌다. 1970년에 필립 드 로칠드가 이 샤또를 인수하게 된다. 포도원은 무똥과 라피뜨 근처에 있으며, 생산하는 와인은 매우 개성적이며 복합성과 여운이 길게 느껴지는 뽀이약 와인을 생산하고 있어 거대한 두 이웃을 둘 만한 자격이 있다고 여겨진다.
와인은 진한 석류빛이며, 농익은 자두와 설탕에 절인 과일 느낌이 풍부하다. 입안에서는 바디감이 있고 탄닌과 산도가 훌륭하게 균형을 이루고 있으며 마지막에는 깔끔하여 애호가들이 선호하는 뽀이약 와인이다.

샤또 크루와제 바즈 Croizet-Bages 바즈 고원에 위치한 포도밭은 프랑스혁명 전에 크루아제 형제 소유였고, 그들의 이름으로 명명하였으나 19세기 초에 결별한다. 1855년 등급분류 당시 샤토는 쥘리앵 칼베Julien Calve 소유였는데 그는 2년 일찍 샤토를 매입한 후 자신의 이름을 내걸었다. 칼베 가문은 1930년대까지 그 이름을 간직하였으나 1차세계대전 이후 1934년부터 포도원은 샤렁통Charenton 와인 네고씨앙인 폴 키에Paul Quie가 인수하였다. 현재 운영하고 있는 아들 장 미셸 키에는 마르고의 샤또 로장 갸시Rauzan-Gassies의 주인이기도 하다. 와인은 깊은 보랏빛이며, 까시스와 향신료 아로마가 일품이다. 입안에서는 진하고 풍만하며 농익은 과일맛이 뛰어나다. 전반적으로 구조감이 있고 좋은 밸런스로 명성을 이어가고 있다.

와인 특성

배수가 잘되는 토양 덕택에 뽀이약은 덥고 건조했던 해에 와인의 성공을 더욱 거두었다. 물론 마르고 지역을 제외하고는 어떤 지역보다 뽀이약에선 까베르네 소비뇽의 수확이 와인 품질에 결정적인 결과이다. 사실 대부분의 뽀이약 지역에서 이 품종은 적어도 포도밭의 2/3를 차지하기 때문에 이 품종이 완전히 익지 않았을 때에는 와인에서 당연히 그 결과를 느끼게 된다.

뽀이약 와인은 메독의 가장 유명한 명품 가운데 하나이다. 와인은 풍부하고, 밀도감이 있으며 깊고 활기차다. 섬세하고, 기품이 있으며 매우 세련된 부케를 가지고 있다. 아로마의 폭이 매우 넓은데 검은체리, 감초, 블랙 커런트 크림, 장미, 붓꽃, 삼나무, 훈제, 향 아로마를 연상시킨다. 탄닌이 촘촘하지만 딱딱하지 않다. 특히 햇 와인일 때는 왕성한 붉은색 과일 또는 꽃의 향은 시간이 지나면서 미묘한 부케를 만든다.

Château Latour

숙성이 잘 된 뽀이약 와인은 향신료향과 담배향, 가죽향의 부케가 느껴지며, 또한 붉은 과일과 검은 과일의 아로마향이 풍성하고 놀랄 정도로 지속되는데 이 아로마의 지속성이 뽀이약 와인의 특징 중 하나이다. 이처럼 풍부하며 복합적인 와인이라 장기숙성이 더욱 제격인 것이다.

AOC 명칭 : 뽀이약 Pauillac
와인 종류 : 레드와인
포도 품종 : 까베르네 소비뇽(54%), 메를로(40%), 까베르네 프랑(6%)
재배 면적 : 약 1,212 ha

쌩줄리엥SAINT-JULIEN

쌩줄리엥의 포도원을 알기 위해서는 뿌리깊은 역사를 찾는 게 적합하다. 메독Medoc 지역 작은 마을인 쌩줄리엥의 기원은 13세기로 추정되는 유명한 한 성당의 소유로 인해 이 마을이 메독에서 우위를 차지하고 있다. 보르도 도심에서 뽀이약 방향으로 약 35km 떨어진 곳에 있으며 남쪽에는 마르고 지역이 있고 전반적으로는 메독 지역의 중간에 위치하고 있다.

이 마을은 쌩줄리엥 드 레이냑Saint-Julien-de-Reignac 이름으로 알려졌으며 20세기 초반이 되어서야 쌩줄리엥 베이슈벨Saint-Julien-Beychevelle이라는 이름을 얻게 된다. 17세기에 와인에 대해 관심이 많았던 일부 귀족과 샤또 성주들의 노력으로 이 산지가 특별한 와인 품질로 거듭나 알려지게 되면서 포도재배와 양조기술이 명성을 얻게 된다. 그 후 쌩줄리엥 베이슈벨은 1973년부터 시음대회에 와인이 출품되면서 AOC 승인을 획득하였다.

뽀이약이 일등급 포도원이 많고 가장 부드럽고 강직한 와인이고 마르고 와인이 우아하고 섬세하다면, 쌩줄리엥 와인은 그 중간쯤에 있다고 할 수 있다. 쌩줄리엥 와인은 메독에서 과소평가 되어 있지만 샤또들은 거의 예외 없이 병 숙성이 잘된 둥글둥글하고 온화한 와인들을 생산하고 있다. 그래서 와인 애호가들이 쌩줄리엥 와인을 구입하게 되면 특별히 가격대비 최고 품질의 와인을 갖게 되는 것이다.

떼루아-산지

쌩줄리엥 마을 중앙에 위치한 포도재배 지대는 평지를 이룬다. 이 지대는 길이 5km, 넓이 3.5km에 이르는 직사각형 모양을 하고 있다. 포도밭은 전형적인 가론강 자갈 언덕으로 구성되어 있다. 이 자갈들은 뽀이약 만큼 두텁지 않고 모두 강과 가깝고 경사도가 급한 남향의 비탈로 이루어져 배수가 잘 되며 포도재배에 완벽한 조건을 형성한다. 언덕 위에 포도밭은 포도나무가 깊게 뿌리내리는 장점을 가지고 있고, 이회암, 자갈, 갈색 사암 하층토는 까베르네 소비뇽의 성장에 중요한 영향을 미치는 토양으로 구성되어 있다.

그래서 대체적으로 수확년도가 안 좋은 경우 쌩줄리엥은 보르도 와인 애호가들에게는 금광같은 역할을 한다.

이곳의 토양이 자갈이 많은 마르고의 토양과 비슷하며 점토성분으로 구성되어 있어 진한 농도의 와인을 생산하게 한다. 또한 포도밭이 지롱드강가에 위치해 있어 배수가 잘 되는 자갈토의 이점을 더욱 발휘하고 있다. 따라서 기상조건이 좋지 않을 때 쌩쥴리엥은 다른 보르도 지역보다 성과가 좋을 뿐만 아니라 우수한 빈티지의 경우 쌩쥴리엥산 와인은 메독의 극치를 보여준다.

크뤼-포도원

쌩쥴리엥 포도밭은 뽀이약의 포도원이 끝나는 지점에서부터 시작된다. 그랑 크뤼 샤또들은 강변쪽의 레오빌 마을과 남쪽의 베이슈벨 마을 두 그룹으로 나뉜다. 베이슈벨 마을에는 샤또 베이슈벨, 브라네르 뒤크뤼, 뒤크뤼 보까이유, 레오빌 마을에는 샤또 레오빌 라까즈, 레오빌 뿌아 페레, 레오빌 바르똥이 있다. 내륙에는 샤또 그뤼오 라로즈, 라그랑즈, 딸보 등이 있다.

포도재배에 완벽한 지형과 토양을 가진 쌩쥴리엥 AOC는 919ha의 포도재배 면적으로 메독 4개의 그랑 크뤼 생산지 중 가장 작으며 생산량 또한 가장 적다. 이 곳에서 1855년 등급 분류된 2등급 다섯 개, 3등급 두 개, 4등급 네 개가 생산되고 있으며, 이 11개의 크뤼가 쌩쥴리엥 생산중 73%를 차지한다. 나머지는 1932년에 시작된 크뤼 부르주아 6%와 크뤼 아르띠장 또는 기타 크뤼 21%가 생산된다. 특히 쌩쥴리엥의 크뤼 부르주아들과 11개의 그랑 크뤼 끌라쎄가 스타일이 다르지만 모두 훌륭한 방법으로 와인이 양조되고 있다.

샤또 레오빌 라꺄즈Léoville-Las-Cases 1638년 자갈 구릉지에 몽뜨에 모이띠에Mont-Moytie 가문이 대량의 포도나무를 심으면서 레오빌의 큰 포도원은 세워진다. 1750년대부터 모이띠에 가문의 상속녀와 결혼한 블레즈 알렉성드르 드 가스크Blaise-Alexandre de Gasq가 맡는다. 가스크가 죽은 후 프랑스 대혁명 시기를 거치면서 일부는 레오빌 바르똥으로 분리되어 나가고, 1840년에 일부가 레오빌 뿌아페레로 분리되어 나가면서 현재의 레오빌 라꺄즈가 되었다. 유명한 샤또 라뚜르와 연속되어 있는 포도원으로 돌사자상으로 장식된 문이 있으며 이 크뤼는 메독의 가장 유명한 풍경 중의 하나이다. 생산되는 일부 와인은 1등급 크뤼 경지에 이른다고 평가되고 있다. 또한 이 샤또는 레오빌로 시작되는 3개의 샤또 중 하나이지만 미셸 들롱Michel Delon씨가 열정적으로 완벽함을 추구하면서 3개의 샤또 중 가장 우수하게 되었다.

이 샤또가 뽀이약 와인과 가장 가깝다는 데는 두 가지 이유가 있다. 하나는 포도밭이 뽀이약의 라뚜르와 인접해 있다는 것과 포도원 주인인 미셸 들롱이 바닐라 향이 가미된 탄닌 성분이 풍부한 농축된 와인을 생산하고자 하기 때문이다. 대부분의 와인은 탄닌 향을 완화시키 위해서 적어도 10여년의 세월이 요구되는 장기숙성용이다.

샤또 레오빌 뿌아 페레Léoville-Poy-Férré 1840년 장 드 라스 카즈Jean de Las Cases와 뿌아페레 남작이 결혼하면서 태어났다. 그후 1920년에 쌩줄리엥의 보기 드문 크뤼 부르주아중의 하나인 물랭 리쉬Moulin-Riche를 소유하고 있는 뀌브리에Cuvelier가가 운영하고 있다. 레오빌 뿌아 페레는 가족경영으로 유지하는데 현재는 디디에 퀴블리에Didier Cuvelier가 1979년부터 농장 일을 총괄하고 있다. 그는 초현대식 쉐를 건설하였으며, 최첨단 스테인레스 발효통cuverie을 만들었다. 포도밭은 여러 파르셀에 걸쳐 있으며 그 중에서 가장 넓은 포도밭은 피숑Pichon 백작부인의 포도밭과 접하고 있다. 이전에 에밀 페노Emyle Peynaud가 감독하던 양조 컨설팅을 현재는 미셸 롤랑이 자문해 주고 있다. 해를 거듭하면서 견고한 와인이 생산되고 있다.

진한 석류빛과 풍부한 과일향, 오크향 터치 그리고 바디감이 풍부하며 균형감이 뛰어나다. 알코올이 느껴지는 편이고 훈향맛과 구조감이 입안에서 멋진 여운을 남긴다.

샤또 레오빌 바르똥Léoville-Barton 샤또명은 1722년부터 와인시장에 뛰어들어 바르똥 & 게띠에Barton&Guestier 네고씨앙이 된 아일랜드 가문에서 유래된다. 쌩줄리엥의 또 다른 크뤼 끌라쎄로 분류된 샤또 랑고아Langoa를 매입한 후 5년이 지난 1826년에 이 부분을 매입한 사람은 휴그 바르똥Hugue Barton이다.

레오빌의 세번째 샤또인 이곳 와인은 일반적으로 훌륭하고 과거보다 더 규칙적인데 특히 생산년도가 좋지 않은 해에 더욱 그렇다. 1980년대 이래로 이 샤또를 관리해 온 앙또니 바르똥Antony Barton은 현재 규칙성이 있는 대표적 특성의 와인을 생산하고 있다. 이 샤또 와인은 시트론나무향으로 특징지어지며 전통적인 방법에 의해 양조되고 있다.

보랏빛이 도는 루비색을 가지고 있다. 농익은 자두와 검붉은 과일향이 일품이며, 입안에서 탄닌이 강하고 구조감도 뛰어나다. 블렌딩할 때에 까베르네 소비뇽 품종이 많아 시간이 지날수록 더욱 훌륭해지는 그랑 크뤼이다.

샤또 그뤼오 라로즈 Gruaud-Larose "와인의 왕, 왕들의 와인". 알려진 초기 소유주는 사제와 법관이었던 그뤼오Gruaud 형제다. 기존의 포도밭에 토지를 보태어 116ha에 이르는 포도밭을 갖게 된다. 1778년 그뤼오 가문의 딸이 조셉 세바스띠엥 드라로즈Joseph-Sebastien de La Rose와 결혼하여 성을 합쳐 이름을 만들었다. 그 후에 상속 문제로 19세기에 포도원이 두 개로 분리되었으나 1855년 등급에서 예외적으로 함께 분류되었다. 1934년에 데지레 꼬르디에Désiré Cordier라는 네고씨앙에 의해 합쳐진다. 그 후, 삐에르 쒸아르Pierre Suard가 인수를 한 이 2등급 크뤼는 일정한 품질을 유지하였다. 현재는 1997년에 메를로Merlaut 가문이 인수하여 운영하고 있다. 와인에서는 진한 보랏빛이 감도는 색깔을 띠고 카시스와 붉은색 과일 향이 풍부하게 느껴진다. 입에서는 밀도감있고 과일향이 나며 탄닌의 부드러움과 단단함을 함께 갖는 구조감있는 그랑 크뤼이다.

샤또 뒤크뤼 보까이유 Ducru-Beaucaillou 1795년경에 보까이유의 새로운 주인인 베르트렁 뒤크뤼Bertrand Ducru는 자기 이름을 덧붙여 아직도 주건물인 수도원을 짓도록 하였다. 한 일화로서 1세기 후에 포도를 갉아 먹는 동물들을 퇴치하기 위하여 가장 잘 보이는 포도나무 아랫 부분을 황산동을 섞어서 파란색칠을 하였다. 그런데 놀랍게도 포도나무가 노균병노디움에 걸리지 않았다. 이것이 후에 밀라르데Millardet와 게이용Gayon 연구원이 보완한 보르도액이다. 50여년 전부터 보리Borie가의 소유가 되어 쌩줄리엥 스타일의 완벽한 와인을 생산하고 있다.

포도재배에 유리한 위치에 놓여있는 이 샤또에서 생산되는 와인은 풍부함, 과일향기, 우아함이 잘 드러나게 하기 위해선 8년에서 10년간 숙성과정이 필요하다. 레오빌 라까즈가 쌩줄리엥의 라뚜르에 비유한다면 뒤크뤼 보까이유는 라피뜨 로칠드에 해당한다.

샤또 라그랑즈 Lagrange 중세시대부터 메종 노블 드 라그랑주 몽테이Maison Noble de Lagrange Monteil라는 이름으로 알려진 포도원이다. 16세기 스타일의 아름다운 샤또로서 19세기초에 토스카나 스타일의 탑이 있었다. 메독에서는 엄청난 규모인 300ha까지 된 적도 있는 이 포도원은 후에 줄어 들어 현재 112ha이다. 오랫동안 정체되었던 포도원이 1983년 일본 주류 그룹인 산토리Suntory사가 인수할 당시 많은 논쟁거리가 되었으나 산토리사는 많은 투자를 하여 라그랑즈는 예전의 찬란함을 찾았다. 최근 이 지역의 떠오르는 별로 인식되는 이 샤또에서 생산하는 와인은 강직하면서 풍미가 있고 농축도가 높아지고 있다.

진한 석류빛으로 은은한 부케와 입에서는 유연하고, 과일맛과 부드러운 탄닌이 느껴진다. 뛰어난 밸런스와 탁월한 여운 그리고 맛이 좋아 애호가들이 선호하는 생줄리엥 그랑 크뤼이다.

샤또 랑고아 바르똥 Langoa Barton 아일랜드 출신의 바르똥 가문은 1725년부터 보르도에 정착하였으며 후에 그 유명한 메종 바르통 데 게스티에maison Barton et Guestier가 될 건물을 짓게 된다. 보르도 와인의 3세대인 휴그 바르통Hugh Barton은 1821년에 랑고아 바르통을 매입하였다. 현재 7,8대 세대인 앙토니 바르통과 그의 딸 릴리안 바르통 사르토리우스Lilian Barton Sartorius가 운영하고 있다.

여기서 생산하는 와인은 샤또 레오빌 와인 캬브에서 함께 숙성되기 때문에 두 샤또의 와인 맛이 아주 비슷하다고 한다. 다만 랑고아는 시트론향의 균형적이고 풍부한 향을 제공하나 레오빌에 비해 농축도는 덜 진하다. 바르똥 와인은 전형적인 생줄리엥 스타일로 섬세함과 우아함이 더해졌다.

샤또 쌩삐에르 Saint-Pierre 17세기 말 슈베리Cheverry후작이 이 포도원을 소유했던 것으로 보이며, 루이 15세 시절, 쌩삐에르 남작이 이 샤토를 사들이면서 샤또 이름이 정해졌다. 4등급으로 분류된 이 크뤼는 매우 오랫동안 두 개의 구분된 밭에서 생산되었으나 1855년에 하나로 묶어 분류되는데 문제가 없었다.

오랜 기간 동안 알려지지 않았으나, 1982년에 쌩줄리엥의 크뤼 부르주아인 샤또 글로리아Gloria 소유주이기도 한 앙리 마르땡Henri Martin이 매입한 후 재구성되었다.

이 크뤼에서 생산되는 와인은 오래된 포도나무의 영향으로 대체적으로 단단하고 농축된 특징이 있다. 색깔은 진한 석류빛을 띠고 있고, 입안에서는 밸런스가 좋으며 탄닌이 풍부하며 힘차고 바디감이 있다. 잘 알려지지 않은 크뤼지만 최근에 많이 향상된 이 와인은 애호가들의 관심을 끌기에 충분하다.

샤또 딸보 Talbot 1453년 그 유명한 카스티용 전투에서 패한 영국의 탈보 총사령관 이름에서 따온 것이다. 강 어귀를 따라 이상적으로 위치한 딸보의 포도밭은 유명 와인만이 나온다는 자갈성 구릉에 펼쳐져 있다. 메독의 가장 오래된 와인 중의 하나이며 그 명성은 흔들린 적이 없다. 1918년부터 유명한 네고씨앙인 '네고스 드 메종 꼬르디에Négoce de Maison Cordier'의 주인이었던 데지레 꼬르디에 후손들이 소유하고 있다. 최근의 샤또 딸보는 이전의 꼬르디에Cordier 시대보다도 더 일찍 숙성하고 과일향기가 더 나는 전형적인 쌩줄리앵산 와인을 표방하고 있다. 5ha에서 드라이한 화이트와인 카이유 블랑Caillou blanc을 생산한다.

레드와인은 어두운 석류빛을 띠며, 농익은 붉은 산딸기, 오디 향과 오크 터치의 부드러운 훈향이 일품이다. 빈티지에 따라 품질 차이가 있지만 입안에서는 산도와 탄닌의 밸런스가 뛰어나고 구조감이 좋다. 딸보 와인은 소비자의 주머니 사정과 미각을 동시에 만족시킨다.

샤또 브라네르 뒤크뤼 Branaire-Ducru 예전에는 브라네이르Braneyre라고 불리웠고, 1666년 뒤뤽Duluc 영주 소유였다가 귀스따브 뒤크뤼Gustave Ducru에게로 넘어갔다. 따라서 공식적인 이름은 샤또 브라네르이지만 관습대로 브라네르 뒤크뤼로 불리우고 있다. 라벨 위의 네 개의 왕관이 라베Ravez와 라뚜르 백작, 마르삭Marsac 후작, 라르성Larsan 자작이 이 포도원을 방문하였음을 상기시킨다. 이 크뤼는 샤또 베이슈벨 맞은 편에 위치해 있고 1988년부터는 파트릭 마로토Patrick Maroteaux가 대표로 있는 가족기업이 운영하고 있다.

와인은 생동감이 넘치고, 풍만하고, 섬세함으로 표현되며 이국적인 향, 시트론과 초콜렛의 진한 향으로 특징지어진다. 또한 구조감이 뛰어나며 여운이 긴 와인을 생산하고 있다. 최근 빈티지 와인들은 이러한 성공을 입증하고 있고 게다가 품질에 비해 가격도 아주 합리적이다.

샤또 베이슈벨 Beychevelle 메독 지역에서 가장 아름답고 전형적인 샤또를 가지고 있다. 1757년 보르도의 의원 갑부 드 브라시에de Brassier 후작 작품으로, 멋진 경관을 볼 수 있는 곳에 지어졌다. 이름은 베쓰 브알Baisse voile, 역주: 돛을 내리다에서 변형되어 유래된 것으로 보인다. 지롱드강을 통해 선박이 샤또를 지나갈 때 프랑스의 대제독이자 베이슈벨 영주였던 에뻬르농Epernon 공작에게 경의를 표하기 위해 돛을 내리는 관습이 있었다.

샤또는 후에 제국시절 및 공화국시절 많은 정치인을 배출한 아쉬 풀드Achille-Fould 가문의 소유가 되었다. 현재는 에이마르 드 베랑Aymar de Baillenx 이 운영하고 있으며 방문객들을 끌어들이는 아름다운 정원과 유연하고 과일향이 풍부한 와인 때문에 잘 알려져 있다.

와인 특징으로는 깊은 석류빛을 띠며, 까치밥나무 열매와 향신료 부케가 좋다. 입안에서는 신선함과 섬세함 그리고 부드러운 탄닌을 느낄 수 있다. 다른 크뤼보다 블렌딩에서 메를로 품종 비율이 높아 부드러운 맛과 여운이 오래 지속된다.

한편, 쌩쥴리엥에는 훌륭한 크뤼 부르주아도 많이 있는데, 샤또 글로리아Gloria와 떼레이 그로 꺄이유Terrey-Gros-Cailloux, 오르뜨비Hortevie가 있다. 뒤의 두 샤또는 같은 포도원에서 양조된다.

와인 특성

쌩쥴리엥 명칭의 와인은 색깔과 골격, 짜임새, 그리고 농도의 진함으로 볼 때 뛰어난 와인이다. 아름답고 강렬한 석류, 루비빛이 뛰어난 쌩쥴리엥 와인은 강렬하고 복합적인 아로마를 선사한다. 블루베리, 블랙커런트, 오디, 말린 자두, 담배, 감초 향이 지배적이다. 시간이 흐르면서 가죽, 모피, 사냥짐승, 송로와 같이 기분 좋은 3차 부케향이 나타난다. 입안에서는 밀도감이 느껴지며 넉넉하다. 탄닌은 힘이 넘치지만 구조감이 조밀조밀하여 실크처럼 부드럽다. 메독의 유명 와인처럼 오랫 동안 숙성할 수 있는 와인으로 시간을 갖고 와인을 음미하면 더욱 즐거울 것이다.

AOC 명칭 : 쌩쥴리엥Saint–Julien
와인 종류 : 레드와인
포도 품종 : 까베르네 소비뇽 54%, 메를로 40%, 까베르네 프랑/말벡 6%
재배 면적 : 약 908 ha

마르고 MARGAUX

마르고 AOC 명칭은 사람의 이름에서 온 것으로 아주 친숙하지만 와인에 있어서는 매우 고급스러운 마을 이름이다. 또한 마르고 지역에는 19세기 샤또들과 몇몇 부르주아 저택들 그리고 보르도 특유의 단층집들이 있다. 그러나 이들은 포도밭으로 인하여 여러 구역으로 흩어져 있고 큰 건축물과 성당조차도 포도나무 사이에 고립되어 있어 부속물처럼 보이고 있다.

이처럼 마르고 지역은 본질적인 것이 포도밭이다. 포도밭이 마을의 삶을 지배하고 있기에 포도원 재배 면적을 확장하기 위하여 이웃지역의 영역권을 빼앗는 것에 망설이지 않았다. 따라서, 마르고 AOC 지역은 약 1,488ha로 메독 지역에서 가장 넓은 마을 단위 AOC생산 지역이며 또한 생산량도 가장 많다.

보르도를 둘러싸고 있는 포도밭의 대부분이 그렇듯이 마르고 지역의 포도나무는 갈로아 로마시대에 심어졌다. 그러나 1705년 샤또 마르고가 문헌에 언급되고 18세기말이 되어서야 포도원 소유주들은 산지의 가치, 재배 기술, 와인 숙성에 대하여 제대로 인식하게 된다. 이러한 인식과 인정은 1855년 크뤼 등급 결정에서 마르고 지역의 21개 샤또가 그랑 크뤼 끌라쎄가 됨으로써 유명해지기 시작했다.

떼루아-산지

가론강 자갈이 지배적인 마르고 지역은 길이 6km와 넓이 2km의 중앙 고원에 위치해 있다. 동남쪽에는 내포의 낮은 대지가 있으며 동쪽 비탈은 계속되는 구릉지로 인해 약한 V자형의 모양을 나타내고 있다. 또한 숲이 대서양의 바람을 잘 막아주는 이 산지는 지롱드의 하구 덕분에 공기가 섞여 기후를 완화시켜 주는 효과를 낳는다.

마르고 지역 자갈들은 제 4기 가론강에서 온 것으로서 넓은 층을 이루고 있고 이 자갈들은 오메독의 퀀츠시기에 잘 구성되었던 적당한 크기의 자갈들과 잘 배합되어 이루어져 있다. 메독 최고급 크뤼들이 자리잡고 있는 지형들은 이러한 넓은 층과 제 3기 석회질 혹은 점토성 이회토를 기반으로 하고 있다.

이처럼 마르고 토양은 척박하고 많은 자갈과 조약돌로 인해 투과성이 높고 완만한 경사를 이루는 자갈 언덕의 굴곡으로 배수가 완벽하게 이루어져 포도나무가 깊숙히 뿌리를 내릴 수 있으며, 훌륭한 와인을 생산하기 위한 최고의 여건이 조성되었다.

즉, 마르고 AOC 와인이 최고일 수 있는 이유는 바로 훌륭한 떼루아 덕분이다. 석회질 또는 점토-이회암층 위에 자갈성 충적토의 멋진 언덕에 포도밭이 있고 넓은 지롱드 하구와 근접해 있어 기후가 온난하고 자연배수가 뛰어나다. 이와 같은 조건은 포도나무가 자라고 포도알이 익어 가는데 최적의 환경을 제공한다.

크뤼-포도원

메독의 모든 포도 산지 중 마르고 지역이 가장 넓고 성장이 빠른 곳이다. 그리고 이곳을 처음 방문하는 사람들은 큰 샤또들이 여기저기 분산되어 있는 것에 놀란다. 마르고 지역의 대표적인 샤또 마르고는 마을 중심에서 좀 떨어진 곳에 위치하며 나머지 샤또들은 5개 마을 아르싹Arsac, 라바르드Labarde, 깡뜨낙Cantenac, 마르고Margaux와 수쌍Soussans에 위치하고 있다.

마르고 AOC를 형성하는 5개 마을에서 1855년 등급분류된 크뤼 끌라쎄가 21개이다. 이들은 1등급 1개, 2등급 5개, 3등급 10개, 4등급 3개과 5등급 2개로 분류된다. 이 크뤼들의 전체 생산량에 있어서, 1855년 그랑 크뤼 끌라쎄 등급 생산량의 62%, 크뤼 부르주아 등급의 23%, 크뤼 아르띠장의 1%를 마르고 AOC가 생산하고 있다.

샤또 마르고 Margaux 상징적인 우아한 샤또 건물은 1810년부터 루이 콩브 건축사가 조화로운 와인이라는 주제에 적합하도록 설계하여 와인 애호가들이 꼭 보고 싶어하는 곳이다. 마르고의 첫 번째 포도원 이름은 모트 마르고Mothe-Margaux 였으며, 예전에는 레스토낙Lestonnac, 오델Audele, 퓌멜Fumel과 같은 메독 왕조들의 소유였다. 그 후 프랑스은행 총재인 피예윌Pillet-Will 백작 소유였으나 정체기가 계속되었다. 그러나 1934년에 보르도의 명성 있는 네고씨앙인 지네스떼Ginestet 가족이 샤또를 인수한 후, 훌륭하게 재기에 성공하게 되었다. 1977년에 앙드레 망즐로풀로Andre Mentzelopoulos 가 매입하고 바로 그의 딸 코린Corinne 이 그 뒤를 이어 현재에 이르고 있다.

오랫동안 샤또 마르고가 어려운 시기를 거쳤다고 할지라도 와인의 뛰어난 향과 부인할 수 없는 매력은 쌩줄리앵, 쌩떼스테프, 뽀이약과 분명히 구별시켜 준다. 그랑 마르고의 와인 향은 분명히 이 세 군데에서 생산되는 와인보다 더 진하고 저항할 수 없을 만큼 더 매혹적인 것이다. 와인은 깊은 석류빛. 카시스, 베리류, 자두 등 검은색 열매의 아로마가 복합적으로 나타난다. 입에서는 밀도감과 균일감이 있으며, 섬세함과 함께 과일 맛과 우아한 탄닌, 강렬한 신선함이 특징이다. 그리고 마지막 여운이 길고 매우 단단하여 더할 나위 없는 매력적인 1등급 그랑 크뤼이다.

샤또 로장 세글라 Rausan-Ségla 1661년에 삐에르 데므쥐르 드 로장은 도멘을 매입, 자신의 이름을 붙였다. 2세기 동안 후계자들은 샤또 로장 쎄글라의 명성을 높이 올려 놓았으며 이 곳 와인은 토마스 제퍼슨이 즐겨 마시던 와인 중 하나였다. 17세기로 거슬러 올라가는 포도원으로 1세기 후 로장 가씨에Rausan-Gassies와 분리되었지만 매우 넓으며 마르고의 가장 아름다운 포도원 중의 하나이다. 1994년에 샤넬 그룹이 매입하고 1855년 메독 2등급 클라쎄의 옛 평판과 걸맞는 수준을 되찾기 위해 주요 투자를 실행했다. 샤또 로장 쎄글라는 환경을 극히 존중하며 세심하게 재배하는 66ha의 포도밭을 가꾸고 있다.

마르고의 떼루아를 표현해 주는 섬세함을 가진 풍부한 부케를 지니고 있다. 중간 정도의 바디에 우아하고 세련되었으며 새 오크통에서 나는 바닐라향 아래 산딸기와 제비꽃 향이 겹쳐진다. 구조감, 완벽한 균형 등 마르고의 온갖 장점을 두루 갖춘 와인이다. 탄닌 함량이 높아 상당한 인내심이 필요한 와인이다.

샤또 로장 가씨에 Rausan-Gassies 메독의 가씨에 귀족 가문의 기원은 중세 시대로 거슬러 올라가며, 그 당시 영주들은 기사 작위를 가지고 있었다. 1661년 드 로장de Rausan이 영지를 획득하면서 자신의 이름을 딴 크뤼의 명성을 높였다. 그리고 1785년에 나누어져서 역사를 반영한 로장 가씨에 크뤼가 새로이 명명되게 되었다. 1946년에 폴 끼에 가문이 이 샤또를 구매한 후 포도밭과 양조시설을 현대화하여 와인의 품질이 향상되고 있다. 현재 장 미셸 끼에는 그의 자녀들인, 안 프랑스와즈와 장 필립과 함께 가족 중심으로 운영하고 있다.

와인 스타일은 마고 와인의 향기나 섬세함보다는 묵직한 바디감을 추구하며 상당히 농축되고 힘이 있는 와인이다. 와인은 보라빛이 도는 짙은 루비색을 띠며 블랙커런트, 체리, 자두, 후추, 감초 향이 차례로 따라온다. 탄닌은 매끄럽고 부드러우며 피니시가 길지는 않으나 입안 가득 느껴지는 바디감이 행복하게 한다.

샤또 뒤르포르 비방 Durfort-Vivens 1824년 당시 소유주인 비방 자작은 샤토 이름에 자기 이름을 넣었는데, 뒤르포르 샤토는 이미 유명세를 떨치고 있었다. 뒤르포르 드 뒤라스 가문은 유력한 집안으로, 14세기 마르고에 정착하여 프랑스 남서부 지방의 세력가였다. 토마스 제퍼슨의 그 유명한 1787년도 등급분류에서 뒤르포르가 2등급으로 분류되었고, 1855년 메독 공식 분류에서도 2등급으로 재차 확인되었다. 그 후, 드로르Delor 가문의 소유였다가 1937년에 당시 마르고 소유주였던 지네스테 가문에서 인수하였다.

두 포도밭은 함께 경작되어 뒤르포르가 마르고의 세컨드 와인으로 인식되기도 하였다. 1961년 뤼시앵 뤼르통이 인수하였고 1992년부터 아들 공자그 뤼르통이 운용하고 있다. 와인은 자주빛이며 직설적인 과일향이 풍부하고 입에서는 깔끔하고 균형적이며 전반적으로 신선하고 자연스럽게 표현된다.

샤또 라스꽁브 Lascombes 17세기의 앙투안 드 라스꽁브Antonie de Lascombes의 출현과 함께 시작된다. 18세기에 이 샤또는 명성을 쌓아 갔으며, 1855년에 2등급으로 분류되면서 그 명

성이 사실임이 입증된다. 19세기 후반에는 케 데스트 앙쥬Caix d'Est-Ange에 의해 동화 같은 영국풍의 샤또가 지어졌다. 그 후 명성은 퇴색되어 갔으나 1952년에 알렉시스 리신Alexis Lichine이 관리하면서 부흥기를 맞는다. 2001년 콜로니 캐피탈Colony Capital이 매입하면서 생산량을 줄이고 엄격한 선별과정을 거치는 등 와인의 품질 향상을 위한 노력이 진행되었다. 2011년부터는 프랑스 보험회사인 MACSF가 인수해 새로운 오너가 되었다.

강렬한 보랏빛이 살짝 감도는 레드 컬러와 토스팅한 오크의 향과 함께, 갓 추출한 에스프레소, 달콤한 검은 과일의 향 등이 풍부하다. 입 안에서 블랙 커런트의 달콤한 검은 과일의 향과 감초의 향, 햇빛에 잘 말린 담뱃잎의 향등 다양한 향과 우아한 질감의 탄닌의 잘 어우러져 마지막까지 기분 좋은 와인이다.

샤또 브란 깡뜨낙 Brane-Cantenac 18세기 고르스Gorce라는 이름으로 설립된 이 넓은 포도원은 깡뜨낙의 가장 뛰어난 자갈성 산등성이 위에 만들어져 1855년 등급분류 1세기 전에 이미 메독의 2등급 크뤼중 가장 훌륭한 와인으로 여겨져 왔다. 1833년 포도나무의 나폴레옹이라 불리던 엑토르 드 브란Hector de Brane남작이 고르스를 매입, 10년 후에 브란 깡뜨낙이라 명명한다. 1925년에 뤼르통Lurton 가문이 샤토를 매입한 후 뤼시엥 뤼르통Lucien Lurton은 1956년에서 1992년까지 수장의 자리를 맡았으며, 이후 아들 앙리Henri가 그 뒤를 이어갔다.

브란 깡뜨낙 와인은 유연성, 풍부한 부케, 여성적이며 섬세한 마르고 와인으로 인정받아 왔다. 빈티지마다 와인 품질이 차이가 있지만, 부드럽고 풍부한 탄닌의 구조감있는 와인으로 마르고 특성을 잘 나타내고 있다.

샤또 끼르완 Kirwan 포도원의 당초 이름은 라 살르La Salle였다. 1751년에 존 컬링우드경이 사들인 포도원은 몇 년이 지나 아일랜드 출신의 사위 마크 키르완이 인수하게 된다. 키루앙Quirouan의 크뤼는 제퍼슨 등급분류에서 2등이라는 영광을 안는다. 1855년 3등급 크뤼로 분류되었을 때는 네고시앙 데수리베르Deschryver의 소유였다. 이후 끼르완 와인의 판매는 독점적으로 메종 슈로더 에 쉴레의 슈레더 쉴레Schröder & Schyler사 맡게 된다. 1925년에 쉴레 가문이 포도원을 사들여 지금까지 7대째 계속 소유하고 있다. 와인은 연보랏빛이 도는 검붉은 색상을 띠며, 풍부한 과일과 은은한 오크 향이 뛰어나다. 입에서 바디감을 느끼며 강직하지만 부드러운 탄닌이 일품이다. 마지막 여운이 길고 관대하며 전형적인 마르고 그랑 크뤼 와인이다.

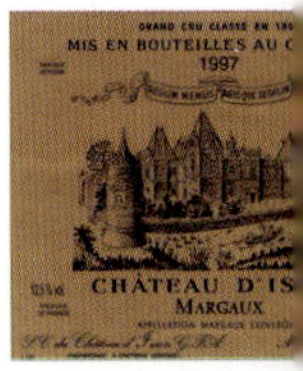

샤또 디쌍d'Issan 17세기 저택은 이 곳에서 생산되는 섬세한 와인 만큼이나 아름다운 조화를 이루고 있으며 크뤼즈Cruse가의 노력 덕분에 보르도 지방의 문화적인 만남을 가질 수 있는 곳이다. 푸아 드 캉달Foix de Candale 소유였다가 대혁명 이후 여러 주인을 거치게 된다. 세계 대전을 거치면서 방치되었던 샤토 디쌍을 1945년 보르도에서 유명한 크뤼즈Cruse 가문에서 인수하여 좋은 와인을 생산하기 위해 지속적인 투자를 아끼지 않고 있다.

현재 엠마뉘엘 크뤼즈가 운영을 맡은 이후, 섬세함과 우아함이 일품인 와인을 생산하고 있다. 보랏빛 검붉은 색을 띠며, 검붉은 과일향이 느껴지는 입에서는 관능적인 느낌이 감돌고, 처음엔 은밀한 탄닌이 갈수록 뚜렷해지면서 훌륭한 구조감이 산도와 잘 어우러진다. 훌륭하면서도 부드러우며 입안에서 둥글게 맴도는 약간의 당도가 있는 인상적인 와인이다.

샤또 지스꾸르 Giscours 1552년 보르도의 부호 상인 피에르 드롬이 귀족 저택 '스쿠츠'를 사면서 주위에 포도나무를 심었다. 1847년에 페스카토르 백작이 포도밭을 관리하는 샤또를 짓도록 했다. 그 후 여러 주인의 손을 거치면서 침체를 겪기도 했으나 1958년 타리Tarie 가문에서 사들이면서 지스꾸르의 새로운 시대가 열린다. 피에르 타리는 포도원의 향상을 위해 관리를 강화하고 적극적으로 대외 활동을 한다. 1995년 가족간 분열로 네덜란드 사업가 에릭 알바다 젤저스마Eric Albada Jelgersma가 새 주인이 된다. 그는 1855년 3등급 그랑크뤼 분류에 걸맞는 우수함을 재건하기 위해 포도밭은 물론 양조시설에 적극적이고 엄청난 투자로 새로운 도약을 바라보고 있다.

지스꾸르 와인은 굉장히 매력적이다. 풍부한 아로마, 미묘한 탄닌, 순수함, 부드러움, 세련된 우아함, 입 안에 오래 머무르는 향 등 훌륭한 마고 와인의 전통적인 특징들이 모두 모여 있다.

샤또 말레스코 생텍쥐페리 Chateau Malescot Saint-Exupery 샤또 이름은 소유주 2명의 성에서 나온 것이다. 1697년 보르도 의회 소속 왕의 자문관이었던 시몽 말레스코가 구입하였고 1827년에 장 밥티스트 드 쌩텍쥐페리가 매입하면서 시작되었다. 그 이후 1955년에 폴 쥐게르Paul Zuger와 그의 아들 로제는 마르고 한가운데 소재한 이 포도원을 사들인다. 이전 시대의 영광을 되찾기 위해 장뤽 쥐게르가 미셸 롤랑의 자문을 받아가며 끊임없는 관심과 노력이 진행되고 있다. 와인은 진한 검붉은색이며 과일 위주의 부케와 동물향이 특징이다. 입에서는 볼륨감과 구조감이 느껴지면서 과일향도 뚜렷하다. 조화로움이 있고, 개성있는 와인이면서 힘차며 우아하지만 유행을 항상 따르지는 않는다.

샤또 보이드 깡뜨낙 Boyd Cantenac 1754년에 아일랜드 출신 와인 네고시앙의 가문인 자끄 보이드Jacques Boyd가 포도원을 구매하면서 시작된다. 이때 소유자명인 보이드와 깡뜨낙 마을을 합성한 샤또명이 등장한다. 그 후 소유권은 아벨 로랑Abel Laurent에게 갔다가 나중에 지네스떼Ginestet 가문으로 넘겨진다.

1932년에 샤또 푸제Chateau Pouget의 소유자인 기이메Guillemet 가문이 인수하여 점진적으로 리노베이션하며 발전시켰다. 이 포도밭에 붙어 있는 샤또는 지금도 그렇지만 예전에도 없었다. 현재 뤼시엥 기이메Lucien Guillemet가 샤또 푸제에 살고 있으며, 4대에 걸쳐 가족 중심으로, 인접한 별도의 양조장에서 와인을 발효, 숙성시켜 생산하고 있다.

와인 색상이 진하고 밀도가 있다. 입에서 볼륨감이 풍부하며 부드럽고 우아한 탄닌으로 마무리된다. 와인은 호소력 있고 부드러우면서도 전형적인 마르고의 특성을 나타낸다.

샤또 깡뜨낙 브라운 Cantenac Brown 1806년에 스코틀랜드 와인 상인 일가의 귀족이던 존 레비스 브라운John-Lewis Brown이 포도밭을 구입한다. 와인 애호가이자 화려한 파티를 즐겼던 그는 스코틀랜드 튜더 양식의 장식과 붉은 벽돌로 샤또와 저택을 지었다. 1860년에 샤또 레오빌 뿌아페레의 소유자이자 와인 상인이었던 루이 아르망 라랑드가 인수하게 된다. 그는 포도원을 확장하고 영국 르네상스 건축 양식으로 샤또를 더욱 화려하게 건축한다. 그 후 그랑 크뤼이면서도 상대적으로 저평가를 받게 되는 정체기를 거치게 된다. 최근에 보험기업 악사Axa 그룹으로 인수되면서 크리스티앙 실리가 깡트낙 브라운의 총책임을 맡고 있다.

짙은 루비색을 띠며 감초가 가미된 블랙 카시스, 라스베리의 그윽한 향기를 풍긴다. 미디엄 바디, 섬세한 질감, 저산도에 풍부한 뒷맛을 남긴다.

샤또 빨메르 Palmer 영국 출신의 장군인 찰스 빨메르Charles Palmer가 워털루Waterloo 전투 이후에 보르도의 마르고 지역에 정착하여 갸스끄Gasq라는 영지를 사들여 포도나무를 심고 와인 양조장이 딸린 멋진 샤또 건물을 지었다. 1853년에 은행가 뻬레르Pereire 형제가 인수 후 거금을 투자하여 오늘날 우리가 보는 훌륭한 샤또로 변모하게 된다. 1938년 포도원은 시셸Sichel과 지네스떼Ginestet, 미얄르Mialhe, 말러 베스Mähler-Besse 가문이 연합한 조합 소유로 넘어갔다. 오늘날에는 시셸과 말러 베스 가문에 의해 운영되고 있다.

마르고를 대표할 만한 포도원 중의 하나이자 가장 규칙적인 크뤼중의 하나이기도 하다. 샤또 마르고와 스타일이 아주 다르긴 하지만 진한 와인 색상이 깊고 농축된 향을 공유한다. 빨메르는 유연함과 조화로움을 갖고 있으며, 포도품종 혼합에서 메를로가 많은 비율을 차지하여 강하지 않은 탄닌 성분으로 구별된다. 매혹적인 아로마로 사로잡는 향과 미감을 가진 아주 우아하고 세련된 와인을 만들고 있다. 입안에서 느껴지는 감촉은 벨벳처럼 부드럽고 섬세하다. 적절한 탄닌의 맛이 느껴지는 가운데 힘이 느껴지고 조화로운 와인은 숙성한지 얼마 안된 상태에서도 매력적으로 다가온다.

샤또 데스미라이유 Desmirail 17세기 말 로장 가문의 딸 로장 뒤 라발리가 가지고 온 결혼 지참금인 포도밭에 자신의 이름을 넣으면서 샤또 데스미라이유는 시작된다. 이후 베를린 태생인 새 주인은 1914년 국가로부터 재산압류를 당하고 그 이후 포도밭은 어려움을 겪게된다. 지난 세기에 유명하여 1855년 3등급 크뤼가 세계 대전 직전 포도밭은 거의 없어지다시피 하였다. 하지만 1980년대에 이 포도원을 구매한 뤼시엥 뤼르똥의 끈질긴 노력으로 다시 부활하게 되었다.

현재 드니 뤼르똥이 아버지 뤼시엥의 뒤를 이어 현대화를 위해 정기적으로 투자하며 샤또를 돌보고 있다. 순수한 마르고 스타일의 우아하고 엘레강트하며 감미로운 와인을 생산한다. 검붉은색의 보라빛을 띠며, 향은 좋고 집중적이며 깔끔하다. 입안에서는 살집이 있으며 과일향이 풍부하다. 마지막 여운은 절정을 이루며 기분 좋은 과일향이 조화롭게 여운을 끌고 간다.

샤또 페리에르 Ferrière 샤또의 이름은 18세기 보르도 주재 왕실 중개인이던 가브리엘 페리에르에서 유래한다. 1855년 다른 5개의 마고 와인과 함께 3등급으로 분류되면서 인정을 받게되지만, 1951년에 샤또 라스콩브의 소작지로 인수된다. 일종의 세컨드 브랜드가 된 것이다. 이러한 암흑기를 거쳐 1992년에 메를로 빌라르Merlaut-Vaillars 가문이 사들이면서 끌레르 빌라르 뤼르똥이 운영을 담당하고 있다. 매년 섬세하게 샤또 페리에르가 가진 뛰어난 떼루아를 와인에서 보여 주고 페리에르가 속하는 등급에 맞는 수준을 찾고 포도밭 본연의 뛰어남을 복원시키고자 하고 있다.

와인은 진한 검붉은색이며, 뽕나무향을 압도적으로 풍기며 입안 가득히 과일향과 살집이 느껴지고 탄닌이 있지만 은은한 느낌이다. 마지막 여운이 뛰어난 기분 좋은 마르고 와인이다.

샤또 마르끼 달렘 벡께르 Marquis d'Alesme Becker 루이 13세의 대저택이었던 이 샤또를 1616년에 엘렘 마르끼가 구입하면서 시작되었다. 직업적으로 기사나 기병이던 그의 일가로부터 라벨의 말편자 문양이 기원되었다. 마르끼 가문에서 2세기 동안이나 소유하다 1809년 네덜란드 상인인 벡께르에게 영지를 매각한다. 그는 자신의 이름을 덧붙여 샤또 마르끼 달렘 벡께르가 되었고 1855년 등급 분류에서 3등급을 받는다. 마르끼 달렘 벡께르의 전 소유주들은 다양하고 국적도 세계적이다. 현재는 스위스인인 폴 쥐게르까지 이어지며 그의 아들인 장 끌로드 쥐게르가 운영하고 있다.

와인은 쁘띠 베르도의 비율이 좋아 진한 색깔과 신선함을 가지고 있다. 깊은 검붉은색을 띠며, 과일향과 꽃향이 예쁘게 표출되고 입에서는 신선함과 과일향이 가득하다. 잘 감싸주는 탄닌은 전체적으로 조화되어 마고 스타일을 자연스럽게 연출해 준다.

샤또 푸제 Pouget 17세기에 쌩테밀리옹 수도원 참사회원이었던 에티엔 몽티엘Etienne Montiel 소유였다. 1748년에 왕 고문관이었던 프랑수아 앙투안 푸제가 상속을 받게 되어 자신의 이름으로 바꾼다. 푸제 드 샤바이유 가문이 1906년까지 보존한 후, 기유메Guillemet 가문에 인수되어 현재까지 내려오고 있다. 기유메 가문은 1930년대 샤또 보이드 깡뜨낙도 매입하였는데, 메독에서 이렇게 샤또를 2세기 반 동안 한 가문에서 소유하는 것은 드문 편이다. 자그마한 푸제의 포도밭은 최초의 모습이 변함없이 유지되고 있으며, 현재 포도재배와 와인양조의 뛰어난 실무자인 뤼시앵 기유메Lucien Guillemet가 관리하고 있다. 와인은 진한 검붉은 색이며, 생동감과 과일향이 느껴지며. 입에서는 단단하고 구조감이 있으며 탄닌은 과일과 조화를 잘 이룬다. 재주를 부리지 않는 곧은 정통 마르고 와인이다.

샤또 프리외레 리신 Prieuré-Lichine 12세기에 베네딕트 수도원의 수도승들이 지은 깡뜨낙 수도원은 초기부터 유명한 와인을 생산했는데 프랑스혁명 때까지 성당의 재산이었다. 1951년 당시 깡뜨낙 프리외레Cantenac Prieure 라고 불리운 포도원을 성공시킨 것은 '와인의 대부'로 알려진 알렉시스 리신Alexis Lichine 덕분이다. 그는 샤또에 자신의 이름을 붙이는 것으로 만족해하지 않고 끈기를 가지고 완전하게 크뤼를 재건한다. 완전히 재복구 작업에 돌입하여 와인관광의 명소뿐만 아니라 원산지명칭 스타 중의 하나로 만들었다. 이 곳에서 생산되는 와인은 일반적으로 기품있고 우아하며 향이 깊은데 이 포도원 와인의 균질성은 탁월하여 인근의 몇몇 더 유명한 포도원들과 구별된다. 와인은 진한 검붉은 색이며, 농익은 과일향과 같은 기품있는 향이 스며들고 입안에서는 부드러우면서도 풀바디감과 완전함이 느껴진다. 향과 맛에 녹아든 감동이 이 와인을 다시 찾게 만드는 요인이다.

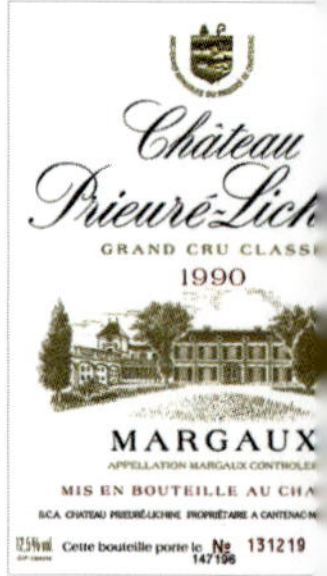

샤또 마르끼 드 떼름 Marquis de Terme 17세기말에는 로장Rauzan 이라는 큰 포도원의 일부분이었다. 1762년에 소유주 삐에르 데 므쥐르 드 로장의 손녀 조카가 가스코뉴 귀족인 프랑스와 드 삐기앙 드 라르부스트 마르끼 드 떼름과 결혼한다. 그가 부인이 지참금으로 가져온 포도밭을 합쳐 자신의 이름을 붙인다. 당시에 그 포도밭들은 2등급에 버금가는 와인이 생산되던 곳이었다. 오랜 세월이 흐른 뒤, 와인 네고시앙인 삐에르 세네끌로즈Pierre Seneclauze 가 매입하고 현재는 세 아들 소유로 되어있다. 1974년부터 포도원 책임자인 장피에르 위공Jean-Pierre Hugon 의 도움을 받아, 그 자녀들이 포도원을 상당 수준으로 현대화시켰다.

다른 4등급 와인들보다 더 짜임새가 있으면서도 향이 있고, 우아하고 뚜렷하다. 어두운 보랏빛을 띠며, 진한 과일향이 나며 부케향이 풍부하다. 입에서는 유연하고 목넘김이 좋으며 과일향이 지배적이다. 탄닌과 산도의 밸런스가 뛰어나며 풀바디하고 관대하며 부드러운 탄닌을 느낄 수 있다.

샤또 도작 Dauzac 18세기 중반 랭슈Lynch 가문이 포도밭으로 사용하면서 시작된다. 1855년 등급분류가 있은 지 얼마 안되어, 보르도 네고씨앙 존스턴Johnston 이 인수한다. 특히 1885년에 관리인이었던 어니스트 데이빗Ernest David 시대에 포도나무 진딧물 일종인 노균병이디움 Idium 퇴치를 위해 석회와 황산동을 섞어 만든 유명한 '보르도약Bouillie bordelaise'을 개발하고 적용한 샤또이다. 1988년에 교사상호공제조합MAIF에서 매입했으며, 1992년 이후 포도원의 운영은 보르도 유명 가문인 앙드레 뤼르통이 맡고 있다.

진한 어두운 보랏빛의 와인에서는 꽃향, 과일향, 구운향이 일품이다. 입안에서 촘촘하고 한결같으며, 탄닌이 부드럽고 반듯한 잘 만들어진 와인이다.

샤또 뒤 떼르트르du Tertre 뒤 떼르트르는 '작은 언덕'이라는 뜻에서 연유되었고, 아름다운 포도밭을 가지고 있다. 16세기말에 미셸 드 몽테뉴Michel de Montaigne 의 형제인 토마 드 몽테뉴Thomas de Montaigne 소유였다. 17세기에 아일랜드인 미첼Mitchell 이 소유주가 되는데 그는 보르도 최초의 병 제조업자로도 유명하다.

18세기에 그 유명한 세귀르 가문에 속해있다가 오랜 기간이 지난 이후, 1997년에 샤또 지수크르의 에릭 알바다 젤게르스마Eric Albada Jelgersma가 인수한다. 와인은 진한 자줏빛이며, 농익은 산딸기와 검붉은 작은 열매 향이 잘 느껴진다. 입에서는 풀바디하고 묵직한 구조감이 뛰어나다. 매우 농익은 맛과 틴닌의 균형감이 좋으며, 여운 또한 길게 지속되어 마르고의 그랑 크뤼임을 증명한다.

마르고의 크뤼 부르주와들 중에선 기품있는 향을 가진 고급 와인을 생산하는 3개의 샤또인 당글뤼데D'angludet, 라베고르스 제데Labégorce Zédé와 씨랑Siran를 언급할 수 있다. 이들 샤또는 전형적인 마르고 타입의 우아하고 향이 매우 강한 와인을 생산한다. 당글뤼데 와인은 매우 유연하고 매혹적인 와인을 생산하고 라베고르스 제데는 알코올도수가 있는 힘있고 풍부한 와인, 그리고 씨랑은 매우 남성적이고 탄닌 성분이 강한 와인을 생산하고 있다.

와인 특성

마르고 와인은 세계에서 가장 훌륭한 와인 중의 하나이다. 이 지역의 크뤼 클라쎄, 부르주아, 아르띠장 또는 어떤 와인을 막론하고 아름다운 루비색을 띠고 있으며 섬세하고 특징적인 과일향의 부케를 발산한다. 특히 우아하고 부드러우며 과일향이 섬세하여 메독에서 가장 여성스런 와인이다. 이러한 여성스러움과 함께 와인이 장수할 수 있는 강직한 탄닌들을 가지고 있으며, 또한 다양하면서도 개성이 있다. 그리고 공통적으로 갖고 있는 골격과 짜임새뿐만 아니라 부케향의 예외적인 색조와 과일 맛들이 다른 지역의 와인들과는 다르게 표현되고 있다.

마르고 와인은 풍부한 알코올과 향기로운 부케를 지니고 있다. 섬세하고 우아한 산딸기, 체리, 구스베리향, 꽃향 후추향 장미, 히야신스 꽃향, 향신료, 커피 볶은 향이 완벽한 조화를 이룬다. 까베르네 소비뇽은 은근한 힘과 풍성함을 표현하는데 떫지도, 요란하지도 않은 긴 아로마를 만들어 낸다. 장기보관할 수 있는 최고의 감미로운 레드와인이다.

AOC 명칭 : 마르고Margaux
와인 종류 : 레드와인
포도 품종 : 까베르네 소비뇽 54%, 메를로 40%, 까베르네 프랑 6%
재배 면적 : 약 1,488 ha

리스트락 메독LISTRAC-MEDOC

'가장자리'를 뜻하는 리스트락의 원산지는 지역은 말 그대로 포도원과 숲, 두 메독의 기슭, 가장자리에 위치하고 있다. 포도재배 마을로서 리스트락의 명성은 18세기로 거슬러 올라가는 것으로 보인다. 18세기 초에 많은 포도나무 그루갈이를 하였고, 그 당시 약 1,400 ha의 포도재배 면적으로 메독 반도의 중요한 마을 중의 하나가 되었다. 하지만 이 마을의 포도재배자들은 이웃한 물리 앙 메독 마을 재배자와 같이 그들의 생산지를 알리고 인정받도록 하는데 어려움이 있었다.

특히 AOC 정착 시에는 더욱 어려운 상황이었다. 실제로 리스트락 원산지 통제 명칭은 1957년에 되서야 인정되었고 메독 지역에서 가장 늦은 마르고 AOC 보다 3년 뒤에 얻은 것이다. 리스트락 메독 역사는 이 마을 AOC 지위를 갖게 되도록 이 지역 와인의 평판을 잘 알고 있는 와인 전문가들과 조합의 긴밀한 협력에 의해서 이루어졌다. 이렇게 하여 리스트락 메독은 그들의 와인의 명성과 유일한 특징에 힘입어 메독 6개 마을 명칭 중에 하나가 되었다.

떼루아-산지

리스트락 메독 AOC는 메독 지역 반도에서 최고도에 자리하고 있고 하나의 떼루아와 예외적인 기후대를 갖고 있다. 물리와 쌩쥴리엥 사이에 위치한 리스트락은 "메독의 지붕"이며 자만스럽게 고도 43m로 솟아 있다. 동쪽으로 3개의 웅장한 피레네 자갈 크룹쁘 언덕이 있으며 서쪽으로는 가론 자갈의 한 개의 구릉지가 형성되어 있다. 중앙에는 석회질 고원으로 물리 지역과 같은 동일한 형태의 떼루아를 형성하고 있다. 그래서 와인 애호가들은 이 한 개의 지역의 와인에서 두 개의 명칭을 종종 함께 사용한다. 하층토양 또한 꽤 다양하다. 서쪽은 특히 사암 토양이고 중앙 및 동쪽으로는 이회암과 석회를 발견할 수 있다. 북쪽과 북동쪽의 토양은 표층토양과 같이 자갈성분으로 구성되어 있다.

자연적으로 형성된 언덕들이 토지 배수를 유리하게 만들고 적당히 선선한 날씨, 바람의 위치, 그 주변의 숲 등이 포도의 늦은 성숙을 도와주며 특급 와인을 순조롭게 만들도록 해 준다. 자갈류의 언덕은 까베르네 소비뇽이 주종을 이루고 있고 와인에 혈기 왕성함을 제공하고 있다. 석회질의 고원에서는 와인에 과일향과 놀라울만한 질감을 제공하는 메를로가 주로 재배되고 있다.

크뤼-포도원

이 마을에는 1855년 등급 분류된 크뤼가 하나도 없다. 이 곳의 명성은 오로지 중소 포도원 소유자들이 생산하는 와인에서 비롯된 것이다. 이 지역은 1932의 크뤼 부르주아 등급이 14개 있으며 크뤼 아르띠장이 2개, 60여개의 생산자가 함께하는 꼬뻬라띠프 와인 조합이 있다. 이들의 생산량은 각각 AOC 리스트락 메독의 39%, 38%, 23%를 차지한다. 리스트락 원산지는 일반적으로 잘 알려져 있지 않으며, 포도재배지 면적은 644ha 정도이다.

와인 특성

리스트락 메독 명칭의 레드와인들은 아름다운 루비색에 과일맛이 나고 바디가 있으며 메독에서 가장 골격이 있는 와인 중의 하나이다. 이 와인들의 힘은 표층토양과 하층토양의 구조와 연관된 것이다. 여기에 섬세함, 부케도 빠지지 않으며 종종 메독에서 호평을 받는 와인이다.

잘 생산된 리스락 와인은 입 안에서 구개를 꽉 채운 예외적인 볼륨을 나타내며 지속성이 유지된다. 까베르네 소비뇽의 과일향과 메를로의 유연함이 완벽하게 조화되어 골격을 유지하며 이것은 정신과 육체를 함께 나타내는 풍부하면서도 부드러운 느낌을 주고 있다. 와인 색깔은 고색 창현하고 진한 루비색을 띠고 있다. 여러 가지 요소들이 섞이어 결과적으로 벨벳처럼 부드럽고, 풍만하며 육감적이며 바디가 있는 다양한 와인을 제공하고 있다.

AOC 지역 : 리스트락 메독 Listrac-Medoc
와인 종류 : 레드와인
포도 품종 : 까베르네 소비뇽 54%, 메를로 40%, 까베르네 프랑 6%
재배 면적 : 약 596 ha

물리스 앙 메독MOULIS EN MEDOC

메독 지역 심장부인 물리스 앙 메독 마을은 메독 반도를 관통하는 두 개의 큰 축 사이에 놓여 있다. 통행의 접근이 많은 동시에 피난처이기도 한 이 지역은 비밀스러움과 특권이 함께 존재한다.

물리스 AOC 마을은 메독에서 가장 작은 지역이다. 지금은 거의 없어졌지만 이 곳에는 방앗간이 많았기 때문이 이 지명에 물리스라고 부르는 방앗간의 뜻인 물랭 moulin이 들어갔을 것이며 예전에 이 지역에서 곡물을 재배했다고 한다. 중세 때부터 몇몇 소유자와 규모가 큰 종교단체에서 포도를 재배했는데 이 포도밭 들은 메독에서 가장 오래된 것 중의 하나이다.

13세기부터 영주들과 로마 교회가 존재하였고 종교적 사회이었던 중세시대에 포도나무가 심어졌다. 그러나 물리스 지역 와인의 평판은 18세기 후반에 이루어 졌다. 오메독 지역의 커다란 재배 면적 확장과 제 2 제정시대의 자유로운 상업정책, 나폴레옹 3세와 빅토리아 여왕 사이의 최고의 무역관계 등의 상황이었다. 이리하여 이 지역 포도밭은 확장될 수 있었고 특히 18, 9세기에 주위 포도재배 마을에까지 이름을 날렸다.

떼루아-산지

마르고와 쌩줄리엥 사이의 중앙 도로에 위치하고 있는 물리스는 메독 지역의 심장부에 있으며 지롱드강에 수직선상으로 7Km의 좁은 리본 형태를 이루고 있다. 다양하고 보완적인 토양으로 구성되어 있으며 가론 자갈류와 피레네 자갈들에서 점토성 석회질까지 물리 지역을 "메독 포도 재배 조건의 훌륭한 축약형"이라고 특징지어지고 있다.

산지는 군쯔Gunz의 가론식 자갈 언덕들로 구성되어 있다. 이 작은 언덕들은 자갈 토양으로 이루어져 있으며 하층 토양은 찰흙 석회질, 또는 석회 이회암으로 되어있다. 이 마을 서쪽과 남쪽으로는 찰흙 자갈과 찰흙 이회암의 토양으로 구성되어 있고, 중앙부나 북동쪽으로 갈수록 굴곡이 심해진다. 또한 동쪽 편 높은 곳에는 순 자갈로 되어 있다. 남서쪽으로는 자갈, 이회암, 사암이 있으며, 큰 마을 부근에는 이회암과 석회암으로 되어 있는데 이곳에서는 많은 화석이 있는 건축용 돌이 많다. 이렇게 물리스는 메독 지역에서 예외적인 토양으로 복합적인 포도산지를 형성하고 있는 마을이다.

크뤼-포도원

이웃 마을 리스트락과 같이 물리스 지역은 1855년 등급 분류된 크뤼가 없다. 이 곳 와인의 명성은 주로 자영적인 포도재배업자 30여명의 노하우로 얻어진 것이다. 이곳 전체 포도밭에서 크뤼 부르주아와 크뤼 아르띠장을 포함한 기타 크뤼 와인이 나오고 있다. 매년 실시되는 메독 크뤼 부르주아 컵에서 물리스의 크뤼가 좋은 실적을 올린다.

이처럼, 물리스 마을은 보르도의 규모가 적은 생산지 중 가장 우수한 곳이라 할 수 있으며, 비교적 작은 607ha 면적에서 여러 재배자들이 우수한 품질의 와인을 32,000hl 생산하고 있다. 이곳에서 생산되는 와인은 보르도산 중에서 장기숙성에 가장 잠재력이 큰 와인이다. 이 마을에는 샤또 샤쓰 스플린Chasse-Spleen, 그르씨에Gressier, 그랑 뿌죠Grand Poujeaux, 모까이유Maucaillou와 같은 우수한 샤또들이 많이 있다. 이들은 가장 우수하다는 크뤼 끌라쎄들과 견줄 수도 있는데 적어도 숙성도 면에선 더욱 그렇다.

와인 특성

일부 전문가들은 물리스의 와인 산지에 대해서 메독의 훌륭한 와인의 진수라고 이야기하고 있는데 이것은 생산에도 적용이 되는 말이다. 즉 자갈 토양에서 생산된 와인은 마르고의 섬세함과 쌩줄리엥의 강직함과 복합성을 동시에 지니고 있다. 찰흙 석회질의 토양에서 비롯된 와인은 바디감이 더욱 탄탄하게 느껴지며 뽀이약의 귀족적인 분위기를 연상하게 한다.

물리스 와인은 매력적이고 전통성이 있으며 기품이 있다고 표현된다. 이 와인은 관대하고 바디한 느낌이 있으면서도 섬세한 조화를 이루고 있다. 그들은 7~10년 후에 풍만함을 자랑하고 강한 타닌은 세월의 무게의 힘을 실어 주기도 한다. 농도가 진하며 아름다운 루비색의 외관, 우아한 부께, 복합적인 아로마 향의 뉘앙스와 강직성, 뛰어난 구조, 놀랄만한 입 안에서의 지속성들이 이 와인의 매력으로 특징지어진다.

AOC 지역 : 물리스 앙 메독Moulis en Médoc
와인 종류 : 레드와인
포도 품종 : 까베르네 소비뇽 54%, 메를로 40%, 까베르네 프랑 6%
재배 면적 : 약 607 ha

2. 그라브GRAVES

이전에 그라브Graves 지역은 경계가 확실하게 구분되지 않았다. 현재 이 지역의 시작은 북쪽 블랑끄포르 수로이며 남쪽의 쌩 빠르동 드 꽁끄Saint-Pardon-de-Conques의 랑공에서 끝나며 서쪽의 쏘떼른 지역은 제외된다. 그라브지역은 길이 60여km, 넓이 15~20km로 메독의 남쪽부분까지 뻗는다. 동쪽으로 가론강과 맞대고 있는 평원과 충적토평야가 있으며 서쪽으로는 랑드Landes 숲이 있다. 그리고 세롱, 쏘떼른, 바르싹의 세 AOC지역을 그라브가 둘러 감싸고 있다.

아름답고 경치가 좋은 작은 강 물줄기들로 나뉘어진 이 지역은 매우 쾌적하고 다양한 토양 위에서 포도재배가 이루어지고 있다. 지롱드에서는 최고로 분류되는 와인을 생산하는 그라브 북쪽 지역 포도원들은 햇볕이 잘 비치는 자갈 토양 언덕에 위치해 있다.

역사

그라브 역사는 중세기에 영국과 북유럽 국가에서 애음되었던 레드와인 즉 클라레 와인의 역사이기도 하다. 이 와인 품종이 정확하지는 않지만 지중해 지방에서 유래된 비튀리카 포도품종이 보르도 시내와 근교에 기원 초에 심어졌으며 현 까베르네의 조상이 되는 이 품종은 대양의 기후에 잘 적응하였고 이 지역에 뿌리를 내린 것으로 보인다.

그 후 1152년 보르도 지방 옛 이름인 아끼뗀느 공국의 공작 딸인 알리에노르가 장차 영국의 왕이 될 앙리 쁠랑따즈네와 결혼을 하여 정치적으로 매우 가까웠던 영국과의 거래가 더욱 활성화되면서 그라브 와인은 지속적으로 외부에 알려지게 되었다.

중세시대의 사제장 금전출납부에는 포도를 재배하였다는 흔적들이 남아 있다. 1305년 끌레망Clément 5세로 교황에 선출된 베르나르 드 고뜨Bernard de Goth는 1300년에 만든 빼삭의 빠쁘 끌레망Pape Clément 포도원을 보르도의 사제들에게 위임하였다. 그때부터 유명한 종교, 문화계 인사들이 그라브 지방에서 살거나 체류하였고 그라브 와인은 전세계에서 명성을 누리게 되었다. 중세에 이들의 명성은 아주 커서 다른 마을의 와인, 심지어 메독까지도 그라브의 와인이라 속여 파는 사기꾼들이 있어 엄중히 처벌하기도 하였다.

도시의 부르주아들은 자급 또는 선술집에 와인을 판매하기 위해 포도를 재배하기 시작하였고 보르도시는 멀리 떨어진 그라브 지역에 새 포도나무 심기를 위한 재정적인 혜택을 주었다. 이렇게하여 숲은 점점 농토로 개간되어 포도원이 확장되어 갔다. '보르도의 특권'에 의해 보호되었던 이 곳의 와인은 각종 세금 면제를 받았고 메독이나 쌩떼밀리용 지역의 와인보다 우선적으로 수출이 되었다. 이와 같이 그라브 와인은 '아끼뗀느 지방의 와인 저장고'가 되었다.

17세기에 들어서, 새로운 고객인 네덜란드인의 취향에 따라 생산 유형이 변화되었다. 스위트 와인이나 브랜디 주조에 쓰이는 와인을 생산하기 위해 청포도 품종을 많이 심었다. 클라레는 예전처럼 수출되지 않았으며 영국과의 거래도 줄어들었다. 그라브의 포도원들은 대책을 세워야만 했고 네덜란드인들의 새로운 기호에 맞게 변화해야만 했다.

CIVB

DOMAINE DE CHEVALIER

그 당시 와인은 원산지명 표시 없이 판매되었으나 몇몇 생산자들의 인기는 매우 높았다. 좋은 예로 샤또 오브리옹 소유주인 뽕딱Pontac 의 경우이다. 철저히 관리하고 있는 자신의 와인의 우월성을 인식한 뽕딱은 단순한 클라레처럼 판매되는 것을 안타까워했다. 익명성을 탈피하고자 했던 그는 1660년경 아들을 런던에 보내어 '셰 뽕딱Chez Pontac'이라는 레스토랑을 열도록 한다. 이 레스토랑에서는 그라브로 명명된 와인을 마실 수도 있었고 판매를 하기도 하였다. 이러한 시도는 대성공을 거두어 영국인들에 의해 '호 브라이언Ho Bryan'이라고 다시 이름붙여진 와인은 유행을 좇는 사람들 사이에서 인기가 많았다.

또한 판촉행사는 고객들로 하여금 점점 와인의 정확한 원산지에 대한 호기심을 불러일으켰다. 많은 포도원 소유주들은 그들 와인의 품질향상에 힘을 쏟기 시작하였다. 포도재배 단계에서는 품종 선별, 포도나무의 고령화를 장려했고, 포도가 익는 단계별로 수차례에 걸쳐 포도수확을 하기도 하였다. 오크통 숙성 과정에서는 와인을 여러 번 보충하고 관리하며 새 통에 옮겨 담아 와인을 맑게 하는 등 일련의 작업을 거친 후 보통 와인과는 차별되는 진하고 강직한 와인을 생산하게 되었다. 이때까지 어떤 와인이던 같은 고율의 세금을 내던 영국 사람들은 이왕이면 고품질의 와인에 지불하고 싶어했다. 이들은 이 새로운 와인을 '뉴 프렌치 클라레New French Claret'이라고 불렀다.

이러한 품질 향상의 노력을 통하여 크뤼라는 개념이 생겼고 18세기에는 빈티지라는 개념 또한 보편화되어 갔다. 품질 향상 추구는 점차적으로 일반화되어 갔고 재력가들은 포도원에 투자를 했다. 18세기에 많은 샤또들이 건축되었으며 보르도의 상류층은 와인과 식탁의 화려함을 유행시켰다. 상승세를 탄 보르도 와인들은 옛 보르도 통치자인 리슐리외Richelieu 공작과 같은 영향력 있는 사람에 의해서 그 명성을 점점 드높이게 되었다. 그는 루이 15세 궁중에 와인을 알리는 역할을 하였다. 포도재배업자이자 철학자인 몽떼스키외Montesquieu도 문학적인 동지들을 중개상인으로 변모시켰다.

프랑스 대혁명과 봉쇄는 상업적인 타격을 주지 않을 수 없었다. 하지만 보르도인들은 부르봉Bourbon가를 지지하였으며 왕정복고 시대에는 더욱 힘차게 활동을 재개하였다. 그라브 포도밭은 1853년 오이듐균이 발생하기 전까지 가장 번성한 시기였으나 이 질병으로 엄청난 타격을 입었다. 이 질병이 남긴 상처는 너무나 커 샤또 오브리옹을 제외한 그 외의 샤또는 1855년 등급분류에도 포함되지 못했다. 19세기말에 비로소 제 위치를 다시 찾았으나 정상의 자리는 메독에게 빼앗겼다.

20세기말 양조학의 발달로 그라브 와인은 고급화되고 잠재성이 발휘될 수 있었으나 도시화의 가속화로 점차적으로 포도밭이 사라져가게 되었다. 보르도시 교외와 랑공Langon을 잇는 지역에서 큰 포도원 몇 개만 살아남아 있고 작은 소유지들은 공사부지로 탈바꿈 되었다. 한 세기 만에 10,000ha에 달하는 포도밭이 3,000ha로 감소되었다.

떼루아 – 산지

포도산지는 소나무 또는 아카시아 숲과 함께 배경을 이루고 있다. 가론강의 지류는 비탈길을 따라 흘러내리는 포도나무들로 장식된 골짜기들을 만들었고 아래 초원으로 이루어진 낮은 지대까지 계속된다. 포도재배 이외의 다른 재배는 극히 드물며 특히 그라브 북쪽지역은 더 그렇다. 기후는 심한 경우가 아니면 포도재배에 매우 적합하나 숲 인근에 위치하여 습기가 높아 서리가 종종 내린다.

토양은 매우 다양하여 '매 발자국마다 토질이 다르다'라고 말한다. 하지만 이들의 공통적인 특징은 굵은 자갈 요소가 많다는 것이다. 사실 가론강은 과거에 충적층을 만들었다. 이 충적층은 이질적인 것으로 되어있고 계단 모양을 이룬다. 이 퇴적물들은 규석질의 자갈, 조약돌, 자갈과 약간의 찰흙이다. 강가에는 대체적으로 찰흙, 진흙으로 된 충적토가 평야를 이루고 있고 충적토 평야와 단구사이에 여러 물줄기로 갈라진 늪이 있다.

충적토 평야를 제외하고는 매우 척박하고 황폐한 토양이다. 매우 건조하거나 배수로 인해 마른 토양들이다. 아주 오래전부터 잘 알려진 포도밭은 뻬삭 레오녕 지역의 고원 가장자리에 위치하거나 강이 침토시킨 넓은 자갈 언덕내지는 배수가 잘된 물줄기로 인해 퇴적된 언덕 아래부분에 있다.

보르도시 가까이 있는 지역에서는 전형적인 자갈 토양을 발견하게 되는데 이런 연유로 산지 이름이 자갈이라는 의미인 그라브Graves라고 지어졌다. 이 자갈 토양은 좀 더 북쪽으로 가면 다시 나오는데 레오녕의 굴곡이 많은 지역 특히 마르띠약이 그렇다. 자갈 토양은 뽀르떼에서 더욱 두드러지며 쎄롱까지 지속된다. 와인마다 느낌이 다른 이유는 이렇듯 하층토양이 각기 다르기 때문이다.

크뤼-포도원

아마도 메독보다 더 오래되었기 때문이겠지만 그라브의 각 크뤼들은 일반적으로 면적이 넓지 않다. 25ha를 넘는 포도밭은 거의 없으며 상당수가 5ha 이하이다. 이리하여 뽀므롤이나 쌩떼밀리용처럼 소유주나 재배자들은 크뤼의 명성을 유지하기 위하여 생산의 매 단계에서 철저함을 기해야 한다. 또한 생산량이 적어 2차 와인이나 기타 다른 와인을 만들 수 없어 항상 고품질의 와인을 생산해야만 한다.

그라브 크뤼 조합은 아주 오래전부터 이 지역 크뤼 분류 등급이 실시되기를 기원했다. 결국 1953년에 첫 등급분류가 승인되었고 그 후 프랑스 농림부의 1959년 2월 16일 법령에 따라 국립원산지명칭연구소INAO가 제안한 마지막 등급분류가 승인이 되었으며 1953

년 것을 대체하였다. 등급분류와 관련하여서는 샤또 오브리옹이 메독 와인과 1855년 등급 분류되었고, 1959년 다른 그라브 크뤼들 중 7크뤼는 레드와인으로, 2크뤼는 화이트와인 그리고 6크뤼는 동시에 레드 · 화이트와인으로 분류되었다. 라벨에는 "크뤼 끌라쎄 드 그라브Cru Classé de Graves" 라고 표기된다.

원산지통제명칭AOC 와인

그라브 지역 포도원 총 면적은 현재 5,900 ha 정도로 약 2/3는 레드와인, 나머지 1/3은 화이트와인을 생산한다. 이곳에서 생산된 와인은 AOC 규정에 따라 레드와인은 그라브, 뻬삭 레오녕 AOC로 화이트와인은 그라브, 그라브 쉬뻬리외르, 뻬삭 레오녕 AOC 명칭을 갖게 된다. 또한 조건만 충족시킨다면 이곳에서 생산된 와인은 보르도나 보르도 쉬뻬리외르의 지역 AOC라 칭할 수 있다.

와인 특성

레드와인 그라브의 레드와인은 메독과 같이 아름다운 색깔이 있으며 바디가 있다. 또한 강한 활기와 진한 부케향이 있으며 매우 섬세하다. 메독의 와인처럼 숙성될수록 더 좋아지며 고유의 성질을 보존한다. 물론 토양과 하층 토양의 성질에 따라 결정되는 품질이나 그 느낌은 각각의 포도밭의 포도품종의 다양한 블렌딩에 의해 결정된다.

화이트와인 그라브의 화이트와인은 보르도의 전통적인 포도품종인 쎄미용, 쏘비뇽, 뮈스까델로 만든다. 대체적으로 화이트와인은 드라이하고 생동감이 있으며 섬세하고 부케가 있다. 식사 초기에 조개, 갑각류, 생선과 함께 마시면 좋다. 이 지역에서는 또한 스위트 화이트와인도 생산된다. 최고의 와인이면서 최저 12%의 알코올 도수인 그라브 쉬뻬리어 명칭을 얻은 와인은 특히 탁월한 특징을 가지고 있다.

AOC 지역 : 그라브Graves
와인 종류 : 레드와인, 화이트와인
포도 품종 : 까베르네 소비뇽 39%, 메를로 48%, 까베르네 프랑 13%
쎄미용 73%, 쏘비뇽 21%, 뮈스까델 6%
재배 면적 : 레드와인 약 2,082 ha
화이트와인 약 1,024 ha

AOC 지역 : 그라브 쉬뻬리외르 Graves Supérieurs

와인 종류 : 화이트와인

포도 품종 : 쎄미용 73%, 쏘비뇽 블랑 21%, 뮈스까델 6%

재배 면적 : 약 442 ha

빼삭 레오냥PESSAC-LÉOGNAN

보르도시를 둘러싸고 있는 그라브 지역의 일부 포도밭들이 점점 사라져가는 현상에 포도재배자들은 우려를 표명해 왔다. 이러한 현상은 돌이킬 수 없는 것으로 보였으나 오늘날, 지롱드 포도밭과 그라브 포도밭은 다행히도 이러한 현상에서 벗어났고 최근 몇 년간 포도나무 재심기가 지속적으로 이루어지고 있다.

이 곳이 바로 그라브 지역의 북쪽인 빼삭과 레오냥 지역이다. 오래전부터 이 지역에서 생산되는 와인은 '빼삭산' 또는 '레오냥산'이라고 했으며 포도재배자들은 빼삭 레오냥 명칭의 AOC가 되기 전부터 그들이 생산하는 와인들의 개성을 늘 입증할 줄 알고 있었다.

이 지역 포도재배조합의 요구에 따라, 국립원산지명칭연구소는 1937~38년에 결정되었던 그라브AOC 생산구역을 재검토하기 시작했다. 지질학 연구를 통하여 INAO의 전문가들은 도시화로 사라진 옛 보르도 근교 포도원을 다시 찾아 내며 최고의 품질 산지들은 AOC 구역으로 분류하였다. 그리고 경제 상황이 좋아지자 포도 재배업자들은 아주 좋은 지역에서 포도재배를 다시 시작하였다. 이렇게하여 지난 몇 해 동안 크뤼의 수에는 큰 변동이 생기지 않았지만 면적은 상당히 확장되어 예전의 모습을 되찾게 되었다.

1964년 보르도의 그라브 북쪽 포도재배업자들은 INAO에 메독처럼 지역 아래 마을 명칭을 한 두 개 정도 인정해 줄 것을 요청했다. 이들은 1937년의 그라브 AOC 결정시기에 북쪽지역에 대한 부족했던 설명을 보충하였다. 특별히 다루어진 부분을 살펴보자.

① 북쪽 지역 포도밭은 그라브뿐만 아니라 보르도 포도산지의 역사적인 요람이다.
② 그라브 북쪽지역의 지질과 미기후는 매우 특별한 전형적인 와인을 만든다.
③ 전통적으로 여러 세기동안 대체적으로 일정한 양의 화이트와인과 함께 레드와인을 항상 생산했다. 이는 그라브 남쪽 지역의 상황과 좀 다르다.
④ 포도밭 관리방법, 전통적인 재배기술과 양조기술은 그라브의 다른 지역보다 앞서 있고 고급 와인을 생산하고 있다. 고객 또한 그라브의 다른 지역 와인보다 훨씬 비싼 가격으로 구매하고 있다.
⑤ 1953년에 시행된 그라브 크뤼 등급분류 결과 북쪽 지역에 위치한 샤또들만 승인되어 이 지역이 이미 인정되었다.

그라브 북쪽지역 생산자들의 요청에 따라 이루어진 이러한 전체적 재고는 INAO가 새로운 원산지 통제명칭 "뻬삭 레오냥"을 인정하게 만들었다. 현재 뻬삭–레오냥 포도밭은 약 1,435 ha이다. 이곳에서 생산되는 레드 · 화이트와인 모두 그라브 AOC 명칭을 사용할 수 있으며, 화이트와인의 경우 그라브 쉬뻬리어로도 불릴 수 있다.

떼루아–산지

앞서 말한 바와 같이 미기후의 혜택과 함께, 그라브 지역에서 자갈이 가장 많고 전형적인 토양의 균일성이 특징이다. 뻬삭 레오냥은 그들의 떼루아 안에서 자신들의 정체성을 끌어내는데 이는 가론느강의 좌안과 지롱드강의 내포의 명성을 오래전부터 이루어온 자갈이 섞인 토양 위에서 훌륭한 와인들을 탄생시키고 있다는 점이다.

이 지역의 주목할 만한 자연조건은 그라브 지역 남북의 이웃 지역 보다도 더 탁월한 이질성 토양으로 특징지어진다. 이러한 현상의 가장 현저한 결과 중의 하나는 화이트와인에 대한 몇몇 토양의 자연적 성향으로 보르도에서 유일한 크뤼 끌라세 화이트와인이 생산되는 것이다.

오늘날 도시지역에 둘러싸인 그들의 땅을 통해 강조되는 그랑 크뤼들의 복잡한 경계의 구분이 이러한 것을 설명해 준다. 예컨데 가을 또는 겨울이 끝나가는 무렵에 샤또 오브리옹 앞으로 지나가면, 기복이 심하지 않는 데도 불구하고 식물 성장 속도가 사면의 위와 아래에서 현저하게 다르게 나타나는 것을 볼 수 있다. 또한 이 포도원들을 둘러싸고 있는 뻬삭 레오냥과 열 군데 주변 마을의 떼루아는 서로 다른 강한 개성을 지니고 있다.

크뤼 – 포도원

30년 동안에 토지 면적은 900ha 이하였던 것이 약 1,200ha 이상을 넘어섰으며 연간 6백만 병 이상을 생산하고 있다. 현재 약 70개의 크뤼가 이 훌륭한 산지에서 생산되고 있다. 뻬삭 레오냥 포도산지의 재배 분포는 약 80%가 레드와인 품종, 20%는 화이트와인 품종이 차지하고 있다.

등급분류와 관련하여 샤또 오브리옹은 메독의 와인과 함께 1855년에 등급 분류되었다. 1959년에 그라브 크뤼들 중 7개는 레드와인으로, 2개는 화이트와인 그리고 6크뤼는 레드와인과 화이트와인을 동시에 포함하는 것으로 분류되었고 이 크뤼들의 전체 생산량은 뻬삭 레오냥 AOC의 약 3분의 1이상 34%을 차지하고 있다.

생산량의 75% 정도를 여러나라에 수출하는 뻬삭 레오냥은 프랑스 와인의 훌륭한 문화 사절이다. 그러나 역설적으로 아끼뗀느 지방 수도 인접지역에서 탄생한, 위대한 명성의 이 포도재배지는 지금도 보르도 도시권의 확장으로 인해 위협받고 있다.

이러한 사실은 보르도시 중심부에서 6km 떨어진 곳에 샤또 오브리옹, 라미시옹 오브리옹, 라빌 오브리옹과 파쁘 끌레망과 같은 뛰어난 명성의 크뤼들이 주거지에 의해 완전히 둘러싸이고, 더 이상 시골길이 아닌 골목길에 둘러싸인 포도재배지의 놀라운 광경을 보여 준다.

샤또 오브리옹 Haut-Brion 1855년에 레드와인으로 메독 지역 외에서 1등급을 받은 유일한 샤또이다. 1533년에 뽕탁Pontac 가문에 인수된 이 포도원은 1740년에 확장이 되어 현재의 모습을 갖추게 되었다. 보르도시의 중심부에서 5km 정도 떨어진 뻬삭Pessac 마을에 위치하고 있으며 지롱드 유역에서 가장 좋은 떼루아를 가지고 있는 곳 중의 하나이다.

1935년에 미국의 은행가인 클라랑스 디용Clarence Dillon이 소유하였고, 1983년에는 오브리옹의 모 기업인 도메인 클라렌스 딜론이 경쟁자인 이웃의 라 미시옹 오브리옹을 사들였으며, 현재는 두 곳 모두 쟁쟁하게 이름을 떨치고 있다. 현재 손녀인 조안 디용과 조안의 아들 로버트 왕자는 설비 개선에 많은 투자를 했다. 1987년에는 와이너리를 대대적으로 보수하고 2007년에는 셀러, 병입라인, 보관창고, 시음 장소 등을 새로 지었다. 로버트 왕자는 오브리옹과 라 미시옹 오 브리옹의 레드와 화이트를 각각 지칭하며 "우리는 일등급 네 개를 만든다."라고 자신 있게 말하고 있다.

현재 양조 책임자로 있는 장 델마Jean Delmas는 1961년에 그의 아버지로부터 기술을 전수받아 새롭게 스테인레스 발효조에서 최고의 와인을 생산해 존경을 받고 있다.

오브리옹 와인의 정수는 우아함과 조화로움에 있다. 새로운 오크통 100%에서 와인이 숙성되며, 생산된지 몇 달 안 된 후에도 탄닌과 과일향의 조화가 잘 나타나게 된다. 그라브 지역의 단 하나의 특등급 와인으로 맑게 빛나는 아름다운 루비빛과 바닐라 향을 비롯한 다양한 과실의 향이 잘 어우러져 있다. 이것은 와인을 조기에 마실 수 있을 뿐만 아니라 장기 숙성도 가능함을 보여주는 것이다. 또한 소량으로 생산되는 화이트와인도 그랑 크뤼 최상급이다.

샤또 라빌 오브리옹 Laville Haut-Brion 이 작은 포도원은 라미씨옹 오브리옹과 함께하는 역사인데 라빌 오브리옹 와인을 그곳에서 양조하고 숙성하여 병입하기 때문이다. 이 크뤼의 토양은 덜 조밀하고 자갈 또한 주변의 라미씨옹, 라뚜르 오브리옹보다 적다. 화이트와인 양조는 발효조에서 이루어지며 에어컨이 설치된 셀러에서 숙성된다. 슈발리에 함께 그라브 지역 대표적인 최고급 화이트와인을 생산하고 있다. 와인은 풀바디하고 복합적인 향과 개성을 잘 가지고 있다. 장기숙성용 우수한 화이트와인의 한 전형이다.

샤또 부스꼬 Bouscaut 역사가 17C까지 거슬러 올라가는 유서 깊은 포도원으로, 20C에 이르러 비약적인 발전을 거듭하게 된다. 1920년에 샤바노Chabanneau 가문에 의해 포도원과 양조장이 개축되었으며 1959년에 레드와 화이트 모두 그랑 크뤼 클라세로 지정되었다. 1960년대에 장 베르나르 델마Jean-Bernard Delmas 의 지휘로 현대화되었고, 뤼시엥 뤼똥이 1979년에 인수하였다. 현재는 그의 딸인 소피 뤼똥Sophie Lurton 이 운영을 맡고 있다.

와인은 농후한 과일의 향에 인상적인 담뱃잎과 쵸콜릿의 뉘앙스가 세련미를 주고 있다. 진한 탄닌과 구조감이 있어 숙성이 되면서 진가를 발휘한다.

샤또 라미씨용 오브리용 La Mission-Haut-Brion 1983년 볼트너Woltner 가족은 이 샤또의 계승 문제로 시장에 내 놓았고, 이웃해 있는 오브리옹에서 자연스럽게 구매하였다. 포도원의 토양은 자갈이 많아 적은 양의 포도수확을 가져오지만 고농도의 과일향을 가져오게 한다. 그랑 크뤼인 레드와인 양조는 약 28℃ 스텐인레스 발효조 후 새 오크통에서 숙성시킨다. 라미씨옹 와인은 그래서 풍부하고 힘이 있다. 특히 품질과 개성이 뛰어나며 색상은 깊고, 향이 풍부하며 탄닌은 거칠지 않다. 숙성될수록 와인의 품격이 더해지는 명품이다. 숙성될수록 와인의 품격이 더해지는 명품이다.

샤또 까르보니외 Carbonnieux 이 오래된 포도원은 1234년에 지어졌는데 45ha에서 화이트 와인을 생산하고 있어 가장 큰 생산지 중의 하나이다. 쌩뜨 크르아 베네딕트파 수도사들이 이 포도원을 경작하던 시대에 있었던 유명한 일화가 있다. 터키에 와인을 팔기 위하여 〈기옌의 까르보니의 생수〉라는 문구를 넣을 생각을 했다. 이는 코란의 금기사항을 우회하여 와인을 소비하도록 하고자 한 것이었다. 이후 1956년 뻬랑Perrin 가가 인수하였고 오크통에 숙성시킨 화이트와인을 생산하고 있다. 규모면에서 레드와인 또한 중요하지만 덜 알려졌다.

샤또 도멘 드 슈발리에 Domaine de Chevalier 쉬발레Chibaley 라는 이름으로 알려졌던 이 포도원은 장 리까르Jean Ricard 가 아버지로부터 상속을 하게 된 1863년이 되어서야 포도를 재배하기 시작하였다. 평범한 오크통 제조업자였던 그는 이 큰 농장을 진정한 포도밭으로 변모시켰고 날로 향상되는 고급 와인을 생산하였다.

그는 샤또 피의잘과 노데 소유주가 되고 또 부인이 샤또 말라르딕 라그라비에르를 소유하고 있어 그의 사회적인 신분 상승과 함께 나중에는 레오녕 시장이 되기까지 하였다. 그의 딸과 사위, 갸브리엘 보마르땡 Gabriel Beaumartin 은 20세기에 장 리까르의 위업을 이어받았다. 그 이후 1983년 와인 네고씨앙인 올리비에 베르나르Olivier Bernanrd 가문이 인수하였다. 베르나르 부부는 뛰어난 균형과 품질의 와인 생산의 추구에 노력하고 있다.

화이트와인은 꽃향기와 풍부한 과일향이 잘 조화되어 세계적으로도 알려진 명품으로 명성이 있다.

샤또 꾸앵 Couhins / **샤또 꾸엥 뤼르똥**Couhins-Lurton 두 포도원은 그라브 지역의 포도원 재건에 힘쓴 앙드레 뤼르똥이 소유하고 있으며, 그는 '보르도 와인의 대부'라는 칭송을 받고 있다. 그라브 지역의 토양과 기후를 연구하여 그에 맞는 와인 생산을 하고 있다. 1979년부터 국립 농학연구소INRA에서 재배해 오고 있다. 연구소에서 6km 안에 위치한 포도원은 화이트와인 등급으로 분류되었으며 면적은 18ha에 달하는데 포도나무와 와인 연구에 많이 사용되고 있다. 이 면적중에 8ha의 작은 부분만이 1978년부터 뤼르똥 가문에 의해 소작형태로 경작되고 있으며 그랑 크뤼인 화이트와인은 꾸엥 뤼르똥이란 이름으로 생산되고 있다.

샤또 피외잘 Fieuzal 1851년까지 주인이었던 피외잘Fieuzal 가문에서 이름이 연유되었다. 이 포도원은 라 로슈푸꼬La Rochefoucauld라는 유명한 가문이 오랫동안 소유하였다. 19세기말 쟝 리까르에 의해 국가 소유로 되기 전까지 다양한 성공을 얻었다. 현재는 브렌다Brenda와 로크란 퀸Lochlann Quinn의 소유이다. 1959년에 레드와인만이 등급이 분류된 피외잘은 향미와 맛이 풍부한 레드와인을 생산하고 있으며, 1980년대에 들어서 화이트와인의 품질 향상에 노력을 하고 있다. 오늘날 생산량이 적기는 하지만 가장 알려진 화이트와인이자 비싼 와인이기도 하다.

샤또 오바이이 Haut-Bailly 4세기 전부터 30ha의 포도밭을 소유하고 있다. 모래와 자갈이 섞인 땅에 지하층은 바다조개 침전물 화석으로 이루어져 있다. 19세기 중 유명해진 이 와인은 보르도 최고 중 하나로 명성이 있으며 레드와인이 그랑 크뤼로 승인되었다. 환경을 보존하면서 고품질을 추구하고, 모던함과 전통을 함께 유지하는 샤또이다. 1998년부터 소유주인 로베르 윌메르Robert Wilmers와 베로니크 쌍데르Veronique Sanders가 이끌어 나가고 있다. 포도밭의 1/4이 백년 된 포도나무로 이루어져 있으며, 한결같은 품질을 보장해 주는 유일한 떼르와를 지니고 있다. 이 와인의 명성은 어떤 빈티지에도 섬세함과 엘레강스로 표현될 수 있는 점과 다른 와인이 모방하기 힘든 고유의 스타일 덕에 얻어진 것이다.

샤또 라뚜르 마르띠약 La Tour-Martillac 1953년에 레드와 화이트와인이 그라브 크뤼 끌라쎄가 되었다. 이름의 기원은, 저명한 철학자이며 와인 생산자였던 몽떼스키유의 조상들이 마르띠약에 건설했던 작은 성의 유적인 안 마당의 탑에서 흔적을 찾을 수 있다. 1871년부터 보르도 네고시앙인 에두아르 크레스만Kressmann이 인수하여 화이트와인에 관심을 갖게 된다. 그의 장남 알프레드가 1930년에 이 샤또를 구입해 레드와인을 발전시켰으며 자신의 아들 장과 함께 1934년부터 사용하는 황금빛과 모래 색선이 특징인 라벨을 사용하기 시작했다. 현재는 크레스만의 두 아들 트리스땅Tristan과 로익Loic이 보르도 양조전문가들의 도움으로 가문의 전통을 이어가고 있다. 우아하고 균형잡힌 레드와인과 화이트와인은 둘 다 크뤼 끌라쎄이며 뻬삭 레오냥의 믿을 수 있는 와인으로 인정받고 있다.

샤또 라빌 오브리옹 Laville Haut-Brion　라 미시옹 오브리옹의 포도밭 속에 전설적인 화이트와인인 라빌 오브리옹을 생산하는 작은구획이 있다. 포도밭에는 여러 품종이 섞여있고, 화이트 그랑 크뤼 포도나무의 평균 연령은 약 50년으로, 포도밭 관리인이 특별 관리하며 재배하고 있다. 1983년에 샤또 오브리옹에 인수된 뒤, 와인의 독특함을 그대로 유지시켜 오브리옹 화이트와 차별화하고 있다.

흰꽃과 무르익은 연노란 과일 향, 화이트와인임에도 은은히 퍼져나오는 스파이스향, 그리고 오크향이 진하게 느껴진다. 구조감은 강하지만 매끄럽고, 농익은 과일 맛과 오크 터치와 함께 여운이 뛰어나다.

샤또 마라르띡 라그라비에르 Malartic-Lagraviére　18세기 소유주였던 해군 제독 이쁠리뜨 마라르띡 백작을 기리는 뜻에서 이름이 지어졌다. 리꺄르Ricard, 리도레Ridoret, 말리Marly와 같이 지방 세력가들이 등급분류된 이 크뤼를 연속적으로 소유하였다. 1996년에 미쉘과 알프레드 알렉상드르 보니Alfred-Alexandre Bonnie가 매입하면서 새로운 샤또로 변신하게 된다. 레드와인과 화이트와인 모두 그랑 크뤼로 제정된 6개 보르도 샤또 중 하나이다. 파워풀하고 복합적이며 섬세한 뻬샥 레오냥 와인을 생산하여 이 지역을 대표하고 있다.

샤또 올리비에 Olivier　중세 때부터 존재한 아주 오래된 영지이다. 영국 에두아르 왕자가 사냥하러 즐겨 찾았던 곳이라고 알려져 있다. 19세기부터 보르도의 오래된 가문인 베뜨만Bethmann가의 소유이다. 레드와인과 화이트와인이 모두 1953년에 크뤼 끌라쎄로 제정되었다. 최근 수년 동안 막대한 투자와 공사가 이루어졌다. 자세한 지질조사를 통해 떼루아의 새로운 잠재력을 찾았고 이를 바탕으로 점토 석회질 바탕의 자갈이 많은 포도밭에서 6개의 포도품종을 재배하고 있다. 모든 포도는 사람의 손으로 수확되어 작은 통에 담아 운반하며, 좋은 포도알만 가려내 발효 과정을 거치는 등 품질 향상에 노력을 다하고 있다. 현재 올리비에는 쟝 쟈끄 드 베뜨만Jean-Jacques de Bethmann이 운영하고 있다.

샤또 빠쁘 끌레망 Pape-Clement　끌레망 5세라는 이름으로 1305년 교황이 된 보르도 대주교 베르트랑 드 곳Bertrand de Goth이라는 이름에서 유래된 이 포도원은 대혁명 때까지 주교 소유로 남아 있었다. 샤또 자체는 신고딕양식으로 19세기말에서야 지어진 것이다. 뻬삭에 소재한 포도원은 도시화에 대항해 오브리옹Haut-Brion처럼 소유주들의 대를 이어 뛰어난 정책으로 버틸 수 있었다. 마지막 소유주는 보르도 네고시앙인 베르나르 마그레Bernard Magrez이다. 그랑 크뤼로 제정된 레드와인은 매우 복합적이고 탄 냄새와 향신료향이 있고 부드러운 골조로 매력이 있어 오브리옹과 비슷한 수준의 와인로 명성을 얻고 있다. 46ha의 레드와인과 작은 양의 화이트와인을 아주 성공적으로 재배하고 있다.

샤또 스미스 오라피뜨 Smith Haut Lafitte 지롱드에서 흔한 라피뜨라는 이름은 옛 갸스콘뉴 지방에서 유래된 말로 작은 언덕이라는 의미이다. 죠르주 스미스Georges Smith가 1720년에 이 포도원에 자기이름을 달았다. 마르띠약Martillac에 소재한 이 포도원은 이미 1549년부터 알려지기 시작했다.

에슈노에르Eschenauer 네고씨앙이 오랫동안 관리를 하다가 크뤼로 등급분류된 이 샤또는 현재 다니엘 꺄띠아르Daniel Cathiard가 소유하고 있으며 품질 개선과 함께 개선과 함께 와인 스파호텔로 유명하다. 미묘하고 골격이 있는 그랑 크뤼인 레드와인을 주로 만들며 또한 쏘비뇽만으로 만들어진 화이트와인도 소량 생산하고 있다.

와인 특성

레드와인 주로 까베르네 소비뇽이 주 품종이고 메를로가 섞인 뻬삭 레오녕 AOC 레드와인은 매우 표현이 강한 포도주이다. 진한 체리색과 잘 익은 붉은 과일, 제비꽃의 아로마와 아몬드와 송진 태운 부케가 특징이다. 입안에서는 풍부함과 밸런스를 느낄 수 있다. 탄닌이 확실히 느껴지나 절대로 격하지 않다. 매우 기분 좋은 여운이 길게 남는다. 풍부하고 우아한 와인으로, 고상하고 골격이 탄탄한다. 일반적으로 오크통에 숙성되어 수명이 매우 길며 고품질 포도주의 특성을 가진 이 포도주는 영할 때부터 제 맛을 내지만 장기보관에도 적합하다.

또한 그들의 독창성을 이루는 독특한 특징을 나타낸다. 레드와인들은 매우 두드러진 몇몇 떼루아를 구별해내는 것조차도 가능한 고상함을 가지고 있다. 한쪽은 부케 향기와 훈제향의 느낌이 나는 놀라운 복잡성을 통하여 특징지어진다. 다른 쪽은 탄닌성분과 닮은 메독 포도주를, 부드러움과 적당히 수렴성이 있는 일부 뽀므롤 와인과 함께 유사함을 나타내기도 한다.

화이트와인 쏘비뇽과 쎄미용에서 주로 생산된 뻬삭 레오녕은 의심의 여지없이 보르도에서 가장 잘 알려진 무감미 화이트와인이다. 이러한 명성은 다양한 향의 풍부함 때문만이 아니라 숙성하기에 매우 적합하기 때문이다. 오크통에서 발효된 화이트와인은 햇 와인일 때부터 호평을 받으나 5년, 10년, 심지어는 20년이 되어도 신선함과 생동감을 지니고 있다. 이러한 무감미 와인들에서는 섬세하고 생동감이 있는 금작화와 보리수나무를 연상시키는 강한 향과 함께 숙성에 매우 잘 견디는 특성이 있다.

AOC 명칭 : 뻬삭 레오녕 PESSAC-LEOGNAN
와인 종류 : 레드와인, 화이트와인
포도 품종 : 까베르네 소비뇽 39%, 메를로 48%, 까베르네 프랑 13%
쎄미용 73%, 쏘비뇽 블랑 21%, 뮈스카델 6%
재배 면적 : 레드와인 약 894 ha
화이트와인 약 195 ha

3. 쏘떼른SAUTERNES과 바르싹BARSAC

쏘테른SAUTERNES

쏘떼른 와인을 생산하는 지역은 보르도시 남동쪽으로부터 약 40여 Km 떨어져 있으며 가론강 왼쪽에 위치한다. 굴곡이 심하며 신선하고 밝은 초원이 계곡을 덮고 있다. 서쪽으로는 쏘떼른, 봄, 프레냑 마을과의 경계를 그리는 씨롱의 푸르고 멋진 개울이 그라브 지역과의 경계를 긋고 있다. 북쪽으로는 프레냑과 바르싹으로 구분된다.

쏘떼른과 바르싹 지역만큼 글로써 많이 거론된다고 자부하는 와인은 드물 것이다. 와인 관련 저자, 기자와 역사학자 등이 평범하지 않은 이 와인들의 기원을 설명하는 자신들의 주장이나 이를 더 정확히 하기 위한 가설을 들고 나왔다. 그러나 그 누구도 쏘떼른의 신비스러운 과잉 성숙된 포도의 수확에서 얻어진 스위트 화이트와인이 어느 시대에 나타났는지 정확하게 알지 못한다.

떼루아-산지

이 곳은 지역적인 미기후를 차지하고 표면적인 지질형성은 산지의 독창성의 근간을 이루며 다른 크뤼들과 차별된다. 쏘떼른과 파르그 마을은 4개의 계단식 충적토 단구로 이루어졌다. 대체적으로 진흙 침전물로 덮혀 있어 토양은 더 깊고 신선하다. 바르싹의 경우 석회층이 사암과 만나며 경작지는 그다지 두텁지 않다. 지층은 때때로 배수를 시킬 필요가 있으며 아주 오래된 소유지의 경우 19세기에 설치된 배수관이 우기 시 생긴 빗물을 빼기 위해 수십 Km에 걸쳐 펼쳐 있는 포도나무 아래를 지나간다.

광범위한 쏘떼른의 떼루아는 덜 균일하다. 샤또 디껨을 둘러싼 자갈 섞인 훌륭한 언덕들이 연속적으로 형성하여 뛰어난 떼루아를 소유하고 있다. 레인 비뇨Rayne Vigneau지역 안의 서쪽 30~50m 고원과 리외쌕Rieussec 동쪽의 70m 이상의 고원들은 높고 기복이 심함에도 불구하고 이 언덕들은 오메독의 자갈 섞인 언덕들을 연상케 하지만 훨씬 점토성이 강한 토양으로 구성되어 있다. 이 지형적 특성은 특히 스위트 와인에 유리하여 이 곳에서 생산한 와인들은 황금 색깔과 달콤하며 매혹적인 구운 향기와 기름진 것으로 그들의 개성을 한껏 발휘하게 한다.

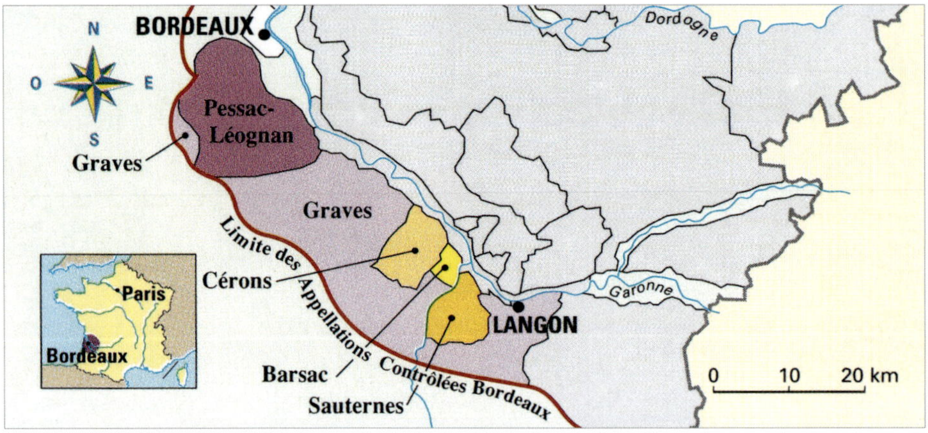

CIVB

기후와 포도 수확

아주 특별한 상황에서만 생기는 보트리스 시네레아Botrytis cinerea라는 균에 의해 생기는 귀족스러운 부패 현상 효과로 화이트와인은 매우 달콤해진다. 일반적으로 회색 부패 모양인 이 균은 쏘떼른의 특이한 기후에서 발생한다. 쏘떼른 지역에는 시롱Ciron강이나 쌩크리Saint-Cricq 개울물이 흐르고 있다. 늦여름 그늘로 인해 시원한 강물이 온도가 더 높은 가론강으로 유입되면서 아침에는 안개를 만든다. 이 안개는 오후에 뜨거운 태양에 의해서 사라지면서 진정한 수증기탕으로 변화된다.

아침의 습기와 오후의 더위가 매일 교차되면서 포도껍질에 상처 구멍을 내지 않고 보트리스균의 생성을 유리하게 한다. 자연적으로 포도의 과육은 건조되고 당도가 농축되며 산과 글리세린등의 변화가 이루어진다. 그리고 보트리스균은 이 포도를 구멍이 많고 물이 잘 스며들며 습도의 변화에 매우 민감한 껍질로 변화시킨다. 그래서 폭우 시, 당분이 땅에 떨어지고 땅이 마르면 설탕을 바른 빵처럼 반짝거릴 정도이다.

이렇게 귀부화된 포도알이 동시에 모든 포도송이에 나타나지는 않는다. 한 포도송이에서 익지 않아 파란 포도알, 적당히 익은 알, 회색 부패에 이른 알, 과숙성으로 설탕에 절인 것 같은 귀부현상으로 완전하게 썩거나 '구워진' 포도알을 관찰할 수 있다. 바로 여기에서 쏘떼른은 지역의 포도재배업자들의 어려움이 있는 것이다. 참을성 있게 특별한 가위를 갖고 양조에 적합한 포도알을 수확해야 하기 때문이다.

포도알의 상황에 따라 선별 작업을 해야 하기 때문에 같은 포도송이일지라도 여러 차례 작업해야 한다. 이 작업은 포도송이의 건조가 가장 최상의 상태인 일조 시에 이뤄진다. 각 송이는 추후의 날씨를 고려하여 차별화 시키는 노력을 한다. 비가 올 날씨이면 조기에 수확을 하는 것이 좋으나 귀부화에 방해가 될 수도 있는 위험을 감수해야 한다.

그래서 날씨와 밀접한 관계가 있는 귀부현상은 매해 다른 양상을 보인다.

이 유별난 수확이 11월에도 진행되고 심지어는 12월 중순까지 이루어지는 것은 결코 특별한 것이 아니다. 추위가 귀부화를 지연시킬뿐 이를 저해하지는 않는다. 그러나 이는 수확을 위한 비용이 많이 소요됨을 의미하며 이 비용은 또 와인 가격에 반영하게 된다. 이러한 수확상황에 따라서 어떤 해에 생산된 쏘떼른 와인은 매우 적거나 아예 없을 때도 있다. 이 경우 드라이 화이트와인으로 생산한다.

크뤼-포도원

스위트 와인용 포도를 수확하기 위해서는 막대한 투자가 필요하다. 이 지역에서는 ha 당 생산고가 25hℓ의 최대 허용량으로 매우 소량이기 때문이다. 그리고 과잉성숙의 진행은 기후조건과 밀접한 관계가 있기 때문에 매우 불확실하다. 그럼에도 불구하고 쏘떼른 지역은 지난 세기의 근본적인 구조를 거의 변하지 않고 보존하는 것에 성공했으며 이는 지롱드 지방에서는 꽤 드문 경우이다.

쏘떼른 AOC 명칭으로 생산을 할 수 있는 마을은 5곳이다. 프레냑Preignac, 파르그Fargues, 봄므Bommes, 바르싹Barsac과 쏘떼른Sauternes이다. 바르싹은 예외로서 이곳의 와인이 매우 특별한 개성을 갖고 있어 고유의 AOC를 갖고 있다. 1855년 쏘떼른과 바르싹 지역에 스위트 와인으로 26개 크뤼에 등급을 부여 했는데 특1등급인 샤또 디켐이 프리미에 크뤼 슈페리어Premier Cru Supérieur 1개와 1등급 크뤼Premier Cru 11개 그리고 2등급 크뤼Deuxième Cru 14개로 분류하였다.

특 1등급Premier Cru Supérieur

크뤼명-샤또		AOC	마을
Château d'Yquem	디켐	Sauternes	Sauternes

1등급Premier Crus

크뤼명-샤또		AOC	마을
Château La Tour Blanche	라뚜르 브랑쉬	Sauternes	Bommes
Château Lafaurie-Peyraguey	라포리 뻬이라게	Sauternes	Bommes
Château Clos Haut-Peyraguey	끌로 오 뻬이라게	Sauternes	Bommes
Château de Raygne-Vigneau	드 레이뉴 비뇨	Sauternes	Bommes
Château Suduiraut	쉬뒤로	Sauternes	Preignac
Château Coutet	꾸떼	Barsac	Barsac
Château Climens	끌레망스	Barsac	Barsac
Château Guiraud	기로	Sauternes	Sauternes
Château Rieussec	리외쎅	Sauternes	Fargues
Château Sigalas Rabaud	씨갈라 라보	Sauternes	Bommes
Château Rabaud-Promis	라보 프로미	Sauternes	Bommes

샤또 디껨d'Yquem 1855년 스위트 와인으로 유일하게 특1등급으로 자리를 잡았다. 그 이래로 그의 포지션은 변하지 않고 쏘떼른 뿐만 아니라 세계에서 가장 우수한 디저트 와인으로 명성을 유지하고 있다. 샤또 디껨은 1594년 이후 오직 두 가족들이 소유하고 있으며 400여년 동안 지속되고 있다. 오랫동안 소유해 왔던 알렉상드르 드 뤼르 쌀뤼스Alexandre de Lur-Saluces 가문에서 1999년부터 루이뷔통 그룹LVMH으로 인수되어 새롭게 명품 와인으로 거듭나고 있다.

포도수확에 있어서 경험이 있는 노동자들로 하여금 조심스럽게 과잉성숙된 포도알을 선별하여 수확한다. 압착과 발효는 계속하여 내려오는 전통적 방법으로 실행하고 오크통에서 3년간 숙성기간을 거친다. 생산 초기에는 벌꿀향을 갖고 풀 바디하고 리치한 와인 특징이 있다. 그리고 시간이 흐르면서 색깔은 점점 황금빛으로 변해가고 강력한 벌꿀 향의 부케가 나타나며 우아함과 매혹적인 달콤함으로 훌륭한 디저트 와인이 된다. 이 와인은 생산한 후 10년이 지나서 마셔야 제 맛을 느끼기 시작하며, 그 후 10년간 신선한 특별한 매력을 지니게 되고 수 십년 동안 최고의 품질이 지속된다.

샤또 라뚜르 블랑쉬 La Tour-Blanche 18세기에 루이 16세 시절 재무장관이었던 쟝 드 라뚜르 블랑쉬Jean de Latour-Blanche가 소유하면서 시작되고 샤또명이 정해진다. 1907년, 당시 소유주였던 다니엘 오지리스 이플라Daniel Osiris Iffla는 서거 후 국가에 포도원을 기증했는데 이곳에 포도재배와 와인 양조학을 가르치는 무상 양조학교를 설립한다는 조건이었다. 가론 강 지류인 씨롱강을 내려다보고 있는데 이 위치가 유명한 귀부현상Pourriture noble을 형성하는데 필요한 미기후를 만들어 준다. 친환경적 농법, 원산지 표시, 폐수처리와 와인양조장의 엄격한 관리로, 1등급 크뤼 끌라쎄 생산에 불가결한 전통과 모던함의 조화를 반영해 주고 있다. 와인의 스타일은 농축과 신선함의 완벽한 균형이 특징이며 섬세함과 우아함을 빼놓을 수 없다. 이러한 모든 이유들로 1855년 공식 분류에서 샤또 디켐 다음으로 부여한 1등급 첫 자리에 오르게 된다.

샤또 라포리 뻬이라게 Lafaurie-Peyraguey 스페인식 비잔틴 건축양식의 건물이 유명하며, 정문과 양조, 와인 카브 시설 건물이 붙어있는 축대는 13세기의 작품이다. 봄므 마을 영주들이 소유주였던 뻬이라게 포도원이 명성을 얻게 된 연유는 프랑스 대혁명 기간에 소유한 라포리Lafaurie 가문의 역할이 크다. 1879년 분리가 된 이 샤또는 라포리 뻬이라게 이름을 사용하게 되었으며 1917년에 도멘 꼬르디에Domaine Cordier 소유지가 된다. 주 품종인 쎄미용의 꾸준한 품질 향상으로 복합성을 가질 수 있도록 해 주고 쏘비뇽과 뮈스까델은 와인에 신선함, 섬세함과 엘레강스를 부여해 준다.

샤또 끌로 오뻬이라게 Clos Haut-Peyraguey 봄므 마을 구릉지 가장 높은 지점에 자리 잡고 있으며, 샤또 디켐 맞은편에 위치해 있다. 1879년에 뻬라게이의 옛 포도원은 상속문제로 라포리 뻬라게이와 끌로 오뻬이라게로 분리된다. 나뉘게 되었지만 두 크뤼는 1855년도에 1등급으로 모두 등급을 부여받게 된다. 2012년에 샤또 빠프 클레망 성주인 베르나르 마그레즈Bernard Magrez가 인수하게 된다. 그는 그랑 크뤼의 우수성을 영속하기 위해 전통을 바탕으로 혁신적인 양조 기술을 도입하였다. 와인 양조에 있어 교향곡을 연주하듯 독특한 떼루아에서 수확한 포도와 양조 노하우와 결합하여 권위있는 정상의 쏘떼른 와인으로 올려 놓았다.

샤또 레인 비뇨 Rayne Vigneau 포도밭은 봄므 마을 근접한 곳에 쏘떼른을 굽어보는 뛰어나고 유일한 언덕 위에 있으며, 이곳은 디켐으로부터 3번째 언덕에 위치하고 있다. 이 높은 곳에 17세기초 가브리엘 드 비뇨가 샤또를 시작한 이후로 십여 세대가 변화되었다. 그 중 유명한 뽕딱 가문은 1834년에 이 샤또를 소유하게 된다. 드 레인 부인까트린 드 뽕딱의 증조카 알베르 드 뽕딱이 소유지의 이름을 '레인 비뇨'라고 명명한다. 이 가문의 관리하에 있을 때 샤또는 1855년 분류에서 쏘떼른 1급 그랑 크뤼 끌라쎄에 선정되었다. 어려운 시기가 지난 후 네고씨앙인 메스트레자Mestrezat가 인수 후 이 크뤼는 예전의 품질을 되찾았다. 샤또 레인 비뇨는 희귀하고 탁월한 와인이다. 전설에 의하면 보석으로 가득한 풍요로운 떼루아가 이렇게 믿기 어려운 금색 빛을 내준다고 한다.

샤또 쉬뒤로 Suduiraut 1580년 니꼴 다라르Nicole d'Allard와 레오나르 드 쉬드로Léonard de Suduiraut가 결혼하면서 샤또명이 쉬드로로 정해진다. 루이 14세의 유명한 정원사인 르 노트르Le Nôtre가 설계한 아름다운 샤또는 1670년경에 지어진 후, 한 번도 재수리를 하지 않은 건물로서 보르도 지방에서 가장 아름다운 건물 중의 하나이다. 오랜 세월이 지난 후 1992년 프랑스 AXA 보험그룹이 인수하면서 영광스러운 과거와 훌륭한 와인을 활성화하려고 투자를 아끼지 않았다. 와인 문화의 위대한 노하우와 유산을 영속시킨다는 철학으로 과거 불규칙한 와인에서 최근에는 섬세하고 부케가 훌륭한 와인을 생산하고 있다.

샤또 리외쎅 Rieussec 랑공의 카르멜 수도사들의 소유지로 크뤼의 이름은 아마도 디껨과 경계를 이루며 종종 마르는 '개울Ruisseau과 말라 붙은Sec'을 결합해 사용했을 것이라 여겨진다. 해발 76m의 구릉지 언덕에 위치한 작은 포도원이지만 세계 최고의 와인을 생산하는 것은 오랫동안 장인정신이 이어져 왔기 때문이다. 1985년에 도멘 바롱 드 로칠드 소유가 되면서 와인 스타일이 더 파워풀해졌다. 금빛의 색깔과 농축된 말린 살구, 서양배, 달콤한 파인애플 등의 향과 맛이 일품인 소떼른의 훌륭한 최고 수준의 스위트 화이트와인이다.

샤또 기로 Guiraud 샤또 기로라는 이름은 1766년 보르도 네고시앙이던 삐에르 기로가 도멘을 구입하면서 붙였다. 100ha 이상 되는 포도밭을 지니고 있으며, 자연을 존중하는 포도재배로 유명하다. 곤충집 설치, 5km에 심은 나무 울타리, 유전학적 다양성의 확장, 포도 품종 연구소 설치 등 친환경적이다. 결과적으로 샤또 기로는 오늘날 1855년 제정된 1급 크뤼 끌라쎄 중 유기농 라벨을 획득한 유일한 와인이다. 와인은 개성이 강하며 섬세하고 깊고 맛이 뚜렷하며 나아가 과일향과 신선함을 가진 미네랄 풍미도 뛰어나다.

샤또 라보 프로미 Rabaud-Promis 라보 프로미와 이웃한 씨갈라 라보, 두 곳은 1903년 아드리앵 프로미Adrien Promis에게 매각되기 전까지 하나의 포도원이었다. 이후 1930년에 재통합이 이뤄졌으나 1952년에 다시 한번 분리가 되었다. 주거 건물은 보르도 대극장 건축가였던 빅또르 루이Victor Louis가 지었으며 쏘떼른 지역의 전경을 볼 수 있는 탑이 있어 유명하다. 1972년 필립 데장Philippe Déjean이 소유주 후손과의 결혼을 통해 포도원의 매니저가 되었고, 1981년부터 그의 가족이 운영하고 있다. 과육이 풍부한 살구와 흰꽃 아로마가 뛰어나, 쏘떼른의 달콤하면서도 관능적인 매력을 느낄 수 있다.

샤또 씨갈라 라보 Sigalas-Rabaud 1660년경에 시작되었다. 1903년에 소유주인 앙리 두루일에 드 씨갈라Henri Drouilhet de Sigalas의 이름으로 샤또명이 정해진다. 그는 40년 전 자신의 아버지가 구입했던 햇볕이 들고 자갈이 많은 포도밭들을 모아 '떼루아의 보석'으로 만들었다. 6세대가 지난 후 랑베르 데 그랑쥬 후작인 씨갈라 가문의 마지막 후손의 손자들이 포도재배와 와인 생산에 똑같은 정열을 가지고 있다. 이들은 쎄미용 85%와 쏘비뇽 블랑15%를 블렌딩하여 섬세하며 신선하고 우아한 쏘떼른 와인을 생산하고 있다. "선구자적 애호가들의 와인"이라고 평가되고 있으며 보리수 꽃향과 흰 과일향을 가지며 장기보존이 가능하다.

와인 특성

쏘떼른 AOC를 가능케 하는 포도품종은 쎄미용, 쏘비뇽 블랑 그리고 소량의 뮈스까델이다. 쎄미용이 포도나무의 70~80%를 차지한다. 일반적으로 성숙이 늦어 향이 적고 생동감이 덜한 와인을 만들지만 귀부현상이 나타나면 고급 품질의 와인을 낳는다. 보트리스균만이 지나갈 수 있는 송이의 껍질은 두껍고 변화가 이루어져 귀부현상된 쎄미용의 경우, 주조 시 향신료 맛, 설탕에 절인 과일, 오얏 잼, 꿀, 원목 껍질 향이 나타난다.

이 지역 와인은 생산량이 제한적인데 허용된 수확은 1ha당 25hl이나 실제로는 엄격한 선별작업으로 1ha에서 약 10hl 정도이다. 그래서 종종 "일반적으로 포도나무 한그루에서 와인 한 병 분량을 수확하지만, 쏘떼른 스위트 와인의 경우 한 잔 정도 생산한다."는 표현을 하기도 한다.

Château d'Yquem

스위트 화이트와인 쏘떼른 와인은 짙은 황금색의 아름다운 색을 띠고 있으며, 오래될수록 따뜻한 호박색으로 변한다. 향은 매우 복합적이고 균형이 잘 잡혀있다. 아몬드와 헤이즐넛, 모과, 망고, 파인애플, 절인 복숭아, 말린 살구, 감귤류 등이 조화롭게 어우러져 있다. 여기에 보리수, 아카시아 등의 꽃 향기도 스며들어 있다. 맛은 매우 감미롭고 달콤하며, 실크처럼 부드럽고 둥글면서 잔잔한 힘이 있다. 특히 구운 아몬드, 토스트빵의 예외적인 향은 스위트 화이트와인의 이상형으로 표현된다.

이 와인은 숙성되어야 제 기량을 발휘하는데 최소 3년이 되어야 햇 와인으로 과일향과 생기, 힘과 놀라울 정도로 부드럽고, 우아함을 느낄 수 있다. 해가 거듭될수록 진한 맛이 생기며 전통과 기품이 있는 매우 특별한 바디와 매혹적인 탈콤한 와인으로 탄생된다. 특히 쏘떼른 와인은 강직한 힘이 유지되며, 잔류 당분과 산도의 균형이 좋아 항상 신선한 느낌이 살아있다. 여운이 굉장히 길어 사람을 놀라게 하며, 아로마가 풍부해서 실로 감각의 향연이라 불릴만 하다.

AOC 명칭 : 쏘떼른Sauternes
와인 종류 : 스위트 화이트와인
포도 품종 : 쎄미용 73%, 쏘비뇽 21%, 뮈스까델 6%
재배 면적 : 약 1,767 ha

바르싹BARSAC

바르싹은 보르도 남동쪽으로 38 Km 떨어진 곳에 위치하며 씨롱 하구 가론 좌안에 있다. 강과 시냇물, 랑드에서 오는 한류의 교차는 예외적인 미세기후를 조성하여 보트리티스 씨네레아 균의 생성을 도와 "귀부현상"으로 수확기 포도를 황금색으로 변하게 한다. 바르싹의 풍경은 약 18 m의 낮은 고원과 언덕이 있으며 가론강 북쪽으로 쏠려져 있다. 낮은 담이 포도밭을 두르고 있어 쉽게 바르싹 지역이 눈에 띄게 된다.

바르싹의 기원은 확실하지 않다. 다듬어진 규석의 발견으로 선사시대일 수도, 보르도와 아정Agen에 연결되는 길을 보아서는 갈로 로마시대로 또는 파괴된 11세기 성당을 보면 중세가 기원일 수도 있다. 15세기부터 19세기까지 지어진 귀족 저택과 샤또들, 국가문화유산으로 분류된 18세기의 멋진 성당은 건축양식, 가구들을 보아 보기드문 풍부함과 우아함을 지니고 있다.

바르싹이 중요한 것은 13세기부터 혜택을 받아온 왕정 재판 관할구역의 특별한 타이틀 덕분이다. 영국의 왕 헨리 3세는 1254년 귀족과 바르싹 재판 관할구역으로 자유로운 사람들을 다스렸다. 1643년까지 이 구역은 9개의 수도원이 있는 넓은 지역을 포함하였다. 이처럼수 세기동안 바르싹의 권위는 행정, 사법 차원에서 뿐만 아니라 항구의 활발한 활동덕분에 상업적으로도 힘을 얻었다. 1, 2차 세계대전 기간의 중반때까지 위치상 바르싹 항구는 가론 좌안 중에서 가장 중요한 항구중의 하나였다. 운송선이 많은 양의 화물을 보르도까지 실어나르기도 하였다.

떼루아-산지

바르싹의 경우 독창적인 토양이 특징이다. 골짜기가 적은 이 마을의 풍경은 포도 재배지를 둘러싼 수많은 작은 담장의 존재를 통해서도 나타난다. 이 지역은 스탐프계 석회층을 끌어낸 침식작용에 의하여 형성된 지형학적 함몰에 관련이 있다. 그 지형의 중앙에 양질의 백포도 재배를 위한 석회질의 모래가 섞인 토양이 있으며, 명성 있는 크뤼 끌라쎄들이 이런 토양을 중심으로 위치해 있다.

크게 세개의 떼루아로 구분할 수 있다. 먼저 가론에서 시작되는 근대 충적토와 두번째로 국도를 축으로 철도를 따라 옛 충적토 돌로 이루어진 타원형의 떼루아를 이루고 있다. 세째로는 오바르싹Haut-Barsac이라고 불리우는 찰흙 석회질의 고원으로 지하토는 스탐프계 석회층이나 단백석의 석회질이다.

특히 쏘떼른을 이루는 다섯 마을 중 바르싹은 역사적인 과거와 지리 토양적인 여건상 특별한 지역이다. 이같은 바르싹 마을의 떼루아는 쏘떼른의 떼루아와 꽤 다른 편이어서 훌륭한 변종을 낳는다. 바르싹 스위트 화이트와인은 쏘떼른 AOC로 사용할 수 있다.

크뤼-포도원

약 611ha의 바르싹 마을 포도밭은 다이아몬드 모양을 이룬다. 남북으로 가장 긴 대각선 길이가 8Km이며 동서쪽으로는 4.5km이다. 분할이 많이 되어 있지만 바르싹 마을에서 1855년 분류된 크뤼가 10개 있다. 두 개의 프리미에 크뤼와 8개의 2등급이 있으며 이들의 생산량은 바르싹 지역 AOC의 30%를 차지한다.

샤또 꾸떼 Coutet 탁월한 품질로 인정받은 샤또 꾸떼는 1855년 1급 그랑 크뤼로 선정되었다. 쏘떼른 지방에서 가장 오래된 샤또 중 하나로 건축 유산과 예외적인 떼르아를 가지고 있다. 샤또 건축은 영국 점령하의 아키텐의 옛 이름에 있던 군사 건물과 비슷한 모양의 탑이 증명해 주듯이 13세기 말, 14세기 초로 추정된다. 뤼르 살뤼스 가문이 1세기 이상 소유하다가 바롱 필립 드 로칠드사가 양조 및 영업을 담당하고 있다. 숙성 초기에는 흰 꽃, 감귤류, 꿀, 바닐라의 향을 상기시켜 준다. 숙성시간이 지나면서 이국적인 향료와 절인 과일향이 섞인 부케를 발산한다.

샤또 클리망스 Climens 아주 오래전부터 비교하기 어려운 우아한 와인 덕으로 '바르삭의 귀족'이라고 불린다. 이렇게 강한 특징은 무엇보다도, 16세기에 구성된 이후 바뀌지 않은 세계에서 유일한 석회암 떼루아 덕이다.

이곳 포도밭에서는 쎄미용 품종만 재배하고 있다. 여기서 복합적인 향미의 표현과 탁월한 신선함을 얻고 있다. 보르도 와인의 상징적 존재인 뤼시엥 뤼르똥이 클리망스의 매력에 반해 1971년에 매입했다. 현재 베레니스 뤼르똥이 1992년부터 그 뒤를 이어 매년 마술같은 바르싹 그랑 크뤼를 만들어 내기 위해 많은 노력을 하고 있다.

와인 특성

바르싹 스위트 와인들은 황금빛을 띠고 있으며 다른 와인과 구별된다. 햇 와인인 경우 창백한 금빛, 오래된 와인은 짙은 황금색에서 짙은 호박색에까지 이른다. 넓고 깊은 향을 내며 미세하고 우아한 부케가 있다. 입안에 오래 머무르며 과일향과 다양한 향을 내뿜는다. 아카시아 꿀, 바닐라, 백도, 아몬드, 토스트빵, 향신료, 열대과일 등의 향기가 느껴진다. 특히 귀부균을 이용하여 만든 와인은 시간이 지날수록 마른 살구와 설탕에 절인 오렌지 등 더 복합적이고 조화로운 향을 발산한다. 바르싹 스위트와인은 오랫동안 숙성되었을 때 복합적인 달콤함이 느껴지며 균형감있고 기품있는 느낌을 전달한다.

AOC 지역 : 바르싹Barsac
와인 종류 : 화이트와인
포도 품종 : 쎄미용 73%, 쏘비뇽 블랑 21%, 뮈스까델 6%
재배 면적 : 약 611 ha

쎄롱CERONS

보르도시에서 남쪽으로 35km정도 떨어진 가론강가에 위치한 작은 마을인 쎄롱은 훌륭한 와인을 생산하면서 원산지지역명칭을 갖게 되었다.

12세기 군사적 · 상업적 지역으로 알려지기 시작한 이 지역은 아마도 썰물시 냇물을 걸어서 건널 수 있기 때문에 군사적으로 이용하기도 했지만 포도밭도 유명하기 때문이었다. 쎄롱지역은 16세기말에서 18세기까지 바르싹 왕정 재판 관할구역에 속하였다. 역사적으로 이 지역와인에 대한 평으로 19세기에 유명 중개상인 빠기에르Paguierre의 표현을 들 수 있다. 그는 “쎄롱 와인은 아름다운 바디가 있으며 맛이 풍부하여 매우 기분 좋게 마실 수 있다. 와인의 질감은 견고하면서도 부드럽다.”라고 묘사하고 있다.

1935년에 원산지통제명칭이 생겼을 때 이 지역은 광활한 고원으로 쎄롱, 뽀당삭Podensac과 일라Illats 마을을 포함하였으며 그라브 지역에 포함되어 공정하고 지속적인 관습에 따라 화이트와인은 그라브 또는 그라브 쉬뻬리어 AOC를 사용하고, 스위트 화이트와인의 경우 쎄롱AOC도 사용할 수 있다.

지질학적으로 이 지역은 토양이나 지하토 모두가 그라브나 쏘떼른과 흡사하다. 주로 넓은 고원이 있으며 초원과 경작지를 가로지르는 시냇물이 평화롭게 흐르고 계곡으로 구분된 구릉지가 있는 이 지역은 매우 산뜻하다.

떼루아-산지

굵은 돌, 자갈, 모래로 이루어진 규석질의 자갈 토양으로 구성되어 있으며 일부 지역에서는 찰흙, 자갈이거나 모래토양이기도 하다. 일부 지하토의 경우 자갈토이거나 산화철이 함유된 모래이다. 하지만 석회가 주를 이루며 과거 채석장이 남겨 놓은 흔적이 이를 반증하고 있다. 일부에서는 찰흙질이기도 하다. 규석, 자갈류의 이 떼루아는 찰흙, 석회돌이 주를 이루는 지하토와 함께 훌륭한 포도 떼루아를 형성하고 있다.

크뤼-포도원

여기저기 떨어진 포도원은 일부에 아카시아나무가 심어져 있다. 일부 포도원들은 훌륭한 떼루아라는 것을 알아차리고는 꽤 넓은 경지를 재정비하였다. 이 중 대부분이 스위트 와인에 대한 소비자의 관심이 줄어들어 드라이 화이트와인을 생산하였는데 그라브 명칭을 사용할 수 있었다. 쎄롱지역에서 생산되는 화이트와인의 80%가 드라이 와인이며 가끔 부드러우며 그라브 또는 그라브 쉬뻬리어 명칭으로 신고되고 판매되고 있다.

와인 특성

스위트 화이트와인 쎄롱 AOC 와인은 항상 넉넉한 바디감을 자랑하며 매우 강한 부케가 느껴진다. 복합적이고, 섬세하며 넉넉하고 과일향이 나는 이 와인들은 소비자들로부터 아직 충분한 대접을 못 받고 있는 것 같다. 보르도 와인 상인들은 쎄롱 와인이 그라브 최고의 와인과 바르싹과 쏘떼른 스위트 화이트와인의 중간쯤되는 수준이라고 여기고 있다. 이 와인들은 달콤하며 매혹적으로 바르싹 와인의 특성을 닮았다. 특히 포도가 이웃 지역 쏘떼른과 바르싹에서와 같이 귀부현상이 있는 경우 연속적인 선별작업에 의해 수확하여 생산된 와인일 때는 더욱 그렇다.

화이트와인 이 지역에서 화이트와인을 생산하는데 바디와 부케가 그라브 AOC 명성에 충분히 기여하고있다. 드라이하지만 섬세하고 생동감이 있고 과일향미가 부드럽게 느껴지는 와인이다.

AOC 지역 : 쎄롱Cérons
와인 종류 : 화이트와인
포도 품종 : 쎄미용 73%, 쏘비뇽 블랑 21%, 뮈스까델 6%
재배 면적 : 약 115 ha

4. 리부르네LIBOURNAIS

쌩떼밀리용SAINT-EMILION

리부른Libourne 도심 동쪽으로 몇 킬로 안 떨어져 위치한 쌩떼밀리용은 유네스코가 지정한 문화유산지역이다. 오랜 전부터 이곳 와인에 쌩떼밀리용 마을 이름이 사용되었으며 훌륭한 와인 못지 않게 오래된 석조건물과 유적지로도 유명하다. 이 특별한 와인산지는 포도원이 원형극장식으로 이루어져 있어 '1,000개의 성으로 이루어진 언덕'이라는 별명을 지니고 있다.

쌩떼밀리용 AOC 명칭을 사용하는 지역은 북쪽으로 바르반Barbanne이라는 시냇물이 경계를 이루고 있으며 동쪽으로는 까스띠용Castillon 언덕이, 동남쪽과 남쪽은 까스띠옹에서 리부른까지 펼쳐있는 도르돈뉴 평야가, 서쪽으로는 좀 더 높은 곳에 위치하여 리부른과 만나게 되는 평야가 구분선을 긋고 잇다. 북서쪽으로 리부른과 쌩떼밀리용 언덕사이에 뽀므롤의 약간 굴곡이 있는 구릉지가 있다.

쌩떼밀리용 주위로 8개의 마을이 동일한 원산지 명칭을 사용하고 있다. 마을들은 일명 "아홉 자매"라로 불리워지며 1289년 영국의 에두아르 1세에 의해 만들어진 행정구역과 대체적으로 일치한다. 또한 이 마을들 주위에 쌩떼밀리용에 버금가는 훌륭한 와인을 생산하는, 사촌격인 위성 쌩떼밀리용 마을이 위치하고 있다. 이러한 위성 5개 마을은 1921년에 쌩떼밀리용 이름을 함께 사용하여 뤼싹 쌩떼밀리용, 몽따뉴 쌩떼밀리용, 쀠쓰갱 쌩떼밀리용, 그리고 쌩조르쥬 쌩떼밀리용 같은 AOC원산지 명칭들을 사용할 수 있는 허가를 받았다.

역사

쌩떼밀리용 지역의 포도나무는 갈로아 로마시대에 이미 존재했고, 4세기 때는 지방행정관이며 시인이었던 오존Ausone이 와인산지의 증인으로 남아있다. 지명의 유명세는 8세기 반느Vannes 출신의 은둔자 에밀리옹Emilion이 자리잡으면서, 그 이름을 따 도시명을 지으면서 시작되었다. 이 지역이 쌩쟈끄 드 꽁뽀스텔Saint-Jacques-de-Compostelle로 가는 성지순례 길

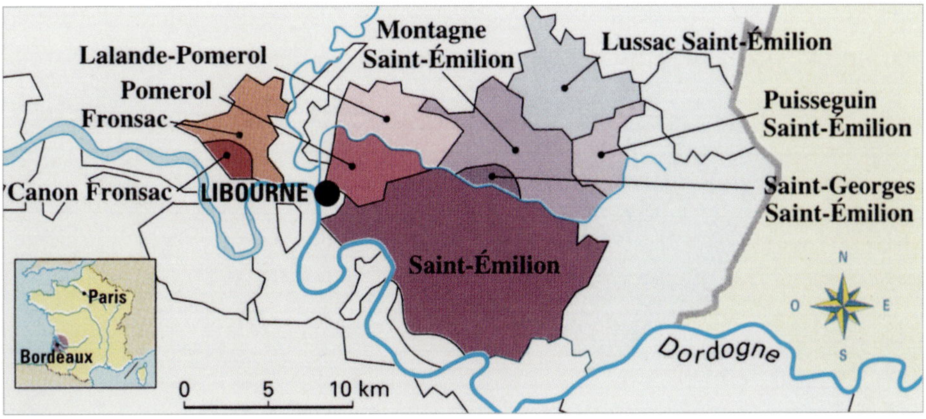

CIVB

에 위치하여 순례와 기도의 성지로, 수많은 수도회들이 자리잡게 되었고 이렇게 중세 도시가 탄생하였다. 마을 주변에는 지하동굴이 많이 있고 이 동굴은 야만인들 침략 시 피난처와 수확 창고로, 프랑스대혁명 시기에는 쫓기던 지롱드 사람들을 숨겨주는 곳으로 사용되었으며, 오늘날에는 버섯재배지 또는 와인 숙성용 자연 까브로 사용되고 있다.

프랑스 궁중에도 잘 알려진 쌩떼밀리용 와인은 옛 보르도 지역인 기옌을 점령했던 영국사람들에게도 많은 사랑을 받았다. 1190년 쟝 쌍 떼르Jean sans Terre는 마을을 다스릴 쥐라드Jurade 자치위원을 창설한다. 이는 1790년까지 존속되었으며 현재의 쥐라드는 원산지명칭 준수를 감시하고, 홍보하는 쌩떼밀리용 기사단으로 강화되어 지속되고 있다.

1767년경에 리부른 사원들에서 와인을 만들었는데 그 중에서도 특히 증류에 사용되던 화이트와인 품종이 주를 이뤘다. 그러나 18세기말 포도재배 변혁을 통해 일부 포도품종의 필요성에 대해 인식하고 이 지역에 맞는 최상의 품종을 선택하게 되었다. 그 중의 하나가 적포도 품종, 말벡 포도품종을 이용하는 것이었고, 19세기부터는 특히 메를로가 중심이 되어 현재까지 지속되고 있다.

떼루아–산지

쌩떼밀리용 날씨는 가까이에 있는 도르돈뉴강 덕분에 온화한 해양성 기후를 나타내고 있다. 여름 날씨가 너무 덥지도 않고 봄 서리를 피할 수 있으며 수확 때는 일조량이 풍부하다. 이러한 기후는 포도, 특히 메를로 품종이 완숙하는데 많은 도움을 주고 있다.

쌩떼밀리용 포도산지의 각 떼루아는 연관성을 찾기가 쉽지 않으며 또한 공통점과 차이점을 알기 위해서는 크뤼에 대한 심오한 지식을 가지고 있어야 한다. 예로서 최고의 명성을 가진 일부의 샤또 중에는 쌩떼밀리용보다는 뽀므롤 특징을 가진 와인을 생산하기도 한다. 그래서 이 지역 떼루아를 묘사하기가 쉽지 않는데 이는 매우 다양하고 복합적이기 때문이다.

AOC 와인이 생산되는 떼루아는 크게 4가지로 구분된다. 쌩떼밀리용 마을 중앙에 위치한 신생대에 생성된 석회질 고원 지층과 그 주변을 둘러싼 "프롱싹의 석회질 사암"이라 불리우는 점토성-진흙 성분의 석회질 토양, 그리고 북서쪽에 모래층으로 덮힌 점토성 토양, 마지막으로 남쪽 도르돈뉴강 계곡에 위치한 자갈과 모래로 구성된 가벼운 충적토 토양으로 이루어져 있다.

특히 쌩떼밀리용 지역의 지도를 살펴 보면 기복이 심한 것을 알 수 있다. 마을 중앙에 위치한 큰 바위 성당 종탑의 고도는 거의 90 m이지만 비뇨네 마을은 채 10 m도 안 된다. 서쪽과 북서쪽으로 경사가 완만하며 샤또 피작과 슈발 블랑은 고도 35~40m에 위치하고 있다. 반면에 남쪽으로는 대부분이 도르돈뉴강에 위치한 언덕의 경사는 매우 급격하다.

포도밭은 침식으로 인해 토양과 지하토양이 매우 다양하다. 적어도 5가지 표층 토양과 6가지 종류의 하층 토양으로 구성되어 있으며 서로가 약간씩 혼합되어 17개 지형의 산지가 존재하고 있다. 이 다양성의 기복이 10~90 m에 이르는 경사면에 계단식 포도밭을 만드는 이유이다. 이처럼 각종 토양 형태를 가진 포도산지의 다양함이 바로 쌩떼밀리용 와인의 다양성을 잘 설명해 준다. 유일한 공통점은 전형적이고 대체적으로 동일한 미기후일 것이다. 그래서 한 포도원 소유자가 다양한 성격의 산지를 가질 수 있게 되는 것이다.

쌩떼밀리용 그랑 크뤼 등급 분류

1955년 처음 도입된 등급 분류는 쌩떼밀리용 와인 품질을 최상으로 올리기 위해 실시되고 있다. 소비자들에게는 와인 품질을 보증하고 명성을 확인하는 중요한 도구로 활용되기도 한다. 약 10년에 한번씩 등급이 조정되기 때문에 크뤼 끌라쎄 급 와인생산자들은 끊임없이 품질향상에 노력을 기울이고 있다.

2012년 9월 6일, 프랑스 국립원산지명칭연구소에서 보르도 쌩떼밀리용 그랑 크뤼 새로운 등급을 발표하였다. 4개의 샤또를 '프르미에 그랑 크뤼 끌라쎄 A Premier Grand Cru Classé A', 14개 샤또를 '프르미에 그랑 크뤼 끌라쎄 B Premier Grand Cru Classé B'로 승급 또는 유지시켰다. 또한 아래 등급인 그랑 크뤼 끌라쎄 Grand Cru Classé도 많은 변화가 있었다.

특히 프르미에 그랑 크뤼 끌라쎄 A에 샤또 앙젤뤼스와 빠비가 승급되었다. 또한 프르미에 그랑 크뤼 끌라쎄 B에는 까농 라 가프리에르, 라 몽도뜨, 라르씨 뒤까스, 그리고 바랑드로가 새롭게 승급되어 큰 변화가 이루어졌다.

크뤼–포도원

쌩떼밀리용 AOC는 생산 면적이 5,500 ha에 이른다. 1954년 첫 등급 분류를 시작으로 정기적으로 등급을 재검토 · 조정하며 와인 품질을 보장하고 있다. 크뤼 클라쎄 등급은 A와 B로 분류되며 프르미에 그랑크뤼 끌라쎄 18개와 그랑크뤼 끌라쎄 64개가 있다.

샤또 오존 Ausone 1770년에 오크통 제조업자인 쟝 껑뜨나Jean Cantenat가 드넓은 소유지를 가진 쨘느 깡또네Jeanne Cantonet와 결혼하며 시작된다. 이름을 찾고 있던 쟝 껑뜨나는 라틴 시인인 오존의 이름을 따기로 결정한다. 뒤부아 샬롱Dubois-Challon 부인이 소유하고 있고 1976년 파스칼 델벡이 관리하기 시작하면서 명성을 되찾기 시작하였다. 1995년부터는 증조카인 알랭 보티에Alain Vauthier가 소유권을 가지고 미쉘 롤랑의 컨설팅을 받으면서 와인의 전통을 이어가고 있다. 이 지역에서 보기 드믈게 한 포도원이 같은 가문 소유로 계속 오래 남아 있는 특별한 샤또이기도 하다.

아름다운 풍경의 장소에 오존 포도밭이 있는데 이는 두 개로 구분되어 있는데 석회질의 고원과 깊은 땅의 언덕으로 나뉘어져 있다. 이런 이분성은 포도품종에서도 볼 수 있는데 동일한 비율로 메를로와 까베르네 프랑이 심어져 있다. 이 샤또는 오래전부터 품질을 강조하고 승부를 해오고 있다. 햇 와인일 때는 진한 검붉은 색상과 과일향이 압도적이며, 숙성이 될수록 놀랄 정도로 섬세하고 복합성을 띠게 되는데 이에 다양한 부케향까지 가세한다. 실크같고 부드러워 마지막 맛이 아주 오래 가며 입안에 오래 남아 있는다. 생떼밀리옹 최고의 와인이며 최장기 숙성이 가능한 명품으로 인정받고 있다.

샤또 슈발 블랑 Cheval-Blanc 1834년 작은 소작농가인 '바라이 데 까이유'에서 시작된다. 당시 피작Figeac의 일부분이었던 이 포도원을 1854년에 앙리에뜨 뒤까스Henriette Ducasse가 쟈끄 로싹 푸르꼬Jacques Fourcaud-Laussac와 결혼하면서 혼수품으로 가져간다. 1871년에 뒤까쓰Ducasse가 슈발 블랑이라는 전설적인 포도원을 만들었고, 점차적으로 피작의 넓은 옛포도원의 일부를 뽀므롤 근처의 한곳으로 모으고 매우 우아한 샤또를 비슷한 시기에 세웠다. 그 후에 뒤까쓰의 사위인 쟈끄 푸르꼬 로싹은 소유지를 확장하여 현재의 포도밭을 이룩한다. 1998년에 LVMH그룹의 베르나르 아르노Bernard Arnault와 벨기에인인 알베르 프레르Albert Frere가 매입하게 된다. 관리인인 삐에르 뤼르똥Pierre Lurton과 그의 양조팀은 그대로 있었기에 전통을 바탕으로 우아한 모던함을 가져가고 있다.

모래섞인 자갈과 산화철의 지하토양으로 이루어진 이 떼루아는 포도품종과 마찬가지로 원산지 명칭 전체에 비하면 매우 이례적인 생산 조건이다. 오랜기간 지속된 까베르네 프랑이 주를 이루는 와인 배합은 섬세하고 우아하며 과일향이 많고 신선한 와인을 생산하게 한다. 하지만 10여년을 기다려야 슈발 블랑 와인은 화려한 질감, 어디에서도 찾을 수 없는 고급스러움, 기품있는 마지막 맛을 오래도록 드러낸다.

샤또 앙젤뤼스 Angelus 유명한 쌩떼밀리용 성당에서 1km 밖에 되지 않은 남향의 삐에 드 꼬뜨라는 곳에 위치하고 있다. 8세대째 부아르 드 라포레스트Bouard de Laforest 가문이 열정적으로 관리하고 있다. 이 소유지는 오랜 역사를 지닌 포도밭의 이름을 딴 것으로 부근 지역 세 성당에서 울리는 삼종기도 앙젤뤼스Anglus를 동시에 들을 수 있다는 데에서 기원이 되었다. 20세기 초에 포도밭을 더욱 확대시켰고 1960년대 그 아들들인 자크와 크리스티앙이 인접한 여러 포도밭을 매입하여 현재의 규모가 되었다.

현재는 위베르 드 부아르Hubert de Bouard de Laforest와 사촌 장 베르나르 그러니에Jean-Benard Grenie가 공동 관리하고 있다. 1980년대부터 눈에 띄게 품질이 향상되었는데 이러한 노력으로 2012년 일등급 그랑 크뤼 A로 상승 분류되어 보답받게 되었다. 와인은 진한 암적색을 띠고 있고, 농익은 자두, 블랙베리, 잼 등의 진하고 달콤한 과일향과 스파이시한 느낌이 풍부하다. 신선한 기운과 섬세하고 복합적인 맛과 우아함이 특징이다. 맛은 실크처럼 부드럽고 유연한 미감을 주는 풀바디 와인이며 긴 여운이 정상임을 증명해 준다.

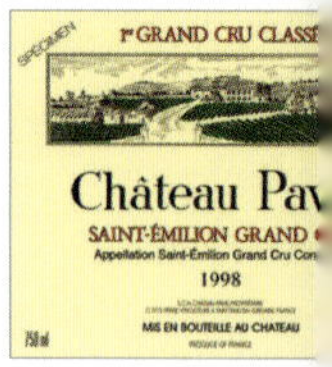

샤또 빠비 Pavie 4세기에 처음으로 예전에 '빠비' 언덕이라 불리우던 곳에서 포도밭이 시작되었다. 산재한 작은 밭들이 모여 빠비라는 이름으로 소유지가 정해졌다. 쌩떼밀리용 언덕 남쪽에 프르미에 그랑 크뤼 끌라쎄 중 가장 넓은 포도밭을 가진 곳의 하나이다. 특이하게도 포도밭 떼루아가 세 개의 '언덕 밑은 자갈이 섞인 토양', '중간은 점토 석회질'과 '언덕 위는 석회질' 층으로 분리되어 있다. 이러한 떼루아의 특성에 맞는 포도를 최소 수확하고, 온도가 조절되는 오크 양조통에서 발효하고 숙성하여 빠비의 유일한 복합성을 가져다 주는 와인을 완성한다. 1998년 제라르 뻬르스Gerard Perse가 이곳에 정착하면서 와인 품질과 이미지를 승화시켰다. 힘차고 우아한 와인의 숙성을 위해서, 보르도에서 가장 과감하며 모던한 와인 저장고를 지었는데 돌로 지은 아케이드와 거대한 벽화 '포도송이 심포니'가 볼 만하다. 2012년 쌩떼밀리용 등급 분류에서 프르미에 그랑 크뤼 끌라쎄 A로 제정되는 영광을 갖게 되었다. 와인은 진한 적홍색을 띠며 검붉은 자두, 커런트향이 풍부하다. 알코올이 풍부하고 정열적이며 풀바디의 와인으로 입안에서는 견고하면서도 우아한 구조가 일품이다.

샤또 보쎄주르 Beauséjour 1851년에 지어진 건물은 보르도 유명 포도원과 네고시앙들이 사용하는 와인 저장고로 활용되었다. 또한 건물내 양조장은 슈발 블랑, 페트뤼스, 네냉, 꽁쎄이앙트, 보쎄주르 등 쌩떼밀리용과 뽀므롤 유명 포도원 와인을 숙성시킨 곳이기도 하다.

1994년 한 기업에서 샤또를 독자적으로 인수하게 되고 그 이후, 2004년에 피에르 베르노Pierre Bernaul가 매입하면서 본격적인 가족 중심의 포도원으로 자리잡게 되었다.

유명 와인 양조 컨설턴트인 스테판 데레농꾸르Stéphane Derenoncourt와 함께 포도밭을 재정비하고 양조시설을 현대화하는 등 혁신을 일으켜 2005년 빈티지부터 최상의 쌩떼밀리옹 와인을 탄생시킨다.

그 결과는 2012년 등급분류에서 프르미에 그랑 크뤼 끌라쎄 A로 인정받게 된다. 야생 딸기와 레드 커런트향을 갖고 있으며, 숙성되면서 열은 향신료향과 바닐라 부케향이 느껴진다. 입안에서는 섬세하고 부드러운 탄닌 덕분에 감미롭고 부드러운 과일맛을 느낄 수 있다.

샤또 보쎄주르 베코 Beauséjour-Becot 쌩떼밀리옹 마을의 서쪽에 근접한 쌩마르땡 드 마제라 석회암 고원에 위치하고 있다. 1787년 자크 까를르 장정은 이곳에서 지내던 시절의 즐거운 추억을 후세에 남기기 위해 이 도멘의 이름을 '좋은 체류지'란 뜻의 보쎄주르 Beauséjour라고 지었다. 1969년 미셸 베꼬Michel Becot가 매입하고 새로운 포도밭도 더 사들여 지금의 포도밭을 이룬다. 특별하게도 이곳 포도밭 밑에 7ha에 달하는 오래된 석회암 채석장을 개조해 이상적인 보관 조건으로 수만 병의 와인을 저장하고 있다. 1985년 두 아들 제라르Gerard와 도미니크 베코Dominique Becot는 와인 양조시설에 최첨단의 기술을 도입하고 우수한 포도알을 골라내 양조하는 등 품질 향상에 노력을 다하고 있다. 2001년부터는 제라르의 딸 줄리에뜨Juliette가 참여하고 있다. 적홍색의 색상. 유혹적인 카시스와 자두의 붉은 과일향과 스모키한 오크 터치가 뛰어나다. 농축되고 탄닌이 풍부하며 우아함과 여운이 길어 명품이 느껴지는 와인이다.

샤또 벨에르 모낭즈Bél Air-Monange 1,300년부터 존재한 역사깊은 포도원이다. 1916년에 이웃해 있는 샤또 오존에서 벨에르Bélair를 매입하여 포도밭을 확장하고 양조시설을 축조하는 등 와인 품질 향상에 정성을 기울였다. 그러나 충분히 잠재력을 발휘하지 못하게 되었고, 2008년 샤또 페트뤼스Pétrus의 크리스티안 무엑스Christian Moueix가 인수하면서 새로운 그랑 크뤼가 탄생되었다. 무엑스는 조모인 안느 아델르 모낭즈Anne-Adèle Monange를 기억하기 위해 샤또 이름을 벨에르 모낭주로 바꾸게 된다. 그리고 2012년 인접한 유명 포도원이었던 샤또 마그드렌느Magdelaine도 합병하였다. 쌩떼밀리용에서 가장 훌륭한 떼루아와 페트뤼스의 양조 노하우를 더해 이전보다 더 뛰어난 파워풀하고 밀도감이 강한 와인을 생산하고 있다. 와인은 우아함을 넘어 명품으로 다가가고 있다.

샤또 까농 Canon 1760년 해적 자크 까농이 루이 15세를 위해 영국 선박을 공격하면서 얻은 재산을 가지고 포도밭을 구입했다. 오랜 기간이 흐르면서 떼루아의 잠재력과 소유주들의 양조 노하우로 와인 명성이 높아지기 시작했다. 1996년 샤넬 그룹이 매입하면서 고급화를 위해 양조장 현대화를 위해 대규모로 투자했다. 메를로와 까베르네 프랑의 특징을 마음껏 표현할 수 있게 해 주는 이상적인 떼루아의 혜택을 받아 와인은 부드러운 스타일로, 토양과 포도품종 사이를 이어주는 마술처럼 다가 온다.

와인은 신선함과 섬세함 그리고 부드러운 조직감과 탄닌으로 프르미에 그랑 크뤼 끌라쎄로 인정받고 있다. 18세기에 이미 명성이 자자했던 이 크뤼는 품질이 매우 규칙적인 것으로 유명하다.

샤또 까농 라 가플리에르 Canon la Gaffelière 쌩떼밀리용 중세마을 남쪽의 유명한 언덕 위에 있는 포도밭은 1971년부터 폰 나이퍼그Von Neipperg 백작의 소유가 된다. 포도밭은 더위를 잘 받아들이는 점토 석회 토양과 점토 모래 토양이 섞여 있다. 그래서 전형적인 포도품종 비율과 다르게 메를로와 까베르네가 거의 비슷한 수준으로 균형을 이루고 있다. 떼루아를 환경친화적으로 관리하면서 포도를 재배하고 양조하여 기품 있고 고품질을 유지하는 와인을 생산하고 있다. 짜임새가 강하며 순수하고 항상 우아한 와인을 만드는 과정에서 완벽을 추구하는 노력의 결과가 기품과 열정으로 나타난다. 8세대째 와인을 생산하고 있는 가문의 전통, 자연 환경에 대한 존중과 열정, 그리고 철학으로 그랑 크뤼 끌라쎄의 정상을 유지하고 있다.

샤또 피작 Figeac 갈로아 로마시대부터 시작된 아주 오래된 포도원이었다. 기원은 2세기로 올라가는데 피작퀴스Figeacus라는 가문이 대저택을 지으면서 이름을 이곳에 남겼다. 1892년에 마농꾸르Manoncourt 가문이 매입하고 1947년부터 자손인 띠에리 마농꾸르가 관리하고 있다. 보르도 최고 와인 중 하나로 만들기 위해 포도밭을 재건하기 시작했고 부인 마리 프랑스도 작업에 참여했다. 현재 그의 딸 로르Laure와 사위 에릭 다라몽Eric d'Aramon 백작이 가문의 전통을 이어가며 관리를 책임지고 있다. 피작은 자갈이 많은 세 개의 작은 언덕으로 구성된 뛰어난 자갈성 떼루아에 위치하고 있다. 지롱드 우안에서 메독 지역처럼 까베르네 쏘비뇽이 재배되고 있으며, 와인은 매우 강직하고 섬세하며 독창적이다. 우아하면서도 오랜 숙성이 가능하여 또 다른 명성을 갖게 되었다.

샤또 끌로 푸르떼 Clos-Fourtet 끌로 푸르떼의 시작은 18세기 피작 영주인 뤌로와 까를르 가문에서 시작된다. 이 샤또의 포도밭은 쌩떼밀리용 마을 석회토양의 정상에 위치해 있으며, 최적의 떼루아를 형성하고 있다. 대혁명전 부르주아 저택이 있고, 포도밭은 벽으로 둘러싸여 있다. 또한 바로 옆에 중세 지하 채석장 위에 세워져 있고, 쌩떼밀리용 도심에서 가장 가까워 가장 많은 방문객을 맞고 있다. 2001년부터 뀌블리에Cuvelier 가문의 소유가 된 이후, 가족들의 투자와 함께 품질 향상을 위한 노력이 진행되어 1등 그랑 크뤼 끌라쎄로써의 자리를 확고히 굳혔다. 자연 조건과 전통의 노하우가 합쳐 섬세하며 비교할 수 없는 신선함과 우아함을 지닌 품격 있는 그랑 크뤼 와인을 생산하고 있다.

샤또 라가플리에르 La Gaffeliere 포도밭은 갈로아 로마 시대에 존재했으며 1969년 레오 드 말레 로크포르Leo de MAlet Roquefort 백작이 발굴한 별장이 그 사실을 증명해 주고 있다. 4세기 오존Auson의 별장이 존재한 시대에 이곳에 포도밭을 가지고 있었다고 한다.

또한 컬러풀한 모자이크 장식이 된 방이 10개가 넘어 큰 궁전으로 불릴 정도로 유명하다. 말레 로크포르 가문이 4세기 전부터 계속 유지하고 있으며 쌩떼밀리용에 정착한 가장 오래된 명문가이다. 현재에도 포도밭을 더 가치 있게 만들고 명성과 전통을 지키기 위해 노력하고 있다. 아름다운 루비빛, 블랙 베리, 자두 같은 과일향과 달콤한 꽃향기 그리고 오크 터치가 좋다. 신선한 느낌을 주며 적절한 산도와 부드러운 탄닌으로 애호가들이 선호하는 그랑 크뤼 와인이다.

샤또 라르씨 뒤까스 Larcis-Ducasse 1893년부터 그라씨오 아트만Gratiot-Attmane 가문이 소유하고 있다. 2002년부터 니꼴라 띠엥뽕Nicolas Tienpont이 소유하고 있으며, 유명한 양조 컨설턴트인 스테판 드러농꾸르의 자문으로 와인 품질이 뛰어나게 향상되었다. 최적의 떼루아로 형성된 포도밭은 남향의 경사진 점토와 석회 토양에 의해 포도를 완전하게 성숙되게 한다. 또한 석회질 토양의 경사 아래에 있는 풍부한 철분이 와인 구조에 영향을 끼치게 된다. 메를로와 까베르네 프랑이 적당히 나누어져 있어 블렌딩을 통해 와인의 균형과 아로마향, 탄닌을 복합적으로 가능하게 하고 있다. 수확량을 한정시킨 자연 포도재배법, 약한 추출 양조법, 빈티지에 적합한 오크통 숙성을 함으로써 떼루아의 특성있는 와인을 탄생시키고 있다. 와인은 신선함과 미네랄의 복합성, 짜임새뿐만 아니라 우아함이 함께 느껴진다.

샤또 라 몽드뜨 La Mondotte 1971년 현재의 소유주인 스테판 폰 네페르Stehan Von Neipperg 백작의 부친에 의해 매입되었다. 1996년 등급분류 당시 당국과 등급 조정에 대한 협의를 하려고 했을 때, 별도의 와인 셀러를 축조해야 한다는 통보를 받았다. 그래서 와인 가치를 올리기 위해 특별한 투자와 노력을 겸심하게 되었고, 그 결과 탄생한 것이 바로 몽도트이다. 1996년 빈티지는 보르도 시장에서 폭발적인 인기를 끌었고, 로버트 파커에 의해 95~98점의 높은 평가를 받았다. 컨설턴트인 스테판느 드르농쿠르와 함께 일종의 실험센터를 방불케 할 정도로 많은 연구를 거듭하여 2012년 등급분류때 1등급 A로 승격하게 된다. 와인은 체리같은 과일향과 풍부한 아로마의 힘이 느껴지며 입안에서 파워풀한 관능미와 섬세함, 우아함이 매력의 핵심이라 할 수 있다.

샤또 빠비 마깽 Ravie-macquin 포도밭의 창시자는 알베르 마깽Albert Macquin이다. 파리와 몽뺄리에에서 수학한 그는 대목과 접목법의 전문가였다. 19세기말 필록세라로 황폐가 되었던 쌩떼밀리용 포도밭을 구하는 접목수의 사용은 마깽의 덕분이다. 현재 꼬르 마깽Corre Macquin 가문의 소유인 이 포도밭은 언덕의 석회층 정상에 위치하고 있다. 서쪽으로는 중세도시가 마주보고 있으며 골짜기가 내려다 보인다. 포도밭의 석회암 위에 있는 점토 석회질 토양은 자연 배수와 매우 정기적인 수분 공급을 가능하게 해 준다. 강한 점토는 파워풀하며 높은 품격을 지닌 와인 생산에 기여한다.

아름다운 소유지, 전통적인 포도 재배법과 양조에 모던함을 배합시킨 빠비 마깽은 우아함과 섬세함 그리고 부드러움을 복합적으로 표현하는 쌩떼밀리용의 대표적 와인이다.

샤또 트로롱 몽드 Troplong-Mondot 1745년 현 샤또를 건립한 세즈 신부의 소유였고, 당시 몽도 와인은 쌩떼밀리용 중 가장 평판이 높은 자리를 차지했다. 1850년에 상원의원이자 유명한 법학자인 레이몽 트로롱이 몽도를 구입하면서 현 상태의 포도원이 이루어졌다. 그는 몽도의 떼루아를 잘 활용해 고품질의 와인을 생산하여, 1868년 유명한 '페레' 분류에서 와인이 쌩떼밀리용 두 번째 자리를 차지하게 되었다. 그후 후계자인 조카 에두아르 트로롱Edouard Troplong 이름을 샤또명에 첨부했다. 20세기초 와인 네고시앙 알렉상드로 빠리앙뜨Alexandre Pariente 가 샤또를 구입한 후 현재 크리스틴과 남편 자비에 빠리앙뜨Xavier Pariente 가 경영을 맡고 있다. 붉은 루비빛을 띠고 있으며 검붉은 베리류 향과 오크에서 전해지는 바닐라 터치가 조화롭고 부드러운 탄닌과 감칠맛이 느껴지는 와인이다.

샤또 트로뜨비에유 Trottevieille 오래된 샤또로서 그 이름은 수백 년 전 이곳에 살던 노부인과 관련된 전설에서 유래한다. 집부근에 역마 정거장이 있었는데 말이 도착할 때 세상 소식을 듣기 위해 노부인이 종종 걸음을 했다는 데에서 '트로뜨비에이유'라는 이름이 연유되었다. 포도원은 정원과 포도밭으로 둘러싸인 대저택이며 계곡을 내려다 보는 남향에 있어 포도밭이 최고의 일조량의 혜택을 받는다. 지하층의 석회암 위에 얇은 점토층이 덮여 있으며 포도밭 밑의 옛 채석장에서는 영양분을 찾는 포도나무 뿌리를 볼 수 있다. 1949년부터 보리 마누Borie-Manoux 네고씨앙이 소유하고 있으며, 현재 까스테자Casteja 가문이 관리하고 있다. 와인은 까베르네 프랑의 높은 배합으로 우아함과 부드러움 그리고 긴 여운으로 유명하다.

샤또 바랑드로 Valandraud 1984년 크레디 아그리꼴의 은행원이었던 장 뤽 뛰느뱅Jean-Luc Thunevin 이 아내 뮤리엘 안드로Murielle Andraud 의 고향인 쌩떼밀리옹으로 이주하며 시작된다. '바랑드로'라는 이름은 생산 지역 '발롱 드 퐁가방Vallon de Fongaban'과 아내 성씨인 '안드로Andraud'를 합성하여 탄생되었다. 1991년 샤또의 규모나 전통보다는 떼루아와 사람의 노력을 최상으로 조화시켜 '차고'라는 뜻인 가라쥬Garage 프리미엄 와인을 탄생시키게 된다.

1994년에는 로버트 파커로부터 페트뤼스Pétrus 보다 높은 점수를 받으며 일약 스타덤에 오르게 되었다. 거의 30년이 지난 2012년 등급분류에서 한번에 1등급 A에 오르는 영광을 차지하게 된다. 진한 자주빛 색상과 부드러운 산미가 진한 과일향과 더불어 입안에서 즐거움을 준다. 시간이 지나면서 감초, 정향 등의 스파이시한 향과 농후한 과일향이 혼합되어 복합적으로 나타난다. 구조감이 뛰어나며 밸런스가 완벽할 뿐만 아니라 긴 여운을 선사하는, 애호가를 위한 와인의 정수이다.

포도품종

포도품종으로는 적포도 품종만 있다. 각 포도원에서 사용되는 포도품종의 함유량은 포도품종의 부분적으로 숙성되는 정도에 따라 달라진다. 이는 샤또와 빈티지의 특징을 짓도록 하며 쌩떼밀리옹 원산지의 다양성을 보장하고 있다. 쌩떼밀리옹의 주품종은 메를로이다. 여기에 까베르네 프랑이나 약간의 까베르네 소비뇽을 블렌딩하기도 한다.

- 메를로가 가장 선호되는 포도품종이며 전체의 70% 정도를 차지한다.
- 까베르네 프랑 또는 부쉐Bouchet라고 하는 품종은 상당한 양을 차지한다.
- 까베르네 소비뇽의 비율은 고지대에서는 성숙의 어려움이 따르기 때문에 적다.
- 소량의 말벡은 블렌딩 시 유연함을 가져다 준다.

와인 특성

쌩떼밀리용 와인은 짙은 자줏빛의 아름다운 색깔을 띠고 있다. 야생딸기와 레드 커런트향을 갖고 있으며, 숙성되면서 옅은 향신료향과 바닐라, 가죽, 훈제향이 나타난다. 알코올이 풍부하고 정열적이며 풀 바디의 와인이다. 입안에서는 견고하면서도 섬세하고 부드러운 탄닌 덕분에 매우 우아한 구조와 감미롭고 부드러운 과일맛을 느낄 수 있다. 섬세한 탄닌으로 장기보관이 용이하다.

떼루아에 따라 쌩떼밀리용의 와인은 여러 가지 모습을 보여 준다. 석회질 고원에서 생산된 와인은 매우 강렬하고 농도가 진하며 보다 낮은 지형의 충적토에서 생산된 와인은 훨씬 섬세하고 여리다. 특히 쌩떼밀리용 그랑 크뤼 와인은 붉은 과실과 무화과, 말린 자두, 볶은 아몬드의 향이 강하게 난다. 힘있는 구조로 인해 진한 아로마 향을 풍부하게 느낄 수 있으며 섬세하게 짜인 탄닌에 의해 부드러운 맛을 음미할 수 있다. 영할 때 마시면 맛이 좋은 풍부한 과육을 느낄 수 있다. 보통 10년 넘게 보관할 수 있을 정도로 보관성이 좋고 시간이 흐를수록 맛이 풍부하고 비단같은 여유를 갖게 된다. 이 와인을 '지롱드의 부르고뉴'라고 부르기도 한다.

AOC 명칭 : 쌩떼밀리용 Saint-Emilion
와인 종류 : 레드와인
재배 면적 : 약 1,534 ha

AOC 명칭 : 쌩떼밀리용 그랑 크뤼 Saint-Emilion Grand Cru
와인 종류 : 레드와인
재배 면적 : 약 3,968 ha

쌩떼밀리용 위성 지역

쌩떼밀리용 위성 마을들은 바르반Barbanne 계곡이 경계를 이루며 쌩떼밀리용의 북동쪽에 위치한다. 풍경이 쌩떼밀리용과 많이 흡사한데 굴곡이 매우 심하며 마을과 성이 있는 언덕이 있어 훌륭한 경관을 이룬다. 경치는 작은 골짜기들이 많은 것이 특징이고 언덕으로 평원들이 갈라진 모양을 하고 있다. 포도원의 샤또와 성당과 같은 옛 건축물들이 많이 있으며 이 건축물 중 일부는 14~18세기에 지어진 것으로 아름다운 건물들이 많은데 보존이 잘된 오래된 성당들은 12~13세기로 거슬러 올라간다.

포도나무는 해가 잘 드는 언덕 위 높은 곳에 있다. 평원과 기타 재배지들은 아랫 부분과 골짜기 깊숙이에 있다. 토양의 특징은 주로 석회질의 지하층에 모래 찰흙, 찰흙 석회로 되어있다. 그리고 찰흙 자갈류의 토양은 대체적으로 배수가 잘 되는데 이는 토양 덕분이거나 경사진 지형 때문이다.

이 위성 마을들은 쌩떼밀리용 인근 마을의 북동쪽에 위치한 5개의 마을을 지칭한다. 하지만 빠르삭 마을이 쌩조르쥬Saint-Georges와 합쳐진 이후로는 실제로는 4개의 레드와인만 생산하는 뤼싹 쌩떼밀리용, 몽따뉴 쌩떼밀리용, 쌩조르쥬 쌩떼밀리용, 뿌이쓰갱 쌩떼밀리용의 AOC명칭이 정해졌다.

1936년에 이들 생산자들은 쌩떼밀리용 이름에 자기 마을 이름을 덧붙일 수 있는 권리를 획득하고 원산지명칭을 사용하고 있다. 이 명칭들의 현재 면적은 약 3,915ha 정도이고 각기의 와인 품질은 거의 비슷하다.

몽따뉴 쌩떼밀리용Montagne-Saint-Emilion

쌩떼밀리용 지역 심장부의 좋은 자리에 위치한 몽따뉴 마을은 많은 과거를 안고 있다. 1843년 쁘띠 꼬르뱅Petit Corbin에서 갈로아 로마 유물들이 발견되었다. 이 유물로 보아 일부 역사학자들은 이 마을이 4세기에 유명한 시인이자 지방행정관이었던 오존의 소유였던 것으로 추측하고 있다. 5세기에 몽따뉴 마을은 야만인에게 침입을 당했고 중세에는 많은 번영을 하였다. 오랜 세월이 흐른 후 1973년 쌩조르쥬, 빠르싹 마을이 합쳐져 하나의 새로운 마을이 탄생하였는데 그 이름이 몽따뉴이다.

많은 과거를 가진 몽따뉴는 아름다운 기념물들을 일부 보존하고 있다. 역사기념물로 분류되어 있는 성당을 들 수 있는데 이 성당에서 '포도잎맥이 있는 12세기 둥근 천장'을 만날 수 있다. 그리고 14세기에 지어 19세기에 복원이 된 샤또 데 뚜르 Château des Tours도 기념물 중 하나다. 또한 포도밭을 걷다 보면 여기저기서 16세기 저택과 방앗간들을 볼 수 있다. 이러한 유물 외에도 마을 여러 곳의 수려한 경관이 있으며 쌩마르땡에서 북서쪽으로 1킬로미터 떨어져 위치한 깔롱Calon의 언덕에서는 날씨가 좋을 경우 샤랑뜨Charentes까지 내다볼 수 있다.

몽따뉴 마을이 역사적으로 훌륭한 명소로도 주의를 끌지만 주민들의 포도산지와 전통에 대한 애정 또한 각별해서 와인재배 소작농 박물관 Musée du Vigneron Paysan을 지었을 뿐만 아니라 마을 내 리부른 몽따뉴Libourne-Montagne라는 농업고등학교를 열었다. 이 학교는 포도재배와 와인 분야 고등교육에 있어 프랑스에서 손꼽히는 학교 중의 하나이다.

떼루아-산지

몽따뉴의 떼루아는 쌩떼밀리용 명칭지역과 매우 흡사하다. 언덕은 대체적으로 찰흙, 석회질의 떼루아가 있으며 지하토는 단백석이 있는 석회토이다. 경사지와 고원의 경우, 이외에도 규석, 찰흙의 토양을 볼 수 있으며 이곳의 지하토는 가끔 철분이 함유되어 있다. 드문드문 사암성질의 토양도 있다.

크뤼-포도원

포도밭의 면적은 천차만별이다. 일부의 경우 30ha에 달하는가 하면 80ha인 경우도 있다. 평균면적은 5~8ha이며 종종 더 협소하기도 하다. 하지만 가족적인 전통이 더욱 강하기 때문에 아주 작은 포도밭을 소유한 농가일지라도 매우 철저하게 재배가 이루어지고 있다. 소유주가 다른 활동을 하고 있을지라도 마찬가지다. 약 184명의 소유주나 자영 재배자들이 몽따뉴 포도밭 총면적 1,460ha에서 포도를 재배하고 있다.

와인 특성

고고한 이웃 쌩떼밀리용과 같이 떼루아가 다양하고 면적이 넓은 관계로 몽따뉴 쌩떼밀리용 와인이 하나만 있는 것이 아니라 여러 개의 몽따뉴 쌩떼밀리용 와인이 있고 등급이 다양해 소비자들을 즐겁게 해 주고 있다. 산지에 따라 색깔이 다르나 체리색, 주홍색, 루비색, 또는 자주빛을 띈다. 와인 향은 신선하고 강렬하며 꽃냄새가 풍부하고 힘이 있다. 맛은 항상 실크처럼 부드럽다. 입에서는 탄닌이 느껴지며 관대함과 기품이 있는 전통성이 함께 느껴진다.

쌩조르쥬 쌩떼밀리용SAINT-GEORGES-SAINT-EMILION

쌩조르쥬의 옛 마을은 1973년 빠리쌱과 하나가 되기 전에 긴 역사가 있었다. 이 지역은 매우 예외적이며 훌륭한 경관을 자랑하고 있다. 많은 옛집과 오래된 물레방아와 역사적인 몇 개의 저택들이 이 경관을 더욱 살려주고 있다. 로마 성당과 유명한 샤또 쌩조르쥬Château Saint-Georges도 볼 수 있다. 대부분의 포도재배업자들은 방문객과 흥미로운 시음을 위하여 까브를 개방해 놓고 있다.

1843년 조사결과 갈로아 로마시대의 훌륭한 유물인 샤또 쌩땅드레Château Saint-André의 존재가 밝혀졌다. 기둥, 우아한 모자이크, 이태리의 흰대리석으로 된 기둥머리, 콘스탄틴과 테오시우스 시대의 메달, 규모가 큰 빌라, 대리석으로 된 동상 두개를 발견하였다. 11세기에는 오늘날 남아있는 성당을 건축하였다. 원시적인 로마스타일의 건물로 더 오래된 9세기의 캐롤링거 부분과 소박한 스타일의 조각들을 볼 수 있다. 1,110년에 쌩조르쥬 수도원은 쌩떼밀리용 교회 참사회에 합병되었으나 독립적인 마을로서 인정은 프랑스 대혁명이 지나서야 된다.

떼루아-산지

쌩조르쥬 쌩떼밀리용의 명칭구역은 남쪽으로 쌩떼밀리용을 가르는 바르반Barbanne 개울이고 다른 쪽은 모두가 다 몽따뉴 쌩떼밀리용 명칭지역으로 둘러싸여 있다. 이 산지의 특징은 특별한 균일성이다. 토양은 찰흙-석회질로 단백석이 있는 석회석 위에 있다. 아주 좁게 뻬리고르Perigord의 모래 위에 있다.

전적으로 언덕 위에 있는 포도나무들은 쌩떼밀리용과 마주하여 완전히 남쪽, 남서쪽을 향하고 있다. 이러한 상황은 이상적인 일조량을 보장하며 완벽한 배수를 할 수 있도록 한다. 그래서 절대로 물이 과도한 경우가 없으며 부족한 적도 또한 없다. 살아가는 데 필요한 만큼 석회 지하토양은 물을 포도나무까지 전달시켜주며 성숙과정에서 과일이 영글어 갈 수 있도록 해 준다.

크뤼-포도원

포도원 소유지들의 평균 면적은 9 ha이며 가끔 더 적을 때도 있다. 포도품종은 전통적인 쌩떼밀리용지역과 동일하여 메를로, 까베르네 프랑, 까베르네 소비뇽이며 종종 약간의 말벡을 이용하는데 포도재배업자들이 각자 나름대로 노하우를 통해 와인이 개별적인 특성이 있기를 바라기 때문이다.

와인 특성

이 명칭 산지의 균질성은 와인의 특출난 품질에 여실히 반영되고 있다. 매년 실시되는 AOC승인장에서 시음 심사위원들은 종종 이곳 와인을 100% 승인한다. 아울러 프랑스 내에서 높은 품질 평가를 받고 있고 또한 벨기에, 영국, 스위스 등으로 다량 수출하고 있다.

쌩조르쥬 쌩떼밀리용의 레드와인들은 색깔이 매우 진하며 밀도가 있고 깊은 자주빛을 띈다. 햇 와인일 때 와인은 과일향이 매우 진하며 시간이 지나면서 점점 복합적이 된다. 특출나게 발달된 골격이 있으며 입안에서 볼륨감과 풍부함이 상당히 느껴진다. 탄닌은 매우 부드러우며 30년 이상 장기적으로 보관할 수 있는 와인이다.

뤼싹 쌩떼밀리용LUSSAC-SAINT-EMILION

갈로아 로마 문화시대 훨씬 이전부터 뤼싹 마을에서 민속 의식을 행하였다. 삐꼉뽀 언덕의 참나무 숲 중간에 있는 갈로아 거석이 이를 증명한다. 전설 내지 역사는 아직도 갈로아 로마 시대에 처음으로 주위 언덕에 포도나무를 심은 자가 뤼싹의 기원인 루씨우스Luccius나 루까니아꾸스Lucaniacus이기를 바라고 있다 그리고 이지역의 와인 역사는 고고학자들에 의해 발견된 작은 낫, 항아리가 포도원 활동을 반증해 주고 있다.

11세기에 생긴 시토 수도회 수도사들은 땅을 일구고, 포도재배를 하여 뤼싹의 와인을 알렸다. 그당시 수도원장은 뤼싹의 남작 직함을 가졌던 사람으로 지방 유지들, 특히 보르도의 대주교 같은 이들에게 가장 좋은 와인을 대접하였다고 한다. 사람들은 보르도에 들르는 외국 인사들에게 대접받은 와인을 소개하였다.

그 후 13세기 중에 있었던 야만인 침입과 전쟁으로 인해 폐허가 된 곳이 많았으나, 이 지역 사람들의 포도밭 재건이 시작되었다. 오늘날 뤼싹은 상쾌한 풍경, 와인, 주민들의 친절과 함께 이러한 오랜 역사의 정신을 이어받아 계승하고 있다.

떼루아-산지

뤼싹의 떼루아 특징은 고원, 언덕 기슭과 계곡에서 골고루 나타나는 토양의 다양성이라 하겠다. 언덕의 동남쪽의 경우 찰흙 석회질로 쌩떼밀리용 토양과 동일하다. 서쪽으로는 그리 넓지 않은 모래, 자갈 고원을 볼 수 있으며 북쪽으로는 차가운 찰흙 토양 또는 점토가 주를 이룬다. 동쪽 지하토는 석회층이어서 채석장이 생겨나게 되었다. 북서쪽으로는 채석장도 있고 철분이 함유된 모래와 찰흙이 있다. 그리고 배수가 잘 되고 훌륭한 일조량의 혜택을 받는 이 마을의 포도산지는 고품질의 와인을 생산하기에 완벽한 조건을 갖추고 있다.

크뤼-포도원

뤼싹에서는 포도밭이 주로 가족적인 성격을 띠며 평균 한 포도밭의 면적은 약 10ha이다. 약 100여명의 자영 포도 재배업자들이 900ha를 차지하고 있다. 나머지 535ha는 뿌이쓰갱 뤼싹 쌩떼밀리용 와인까브조합 회원들이 재배를 한다.

와인 특성

특징있는 떼루아에서 생산된 뤼싹 쌩떼밀리용의 와인은 깊은 색깔과 미묘한 부케, 섬세함과 관대함으로 다른 와인들과 구별된다. 와인 재배업자들의 이미지처럼 이곳 와인들은 식탁에서 매우 훌륭한 식사의 동반자이다.

쀠스갱 쌩떼밀리용PUISSEGUIN-SAINT-EMILION

자연적인 아주 훌륭한 언덕 위에 소재한 쀠스갱 마을은 산을 의미하는 '쀠Puy'와 샤를마뉴시대의 육군 장교 이름 '스갱Seguin'에서 그 지명이 유래된다. 신석기 시대에는 포도재배지가 되기 전의 지롱드 다른 지역과 마찬가지로 이 지역 주민들은 사냥꾼들이었고, 갈로아 로마시대에는 농사와 약간의 포도재배를 하였으며 샤를마뉴 시대와 영국 왕국와 프랑스 왕국사이 팽팽한 긴장감이 유지될 당시에는 전투병들이었다.

18세기가 되어서 쀠스갱은 포도재배와 와인제조가 일상생활이 되는 마을이 된다. 포도재배 농경학의 개척가인 삐에르 꽁브레 드 라노즈Pierre Combret de la Nauze가 귀한 포도품종을 도입하여 떼루아의 품질을 되살린다. 그는 이 지역 많은 사람들로부터 존경의 대상이 되었고, 이때부터 마을의 미래는 확실해졌으며 쀠스갱이 보르도 포도 전설 속으로 자리잡게 된다.

떼루아-산지

고도 89 m에 위치한 뿌이스갱 떼루아는 주로 남쪽 또는 남동쪽으로 향해 있으며 건조하고 밝은 미기후의 혜택을 받아 거의 지중해 여건이라 할 수 있다. 푸른 참나무들이 이러한 사실을 반증하고 있는 것처럼 보인다. 찰흙과 석회질 토양의 굴곡이 심하며 지하토는 돌이 많아 배수가 잘 이루어지고 있으며 포도나무가 깊숙이 뿌리를 내려 성장에 필요한 요소들을 흡수할 수 있도록 한다.

크뤼-포도원

조화롭게 마을 전체에 위치한 포도원과 샤또들은 훌륭한 와인을 생산한다. 소규모 와이너리들이 품질 좋은 와인을 생산하고 있고 60여개의 조합원들은 포도를 재배하여 뿌이스갱과 뤼싹 포도재배 공동생산조합 까브를 통해 생산하고 있다. 경작지의 평균면적은 6~10ha에 이며, 포도품종은 메를로70%, 까베르네 프랑20%과 까베르네 소비뇽10%이 주를 이룬다.

와인 특성

진한 색깔의 뿌이스갱 쌩떼밀리용 와인들은 골격과 힘이 있으며 섬세하여 완벽한 조화 속에서 숙성이 되면 풍부한 부케를 발산하게 한다. 충분히 디캔팅이 되고 난 후 또 햇와인일 때는 맛이 강한 요리와 잘 어울릴 수 있다.

AOC 지역 : 쌩때밀리용 위성 지역
와인 종류 : 레드와인
포도 품종 : 까베르네 소비뇽 12%, 메를로 69%, 까베르네 프랑 19%
재배 면적 : 약 3,780 ha

Restaurant
Le
Tertre
L'ESTAMPILLE
SOUVENIRS
ET
CADEAUX

뽀므롤POMEROL

뽀므롤 지역을 알고자 하는 사람들에게는 약간 빗나가는 듯한 모순의 느낌을 줄 것이다. 오늘날 전세계적으로 유명해진 뽀므롤 와인의 원산지명칭이 약 1세기 전까지만 하더라도 일부 애호가들에게만 알려졌었다. 하지만 이 곳에서 포도를 재배하기 시작한 것은 매우 오랜 역사를 지니고 있다.

역사

갈로아 로마시대에 뽀므롤 고원은 길이 두 개로 갈라져 있다고 하였다. 그 중 하나는 리부른 근처 꽁다Condat항에서 뤼꺄니악Lucaniac의 집에 가기 위해서 시인 오존이 자주 지나가곤 했다 한다. 2세기가 되어서야 포도를 재배했으며 다른 곳과 마찬가지로 종교단체에서 주로 재배하였다. 뽀므롤은 쌩장 드 예루살렘Saint-Jean-de-Jerusalem 교단의 발상지이며 이에 대한 흔적을 많이 발견할 수 있다. 특히 지역명이나 샤또명에서 잘 드러난다.

와인의 용도는 다양했으며 미사용 와인 또는 지친 여행객의 피로를 가시게 하거나 상처를 치유하기 위해 시골 병원에서 사용되었다. 대주교가 보관하여 와인의 사용과 공급으로 그의 우월성과 권위를 나타냈다. 14세기부터 수도사들은 제한된 공간에서 판매하기 시작했다.

그 후 포도밭은 백년전쟁과 영국합병 동안 소홀히 관리되며 황폐화되었다. 백년전쟁 동안 황폐화된 포도밭은 15, 6세기에 복구되기 시작해으며 몇몇 대규모의 포도원들이 만들어지기 시작하였다. 애호가들은 점차적으로 이곳의 와인을 호평하였으며 리부른 항구를 통해 와인이 바다를 건너가게 되었다. 하지만 최근까지만 해도 샤또의 이름을 달지 않고 마을명만 표시되었다. 오랫동안 '사원의 와인'라고 불리었으나 19세기말이 되어서야 생산자의 이름을 달게 되었다.

이 시대부터 뽀므롤의 와인은 명성과 가치를 쌓아가는 고속행진을 계속하였다. 하지만 이미 18세기 후반에 명성을 위한 도약을 하였다. 전세계 애주가들이 점점 더 이곳 와인을 찾기 시작하였고 19세기 동안 리부른과 보르도를 떠나는 배는 외국으로 바로 이들 와인을 실어 날랐다. 그리하여 1900년부터 뽀므롤의 와인 재배업자들은 조합을 만들어 명칭을 보호하고자 하였으며 특히 이웃 마을들이 뽀므롤의 이름으로 와인을 무분별하게 생산해내는 것을 막기 위한 시도를 했다.

오랜 기간 동안 주저 끝에 1880년이 되어서 이 지역은 레드와인만을 생산하기로 결정한다. 이 산지는 면적이 좁고 오랜 기간 동안 소작농이 관리해 왔기 때문에 소유지가 여러 군데로 분산되었고, 경작 규모도 4ha를 넘지 않기 때문에 프랑스나 외국에서 다른 넓은 포도밭 만큼 알려지기가 어려웠으며 등급 분류대상이 되기에 또한 장애요소가 되었다. 그러나 1914년 1차 세계 전쟁이 끝나고 나서야 샤또 뻬트뤼스가 세계에서 가장 고가의 와인으로 자리매김하였고 이 눈부신 성공은 다른 뽀므롤 포도원들도 동반상승 시키는 효과를 낳았다.

1956년에 뽀므롤 포도밭은 서리를 많이 맞게 된다. 수많은 소유주들은 이를 계기로 포도원의 재구성을 위하여 대접목과 포도품종 선별과 같은 최신 기술을 도입한다. 여기서도 뽀므롤 재배업자들은 노하우를 잘 활용하여 전통과 기술이 산지를 최대한 표현하도록 하는데 있어 공존할 수 있음을 잘 보여주었다.

고전문학의 한 작품이 성공적이고 훌륭하게 되기 위해서는 3가지 구성 요소인 사건, 장소, 시간이 적절히 구성되어야 하는 것처럼, 최고의 와인 생산의 경우 세 가지 요소인 산지, 포도품종의 조화와 재배업자들의 공동 책임감의 필수조건이 뽀므롤에 잘 갖추고 있다고 해도 과언이 아니다.

떼루아-산지

좁은 면적에도 불구하고 뽀므롤의 토양은 균질성과는 거리가 멀다. 왜냐하면 쌩떼밀리용에서부터 도르돈뉴강과 일르강에 이르기까지 기복이 있는 언덕들의 연속이기 때문이다. 이 언덕들은 복합적으로 서로 잘려서 여러 유형의 토질이 있으나 세 구역으로 단순화시킬 수 있다.

① 리부른과 인근 뽀므롤지역으로, 모래가 주를 이룬다.

② 자갈토 마을의 중앙부분으로 모래가 섞인 작은 자갈, 깊은 굵은 자갈, 석회와 섞인 자갈이 있다.

③ 찰흙 자갈토의 쌩떼밀리용과 접하는 동쪽. 대체적으로 이 땅은 메독의 자갈보다 더 찰흙이 많다. 가끔 순 진흙의 굵은 광맥이 이곳을 지난다. 이를 뻬트뤼스의 단추 구멍이라고 부르기도 한다.

지하 토양은 다양한데 북쪽과 중앙 지역은 진흙이 많고 동쪽에는 자갈이 많다. 지하층의 방향과 경사는 뿌리의 배수에 영향을 미친다. 특징은 메독과 같이 지하수 층에 주로 있는 산화철이라고 불리우는 철성분이 많은 사암으로 와인에 많은 성격을 부여한다.

진흙이 있어 충적토 평야에서처럼 와인 질에 부정적인 요소로 보일 수 있으나 최고급의 크뤼는 순 진흙땅에서 나온다. 하지만 진흙을 구성하는 미세한 요소들에 따라 여러 종류의 진흙이 있다. 이곳의 진흙은 비가 오면 부푸는 특징이 있어 뿌리가 침수되는 경우를 막아준다.

이처럼 뽀므롤의 떼루아는 수 천년 동안 모래, 찰흙들이 지속적으로 쌓여 거의 완전히 충적층으로 되어 뽀므롤 산지의 독특한 특징으로 이해할 수 있다.

크뤼-포도원

리부른의 북동쪽에 위치하는 뽀므롤은 쌩떼밀리용의 동쪽과 인접하고 있으며 라랑드 드 뽀므롤Lalande de Pomerol과의 사이로 바르반Barbanne강이 흐른다. 원산지명칭 구역은 인접해 있는 리부른까지 포함시키며 총 750ha에 이른다.

뽀므롤의 포도밭은 훌륭하게 구성이 되어 있고 포도품종은 메를로80%, 까베르네 프랑15%, 까베르네 소비뇽5%순이다. 소유지들의 면적은 천차만별이다. 일부 큰 포도원은 오래된 가문들로부터 내려오는 유산이다. 겉 모습이 좀 덜 화려한 것은 소작농들 소유였거나 여러 세대를 거쳐서 소유하게 된 경우이다. 모두가 다 한결같이 토양과 전통을 사랑하지만 이들의 유일한 경쟁분야가 있다면 바로 품질에 대한 것이다.

현재 뽀므롤 명칭의 공식적인 크뤼 등급 분류는 없다. 이 곳 명칭이 유명한데 왜 없는지 이상하게 보일 수도 있으나 생산자들이 희망하는 바가 아니다. 샤또 뻬트뤼스가 실질적으로 최고 일지라도 이러한 서열은 아직 공식 등록이 안 되었기 때문에 효율성, 산지에 대한 열정, 일에 대한 사랑이 각별한 각 포도원 생산자들은 이 뽀므롤의 명성을 더욱 확고히 하고 있다.

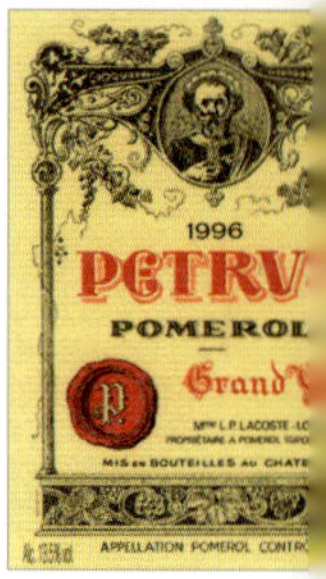

샤또 뻬트뤼스 Petrus 예수의 제자 베드로를 뜻하는 뻬트뤼스는 세계에서 가장 희귀하고 값비싼 와인 중 하나이다. 1850년부터 여러 소유자들이 가지고 있던 포도원을 1925년에 호텔, 레스토랑과 유명 샤또를 소유하고 있던 마리 루이즈 루바Marie-Louse Loubat 여사가 유일하게 단독으로 소유하게 되었다. 이렇게 오래된 포도원이지만 50년 전에는 사실상 잘 알려지지 않았었다. 1962년 장 피에르 무엑스Jean-Pierre Moueix가 독점 유통에 참여하면서 명품 생산의 잠재력을 인식하고 실현하기까지 정성을 다하게 된다. 무엑스는 루바여사의 포도원 지분을 조금씩 매입하기 시작하여 1969년에는 모두 인수하게 된다. 그리고 2001년에 아들인 장 프랑수아 무엑스Jean-Francois Moueix가 소유주가 되었고, 설립한 뒤클로Duclot 회사를 통해 와인을 유통하고 있다. 또한 최고의 양조학자이자 메이커인 장 클로드 베루에Jean Claude Berrouet와 함께 뻬트뤼스를 최상급의 와인으로 올려 놓았을 뿐만 아니라 뽀므롤 와인 이미지 상승에도 큰 열활을 담당했다. 지금은 장 클로드 베루에의 아들인 올리비에 베루에Olivier Berrouet가 대를 이어 양조를 책임지고 있다.

포도원은 뽀므롤 구릉지 높은 곳에 위치해 있으며 표층 토양과 하층토는 점토로 구성되어 있어 메를로 품종이 잘 적응하는 최적의 떼루아를 형성하고 있다. 메를로가 주로 재배되며 수령이 있는 포도나무에서 수확된 포도만 골라 시멘트 통에서 발효시키며 100% 새 오크통에서 숙성시키고 필터 처리하지 않고 병입하여 출시하고 있다.

와인은 진한 적홍색을 가지고 있다. 농익은 붉은 과일향과 초콜릿, 트뤼플, 향신료의 복합적인 부케가 느껴진다. 입에서는 잘 익은 검은 과일이 매우 풍부하고 집중적인 구조감을 주고 있다. 특히 실크같은 부드러움과 과육질이 완벽하게 조화를 이루고 긴 여운으로 시음가들에게 모든 만족을 주고 있는 전설의 와인이 되고 있다. 최고의 자리에 자부심을 느끼는 뻬트뤼스는 와인 레이블에 천국의 열쇠를 가진 베드로 이미지를 보여주지만 샤또라는 타이틀을 사용하지도 않는다.

샤또 라플뢰르 뻬트뤼스 La Fleur Petrus 포도밭은 샤또 라플뢰르와 뻬트뤼스 사이에 위치하고 있어 18세기에 그 이름이 정해졌다. 1950년 장 피에르 무엑스가 인수하였다. 포도밭은 뽀므롤 구릉지에 세 개의 구획으로 이루어져 있으며 북쪽의 조약돌의 토양은 농익은 체리맛의 우아한 와인을 생산하고, 가운데 지역은 너무 더워서 트로쇼Tropchaud,너무 더운로 불릴 정도로 여름에 더워서 와인에 강직한 탄닌을 제공한다. 남쪽의 포도밭에서 생산된 와인은 벨벳, 고밀도, 구조적으로 검은 까치밥나무의 향이 뚜렷한 것이 특징이다. 이러한 세 종류 특징과 뉘앙스를 지닌 와인을 블렌딩하여 강직한 구조와 검은색 과일의 지배력을 지닌 관대하고, 세련미가 있으며 복합적인 특성을 가진 와인이 탄생한다.

샤또 뜨로따누아 Trotanoy 18세기말에 이미 뽀므롤 최고급 중 하나로 여겨졌던 이 포도원을 1953년 장 피에르 무엑스가 매입하였다. 토양이 거의 딱딱한 점토와 자갈로 되어 있어 포도재배가 어려워 '너무 피곤함'을 뜻하는 트로따누아Trotanoy가 되었다고 전해진다. 표층 토양은 자갈과 점토가 함께 있으며 하층 토양에는 철분이 풍부한 층이 있어 와인에 복합적이고 매혹적인 맛을 탄생시킨다. 와인은 농축미와 밀도가 높고 다크 초콜렛이 첨가된 미각을 주고 있다.

샤또 라뚜르 아 뽀므롤 Latour à Pomerol 1917년 샤또 뻬트뤼스를 소유하고 있었던 루바Loubat 여사가 소유하고 있었고, 1962년에 무엑스에서 인수하게 되었다. 매력적인 샤또를 장식한 작은 탑이 있어 이 포도원이 라뚜르Latour,탑 명칭을 갖게 되었다. 토양의 다양성으로 특징지어 지는데, 이는 토양의 복잡성과 조화를 가져온다. 뽀므롤성당 옆의 포도밭 구획의 자갈과 진흙에서 재배된 포도로 생산되어 규칙성을 가진 전형적인 뽀므롤 와인 중의 하나가 되었다. 와인은 우아함과 파워의 완벽한 조화를 이루고, 관대하며 집중된 스타일로 많은 애호가들이 선호하고 있다.

라플뢰르Lafleur 19세기 후반부터 존재한 4.5ha의 작은 포도밭으로 샤또 뻬트뤼스 부근에 위치하고 있어 유사한 품질의 와인을 생산하고 있다. 현재 실비Sylvie와 자끄 기나도Jacques Guinadeau가 소유하고 있다. 포도밭은 자갈이 풍부하고 토양은 깊으며 칼륨과 철분이 함유된 명품 산지로서 최적의 떼루아를 가지고 있다.

메를로와 카베르네 프랑 품종이 각각 50%씩 조화롭게 재배되고 있다. 생산량이 작고 특이한 포도비율로 만든 와인으로 애호가들은 일부 빈티지에서 뻬뜨뤼스보다 라플뢰르를 더 선호하기도 한다. 와인은 화려하고 강직하며 검은 과일과 미네랄, 향신료와 담배, 감초같은 부케향이 일품이다. 골격과 짜임새가 있을 뿐만 아니라 섬세함과 뉘앙스가 함께하여 뽀므롤 그랑 크뤼 정수라고 할 수 있다.

샤또 보르갸르 Beauregard 샤또 보르갸르의 역사는 12세기로 올라간다. 중세에 쌩 장 드 제루살렘 기사단이 '쌩 자크 드 꽁뽀스뗄' 성지순례길의 거처로 이용하기 위해 이곳에 작은 집을 소유하고 있었다. 그 후 17세기에 보르갸르 가문이 인수하였고, 나폴레옹 시대에 빅토르 루이의 제자가 설계한 대저택 건물이 들어서게 되었다. 현재 미쉘 제라 Michel Great가 소유자이며 벵상 프리우Vincent Priou 씨가 관리책임자로 있다. 18세기의 아름다운 대별장이 균형과 풍미를 항상 인정받은 크뤼의 역사를 증명해 주고 있다. 포도밭은 자갈 점토 토양으로 뽀므롤의 유명한 까뛰소 고원 남쪽 비탈면에 천부의 위치에 있다. 보르갸르의 포도품종은 특이하며, 까베르네 프랑이 30% 이상 블렌딩된다. 초기에는 잘 나타나지 않는 이 품종은 시간이 지나면서 신선함과 기품을 나타낸다. 초기에는 과일향이 풍부한 보르갸르 와인은 숙성하면서 뽀므롤 최고 와인의 깊은 향미를 풍긴다.

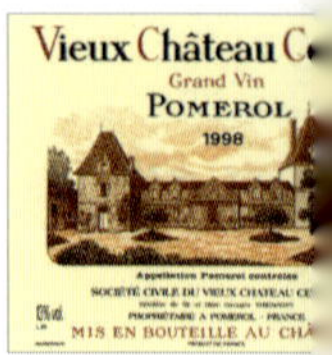

샤또 비유 샤또 쎄르땅 Vieux Chateau Certant 뽀므롤에서 가장 오래된 크뤼이다. 16세기 스코틀랜드에서 드메 가족이 이곳에 정착하면서 포도원이 시작된다. 1924년 벨기에 출신이며 와인 네고시앙이던 조르쥬 띠엥뽕George Thienpont 이 매입하였고, 1957년부터는 가족 중심으로 회사를 설립하여 운영하고 있다. 포도밭은 유명한 뽀므롤 와인을 만드는 산지 중간에 위치해 있다. 뽀므롤의 블렌딩 비율과 달리, 높은 까베르네 프랑과 까베르네 쏘비뇽으로 품질이 특별나다. 오랜 전통인 이 품종 배합 비율은, 다른 샤또들이 숙성초기에 좋은 맛을 주는 메를로를 채택하고 있는 요즘 추세에도 불구하고 계속 유지되고 있다. 고급 와인처럼, 와인은 10~15년이 지나면 섬세하고 우아함이 극치를 달하게 된다.

샤또 끌리네 Clinet 유명한 뽀므롤 고원의 가장 높은 부분에 위치하고 있다. 샤또 끌리네는 이 지역 최고 와인의 요람인 권츠 자갈이 섞인 구릉지 위에 훌륭한 떼루아를 지니고 있다. 1998년 장 루이 라보르드Laborde가 매입하고, 가족과 함께 친환경적인 접근으로 포도재배와 양조를 하고 이 예외적인 떼루아를 최대한으로 활용하여 품질을 강화하고 있다. 포도밭 일부에 재건 프로그램을 적용하였고, 일상적인 작업에 많은 주의를 기울였다. 토양 작업, 포도나무 고정 높이, 포도잎 작업 등 전문적인 포도밭 관리를 진행하고 있다. 또한 양조장은 중력을 이용해 포도송이를 받아내도록 지하에 위치하고 있으며, 와인은 오크통 숙성을 거쳐 필터를 사용하지 않고 병입된다. 와인은 복합적인 붉은 과일, 오디와 트러플향이 풍부하며 우아함과 구조가 강직하다.

샤또 가쟁 Gazin 포도원은 '쌩 장 드 제루살렘' 수도사들의 소유였기에 와인 레이블에 빨간 십자가 문형이 나나타난다. 포도밭 면적으로 볼 때 규모가 큰 샤또에 속하고 뽀므롤 높은 테라스에 위치하고 있다. 1214년 프랑스 왕으로부터 무훈의 업적으로 수여받은 유서깊은 바이리엥꾸르Bailliencourt 가문의 소유이다. 현재는 증조부인 루이 수알이 20세기 초에 샤또를 구입하여 그 후손들이 정성을 다해 관리하고 있다. 수확된 포도는 시멘트 양조통에서 발효되고, 2차 발효와 숙성은 오크통에서 이루어진다. 와인은 계란 흰자로 정제하고 샤또에서 병입하는 등 전통적인 보르도 양조법을 지키고 있다. 보르도 와인 아카데미의 멤버이다. 와인은 검붉은 색상이며 붉은 과일과 오크 터치의 부케향이 훌륭하고 실크 같은 부드러움과 원만함에 더하여 육질은 입에서 느낄 수 있다. 섬세함과 유연함을 동시에 지니고 있다.

샤또 레방질L'Evangile 포도밭이 있는 뽀므롤 고원에 특이하게도 자갈이 땅 표면으로 올라와 미스터리가 되고 있다. 포도밭 세 곳이 이 희귀한 토양을 지니고 있고, 북쪽에는 샤또 뻬트뤼스의 포도밭이 있으며 남쪽으로는 길 하나를 사이에 두고 쌩떼밀리용의 슈발 블랑이 접해있다. 18세기 레글리즈 가문이 소유하게 되었고 19세기에 레방질이라고 명명되었다. 1862년 폴 샤프롱이 매입했으며 그의 후손 뒤까스 가족들이 1990년까지 소유하고 있었다. 1990년 라피뜨 로칠드 회사가 매입하여 포도밭 관리와 양조 과정을 엄격하게 하고 있다. 와인은 숙성된 지 얼마 안되어도 좋은 맛이 나며, 숙성되면서 뽀므롤 와인의 매력을 증가시켜 준다.

라 꽁세이엉뜨 La Conseillante 18세기 중반부터 시작된 포도원은 300년 전에는 영향력이 있던 까트린 꽁쎄이엉뜨가 소유하고 있었다. 1871년 니꼴라Nicolas 가문이 매입했는데 그때부터 포도밭의 면적이나 위치는 변하지 않았다. 오늘날 니꼴라 가문의 5대째 세대가 샤또를 관리하고 있으며 와인에 대한 가족의 애증을 볼 수 있다. 포도밭은 유명한 뽀므롤 구릉지 중심의 좋은 위치에 있으며 이웃에 저명한 빼트뤼스와 슈발 블랑이 인접해 최상의 떼루아를 형성하고 있다. 이 떼루아의 영향으로 와인은 강하고 우아하여 명성을 얻고 있다. 어떤 빈티지에도 한결같은 품질, 부드러운 탄닌과 복합적인 향으로 애호가들이 선호하는 뽀므롤 와인으로 평가받고 있다.

샤또 라 푸엥뜨 La Pointe 150년 전부터, 샤또 라 푸엥뜨는 넓은 정원과 수백 년 된 나무들을 가진 훌륭한 거주지이다. 이곳의 진정한 발전은 19세기에 이루어졌다. 현재 에릭 모네레Eric Monneret와 샤또 앙젤뤼스 소유주인 위베르 드 부아르 드 라포레스트Hubert de Bouard de laforest가 소유하고 있다. 뽀므롤에서 가장 넓은 포도원의 하나로, 2008년부터 이곳의 잠재력을 한껏 표현하고 이미지를 살리기 위해 공사를 했다. 전체 토양 연구를 통해 배수 시스템을 개선하고 포도의 품질 향상 가능성을 많이 얻을 수 있었다.

까베르네 쏘비뇽은 뽑아버리고 까베르네 프랑의 수확량을 조정해 와인의 명성을 형성하는 섬세함과 엘레강스를 잘 표현하고자 했다. 드 부아르의 뛰어난 양조 노하우를 살려 진한 밀도감과 함께 섬세하고 우아한 와인을 생산하고 있다.

포도품종

뽀므롤 지역은 레드와인만을 생산한다. 메를로가 80%, 심지어는 95%까지 재배하는 포도원이 있다. 매우 비옥한 진흙 토양은 메를로가 제 기량을 다 발휘할 수 있도록 해준다. 기공이 많은 토양과는 달리 이 진흙토양은 메를로를 너무 빨리 익지 않게 하며 거친 성격을 온순하게 하여 향의 섬세함을 더 부드럽게 표현한다. 까베르네 소비뇽은 소량인데 잘 무르익지 않기 때문이다. 반대로 까베르네 프랑은 자갈이 있거나, 자갈 모래가 섞인 곳, 아니면 물이 쉽게 흐를 수 있는 석회질의 땅이라면 제 짜임새의 장점을 확실히 표현한다.

와인 특성

어느 와인 애호가가 "와인을 좋아하게 만드는 것이 바로 뽀므롤 와인이다."라고 했듯이 이곳 와인은 적색 과일, 제비꽃 향, 부드러움, 아름다운 색을 가지고 있다. 숙성된 지 얼마 안되어도 좋은 맛을 지니지만 장기숙성에 적합하여 뽀므롤 와인에 매력을 배가하고 있다. 지하층의 철분이 풍부하여 햇수가 거듭할수록 맛있는 송로향을 나게 한다.

뽀므롤 와인은 고급 와인의 특징을 잘 모르는 시음자들을 잘 놀라게 한다. 부르고뉴의 풍부함과 메독의 섬세함과 쌩떼밀리옹의 유연함을 동시에 지니고 있다. 이리하여 숙성이 좀 이루어져야 하며 세월이 흘러야 하는 와인이다. 그렇게 되면 모든 자질을 맘껏 발휘하고 우리의 감각을 유혹하게 한다.

시각적으로는 윤기, 부드러움, 진한 밀도감을, 후각으로는 붉은 과일, 송로, 제비꽃의 훌륭하고 섬세한 향을, 미각으로는 바디의 실크 같은 부드러움과 원만함에 더하여, 육질은 입으로 느낄 수 있다. 이로서 완전히 조화스럽고 긴 여운으로 모든 만족을 주는 와인으로 흔히 '미식가들을 위한 와인'이라 부른다.

AOC 지역 : 뽀므롤Pomerol
와인 종류 : 레드와인
포도 품종 : 까베르네 소비뇽 5%, 메를로 80%, 까베르네 프랑 15%
재배 면적 : 약 783 ha

라랑드 드 뽀므롤LALANDE-DE-POMEROL

이 마을은 쌩쟈끄 드 꽁뽀스뗄Saint-Jacques-de-Compostelle로 가는 여러 길들 중 하나에 위치하고 있다. 쌩쟝 드 제루살렘Saint-Jean-de-Jerusalem의 슈발리에와 몰트 수도회Ordre de Malte의 수도사들이 이곳에 은신처와 숙박소, 기사단들을 만들었다. 이 중에 가장 잘 보존된 건물이 12세기에 지어진 라랑드 드 뽀므롤 성당이다. 14세기와 19세기에 복원이 되었으나 이 성당은 리부른에서 유일한 수도사 숙박소로 남아 있다.

뽀므롤에서 처럼 10~11세기 때부터 포도가 재배되기 시작한 이 마을은 서쪽으로 쌩떼밀리용 포도밭까지 뻗으며 굴곡은 릴l'Isle 계곡에 다가설수록 점점 더 사라진다. 따라서 풍경 또한 더 한층 아름다워진다.

예전에 이 마을에서 나온 와인들은 라랑드 드 뽀므롤 마을일 경우 뽀므롤 명칭을, 네악 마을의 경우 네악 뽀므롤 명칭을 사용하였다. 그러나 1926년 시행령으로 네악에서 생산된 와인은 뽀므롤이라는 지명을 못 쓰게 되었고, 1925년 확정된 라랑드 드 뽀므롤에서 생산된 와인은 라랑드 드 뽀므롤 AOC 명칭을 사용할 권한을 갖게 되었다. 그 후 1954년 네악에서 생산된 와인도 라랑드 드 뽀므롤 AOC를 적용할 수 있도록 했다.

떼루아-산지

토양은 일반적으로 찰흙이지만 동쪽으로는 찰흙 자갈 토양이고 북쪽과 북동쪽으로는 자갈이다. 서쪽으로 갈수록 점점 더 모래토양이 된다. 지하토양은 단단하고 붉으며 모래 찰흙이며 네악쪽으로는 찰흙이다. 라랑드 드 뽀므롤 마을은 자갈과 모래토양이다.

이 지역 기후는 도르돈뉴와 릴르 합류점과 근접해 있어 이웃 하고 있는 쌩떼밀리용, 뽀므롤과 프롱싹과 같이 밝고 덥고 습기가 차서 포도나무에 완벽한 날씨다.

크뤼-포도원

바르반Barbanne에 의해 이 포도원 북쪽으로 뽀므롤과 구분된 라랑드 드 뽀므롤 포도원은 라랑드와 네악의 일부를 포함하며 면적은 1,050ha에 이른다. 이 지역은 영세한 포도재배자부터 와이너리까지 대부분이 가족중심의 경영을 한다. 소작농 또는 농부와 같은 사람만이 지닐 수 있는 열정과 열의로 떼루아에 대한 긴 전통과 사랑으로 포도밭을 일궜으며 그들의 와인을 만들어 가고 있다.

포도품종으로는 까베르네 프랑이 뽀므롤에서 보다 더 널리 재배되고 있다. 포도재배의 꾸준한 발전과 철저한 관리로 매우 호평 받는 와인을 생산하고 있다. 특히 이 지역 남쪽의 경우가 그러하며 라랑드 드 뽀므롤 일부는 아직까지 알려지지 않은 고급 와인을 생산하는 곳도 있다.

와인 특성

이 지역 와인들은 일반적으로 색깔이 있으며 부드럽고 힘차고 송로, 제비꽃, 수풀의 섬세하고 기품 있는 부케가 있다. 조화로운 포도품종 비율로 풍부한 부케향과 섬세함이 아주 강하다. 포도나무가 심어져 있는 토양과 지하토에 따라 와인 등급이 매우 다양하다. 유명도는 없더라도 일부 빈티지는 이웃 쌩떼밀리용과 뽀므롤과 경쟁상대가 되기도 한다.

고급 와인이 그러하듯이 햇 와인일 때 시음을 위하여서는 이 지역 와인 역시 공기 접촉을 위해 디캔팅이 이루어져야 한다. 최상의 상태에서 맛을 보기 위해서는 약 10여년 정도를 기다려야 한다. 이 정도 되면 당당하고 매력 만점의 와인으로서 전체가 조화, 균형, 복합성을 드러내게 된다.

AOC 지역 : 라랑드 드 뽀므롤 Lalande de Pomerol
와인 종류 : 레드와인
포도 품종 : 까베르네 소비뇽 5%, 메를로 80%, 까베르네 프랑 15%
재배 면적 : 약 1,095 ha

프롱삭FRONSAC

아름답고 생기발랄하고 비옥한 이 지역은 각각 고도 61 m와 76 m인 두 개의 언덕과 멀리서 보아 리부른의 하류지역 부근의 도르돈뉴의 주를 이루는 까농 언덕과 프롱삭의 언덕으로 구성되어 있다. 보르도 지방에 포도나무 출현 이후 계속하여 강을 따라 돌이 많고 햇볕이 잘 드는 언덕에서 포도가 재배되었다.

항상 프롱삭의 언덕은 거주 지역이었다. 선사시대부터 많은 시간이 흐른 후로도 이곳에는 프랑스 옛 선조인 골 족 사람들의 시장이 있었다고 한다. 로마는 여기에 제단을 세웠고 샤를마뉴Charlemagne시대에는 거대한 성벽이 만들어졌다. 이 성벽은 오랫동안 야만인의 침입과 기타 전쟁으로부터 원주민들을 보호해줬다.

프롱삭을 뒤세 빼리Duché-Pairie 공작의 영지로 만든 사람은 앙리 4세이다. 1623년에 완전히 파괴된 이 성벽의 잔해 위에 프롱삭의 공작이기도 했던 리슐리외Richelieu 공작은 아주 매혹적인 광기어린 축제들을 만들었으며 이러한 행사들이 옛 보르도 지방을 넘어 소문이 났다. 이 축제에는 당시의 귀족 엘리트들이 참석을 하여 그 자리를 빛내었고, 프롱삭 와인이 지역 유명 인사들의 높은 평가를 얻어내는데 도움을 주었다.

18세기에 프롱삭은 쌩떼밀리용 지역과 더불어 크뤼라는 개념을 세웠고 떼루아의 가치와 당시에는 혁명적이었던 새로운 포도재배법과 와인 숙성법 들을 도입하였다. 또한 그 당시 꼬뜨 까농 Côtes Canon과 프롱삭의 와인들이 가장 호평을 받기도 하였다.

하지만 필록세라와 같은 힘든 상황과 경제의 어려움으로 이 지역은 명성을 잃었고 쌩떼밀리용과 뽀므롤이 더욱 유리해졌다. 그러나 프롱삭의 두 지역은 상업적으로 유리한 입장을 취해 재빠른 재기를 하였다. 끊임없이 더 나은 와인을 만들고자 하는 의지 덕분에 현재 이 지역 포도 재배업자들은 옛자리를 탈환하는 기지를 발휘했으며 까농 프롱삭과 프롱삭 와인은 예전의 화려함과 명성을 되찾을 수 있도록 하였다.

떼루아-산지

프롱삭지역의 토양은 매우 다양하다. 도르돈뉴와 릴르와 인접한 곳으로는 현대 충적토를 발견할 수 있으며 경사지 언덕 고지대의 토양은 찰흙, 석회 또는 찰흙, 모래이다. 지하토는 대체적으로 석회질로서 단백석이 있는 석회이거나 찰흙 석회질로 많은 채석장이 있어 많은 건축용 석재를 채석했으며 지금은 여기서 버섯을 재배하고 있다.

이 석회층은 그 두께가 다르며 그 유명한 프롱삭의 석회질 청사암 위에 위치한다. 이 석회질 청사암의 특징은 때때로 찰흙 토양이거나 때때로 사암 토양이어서 뛰어난 배수가 이루어질 수 있도록 하며 매우 유리한 포도재배 떼루아를 낳는다.

프롱삭 포도밭의 일부는 꼬뜨 드 까농에서 그 명성을 얻기도 하는데 이곳에서 단백석의 석회질 층위에 있는 찰흙 석회질 토양을 볼 수 있다. 이러한 까농 프롱삭의 명성은 지하토양의 성질 덕분이다.

크뤼-포도원

이 지역 와이너리들은 이 훌륭한 떼루아를 활용하는 역할을 하고 있다. 포도밭의 평균 크기는 7ha이다. 포도 품종은 리부른 전역에서와 같이 메를로가 주품종이다. 그 비율은 평균적으로 70%이고 까베르네 소비뇽과 까베르네 프랑은 동률로 30%를 나눈다. 와인 발효통과 와인 저장고 까브에 상당한 투자가 이루어졌다. 포도수확과 양조는 세심하게 이루어지며 재배와 오크통 숙성은 더욱 더 철저하게 이루어지고 있다. 또한 포도 선별은 더욱 엄격하며 와인 병입은 샤또 내에서 하는 것이 규칙이다.

이 두개의 AOC에서 크뤼는 일체 등급분류가 되지 않았다. 까농 프롱삭과 프롱삭의 포도 재배업자들이 말하듯이 '각 크뤼는 소유주의 영혼이며 상징이자 그의 포도나무와 와인에 대한 열정의 표현이다.' 따라서 등급이라는 것이 그들에게는 의미가 없으며 가치를 찾기 위해서는 포도밭을 둘러보는 것이다. 그곳에서 소유주를 만나 와인에 대한 이야기를 듣고 와인을 음미하는 것이 크뤼의 가치를 이해하는 또 한 방법이다.

와인 특성

프롱삭, 까농 프롱삭 와인은 꼬뜨의 특별한 와인들이다. 그 자체로 이들은 바디가 있고 질감과 짜임새가 있는 와인들이다. 색이 있고 빛나며 진한 루비색을 띈다. 숙성이 되면서 투명한 황색끼가 가끔 나는데 이는 석회질 떼루아의 표시이다. 코로는 강하고 우아함을 느낄 수 있는데 적색 과일 향, 후추, 향신료 향이 가미되고 가끔 송로향이 나기도 한다. 입에서는 과육이 있고 기름지며 부드러움을 느낄 수 있다.

현재 프롱삭과 까농 프롱삭 와인은 보르도 와인중에서 가격대비 품질 및 특징이 가장 훌륭한 레드와인 중에 하나이다.

AOC 지역 : 프롱싹Fronsac 과 까농 프롱싹Canon-Fronsac
와인 종류 : 레드와인
포도 품종 : 까베르네 소비뇽12%, 메를로69%, 까베르네 프랑19%
재배 면적 : 약 1,130 ha

5. 앙트르 드 메르
ENTRE-DEUX-MERS

이 지역은 가론강과 도르돈뉴강 사이의 남북이 60km, 동서가 30km에 이르는 넓은 삼각형 모양이다. 북쪽 앙베스의 돌출부분 벡 덩브Bec d'Ambes에서 시작하여 남쪽의 롯떼가론Lot-et-Garonne 경계지역인 라 레올La Reole 근방까지 계속된다. 동쪽으로는 뻴그뤼Pel-legrue와 몽세귀르Montségur를 포함하고 도르돈뉴 군과 인접해 있다. 하지만 가론강과 붙어있는 프리미에르 꼬뜨 드 보르도는 포함되지 않는다. 또한 가론강 우안 지역인 스위트와인을 생산하는 까디약, 루삐약 지역과 리부른 근방의 그라브 드 베르Graves de Vayres도 포함되지 않는다.

왜 앙트르 드 프뢰브가론과 도르돈뉴강 사이가 아니고 앙트르 드 메르두 바다 사이일까? 시적이고 독특한 이 지명은 조수의 움직임에 따라 하루 두 번씩 이 지역 경계선까지 바다의 밀물이 강까지 이르기 때문이다. 이러한 지리적 여건을 지닌 이 지역은 줄곧 와인을 생산하기에 좋았으며 강과 함께 있어 상업적 유통 거래가 쉬웠다. 특히 두 강이 만나는 앙베스 돌출 부분인 지협에서 왕성하게 이루어졌다. 이는 메독, 블라이Blaye, 대양의 관문인 부르그Bourg보다 유리한 입지였다.

앙트르 드 메르는 역사적, 고고학적으로 매우 중요하고 훌륭하고 거대한 유물을 보유하고 있는 지역으로 거석 문화지, 방앗간, 비둘기 집, 성당, 수도원, 옛 마을 등이 있다. 이러한 경관의 수려함과 기념물, 유물들로 단지 와인 생산에만 국한되지 않는다는 것을 인식하게 되었다. 이리하여 와인 이외에도 이 지역의 수많은 매력을 만끽할 수 있는 관광지이기도 하다.

역사

앙트르 드 메르는 지롱드 지방에서 가장 오래전부터 사람이 살기 시작했으며 신석기 시대로 거슬러 올라가는 주거의 흔적이 보이고 있다. 기원전 4세기경에는 철기시대에 켈트족은 따뜻한 이곳에 정착하여 보르도에 살던 주민들을 침략하기도 했다. 갈로아 로마시대에는 그들 나름대로의 고유한 포도나무 심는 방법과 와인 생산법이 있었던 것으로 여겨진다. 또한 1세기 중반부터 와인을 나무통에서 담가 생산한 것 같으며 그 후 로마 정복자들이 밝고 비옥한 이 지역에 정착하였으리라 짐작을 할 수 있다. 이들은 많은 주택, 농가를 남겼고 포도생산 설비 유적을 찾아 와인 생산을 계속했다.

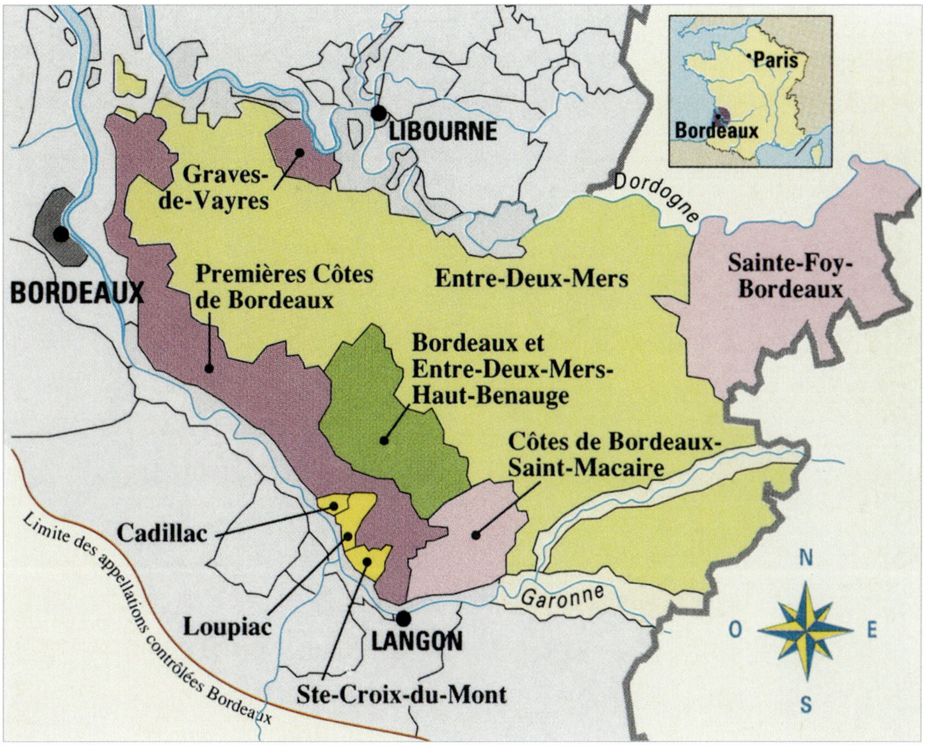

CIVB

1,000년이 지난 후 다른 여느 프랑스 지역처럼 이 곳도 성당이 행정을 담당하였다. 76개의 사원을 다스리는 라쏘브 마죄르La Sauve-Majeure 수도원이 건축되었고 와인용 포도재배가 이루어졌다. 중세때 교권과 와인 생산은 뗄 수 없는 관계였다. 우선 미사주 제공을 위해 필요했지만 권위를 나타내기 위한 방법으로 어느 정도 생활수준이 높아졌음을 보여줘야 했기 때문이다. 그리고 프랑스로 넘어온 영국인들은 여행객들을 위한 안식처를 만들어 이곳에서 식사와 휴식을 취하며 치료도 할 수 있도록 하였다. 라쏘브 수도원 소속의 수도사들의 관리하에 여행객들의 목을 축이기 위하여 와인을 만들었으며 와인이 소독약으로 쓰였던 시대인지라 치료의 목적으로도 활용하였다.

100년 전쟁은 이 지역에 매우 치명적이었다. 많은 주민이 사망해서 브르타뉴Bretagne, 샤랑뜨Charente등의 출신 이민자들을 불러 들여와 원상복귀를 시켜야 할 정도였다. 그리하여 이곳 와인은 북쪽 지역 와인으로 여겨졌고 16세기까지 보르도산 와인에서 제외되었으며 영국침략 당시 얻었던 "보르도의 특권" 혜택도 누리지 못한 실정이었다.

전쟁이후부터 앙트르 드 메르의 서쪽 절반이 이 특권을 누리게 되었으며 외국으로의 수출도 용이해졌다. 이리하여 이 지역을 '새로운 정복의 지방'이라고 불렀다. 그럼에도 불구하고 이 지역 와인은 제 입지를 확고히 하는데 많은 어려움이 있었다. 이것은 포도재배 지역 곳곳에 진흙이 많거나 아예 진흙질의 토양이어서 품질에 도움을 주지 못한 것도 한 원인이었다.

그 이후 지롱드의 플루아락Floirac에서 처음으로 발견된 필록세라로 고지대의 포도나무를 모두 뽑게 되었다. 이 기생충과 그 유충을 박멸하기 위하여 겨울에 40~50일간 충적토인 강가의 저지대를 침수시켜야 한다고 생각했다. 이것은 효과적인 방법이나 품질에 악영향을 초래한다는 이유로 철회되었다. 다른 지역과 마찬가지로 재심기에 들어갔다. 미국산 접목을 이용했지만 지롱드 산이 아닌 와인은 보르도 AOC에서 제외되었던터라 더욱 고심하여 선별하여 포도나무를 심었고 차츰 회복하게 되었다.

이 어려움은 포도원을 하나로 묶게 하는 기회가 되었다. 그리하여 점차적으로 조합들이 생겨났으며 그 중 로장Rauzan 조합은 프랑스 AOC 와인 생산 중 가장 규모가 큰 조합이다. 이 조합을 통해 포도재배업자들은 포도재배에 대한 지식을 넓힐 수 있었고 기술발전으로 품질향상을 이룰 수 있었다. 1950년까지 앙트르 드 메르 지역에서는 부드럽고 감미로운 화이트와인만을 생산하였지만 그 품질은 지롱드의 다른 지역의 와인만하지는 않았다.

1953년에 새로이 구성된 앙트르 드 메르 와인 생산자 조합은 프랑스 원산지통제명칭연구소INAO에 드라이 화이트와인은 리터당 잔여당분이 4g 이하여야 한다는 통제령을 요구하였다. 이렇게 이루어진 이 시행령은 통제 명칭 역사상 최초로 분석과 시음으로 품질을 관리하는 것이었고 이는 1974년에 가서 모든 AOC에게 적용되었다.

떼루아-산지

보르도 남동쪽의 앙트르 드 메르는 해발 140 m에 이르는 높은 평원지대로 이루어져 있다. 이 지역을 대양과 강의 굽이와 만나는 두개의 경사가 있는 지붕에 비유를 하였다. 물줄기가 여기저기 홈을 파놓은 아주 푸른색의 높은 땅으로 구성되었다. 이 물줄기들은 여러 홈을 여기저기 거칠게 내면서 작은 언덕, 작은 골짜기를 만들어 포도재배에 아주 다양한 모양을 만들었다.

낮은 땅이나 사면은 종종 물줄기 덕분에 모래와 진흙으로 두껍게 덮여 있다. 하지만 가끔 북쪽이나 동쪽에서처럼 비탈은 비에 쓸려 내려가 조약돌들이 쏘떼른에서 처럼 지면에 그 모습을 드러내고 있다. 대부분이 진흙성인 이 토양은 청포도 품종에 적합하다. 사실 앙트르 드 메르 하면 화이트와인을 연상하지만 실제로는 레드와인, 스위트 화이트와인, 로제 와인도 많이 생산되고 있다.

토양에 대해서는 면적이 방대하여 강가의 최근 충적토로 만들어진 충적평야에서부터 일부 언덕에 있는 자갈성 토양에 이르기까지 매우 다양하다. 고원에서는 종종 찰흙성 규토 내지는 자갈이 섞인 찰흙성 석회토를 볼 수 있다. 점차적으로 미세해지는 모래토양과 찰흙의 땅을 볼 수 있는 곳이 바로 이 지역이다. 이리하여 이 땅은 쉽게 방수가 됨에 따라 작업하기 힘들고 다루기 힘든 진흙과 모래가 섞인 충적지가 되었다.

크뤼-포도원

앞서 말한 바와 같이 1950년, 60년대 이 지역 포도재배업자들은 정부에 문제를 제기하고, 품질향상을 위한 노력을 경주한 결과 열매를 맺었으며 이러한 노력은 오늘날에도 계속되고 있다. 처음에는 포도원의 구조조정, 포도나무 다시 심기, 레드와인과 화이트와인 생산의 균형을 위한 품종 바꾸기, 떼루아와 재배 가능한 방법에 따른 포도나무 품종 선별 등에 중점을 두었다. 추후에 보르도 와인 학계와 농업회의소의 도움으로 새로운 재배, 양조, 숙성법을 실시하였으며 양조 설비들의 현대화로 이어졌다.

그리고 지난 30여 년 동안 와인 품질이 점점 좋아지면서 이 지역 와인 정체성을 확고히 하고 있다. 이곳에서 생산되는 와인은 벌크 판매를 줄여가고 있고, 생산자의 이름을 내걸거나 소유지의 이름으로 판매하고 있다. 포도원 또는 샤또에서 이루어지는 병입은 각 포도원이 고품질의 와인 생산을 위해 노력하고 있음을 증명하고 있다.

포도재배면적은 레드와인 품종이 급속하게 확장되어 그 규모가 25,300ha 로서 오늘날 화이트와인 면적 7,200ha의 세 배가 된다. 그리고 포도밭의 크기는 매우 다양하다. 조합 포도원의 경우를 제외하고 10ha 이하는 드물며 평균 면적은 20~25ha이다. 그러나 현재 앙트르 드 메르 명칭의 화이트와인은 약 2,200ha에 달하는 면적에서 생산되고 있으며 연간 생산량은 115,000hl에 이른다. 이 지역 포도 재배업자들은 보르도나 보르도 쉬뻬리어 명칭의 AOC 레드와인과 화이트와인을 보르도 지방에서 제일 많이 생산하고 있다.

와인 특성

레드와인 품종은 주로 메를로이며 토양에 따라 까베르네 프랑, 까베르네 소비뇽이 심어져 있다. 화이트와인 품종으로는 일반적으로 쏘비뇽 블랑과 쎄미용, 뮈스까델이 주로 재배된다. 하지만 앙트르 드 메르 명칭으로 화이트와인을 생산하기 위해서는 이 세가지 품종을 반드시 모두 사용하여야 한다. 일부 포도 재배자들은 기술의 발달로 100% 쏘비뇽 블랑 내지는 100% 쎄미용 와인을 발효조에서 양조하지만 이들은 엄격히 앙트르 드 메르 명칭을 사용할 권리가 없다. 이러한 와인들은 보르도AOC 명칭들이다.

레드와인 이 지역에서 생산되는 레드와인은 보르도 또는 보르도 쉬뻬리어 명칭만을 사용할 수 있음을 알아야 한다. 전반적으로 색이 풍부하고 과일향이 나며 부케가 있는 와인이다. 표층, 하층 토양이 다양하고 포도품종의 비율이 다르기 때문에 와인들은 매우 폭넓은 맛의 선택과 미묘한 차이가 있는 무한적인 다양함을 제공한다. 햇 와인일 때의 과일향과 육질이 있는 신선함과, 장기숙성용 와인에서 느끼는 섬세하고 부드러우면서 바디가 있는 모든 것들은 공유하고 있는 것이 이 지역 레드와인 가치에 대한 반증이다.

화이트와인 1960년까지 이 지역 화이트와인은 수준 낮은 와인 이미지로 피해를 입었지만 현재 양조의 도움으로 엄청난 품질 향상을 이룩하였다. 즉 진흙 없애기, 적정한 아황산염 처리, 18~20도에서 알코올 발효가 이루어져 숙성되어 품질의 많은 개선이 이루어졌다. 또한 몇 년 전부터 개발된 포도 껍질을 이용한 탄산 침용 덕분에 온갖 꽃의 향기를 최대한 발산할 수 있게 되었다. 이 곳 와인들은 아카시아, 금작화, 보리수, 감귤류, 복숭아, 까막까치밥나무 향이 강하게 난다.

이러한 앙트르 드 메르 AOC 화이트와인은 드라이 와인으로 리터당 잔여 당분 함유량이 4g이 넘어서는 안된다. 쏘비뇽, 쎄미용, 뮈스까델이 주품종으로 빛나고 가벼우며 옅은 금빛을 내고 있다. 과일향이 나며 적당히 부케가 있으며 섬세하고 발랄하며 맛이 있다. 일반적으로 과일향과 신선한 활기를 만끽하기 위하여 햇 와인일 때 마시는 것이 좋다. 현재 품질 대비 가격은 최상이며 앙트르 드 메르는 프랑스에서 가장 좋은 가격의 화이트와인이라 할 수 있다.

AOC 지역 : 앙트르 드 메르 Entre-Deux-Mers
와인 종류 : 화이트와인
포도 품종 : 쎄미용 58%, 쏘비뇽 블랑 21%, 뮈스까델 10%, 위니블랑 9%
재배 면적 : 약 2,268 ha

스위트 화이트와인 생산-가론강 우안지역

가론강 우안에 위치한 앙트르 드 메르 지역에 AOC 명칭이 정확하게 구분짓기 전에 쌩뜨크루아 뒤몽Sainte-Croix-du-Monnt과 루삐약Loupiac이라는 두 개의 원산지 명칭이 있었고 그 후 까디약Cadillac이 합세했다. 가론강 남쪽으로 보르도에서 35~45Km되는 거리에 있는 이 세 마을은 아주 오래전부터 포도나무를 재배하고 있다. 갈로아 로마시대에 왕래가 매우 빈번했던 이 지역은 보르도에서 뚤루즈Toulouse로 연결되는 로마시대의 도로인 '황제의 길'에 위치한다.

"보르도 협약Accord de Bordeaux"을 통해 공동위원회는 1919년 "가론 우안의 유명한 화이트와인"를 고려하여 만장일치로 이 마을들을 지리적으로 속해있는 앙트르 드 메르 AOC에서 제외시키기로 결정하였다. 그리고 특별히 우안의 고급 화이트와인이라는 이름으로 깡브Cambes에서 쌩맥상Saint-Maixant까지 이르는 지역을 칭하게 하였다.

아울러 포도밭을 재조성할 당시 프르미에 꼬뜨 지역에 귀속되어 있던 이 세 마을의 포도재배업자들은 접목과 생산조건에 더 적합한 포도품종을 찾았고, 재배, 수확, 양조에 각별한 관심을 기울여 품질 향상을 이룰 수 있었다. 이렇듯 위 세 명칭 지역 생산자들은 가론강과 쏘떼른지역의 근린성이라는 유리한 장점을 살려 이웃 좌안과 동일한 기술을 이용하여 스위트 와인까지 생산할 수 있는 기술을 연마하였던 것이다.

다시 말해 이 지역은 쏘떼른 맞은 편에 있어 유사점이 많았다. 외이으Euille 또는 샤이Chay 샛강은 여름 말기에도 시원하게 하고 따뜻한 가론강에 합류하여 아침이면 안개를 만들고 정오 햇살이 나오면서 없어지며 뜨거워진다. 이런 기후로 보트리스균은 귀부현상을 야기하게 되지만 쏘테른 지역보다는 덜 자주 일어난다. 그래서 보트리스균이 생긴 포도와 단순히 일조량으로 과숙성된 포도를 수확하는 것으로 만족해야 했다.

귀부현상의 발견 장소와 그 용도를 알게 된 경위는 어려우나 이 지역에서는 아주 오래된 전통에 의하여 연속적인 포도 선별을 하며 수확을 초겨울까지 한다는 것이다.

떼루아-산지

지형학적 특징으로 100 m까지 넓어진 경사가 급한 편인 언덕은 강의 하상으로 인해 갈라져 있으며 침식으로 모양이 변형되었는데 이는 포도나무에 매우 유리하게 작용하고 있다. 토양은 대체적으로 진흙 석회질이다. 세 AOC의 차이점은 일조량과 배수를 달리하는 토질의 구조에 있다.

크뤼-포도원

소유지들은 작은 규모인데 소유주들이 직접 포도재배와 양조의 모든 과정을 관리하기 때문에 전형적인 가내생산 와인이 되고 있다. 포도재배업자들은 품질 향상을 위해 상당한 노력을 한다. 좋은 연도에 수확된 이곳 와인들은 일부 쏘떼른과 경쟁을 할 수 있다. 요리와도 잘 어울릴 뿐 아니라 가격도 저렴한 편이며, 시음회를 위해서 500ml 짜리 병을 자주 사용하기도 한다.

포도품종은 쎄미용, 쏘비농과 뮈스까델 3개의 청포도 품종이 전반적으로 있으나 그 중에서는 꿀향과 단맛의 과일향을 내는 쎄미용이 90%로 주류를 이룬다. 알코올 발효후 8~14개월간 오크통에서 주로 숙성이 이루어진다. 좋은 연도에 수확된 와인들은 더 오래 숙성될 수 있다.

와인 특성

세 개의 지역중 쌩뜨크루아 뒤몽 와인이 가장 먼저 명성을 얻었는데 이는 이 지역에 거대한 화석굴 지형으로 되어 동굴이 있어 많은 관광객을 유치했기 때문이다. 그 다음엔 루삐약, 이어서 까디약이 알려졌다. 바르싹이 쏘떼른보다 더 활력있고 향이 더 있듯이 루삐약은 쌩뜨크루아 뒤몽보다 더 혈기가 있고 과일향이 더 강하지만 덜 달콤하다.

우안의 스위트 화이트와인의 공통점은 바로 풍부한 부케가 있으면서 과일맛이 나며 부드럽다는 것이다. 물론, 품질의 수준은 생산 떼루아에 따라 차이가 있으나 이 스위트 와인들은 지속적인 품질과 가장 조화로운 품질을 자랑한다.

쌩뜨 크루아 뒤몽SAINTE-CROIX-DU-MONT

보르도에서 남동으로 45Km의 가론강 우안에 위치한 이 작은 마을에 대한 혜택을 자연이 배가하였다. 그림같은 전경을 볼 수 있으며 고급 스위트 화이트와인을 생산하는데 아주 특별한 떼루아를 자랑한다.

CIVB

청포도 품종인 쎄미용, 쏘비뇽과 뮈스까델이 혼합되어 고유의 특징이 있는 고급 와인을 생산하는 곳 중 하나이다. 이러한 와인이 가론강 좌안의 쏘떼른 지역뿐 아니라 우안의 쌩뜨크루아 뒤몽을 위시로 하여 이곳 포도밭 마을의 영광과 부를 가져다 주고 있다. 이곳의 와인은 보는 즐거움, 예민한 입안에서의 기쁨을 충족시킬 수 있는 매력을 가지고 있다.

쌩뜨크루아 뒤몽의 포도밭은 균일한 성질을 가졌으며 종종 급격한 경사지의 언덕에 펼쳐져 있다. 고원과 언덕 경사지에 포도밭이 위치하고 있으며 이곳에서 이 지역 AOC 와인을 생산해낸다. 토질, 포도품종, 쏘떼른과 동일한 수확과 양조법 그리고 여기에 기후의 영향까지 받아 고품질의 와인을 생산하고 있는 것이다.

떼루아-산지

포도원은 언덕아래 남쪽에 위치하고 최근의 충적토로 되어 있다. 여기에서 다양한 포도재배가 이루어지고 있으며 일부에서는 적포도 품종도 재배되고 있다. 마을 나머지 부분의 굴곡이 심한 토양은 종종 찰흙, 석회질로 동일한 바위에 위치한 굴 껍질과 바다에서 나온 여러 화석들이 섞여 있다. 북쪽으로 가면 토질은 하층 토양이 일부 자갈성을 이루는 찰흙 모래로 바뀐다.

와인 특성

이 지역 스위트 와인은 쏘떼른의 것보다 기품이 덜한 듯 하나 부드러움, 과일맛, 혈기, 우아함이 있어 가장 까다롭고 민감한 입을 만족시킬 수 있다. 물론, 품질은 토양, 지하토양 또 재배에 대한 정성, 특히 수확과 양조법에 따라 차이는 있다. 모든 스위트 와인이 그렇듯이 부케와 맛이 숙성되면서 더 풍부해지는 와인이다.

최근에서야 약간의 생산이 이루어지고 있는 레드와인은 일부 생산자들이 레드와인을 고객만족 차원에서 화이트와인과 함께 생산할 뿐이다. 현재 생산되고 있는 레드와인들은 프리미에 꼬뜨 드 보르도 명칭 지역에 포함되어 있을지라도 보르도 또는 보르도 쉬뻬리어AOC 명칭만을 사용할 수 있다.

AOC 지역 : 쌩뜨크루와 뒤몽 Sainte-Croix-du-Mont
와인 종류 : 화이트와인
포도 품종 : 쎄미용 73%, 쏘비뇽 21%, 뮈스까델 6%
재배 면적 : 약 465 ha

루삐약LOUPIAC

가론강 우안의 보르도 지방 위쪽 약 40Km 떨어진 루삐약의 언덕들이 서쪽으로 쌩뜨크루아 뒤몽에 이어 쭉 뻗어있다. 마을은 언덕 아래기슭에 자리하고 있기 때문에 가끔 가론강의 수위 상승에 따른 침수로 어려운 고비를 맞을 때가 많은 지역이었다.

하지만 포도밭들은 급경사인 경사지에 있고 남쪽으로 향하고 있어 자연의 혜택을 받고있다. 포도나무의 경우 매우 오래 전에 심어졌는데 몇몇 작가들은 13세기에 그 흔적들을 찾아 서술한 바 있다. 그리고 모자이크와 기타 건축 양식들로 보아 루삐약에 갈로로마인들이 살았던 것으로 보여지고 있다.

떼루아 – 산지

쌩뜨크루아 뒤몽 지역처럼 이 곳도 매우 굴곡이 심한 지역이다. 토양 또한 비슷한 성질이다. 찰흙 석회질 또는 동쪽의 찰흙 모래질 토양에 포도나무가 심어졌다. 그리고 가론강가 서쪽으로 전형적인 땅들이 다시 나타난다.

쌩뜨크루아 뒤몽 및 이웃 지역에서처럼 포도밭들이 남쪽으로 향하고 있고 가을 안개가 발생하여 귀부현상을 일으키는데 유리한 작용을 하여 명성있는 스위트 화이트와인을 생산하고 있다.

와인 특성

화이트와인 이 지역 화이트와인은 부드럽고 과일맛이 나며 또 가장 까다롭고 예민한 애호가들에게도 만족을 줄 수 있는 힘이 있다. 섬세하고, 단단하고 관대한 품질은 숙성되면서 더욱 향상된다. 모든 스위트 화이트와인의 경우 좌안의 가장 유명한 생산자들과 마찬가지로 각 크뤼의 품질은 물론 산지의 성질에 달려있다.

레드와인 이 지역 또한 레드와인 생산은 매우 제한적이다. 현재, 루삐약 지역에서 생산된 레드와인들은 프리미에 꼬뜨 드 보르도 AOC 명칭 지역으로 둘러싸여 있지만 보르도 또는 보르도 쉬뻬리어AOC 명칭 밖에 사용되지 않는다. 반면에 까디약Cardillac AOC 지역에서 수확된 레드와인들은 계속 프리미에르 꼬뜨 드 보르도 원산지 명칭으로 불리울 수 있다.

AOC 지역 : 루삐약Loupiac
와인 종류 : 화이트와인
포도 품종 : 쎄미용 73%, 쏘비뇽 21%, 뮈스까델 6%
재배 면적 : 약 392 ha

까디약CADILLAC

원산지 명칭에 사용되는 까디약 마을은 보르도에서 남쪽으로 약 40Km 떨어진 가론강 우안에 위치한다. 매우 오래된 도시로 1280년경에 세운 작은 요새의 잔해 일부분이 여전히 남아 있다. 당시 영주였던 에뻬르농Epernon 공작의 샤또가 소재하고 있는데 이는1600~1650년사이에 지어졌으며 프랑스 대혁명 등으로 인해 파손되었던 것을 역사유물관리국에서 복구하여 내려오고 있다.

까디약 지역은 더 넓은 프리미에 꼬뜨 드 보르도AOC 지역에 포함되어 있으며 가장 쾌적한 풍경이 있는 곳이다. 1973년에 만들어진 까디약AOC는 1980년 새로운 시행령으로 상당히 수정되어 이 곳은 스위트 화이트와인 AOC 지역이 되었다. 이 명칭을 사용하기 위해 포도수확은 연속적인 선별법에 따라 귀부현상으로 과숙성된 것이어야 한다.

떼루아-산지

프리미에 꼬뜨 드 보르도의 가장 넓은 지역의 것과 같은 떼루아 성질을 가지고 있다. 굴곡이 심하며 가론강가와 같이 가파르기도 하다. 포도재배종류에 따라 고도와 경사지가 달라지는 언덕은 찰흙에다 굵거나 모래가 섞인 자갈 토양이다. 지하토는 찰흙, 석회질 또는 석회질이어서 포도재배에 특히 유리한 여건이다.

와인 특성

까디약 화이트와인은 우아하고, 향이 있으며 과일맛이 풍부하며 바디감이 있다. 하지만 현재 까디약 생산량은 매우 저조한데 이 지역 생산자들은 프리미에 꼬뜨 드 보르도 AOC 명칭을 사용하는 화이트와인을 많이 생산하기 때문이다.

AOC 지역 : 까디약Cadillac
와인 종류 : 화이트와인
포도 품종 : 쎄미용 73%, 쏘비뇽 21%, 뮈스까델 6%
재배 면적 : 약 896 ha

6. 꼬뜨 드 보르도
COTES DE BORDEAX

꼬뜨 드 보르도 지역은 가론 강변을 따라 도르돈뉴강 유역까지 아우르는 지롱드 삼각주 지역으로 다양한 풍광과 역사적인 유산을 보유하고 있다. 전통적인 샤또들과 저택, 성채, 예스러운 집들이 이 지역에 자리하고 있으며 풍부한 역사의 증거를 보여주고 있다. 좁다란 길들 사이로 형성된 마을과 읍내, 풍차 방앗간들은 이 지역이 전통적인 농업과 무역 활동의 거점이었다는 것을 보여주고 있다.

이 지역에는 고대부터 포도나무가 심어졌으며 서기 2세기경 로마인들이 지배하던 이 곳에 비티스 비투리카 포도나무들이 심어졌다고 전해진다. 4세기에 작성된 기록에 의하면 이 곳에서 생산된 와인의 명성은 제국의 수도인 로마에까지 전해졌다고 한다.

이 곳은 12세기 영국 헨리 2세와 아끼뗀의 알리에노르 결혼으로 말미암아 와인이 영국으로 공급되기 시작하였으며 런던으로 수출 길을 열었다. 하지만 1453년 까스띠용 전투로 영국이 패배하자 이 시대는 끝나게 되었다.

하지만 17세기 들어서 이 지역 와인이 다시 부흥하기 시작하였다. 영국인들이 보관과 운송이 용이한 이 곳의 와인을 선호하여 이 곳 와인을 영국의 여러 식민지로 수출하였다. 18세기에 특징적인 양조방법이 도입되면서 와인 생산의 발전이 이루어졌고 20세기에 들어와 꼬뜨 원산지 호칭의 지정 작업이 이루어지게 되었다.

2000년대 초반부터 공동 브랜드에 관한 논의가 본격적으로 진행되었고 2007년에 꼬뜨 드 보르도라는 큰 명칭 아래 각자 개성을 지닌 블라이Blaye와 까디약Cadillac, 까스띠용Castillon, 프랑Francs의 네 지역 생산 와인들을 꼬뜨 드 보르도 AOC라는 하나의 브랜드로 통합하기로 결정하고 꼬뜨 드 보르도 와인연합회라는 조직이 결성되었으며 그 아래 4개의 지부가 포함되었다. 2009년에 INAO가 꼬뜨 드 보르도 AOC를 공인하게 되면서 공식적으로 이 브랜드가 출범하여 오늘에 이르고 있다.

이 곳 와인들은 기술적 정보와 홍보물을 같이 공유하고 있으며 꼬뜨 드 보르도라는 통합 브랜드로 홍보하고 있다. 이러한 공동 브랜드로 국내외에서 더 쉽게 인식할 수 있게 되고, 언덕과 비탈로 이루어진 이 지역의 독특한 떼루아에서 생산된 가성비 좋은 와인으로 더 널리 알릴 수 있게 되었다.

떼루아-산지

꼬뜨 드 보르도 지역의 포도밭은 가론강과 도르돈뉴강 유역의 삼각주 지역에 면해있으며 블라이와 까디약, 까스띠용, 프랑 이렇게 네 개의 지역으로 구분되어 있다. 이 지역은 석회와 점토질이 섞인 토양으로 이루어져 있다. 대다수의 포도밭은 강가의 언덕지대에 위치하고 있어서 햇빛이 잘 들고 빗물의 배수가 용이하여 맛이 더 진한 포도를 기대할 수 있다. 인근에 흐르고 있는 강은 이곳의 기후에 영향을 주어 상대적으로 온화한 기후를 만들어 준다. 이러한 조건은 포도가 자라는데 이상적인 조건을 제공하여 특히 아로마가 뛰어난 포도를 수확할 수 있게 해 준다.

크뤼-포도원

이 지역의 대다수의 포도원들은 대를 이어 오는 전통적인 와이너리들이 많다. 옛날에 이 지역은 와인을 병입하지 않고 벌크로 많이 판매하였지만 80년대 이후로 포도재배와 와인 양조에 대한 엄격한 품질 관리에 노력한 결과 이제는 병입된 품질 좋은 와인들이 생산되고 있다. 이 지역은 환경에 대한 관심이 높아서 대다수의 와인업자는 친환경적인 농법으로 포도를 재배하고 있으며 유기농 인증이나 테라 비티스Terra Vitis와 같은 관련 인증을 받은 데가 많다. 생체역학적 방식으로 포도를 재배하는 곳도 있다.

와인 특성

이 지역은 다른 보르도 지역과 마찬가지로 두 세 종류 이상의 포도를 블렌딩하여 와인을 만들고 있으며 레드와인은 메를로를 위주로 까베르네 소비뇽과 까베르네 프랑, 말벡을 조금씩 섞어서 양조하는 경우가 많다. 화이트와인 품종으로는 쏘비뇽 블랑이 지배적이며 세미용이 소량 블렌딩된다.

이 곳의 레드와인은 붉은 과일향이 지배적이며 체리와 자두, 커피, 바닐라, 가죽 냄새가 느껴지기도 한다. 이 곳의 레드와인은 짜임새가 좋고 맛의 균형이 잡혀 있고 우아하고 원만한 특징을 지니고 있다. 이 곳의 와인은 오래 숙성하지 않고 비교적 젊은 상태일 때 마셔도 좋으며 10년 정도까지 숙성시켜 마시면 더 깊고 중후한 맛을 기대할 수 있다. 상대적으로 소량 생산되는 화이트와인은 쏘비뇽 블랑 포도를 위주로 세미용을 블렌딩하여 만들어진다.

블라이 꼬뜨 드 보르도BLAYE COTES DE BORDEAX

블라이Blaye는 지롱드 우안에 위치한 마을로 보르도에서 북으로 약 50Km 떨어진 곳에 위치한다. 기원은 아주 고대로까지 거슬러 올라간다. 기원전 25년경에 로마인들이 보르도의 방어역할을 할 성벽을 이곳에 지었다. 오늘날까지 완전한 상태로 보존되어 있는 17세기에 지어진 블라이 성채는 역사적인 기념물로, 또한 군사건축물의 훌륭한 작품으로 인정받고 있다.

꼬뜨 드 블라이 지역은 17세기에 고도주를 만들기 위해 증류를 목적으로 한 화이트와인용 포도나무 재배가 확장되었고, 1909년에는 꼬냑 지방에까지 이르렀다. 최근에도 이 지역은 파인 보르도Fine Bordeaux 즉 보르도 브랜디를 생산하는 주요 지역이다.

떼루아-산지

보르도 시에서 북쪽으로 45km 지역이며 메독 지역과 붙어있다. 해를 볼 수 있는 날이 연간 240일 정도로 일조량이 풍부한 지역이며 바다의 영향으로 상대적으로 습도가 높은 편이다. 이 곳 토양은 점토에 자갈, 석회석, 규사토가 섞여 있는 곳이 많다. 이 곳에는 약 40여 개의 마을에서 5500 ha에 이르는 포도밭을 보유하고 있다.

서쪽의 쁠라싹Plassac에서 블라이의 북쪽까지 지롱드와 바로 인접한 강과 접해 있는 가파른 언덕의 토양은 찰흙 석회질이거나 찰흙이다. 좀 더 북쪽으로 가면 매번 홍수의 피해가 있는 습지 지대는 토양이 진흙이 많아서 평원이나 묘목에 유리하다. 동쪽 방향 후배지의 경우 굴곡이 심한 토양은 고도 100 m에 달하는 높고 넓은 고원이 있다. 완만한 경사의 계곡으로 구분되어 모래, 찰흙의 토양으로 되어 있으며 가끔은 고지대와 같이 모래 자갈 토양이다.

AOC 와인이 생산되는 언덕의 지하토는 석회질로, 종종 매우 단단한 석회로 표면에 드러나기도 하여 건축용 돌이나 석회석으로 사용하기 위해 캐기도 한다. 동쪽으로는 지하토가 모래인 편이다. 메독에서와 같이 자주 산화철에 의해 뭉쳐진 자갈 또는 모래로 만들어진 사암, 갈색의 사암을 볼 수도 있다.

크뤼-포도원

포도원의 대부분은 3, 4세대 혹은 그 이상의 여러 세대에 걸쳐 내려오는 경우가 많다. 포도밭의 면적은 다양한 편이다. 20ha가 넘는가 하면 5ha 미만인 경우도 많다. 약 20여 년 전에 이 지역 일부 생산자들은 레드와인만큼이나 화이트와인을 생산하여 다량을 벌크로 판매하였다. 그러나 현재는 와인 주조, 재배와 와인 가공 및 포도나무재배에 노력을 경주한 결과 몇 크뤼에서는 보르도 고급 와인과 나란히 어깨를 같이 하고 있으며 이웃 부르그 와인처럼 가격대비 품질이 월등하여 점점 더 그 입지를 확고해 가고 있다.

이 지역 생산 와인은 레드와인이 95%에 이르는데 메를로 70%, 까베르네 소비뇽 20%, 말벡 10%로 구성되어 있다. 소량 생산되는 화이트와인의 주 품종은 소비뇽 블랑이 90%이며 뮈스까델과 쎄미용이 나머지를 차지한다.

와인 특성

레드와인의 경우, 프리미에 꼬뜨 드 블라이 명칭을 사용하는 와인은 꼬뜨 드 블라이 명칭의 와인보다 더 섬세하다. 주로 까베르네 소비뇽, 까베르네 프랑, 메를로를 주 품종으로 사용하기 때문이다. 일반적으로 아름다운 색깔을 띄며 부드러운 과일맛이 살아있으며 기분 좋은 부케가 풍부하다. 숙성이 되면서 색깔이 점점 더 진해지며 향은 포도품종에 따라 사향 또는 향신료 향을 발산한다.

화이트와인은 일반적으로 드라이한 와인이다. 약간의 초록빛을 띠는 노랑색 와인으로 쏘비뇽 블랑이 주 품종으로 강렬하고 강한 향이 나며 금작화, 감귤류와 노란 과일향이 난다. 입에서는 섬세하고 생동감이 있으며 미묘함이 있다. 가장 기분 좋은 끝 맛으로 입안에 오래 남아 있는 특징이 있다.

까디약 꼬뜨 드 보르도CADILLAC COTES DE BORDEAX

까디약 지역은 보르도시의 남쪽에 위치하고 있으며 앙트르 드 메르 지역의 끝자락에 있다. 보르도시와 랑공 사이로 흐르는 가론강의 오른쪽 강변을 차지하고 있으며 이 지역의 전체 길이가 60 km에 이른다. 까디약의 북쪽으로는 스위트 와인 산지로 유명한 루피약이 있고 남쪽으로는 쎄롱 지역이 인접해 있다.

이 곳의 날씨는 가론강의 영향으로 온화한 편이며 남향과 남서향의 언덕들은 태양빛을 충분히 받을 수 있어 포도 재배에 유리한 환경이 되고 있다.

떼루아-산지

39여 개의 마을에서 2400 ha에 이르는 포도밭을 보유하고 있다. 이 곳의 토양은 석회암이 지배적이며 점토와 자갈, 규사토가 섞여 있는 곳이 많다. 이런 토양에서 자라는 메를로 포도는 양조한지 얼마 안되어 바로 마실 수 있는 특징을 지니고 있다.

크뤼-포도원

이전에는 프르미에르 꼬뜨 드 보르도 호칭으로 와인을 생산하였지만 2009년부터 꼬뜨 드 보르도Cotes de Bordeaux AOC로 통합되어 그 호칭을 사용하고 있으며 하위 지역명칭을 표시하게 된다. 이 곳은 레드와인을 위주로 생산하는데 메를로가 55%로 제일 많이 사용되며, 다음으로 까베르네 소비뇽25%, 까베르네 프랑15%, 그리고 보조 품종으로 말벡이 5%를 차지하고 있다.

와인 특성

메를로를 중심으로 다른 품종들을 조금씩 섞어서 와인을 양조한다. 이 곳에서 생산되는 와인은 모두 샤또에서 병입되며 섬세하고 우아한 분위기를 지니고 있다. 이 곳에서 생산되는 레드와인은 오랫동안 숙성하지 않고도 마실 수 있으며 부드럽고 우연한 촉감을 지니며 균형잡힌 맛을 자랑한다. 보통의 레드와인들은 3~5년 정도 숙성하면 완성도에 이른다. 또한 이 곳에는 품질 좋은 스위트 와인도 생산되고 있는데 인근의 쎄롱과 루피악 스위트 와인들과 견줄만하다.

까스띠용 꼬뜨 드 보르도CASTILLON COTES DE BORDEAX

원산지 명칭을 있게 한 까스띠용 라바따이유Castillon-la-Bataille 마을은 보르도 동쪽으로 약 40 km 떨어진 도르돈뉴에 위치한다. 이 지명은 1453년 백년전쟁을 종식시킨 그 유명한 전투 중 영국군의 지휘관 딸보Talbot 장군이 전사한 곳으로 알려져 있으며, 이 지역에 포도나무를 처음 심게 된 때는 로마시대 일 것이다. 그 당시 성당과 저택 및 갈로아 로마시대의 모자이크 등이 이를 증명하고 있다.

이 곳은 보르도시에서 동쪽으로 45 km 지점에 위치하고 있으며 서쪽으로는 쌩떼밀리용이 위치하고 서쪽으로는 도르돈뉴 현과 접해 있으며 남쪽으로는 도르돈뉴강이 흐르고 있다. 이 곳은 해양성 기후를 띠며 온난하고 습윤한 지역이다. 쌩떼밀리용 지역부터 시작된 언덕 지대는 동쪽으로 갈수록 점점 낮아지는데 이곳의 고도는 대략 100 m 내외이며 다양한 곡물이 재배되고 있다. 이러한 계곡에 포도나무로 덮여 있는 지역 풍경을 볼 수 있다.

1955년부터 이 지역에서 생산된 와인들은 보르도 꼬뜨 드 까스띠용 또는 보르도 쉬뻬리외-꼬뜨 드 까스띠용 AOC 명칭을 사용할 수 있었다. 그러나 와인의 독창성과 특성에 대하여 인식을 하고 있었던 이 지역 와인 재배업자들은 INAO에 지역 고유의 명칭을 요구하였다. 그리하여 꼬뜨 드 까스띠용이라는 AOC명칭이 인정받고 승인됨으로써 그 동안의 노력에 대한 보상을 받게 되었다.

떼루아-산지

남쪽 도르돈뉴강 가의 토양은 매우 비옥한 현대식 충적토로 이루어져 있다. 북쪽으로 갈수록 토양은 모래와 자갈류 이지만 언덕에 다다르면 찰흙, 석회질 또는 이회토로 변한다. 그리고 계곡부위는 찰흙이거나 찰흙, 모래토를 형성하고 있다. 도르돈뉴에 인접한 지하토는 자갈성 토양이다. 이회토와 석회질 청사암으로 되어 있으며, 약간의 사질토이며 북쪽으로 갈수록 석회질이다. 그리고 꼬드 드 까스띠용 지역은 매우 쾌적한 기후로 바람의 세기와 바다의 영향이 완화된 곳이다. 이러한 조건들이 포도재배에 적합한 떼루아를 만들어주고 있다.

크뤼-포도원

전체 포도밭 면적은 2,300 ha에 이르며 230여 와인 생산자와 와인조합 3개가 와인 생산을 담당하고 있다. 일부가 25~30ha가 넘는 소유지이나 평균 면적은 10ha 남짓이다. 그들의 지하 저장창고는 대체로 설비시설이 잘 갖추어져 있고 다른 지역보다 먼저 스테인레스 탱크를 이용한 와인 양조를 시작하였다. 연간 와인 생산량은 10만 hl이다.

와인 특성

이 곳에는 레드와인 위주로 생산되며 포도품종으로는 메를로 70%와 까베르네 프랑 20%, 까베르네 소비뇽 10%로 이루어져 있다. 이 곳에는 소규모로 고급스러운 디자이너 스타일의 와인이 주로 생산되고 있으며 와인의 맛은 진하면서도 매끄러운 촉감을 지니고 있다.

프랑 꼬뜨 드 보르도FRANCS COTES DE BORDEAX

AOC 원산지 명칭이 된 프랑 마을은 도르돈뉴 행정구역 경계구역에 위치한 작은 마을이다. 보르도 동쪽으로 약 60Km, 까스띠용 라바따이유 북쪽으로 약 10km 떨어진 곳에 위치하고 있다.

이 지역의 기원은 6세기초로 거슬러 올라간다. 507년 프랑크의 왕 크로비스Clovis 1세는 위지고뜨Wisigoths의 왕 알라릭Alaric 2세를 물리치고 아끼뗀느Aquitaine 지방을 정복한다. 프랑크 부대의 일부가 이곳에 기지를 삼고 '아드 프랑코스Ad Francos'라 명명한 것이 후에 프랑크Francs가 된다. 그 후 이웃 지역에서와 마찬가지로 포도나무는 아주 오래전부터 심어져 왔고 성당은 11~12세기에 지어졌으며 이 곳에서 갈로아 성당과 선돌의 흔적을 찾아 볼 수 있다.

간선 도로변에서 멀리 떨어져 있는 이 지역은 조용하며 쾌적하다. 방아와 비둘기집의 흔적이 많은 언덕들은 포도나무가 가득하며 계곡 깊숙이 주로 평원과 다양한 재배지가 있다.

떼루아-산지

보르도시에서 북쪽으로 50 km 지점에 위치하고 있으며 쌩떼밀리옹 동쪽 지역과 가까운 곳이다. 이 곳 토양은 석회암이 많으며 기후는 대륙성 기후의 영향으로 건조한 편이며 여름에는 덥고 겨울에는 추운 곳이다. 이 곳에 많은 동쪽을 향한 언덕지역의 포도밭은 햇빛이 잘 들고 폭풍우와 우박 피해를 받을 염려가 없는 안전한 지역이다.

릴르l'Isle와 도르돈뉴강 계곡의 중간에 위치한 이 지역은 언덕이 많은데 동쪽이 쌩떼밀리용 언덕과 맞닿는다. 토양은 계곡 깊숙이는 찰흙이고 언덕은 찰흙, 석회질 토양이다. 지하토는 일반적으로 이회토 또는 석회토이나 가끔 찰흙이고 심지어는 산화철을 함유하기도 한다.

크뤼-포도원

이 곳에는 레드와인 위주로 생산되며 포도품종으로는 메를로 70%와 까베르네 프랑 20%, 까베르네 소비뇽 10%로 이루어져 있다. 전체 포도밭 면적은 500 ha에 이르며 3개의 마을이 자리잡고 있다. 이 곳에는 1개의 조합과 16명의 생산자가 소규모로 고급스러운 디자이너 스타일의 와인을 주로 생산하고 있으며 와인의 맛은 진하면서도 매끄러운 촉감을 지니고 있다.

와인 특성

레드와인은 풍만하고 바디가 있으며 색이 진하다. 또한 이 지역 와인은 조화롭고 탄닌의 여성스러운 것이 그 특징이라 하겠다. 장기숙성용 와인이나 생산연도에 따라서 햇 와인일 때도 붉은색 과일의 우아한 향을 느낄 수 있어 마시기에 적합하다. 화이트와인은 쎄미용이 주 품종이어서 기름지고 복합적인 와인으로 기품이 있다. 하지만 여기서 스위트 와인은 찾아보기 어렵다.

프르미에 꼬드 드 보르도PREMIERES CÔTES DE BODEAUX

이 지역은 보르도시에서 동남쪽에서 북서쪽까지 약 60Km에 걸쳐 펼쳐져 있다. 쌩맥성Saint-Maixant마을에서 바쌩Bassens마을까지 연결되어 가론강을 따라 굴곡들을 맞대고 있다.

울퉁불퉁한 구릉이 많은 지역으로 확 트인 경관이 많아 산책하기에 적격이다. 또한 성벽으로 둘러진 마을로 샤또, 유적물, 역사명소 등이 있다. 세계적인 예술가와 문학가가 이곳에서 태어나 성장하고 살았으며 그 중에서 동물과 전원풍경의 화가인 로사 본웨르Rosa Bonheur, 앙리 드 뚤루즈 로트렉Henri de Toulouse-Lautrec, 프랑스아 모리악François Mauriac 등이 있다.

이 지역 경치는 매우 간소하고 평화로운 아름다움을 지니고 있다. 그리고 여기저기서 쁠라썽Plassan과 같은 예쁜 샤또들을 볼 수 있으며 가론강의 만조 시 예전에 오크통과 물품을 실어 나르는 돛단배들이 정박했던 여러 작은 항구를 볼 수 있다.

대게 포도밭은 강에 접한 언덕의 경사지나 꼭대기에 대부분 위치하고 있다. 이 포도밭은 37개의 마을에 걸쳐 있으며 성당의 종이 그 경계를 표시하고 있는 것처럼 보인다. 얼마 전까지만 해도, 이 지역 북쪽지역은 레드와인 생산으로 유명하였고 남쪽지역은 부드러운 와인에 적합한 미세기후의 영향을 받아 화이트와인으로 유명하였다. 이는 좋은 떼루아 덕분에 각각 어느 정도 명성을 얻기도 하였지만, 지리적으로 보르도시와 근접하고 있고 중세부터 18세기까지 있었던 보호주의 덕분이기도 하다.

19세기 중에는 많은 사람이 이 지역의 와인을 선호했으나 1956년 닥친 냉해로 프리미에르 꼬뜨 드 보르도 AOC는 어느 정도 잊혀졌다. 그러나 소수의 포도재배자들이 합심하고 노력하여 현재 이 명칭 AOC로 와인을 생산하며 다시 순항하고 있다.

이 지역에서는 도시화로 인해 일부 포도밭들의 상당부분이 피해를 봤으며 분할된 토지, 공단 및 우회도로 건설로 인해 완전히 사라진 곳도 있다. 하지만 이러한 피해를 방지하기 위한 포도밭 토지 장부 검토 시행으로 생산 면적이 유지되었을 뿐만 아니라 어느 정도 면적이 늘어나기도 하였다.

떼루아-산지

이 지역은 가론강을 따라 보르도시 남쪽으로 약 60Km에 위치해 있다. 보르도의 외항인 바쌩Bassens에서부터 랑공 근처의 쌩맥썽Saint-Maisant에까지 이른다. 동서 간격은 몇 km 밖에 되지 않는다. 강에서 조금 떨어진 고도 25~100m, 너비 5Km의 바로 이곳에 찰흙 자갈류, 찰흙 석회석 또는 석회질의 토지로 된 떼루아가 있다. 지하토는 석회질이며 가끔 찰흙으로 되어 있으며 이곳이 프리미에르 꼬뜨 드 보르도 AOC지역을 형성하고 있다.

포도원은 전반적으로 남동쪽을 향하고 있어 최고의 일조량을 갖게 되며, 또한 경사진 곳에 위치하고 있어 일조량 강도를 더욱 높혀 준다. 여름에는 지속적인 환기와 가론강과 근접해 있어 습기가 더위의 완충 역할을 하고 있다.
충적토에 포도나무가 많이 있으며 특히 해가 잘 드는 언덕이 그렇다. 이 지역 북쪽에서는 주로 레드와인을 생산하고 남쪽에서는 화이트와인을 생산한다. 가론강가의 토지는 충적토로 이루어져 있으며 지하토는 모래 자갈성이라 네고씨앙들에게 매우 인기가 좋은 강하고 진한 색깔의 우수한 레드와인을 생산하는 포도품종이 재배하기에 적합하다.

와인 특징

레드와인 포도품종은 일반적인 보르도와 같이 메를로, 까베르네 프랑, 까베르네 소비뇽이며 이는 와인 생산자가 갖는 취향에 따라 그 비율이 달라진다. 또한 와인의 개성을 살리기 위해 약간의 말벡과 쁘띠 베르도를 첨가하기도 한다. 이 지역 북쪽과 언덕에서 생산되는 것이 최상 레드와인으로서 유연하고 기품이 있다. 장기숙성할 수 있다.
이 지역AOC 레드와인은 대체적으로 색깔이 있으며 골격이 있고 바디가 꽤 있는 편이다. 메를로가 주품종이라 원만함과 부드러운 탄닌의 맛을 내며 햇 와인일 때 신선하고 풋풋한 상태로 마실 수 있다. 반면 단단한 골격이 있는 와인은 숙성을 가능하게 하고 섬세하고 관대한 와인을 낳는다. 따라서 참을성을 갖고 기다리면 매우 훌륭한 이 지역 와인 모습을 만나게 되는데 특히 전통적으로 오크통에서 숙성된 와인인 경우 더욱 그렇다.

로제와인, 클라레 프리미에르 꼬뜨 특징중의 하나는 로제 와인 또는 클라레를 생산하는 것이다. 레드와인 품종에서 나온 이 와인들은 드라이한 화이트와인들의 신선함과 생동감이 레드와인의 부케와 바디가 잘 어울려 있다.

화이트와인 백포도 품종으로는 쎄미용과 쏘비뇽 블랑, 뮈스까델은 의무적으로 화이트와인을 구성한다. 이들은 바디가 있고 부케가 있다. 드라이화이트와인이 주로 생산되지만 남쪽 일부는 스위트 와인을 만들기도 한다. 이는 포도가 충분히 익도록 놓아두면 까디약 AOC에 속하기 때문이다.

이 지역 화이트와인들은 발효 후 최소 리터당 4g의 당분을 함유하고 있어야 한다. 이와 같은 이유로 대체적으로 부드럽고 심지어는 까디약 명칭지역에 포함된 마을에서 생산된 와인의 맛은 달콤하기까지 하다. 또한 이 와인들은 바디, 섬세함과 꽤 진한 부케가 특징이다. 주품종은 쎄미용으로 구운 향과 단 과일향을 낸다. 햇 와인일 때 마실 수 있는 '기름지고' 훈훈하며 실크같은 기품있는 와인이나 까브에 몇 년간 묵혀 두면 향의 관대함과 섬세함을 제대로 발휘하는 와인이다.

꼬뜨 드 보르도 쌩마께르CÔTES DE BODEAUX SAINT-MACAIRE

쌩마께르라는 지명은 6세기에 이 마을에 설교 및 복음을 전파한 바로 이 '지역주교'로부터 기인한다. 과거의 역사와 이 지역에서 생산되는 화이트와인등의 이유로 이 지역은 방문할 만한 곳이다. 강과 거의 평행을 이루는 언덕의 연속으로 구성되었는데 각 언덕은 평원과 포도재배가 이루어지고 있는 넓은 계곡으로 나뉘어져 있다. 이 언덕의 경사지에 목동들은 반 세기 전부터 동물 사육에서 포도재배로 대체해 오고 있다.

떼루아-산지

이 지역은 굴곡이 매우 심한 곳으로 계곡들이 여기저기 있으며 언덕들이 경계를 그리고 있다. 찰흙 석회석 또는 찰흙 모래의 토질로 덮혀 있으며 지하토는 동일한 성질이거나 석회질이다. 이 떼루아는 포도나무에 매우 유리할 뿐만 아니라 과수재배에도 적격이다.

크뤼-포도원

이 지역 AOC가 화이트와인 명칭일지라도 대부분의 포도 재배업자들은 포도밭 상당 부분을 레드와인 품종에 할애하고 있다. 또한 수익을 위해 평균면적이 약 20ha 정도 된다.

와인 특성

화이트와인은 뛰어난 토양 성질과 이에 쏟은 정성 덕에 매우 오래 전부터 명성을 얻고 있다. 대부분 섬세하고 바디가 있는 편이며 유연하고 부드러우며 가끔 크뤼에 따라 스위트 하기도 하다. 현재 실제로는 화이트와인이 더 이상 이 지역 명칭AOC로 생산이 되지 않고 있는데 이는 생산자들이 보르도 또는 보르도 쉬뻬리외르 명칭을 선호하기 때문이다.

기타 다른 화이트와인 생산지역과 마찬가지로 레드와인 품종 면적이 상당히 방대해졌다. 적합한 떼루아로 생산된 이 지역 와인은 바디가 있고 탄닌 구조가 있는 와인으로 장기간 숙성될 수 있으며 보르도 또는 보르도 쉬뻬리외르AOC 명칭을 사용할 수 있다.

그라브 드 베르GRAVES DE VAYRES

이 지역은 도르돈뉴강 좌안에 위치한다. 토질이 매우 다양한 앙트르 드 메르 지역 내에 자갈토양으로 둘러싸여 있으며 면적은 그리 넓은 편이 아니다. 이 특별한 떼루아와 좋은 판로를 가진 이 지역 와인들은 19세기 초부터 그 정체성을 확보하였다. 레드와인과 화이트와인 모두는 앙트르 드 메르 지역 것보다 월등하게 높은 가격으로 팔렸다.

1931년 보르도 법원령으로 공식 인정된 그라브 드 베르 AOC 명칭은 1937년 INAO에 의해 승인되었다. 베르Veyres 마을의 대부분과 아르베르Arveyres 마을 고원 지역이 여기에 해당한다.

그리고 1956년 냉해 이후, 포도나무 재심기 작업은 이 지역 포도조합에서 철저히 관장하였다. 명칭 시행령에 해당되는 우수한 포도나무들이 다시 심어졌다. 20세기 후반 재배법과 포도학의 발전으로 포도재배업자들은 그들 와인 품질을 확고히할 수 있었다.

오늘날 몇몇 새로운 포도재배업자들이 활발하게 이 마을 AOC에 활기를 불어넣고 있다. 합리적인 포도재배, 오크통 또는 양조통에서 이루어지는 전통적인 숙성 등의 새로운 모습은 이 지역 강점으로 해외시장에서도 중요한 입지를 자리매김할 수 있도록 하였다.

떼루아-산지

이 AOC 와인이 생산되는 땅은 대체적으로 모래 자갈 또는 모래 찰흙을 띠며 가끔 자갈류의 지하토를 가진 모래 찰흙이기도 하다. 이 지하토는 도르돈뉴와 가까워 질수록 수면이 드러나는 앙트르 드 메르의 지하수층에서 기인된다. 강과 맞닿아 있는 이 원산지는 물이 완화 작용을 할 뿐만 아니라 우안의 가파른 굴곡 및 프롱삭 언덕과 근접해 있어 특별한 미세기후가 호재로 작용하고 있다.

크뤼-포도원

현재, 이 지역 AOC 와인을 생산하는 포도나무는 약 540ha로 여기서 레드와인 약 25,000hl, 화이트와인 약 7,000hl가 생산되고 있다.

와인 특성

레드와인은 섬세하며 과일향이 풍부하다. 하지만 숙성에 적합하여 시간이 흐를수록 완전한 균형과 넉넉함이 더 부각된다. 평원의 레드와인들은 그라브 와인보다 바디감이 충실하며 색상이 더 선명하다. 일반적으로 보르도나 보르도 쉬뻬리외르 AOC 명칭으로 불리 운다. 화이트와인은 섬세하고 부케가 있다. 쏘비뇽 블랑으로 인해 드라이할 수 있으며 전형적일 수 있다. 과숙성되어 수확된 쎄미용 덕분에 더욱 부드럽고 유연하며 넉넉한 맛을 제공한다.

꼬뜨 드 부르그CÔTES DE BOURG – 부르그BOURG

원산지 명칭으로 사용되는 부르그 쉬르 지롱드Bourg-sur-Gironde 지명은 보르도에서 북쪽으로 약 30Km 떨어진 곳으로 도르돈뉴 우안의 도르돈뉴와 가론강이 합류하는 곳에 있는 마을이다. 이 곳은 강의 충적토가 쌓여 앙베스 하구Bec d'Ambes가 길어져 오늘날은 도르돈뉴에서 불쑥 나와 있지만 예전에는 지롱드의 돌출 부분이었다. 12세기에 영국인들이 이 곳에 성채를 지었고 그 후에 성채의 성이 보르도 대주교의 여름별장으로 사용되었다.

강가에 위치한 여건 때문에 부르그는 항상 활발한 상업활동이 이루어졌고 여러 번의 전쟁 같은 험난한 세월을 겪었다. 19세기까지 활동이 활발했던 항구는 오늘날 관광용 항구로 변모했다. 그리고 부르그는 매우 그림같은 풍경의 지역이다. 도르돈뉴의 우안과 지롱드에 넓게 퍼진 급격한 석회질 언덕은 섬과 메독의 멋진 전경을 선사한다. 강과 인접한 이 언덕들은 말 그대로의 절벽으로 끝나는 경우도 있다. 풍경은 너무 좋고 스위스풍이어서 지롱드 지방의 스위스라는 애칭을 갖고 있기도 하다.

이 지역에서 주민들의 거주는 매우 오래 전부터 진행되어 왔으며 이는 선사시대의 동굴의 발견됨이 잘 반증하고 있다. 포도나무는 기원전 1세기경에 로마정복이 완결된 당시부터 심어졌을 것으로 보고 있다. 그 이후 영국 점령하에 있을 당시 두 왕국간의 긴장은 고조되지만 포도밭은 번성하여 화물을 가득채운 부르그 와인이 영국으로 건너갔다. 15세기와 18세기에 포도밭은 꾸준히 확장되었다.

떼루아-산지

부르그 지역은 연속적인 언덕으로 되어있다. 가끔 굴곡이 심하기도 하여 강가에 가서는 급격한 절벽을 이룰 때도 있다. 토양은 찰흙 석회질 또는 찰흙 자갈로 종종 매우 단단한 석회질 지하토를 갖고 있다. 동쪽으로 갈수록 점토성 지하토에 토양은 점토성 자갈이거나 모래이다.

드러나는 다양한 외관에도 불구하고 이 곳은 대체로 균등한 떼루아를 자랑한다. 1977년 실시한 토양 연구에서 이 지역을 "상당한 찰흙이 주종으로 섬세하고, 부서지기 쉬운 유기물, 유용한 물의 저장고, 평균 보르도 토양보다 균질성이 있는 요소들의 저장고"라 보고되고 있다.

크뤼-포도원

이 지역 포도원 소유자들의 특징은 가족 경영이라는데 있다. 600여명의 포도 재배업자들이 있으며 이 중 300여명은 조합을 통해 함께 일을 한다. 이 조합들은 첨단 장비를 갖추고 이 지역 생산량의 25%를 양조한다. 조합에서와 같이 개인 소유자들도 현대식 설비에 투자를 하였으나 전통기법을 버리지는 않았다. 스테인레스 탱크, 온도조절 장치, 오크통 등이 이 지역의 아름다운 산지에서 생산되는 와인들의 풍요로움과 잠재성을 표현하는데 힘을 모으고 있다.

와인 특성

레드와인의 경우, 매우 색깔이 진하고 강렬하며 빛나는 적색 색조가 특징이다. 바디가 있고 남성의 힘이 있으나 부드러우며 균형이 있다. 햇 와인일 때 음용하기에 기분 좋은 와인이다. 하지만 숙성에도 적합하여 기품이 있으며, 섬세함, 과일맛을 여러 해 동안 간직하여 참을성이 있는 애호가들에게 또 다른 기쁨과 느낌을 선사한다. 보르도에서는 꼬뜨 드 부르그 와인을 "일요일의 와인"이라고 부르는데 이는 가족, 친구들끼리 부담없이 보르도 지방의 요리와 함께 마시기에 좋은 와인이기 때문이다.

화이트와인은 예전에는 북쪽과 동쪽에서 중점적으로 생산이 되었지만, 최근에 생산량이 그렇게 많지는 않다. 이 지역 화이트와인은 드라이하고 신선하며 과일 맛이 풍부하다. 품질에 비하면 이들의 가격은 합리적이고 이 지역을 방문한다면 상당히 괜찮은 가격으로 좋은 와인을 구입할 수 있다.

7. 보르도BORDEAUX와 보르도 쉬뻬리외르 BORDEAUX SUPÉRIEUR

보르도와 보르도 쉬뻬리외르 명칭을 사용하는 행정구역은 모자이크 형태인 포도산지를 이루고 있다. 보르도 지방 내 44개 AOC 지역에서 생산되는 와인들이 이 원산지명칭을 사용할 수 있고, 이 곳 떼루아들은 각기 와인에 독특하고 개성있는 특성을 부여하여 다양한 와인의 종류를 생산해 내고 있다.

이 명칭 와인들은 포도산지가 있는 마을 전체에서 생산되고 있으며 레드와인, 드라이, 스위트한 화이트와인, 로제와인, 클라레, 스파클링 와인, 브랜디 등 모든 종류의 와인이 포함되어 있다.

또한 이들 명칭은 재배 면적이나 생산량으로 볼 때 보르도 지방에서 가장 규모가 클 뿐만 아니라 프랑스 AOC 중에서도 선두의 위치를 차지하고 있다. 생산지는 약 60,323ha로서 보르도 와인 산지의 52.4%를 차지한다. 물론 와인 생산량은 3,786,250 hl로 보르도 수확량의 약 53%를 나타내고 있다.

떼루아-산지

보르도와 보르도 쉬뻬리외르 포도산지는 면적이 방대한 관계로 매우 다양한 토양성질을 갖고 있다.

몇 가지만 간단하게 살펴보면,

① 찰흙-석회질과 이회암-석회질의 토양, 언덕의 경사지
② 찰흙 및 석회 성분이 섞인 규석질의 토양, 개량이 잘 되어 포도나무에 적합한 지역
③ 충적토 토양으로 풍부하고 깊으며 기름진 땅으로 계곡 깊숙한 곳
④ 돌과 둥그스름한 수정과 굵은 모래로 구성된 자갈성 토양

이 중 마지막 두 종류의 토양은 보르도 떼루아를 독창적으로 특징지어 준다. 항상 이 토양에서 생산된 와인들은 보르도 와인 명성에 전적으로 기여하였다.

포도품종과 재배

보르도, 보르도 쉬뻬리외르 AOC 와인을 생산할 수 있는 포도품종으로는 블라이Blaye 지역에서 현재 멸종위기에 있는 한두 개의 포도품종을 제외하고는 모두 다 보르도 명칭 중 하나를 사용할 수 있는 와인 생산이 가능하다.

레드와인 품종 까베르네 소비뇽, 까베르네 프랑, 메를로, 말벡, 쁘띠 베르도
화이트와인 품종 두개로 분류된다.

① 와인 비율 중 최소 70%에 달해야 하는 주요 품종 : 쎄미용, 쏘비뇽 블랑, 뮈스까델
② 30%를 넘지 말아야 하는 부수적인 포도품종 : 메를로 블랑Merlot Blanc, 꼴롱바르Colombard, 모작Mauzac, 옹댕Ondenc과 위니 블랑Ugni Blanc

지롱드 지방의 와인은 와인재배자들이 다양한 비율로 품종을 블렌딩하여 와인을 생산하는 것이 일반적이다. 그러지만 주요 품종 중 한 종류로만 가지고도 생산할 수 있다. 즉 레드와인의 경우 까베르네 프랑, 까베르네 소비뇽, 메를로 등을, 화이트와인의 경우, 쎄미용, 쏘비뇽, 뮈스까델을 사용할 수 있다. 이것은 부수적인 와인품종이 준수해야 할 최대비율이 있지만 주요품종의 경우 그 최대한도를 정하고 있지 않기 때문이다.

이 명칭들의 와인을 생산할 수 있는 지역에서 포도나무 대열간 거리가 넓고 키가 큰 포도나무들이 심어져 있다. 그래서 포도원에서 수확기계 사용이 보편화되어 있다. 이 지역에서 일어난 재배기술의 변화는 경제적인 이유였는데 즉, 일부 포도밭의 수익성 문제와 높지 않은 원가 유지에 대한 필요성으로 포도 재배와 수확, 양조와 관련된 새로운 기술을 도입하게 되었다.

와인 특성

보르도에서 생산되는 와인일지라도 품질로써만 보르도 와인으로 인정되고 있다. 1967년 보르도, 보르도 쉬뻬리외르 지역조합은 INAO 인가하에 CIVB 후원으로, 이 명칭으로 생산되는 와인 품질을 유지하고 향상시키기 위하여 자체적인 통제를 하기로 결정했다. 다른 지방보다 먼저 보르도, 보르도 쉬뻬리외르 AOC를 원하는 와인들에 대한 분석과 시음을 의무화하였다.

이 명칭 와인은 생산지에 따라서 그리고 누가 재배했느냐에 따라 매우 다르다. 토양과 지하토양은 기원, 성질, 일조량 등등에 따라서 소유지마다 매우 다르며, 같은 포도 품종 비율이라 할지라도 포도밭마다 매우 다를 수 있다는 것이다. 와인 생산자의 노하우와 연계된 이러한 사정이 바로 다양한 명칭을 가능하게 하는 것이다.

레드와인 보르도 레드와인은 복잡하지 않고 마시기 쉽기 때문에 모든 와인 애호가들이 좋아한다. 향과 맛이 다양하여 특별한 부담감 없이 와인을 찾게 된다. 빈티지에 따라 부드럽고 과일맛이 나고 바디감이 느껴진다. 햇 와인일 때 음용할 수 있지만 숙성되면서 그 매력과 부드러움은 배가된다. 허세 부리지 않으면서 지롱드식 관대함을 표현하는 항상 환영 받는 와인이다.

보르도 쉬뻬리외르 AOC 레드와인은 보르도 AOC보다 좀 더 엄격한 생산 및 재배조건의 제약을 받는다. 한 예로서 판매 전에 최소 12개월간은 숙성되어야 하고 일부는 오크통을 거치기도 한다. 모두가 고급 품질 와인의 특징을 갖추면서도 애호가들의 주머니 사정도 고려하는 와인이다.

로제와인 보르도 로제 와인과 클라레는 눈으로 봤을 때 로제의 경우 밝은 핑크빛이며 클라레의 경우 좀 더 진한 핑크빛으로 차별화된다. 로제 와인은 12~18시간 동안 침용을 거친 후 생산되며 클라레의 경우 24~48시간 동안 침용을 거친 후 양조된다. 그 다음에는 둘 다 보르도 화이트와인처럼 양조된다. 보르도 클라레는 가끔 오크통에서 짧게 숙성시키기 때문에 와인 품질에 있어 깊은 맛과 향을 제공한다. 이 클라레는 보르도 지방 첫 와인 유형인 프렌치 클라레의 후손이기도 하다.

화이트와인 드라이한 보르도 화이트와인은 리터당 4g 이하의 잔여 당류를 함유하고 있다. 일반적으로 색깔은 투명하며 과일맛이 나고 지나치지 않은 향이 있다. 자연스런 신선함은 생동감을 주어 해산물과 완벽한 조화를 이룬다. 잔여 당류가 리터당 4g이 넘을 경우 더 부드럽고 더 짜임새가 느껴지며 너그러워 소스를 친 생선과 어울린다.

보르도 쉬뻬리외르 화이트와인은 잘 숙성된 포도로 주조되어 알코올과 당류가 더 풍부하며 일반적으로 부드럽고 기름지다. 7~ 9°에서 주로 식전주로 마시게 되면 모든 맛이 잘 살아나 제 기량을 완벽하게 발휘한다. 4~10년간 숙성되는 장기 숙성용 와인이며 꿀, 아카시아, 자두, 담배 향이 잘 나타난다.

AOC 지역 : 보르도 Bordeaux
와인 종류 : 레드와인
포도 품종 : 까베르네 소비뇽 33%, 메를로 45%, 까베르네 프랑 22%
재배 면적 : 약 37,500 ha

AOC 지역 : 보르도 쉬뻬리외르 Bordeaux Supérieur
와인 종류 : 레드와인
포도 품종 : 까베르네 소비뇽 33%, 메를로 45%, 까베르네 프랑 22%
재배 면적 : 약 9,455 ha

AOC 지역 : 보르도 로제와인과 클라레 Bordeaux Rosés et Clairets
와인 종류 : 로제 와인
포도 품종 : 까베르네 소비뇽 33%, 메를로 45%, 까베르네 프랑 22%
재배 면적 : 약 1,485 ha

AOC 지역 : 보르도 블랑 쎄끄 Bordeaux Blancs Secs
와인 종류 : 화이트와인
포도 품종 : 쎄미용 58%, 쏘비뇽 블랑 21%, 뮈스까델 10%, 위니 블랑 9%, 꼴롱바르 2%
재배 면적 : 약 10,984 ha

크레망 드 보르도 CREMANTS DE BORDEAUX

크레망 드 보르도는 전통적인 방법으로 생산되는 보르도 지방의 발포성 스파클링 와인이다. 보르도 와인 재배업자들은 보르도 명칭의 크레망의 독창성과 특징을 인식하고 품질 향상에 지속적으로 노력했다. 그리하여 INAO의 승인을 거쳐 철저한 규율을 적용시키기로 결정되어 1990년 4월 3일 크레망 드 보르도 AOC가 탄생하였다.

크레망 드 보르도 명칭은 화이트와인 또는 로제와인이 발포성일 경우에만 사용할 수 있다. 이 크레망은 화이트와인과 가끔 화이트와인으로 주조된 적포도즙과 함께 만든다. 그리고 와인 선택은 수확 당시 크레망 드 보르도 주조를 위한 와인이라고 신고된 비발포성 와인으로 만들어진 것이어야 한다.

크레망 드 보르도를 생산하기 위해서는 보르도의 모든 명칭에 적용되는 산지, 포도품종 등 조건 이외에도 매우 정확하고 엄격한 규칙을 준수해야만 한다.

① 수확은 전적으로 손으로 해야 하며 수확된 포도는 구멍이 뚫린 바구니로 운송해야 한다.
② 잘 익었을 때 수확된 포도로 자연 알코올 함유량이 최소 8.5%여야 한다.
③ 압착기 관련 기록장을 소지하고 매 가동 시, 시작 및 시간, 포도품종 별 포도중량, 강한 알코올함유량, 원산지, 포도재배업자 이름, 생산된 포도즙량을 기록해야 한다.
④ AOC 와인을 위한 포도즙 추출율은 수확 150kg에 100 ℓ로 제한한다.
⑤ 병에 거품을 넣는 작업은 포도 수확 후 1월 1일 이전에 실시할 수 없다.
⑥ 불순물 제거 후 와인은 탄산가스가 제거되어 섭씨 20도에 측정했을 때 3.5 기압 이하여야 한다.

⑦ 무수아황산의 최대함유량은 150mg/l로 제한한다.
⑧ 병내 2차 발효 후 찌꺼기상 보존의 최대 보존기간은 9개월이다.
⑨ 샘플 와인이 반드시 분석 및 시음 후 승인된다.

와인 특징

크레망 드 보르도는 섬세하고 부케가 있다. 식전주로 마시기에 좋으며 또한 식사를 마치고 또는 식사와 함께 하기에도 좋다. 실질적으로 질적인 향상이 이뤄진 이 스파클링 와인은 상쾌하고 신선한 과일향이 나며 병 외관이 예쁘며 허영이 없이 와인을 좋아하는 소비자들의 사랑을 독차지하고 있다.

AOC 지역 : 크레망 드 보르도Crémant-de-Bordeaux
와인 종류 : 로제 와인, 크레망
포도 품종 : 까베르네 소비뇽, 메를로, 까베르네 프랑, 말벡, 쁘띠 베르도, 쎄미용, 쏘비뇽, 뮈스까델
재배 면적 : 약 127 ha

BACCHUS
Danielle BIGATA

Château Pavie

Premier Grand Cru Classé "A"
Saint-Emilion

Chapter

V

보르도 와인 즐기기

1. 와인 구매와 경매
2. 와인 보관
3. 와인 서비스
4. 와인 시음
– 시각적, 후각적, 미각적 검사
5. 와인과 요리
6. 와인 빈티지
7. 와인과 건강

CHATEAU PICQUE CAILLOU
1998
Grand Vin de Graves
PESSAC-LEOGNAN
GRAND VIN
DE
PAUILLAC-MÉDOC
CHATEAU
Calon-Ségur
GRAND CRU CLASSE
SAINT-ESTEPHE
Appellation Saint- Estèphe contrôlée
PRODUIT DE FRANCE - BORDEAUX
Rothschild
GRAND CRU CLASSE
CHATEAU
TALBOT
SAINT . JULIEN
APPELLATION SAINT-JULIEN CONTRÔLÉE

1. 와인 구매와 경매

까브를 만들어 와인을 저장하는 것은 모든 애호가들의 꿈이다. 이미 여러 와인 애호가들은 의도적 또는 충동적으로 와인전문점, 대형할인점, 백화점 등에서 와인을 구입하여 여러 병의 와인이 개인 와인 저장고에 꽉 채워 있기도 하다.

대부분의 보르도 와인은 장기 숙성용이 많다. 그래서 일반적으로 병으로 구입하는데 보르도 와인 병의 형태는 여러 가지이다. 가장 많이 이용되는 병은 보르도식 병 또는 프롱띠냥Frotignan 병으로 0.75 ℓ 용량이다. 그 외에 매그넘, 더블 매그넘 등이 있다. 일부 생산자와 네고씨앙들은 0.375 ℓ 반 병짜리 용량을 생산하고 있으며, 약 10여 년 전부터 0.50ℓ 용량의 새로운 병을 사용하여 유통하기 시작했다.

병이 클 경우 와인이 천천히 더 잘 익는다는 것을 유념해야 할 것이다. 같은 해에 수확된 특정 크뤼를 같은 장소에서 0.75ℓ 병에서 숙성시킨 것과 매그넘에서 숙성시킨 것을 비교해 시음해 보면 매그넘의 것이 월등하다는 것을 알 수 있다. 또한 와인은 좁은 곳에 끼여 있는 것을 좋아하지 않는다. 충분히 제 기량을 발휘하고 부케가 왕성해지기 위해서는 어느 정도의 공간이 필요하다.

따라서 와인 구입 시 용도를 고려하는 것은 필수적이다. 만약 20~30년 후 생일을 축하하기 위해서 고급 와인을 보관하는 경우라면 매그넘, 담쟌Dame-jeanne이나 이보다 더 큰 용량의 병에 든 것으로 구매하는 것이 바람직하다.

와인 구매방법과 수량

와인전문가가 아닌 애호가들에게는 개인 와인 저장고에 어떤 와인을 선택하여 몇 병이나 보관해야 좋을지도 의문이다. 호텔이나 레스토랑에서는 소믈리에가 체계적으로 구매, 소비 그리고 재고에 대한 계획을 세워 관리하고 있다. 그러나 개인인 경우 특히 구매에서부터 어려움을 겪게 된다.

일반적으로 개인이 와인을 처음 구매하기 시작하여 저장할 경우라면 보르도 지방 와인은 메독, 리부르네, 꼬뜨 지역에서 생산된 레드와인부터 가벼운 레드와인 순으로 구매하고, 화이트와인은 먼저 스위트 화이트와인에 이어서 드라이 화이트와인 순으로 구입하는 것이 바람직한 순서이다.

물론 숙성될수록 맛이 좋아지는 햇 와인을 사는 것이 가격대비 좋은 품질의 와인을 구매할 수 있기 때문에 권장할만 하다. 이러한 보르도 햇 와인은 병 속에서 숙성되어야만 진가를 발휘할 수 있다. 숙성 기간은 와인에 따라 다르지만 5년, 10년, 그 이상이 걸리기도 하며 더 걸릴 수도 있다. 그래서 와인셀러 노트를 가지고 있으면 편리하다. 의무 사항은 아니지만 와인 사용에 대한 기록을 하면 셀러를 정리할 수 있고 시음 후 느낀 점, 시행일자, 함께 한 요리, 동반자 이름 등을 노트에 적어 놓으면 좋은 자료가 될 수 있다.

그럼 어느 정도로 와인셀러를 구매하면 합리적일까? 와인애호가로서, 일요일이나 가족파티 등 특별한 날에 와인을 마시는 경우 40병짜리 와인 셀러가 적당하다. 가정에서 부부 또는 가족이 적당하게 와인을 즐기는 경우라면 80병 정도 보관도 무리가 없다. 그리고 온 가족이 마시며 모임을 즐기는 사람의 경우는 120병 정도 여러 유형의 와인을 보관하기도 한다.

와인 투자하기

일반적으로 와인을 사는 것은 언젠가 마시기 위해서다. 그러나 와인의 상업적 목적으로 와인을 구매하는 경우가 있다. 모든 투자가 그렇듯이 어떤 경우에는 시간이 흐름에 따라 가격이 올라가기도 하고 또는 불행하게도 가격이 떨어지는 경우도 있다.

와인은 적당한 시기에 구매하고 팔게 되면 좋은 투자가 될 수 있다. 한 예로서 출고 될 때 구입한 2000년산 샤또 마르고Margaux 12병을 20년이 지난 2020년에 판다면 잉여가치가 몇 십 배 또는 그 이상이 되었을 것이다. 이러한 투자에 대해 많은 애호가들은 와인을 구매하고 돈을 불린다는 것에 우호적이지 못한 경우가 많다.

와인 투자에 있어, 수명이 영원한 그림과는 달리, 와인은 포도밭, 수확연도, 주조법, 보관여건에 달려 있다. 와인의 수명을 예상하기란 알려지지 않은 경마가 우승할 확률을 알아내는 것만큼 어렵다. 2002년 샤또 라뚜르를 2000년 빈티지와 같은 가격으로 살 수도 있을 것이나 숙성되는 속도가 더 빠르므로 그 가치는 2000년산보다 못할 수도 있다.

1990년대부터 와인 경매 고객들은 유명 보르도와 같이 알려진 그랑 크뤼만을 선호하였다. 그 후 미국의 영향력 있는 일부 비평가들이 새로이 이 투자에 대한 가능성을 발견하고 추천을 하고 나서부터 다른 나라와 지역 와인에도 관심을 갖기 시작했으며 새로운 바이어들의 물결이 일기 시작하였다.

투자 구매자들이 전통적인 그랑 크뤼 와인으로 저장고를 다 채우고 나면 새로운 것들을 획득하고자 한다. 1979년 주인이 바뀌기 전 중저가격으로 팔린 뽀므롤의 샤또 르 빵Chateau Le Pin은 매년 10,000병 이하를 생산하는데 유명한 샤또 마르고Chateau Margaux보다 더 높은 가격을 받는다. 그것은 마르고의 경우 생산량이 르빵의 50배에 달하기 때문이다. 그래서 쌩떼밀리용과 뽀므롤, 부르고뉴, 론 같이 잘 알려지지는 않았지만 한정된 양을 생산하는 와인 또한 많은 투자자들을 끌어 모으기도 한다.

그러나 모든 와인이 투자의 대상이 되는 것은 아니며 장기적 보관에 따른 고품질이 보증되어야 한다. 또한 와인의 장기적 가치는 고급 와인과 같이 시간이라는 시험을 얼마나 견디냐에 달려 있다. 전 세계가 금주하는 사람들로 가득차지 않는 한, 레스토랑들이 음료수로만 식사와 함께 제공하려 하지 않는 한 고급 와인의 가격이 계속 오를 것만은 확실하다.

이러한 경향의 혜택을 보고자 하는 와인 애호가들은 자신이 보유하는 와인에 대한 비평을 섭렵하고 있어야 하며 그 추이를 잘 살펴보아 그들이 좋아하는 와인을 구매하여야 한다. 물론 투자가 목적이었다면 그 증가의 폭이 실망스러운 경우에는 언제라도 판매하여 현금자산으로 만들어야 한다.

와인 경매

보르도 고급 와인을 구매하기 위해 가장 선호하는 시장이 대중을 위한 경매이다. 이 경매는 전문적인 경매회사에서 이루어지거나 또는 와인 셀러를 처리하는 레스토랑에서 내놓은 다량의 와인을 판매할 때도 시행한다. 물론 이러한 경매는 여러 크뤼, 드문 빈티지와 다른 시장에서 만나기 어려운 와인들을 얻을 수 있는 좋은 기회이다. 그러나 그곳에서는 가격만큼이나 품질에 신중을 기하는 것이 필수적이다.

게다가 경매에서의 와인 구매는 생산지 명칭과 크뤼에 대한 사전 지식이 필요하며, 구매자는 구입 와인의 과거행적에 대한 정보를 얻어야 한다. 그 와인들이 좋은 조건에서 보관되었는지, 지금까지 몇 번이나 소유자가 바뀌어 왔는지 또한 여러 번 장소를 옮겼는지 등의 정보가 중요하며 만일, 이러한 정보를 얻기 어렵다면 의심을 가져야 한다.

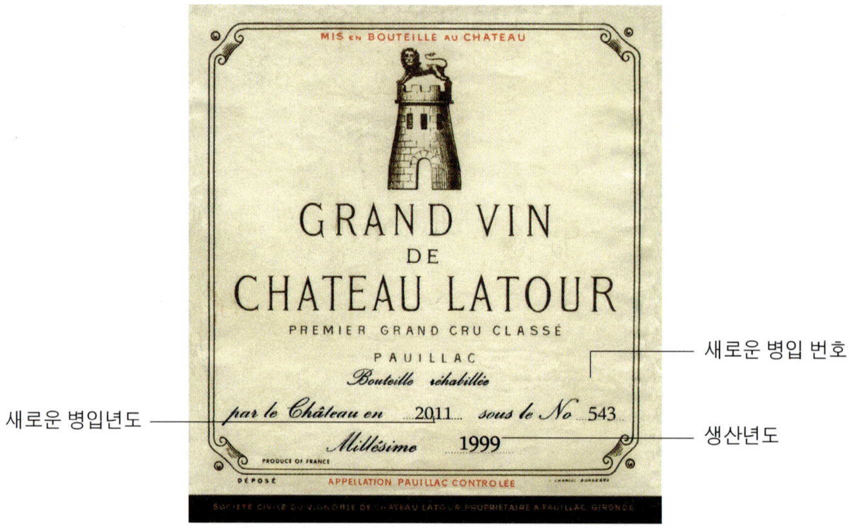

유명한 와인 경매회사에서 열리는 그랑 크뤼 끌라쎄의 오랜 빈티지의 경우 판매 전에 마개를 열고 진품을 확인한 후, 마개가 오래되었거나 망가졌으면 그 샤또의 양조책임자가 새로운 마개로 교체하게 된다. 그리고 명성있는 샤또에서는 아주 오래된 빈티지의 경우 긴 숙성기간으로 인해 손실된 와인을 같은 연도의 와인으로 채워넣기도 한다.

와인 가격은 경매관련 전문잡지나 연도별 가격표가 있다고 할지라도 경매에 내놓은 와인의 공식 구매서류가 있는지 알아 보아야 한다. 일반적으로 경매 잡지나 서적의 집필자들은 프랑스에서 1년에 백 번 정도 열리는 경매의 대중적인 결과를 모아 평가하고 있다. 그리고 각각의 크뤼와 빈티지는 비교 없이 평균으로 가격이 매겨지고 있다.

따라서 유일하게 확실한 증거는 실제적으로 크뤼에서 판매할 때 이루어졌던 서류이다. 와인애호가들이 경매에 참가하여 와인을 구매할 때도 증명서를 꼭 취해야 한다. 이것은 와인 품질을 증명할 뿐 아니라 진품이라는 사실을 확인해 주기 때문이다.

경매는 와인 투자자들의 장이기도 하는데 그들은 싸게 와인을 구매하여 비싼 판매를 통해 이득을 남기기 위해 참여하기도 한다. 경매과정은 경매사의 책임 하에 여러 경매 참가자들에게 최초의 와인 가격을 정해 놓고 경매를 시작하여 참가자들의 구매 관심에 따라 더 비싼 가격을 형성하게 되고, 최고의 가격을 부른 참가자에게 낙찰됨으로써 이루어진다. 그리고 결정된 가격에 일반적으로 10%의 경매 수수료가 가산된다.

와인 병 종류와 용량

용량(Liter)	병 수(0.75L기준)	와인 병 이름
0.375	반병	피예뜨Fillette
0.50		죈느 트라디씨옹Jeune tradition, 바샹뜨Bacchante
0.75	1병(보르도 기준)	보르들레즈Bordelaise, 프롱띠냥Frontignan
1.50	2병	마그넘Magnum
2.50		담 쟌Dame-Jeanne
3	4병	두블 마그넘Double Magnum
4.50	6병	제로보암Jéroboam
6	8병	엥뻬리알Impérial, 마뚜자렘Mathusalem
9	12병	쌀마나자르Salmanazar
12	16병	발따자르Balthazar
24	32병	쌀로몽Salomon

와인 용량 측정 단위

1 리터liter	1,000 미리리터mℓ	0.264 갈론gallons
1 헥토리터hectoliter	100 리터ℓ	26.4 갈론gallons
1 또노tonneau	900 리터ℓ	4개 오크통
4개 오크통	100 케이스12병	1,200병
1병	0.75 리터, 750mℓ	0.198 갈론gallons

2. 와인 보관

와인을 구매한 후 품질이 변질되지 않도록 여러 가지 주의가 요구된다. 와인을 운송할 때는 온도차이를 피해야 하며 옮길 때의 부주의로 인한 쇼크와 진동은 와인의 품질에 나쁜 결과를 주게 된다. 알맞은 장소에 도착하면 그곳에 적응하기 위한 어느 정도의 안정이 필요하다.

와인의 보관은 장소가 중요하다. 이상적인 보관장소는 직사광선을 피하고 시원한 장소로서 어두워야 하며 12~14℃ 정도의 일정 온도가 지속적으로 유지되어야 한다. 습도는 약 70~80%가 적합하며 라벨이 붙어있는 경우 라벨이 상할 우려가 있으므로 습도관리에 특별한 주의가 요구된다. 또한 보관 장소는 적당하게 환기가 이루어져야 하고 진동이 있어서는 안되며 특히 냄새와 더위가 일체 없어야 한다. 이러한 장소가 없다면 와인보관을 위한 와인전용 냉장고인 와인셀러를 권할 만하다.

여하튼, 12℃에서 20℃로 바뀌는 등의 갑작스런 온도 변화가 있어서는 안 된다. 또한 온도가 8℃ 이하로 떨어지거나 22℃ 이상 올라가면 더욱 좋지 않다. 다시 강조하면 와인저장소가 20℃를 넘으면 와인 숙성이 빠르게 진행되므로, 통풍이 잘되고 온도의 변화가 없는 것이 중요하다. 잘 알겠지만 와인병은 뉘어서 보관해야 한다. 그래야 와인이 코르크 마개와 접촉하여 건조하지 않고 오랫동안 공기로부터 와인을 보호하는 역할을 할 수 있기 때문이다. 물론 와인을 찾기 쉽도록 정돈해야 한다는 것을 잊지 말아야 한다.

와인 저장고의 와인들 중에는 수확 후 불과 몇 달 되지않아 마셔야 하는 것들과 숙성이 될 때까지 저장고에서 몇 년 동안 익어야 하는 장기보관용 와인도 있다. 일반적으로 병 속의 와인은 숙성되면서 천천히 그리고 복합적으로 변화되어 간다. 공기로부터 차단된 은신처인 병속에서 와인은 섬세해지고 부드러워지며 부케가 형성되어 제 향을 다 발휘하게 된다.

① **향** : 와인 향 또한 변화한다. 포도품종이 가진 특징적인 아로마향과 양조 과정에서 생성된 향, 그리고 오크통에서 숙성되는 동안이나 병입 후, 숙성되어 나타나는 오래된 와인만의 독특하며 특징적인 부케를 갖게 된다. 햇 와인은 붉은 과일의 아로마를 갖게 되는데 여기에 오크통에서 전해진 나무향과 바닐라향 등이 섞이게 된다. 그 후 병안에서 잘 숙성되면 가죽향, 야생고기향, 버섯향, 숲에서 나는 향 등으로 발전하게 된다.

② **색깔** : 숙성 중에 일어나는 가장 두드러진 변화는 색깔에 있다. 레드와인은 햇 와인일 때는 보라빛 적색이었다가 시간이 지날수록 적색을 지나 오렌지빛 느낌을 주는 벽돌색으로 변하게 된다. 특히 스위트 와인은 황금빛의 기운을 띠었다가 호박색으로 변한다.

③ **맛** : 초기 레드와인인 경우 햇 와인의 거칠고 수렴성이 강하던 성질은 병에서 숙성되면서 점차 사라지고 탄닌이 녹아 들어 촉감이 벨벳처럼 부드러워진다.

이처럼 와인은 살아있기 때문에 장기숙성용 와인일 경우 시간이 지날수록 더 나아진다. 그러므로 보관의 필요성이 더 강조되는 것이다. 그러나 일정한 시간이 지나면 와인은 부케가 약해지고 탄닌은 점점 기운을 잃게 된다. 그런 후에는 특징 없는 액체에 불과하며 생명이 다한 와인은 폐기해야 한다. 따라서 와인이 가장 최고조에 달했을 때 소비하는 것이 가장 좋고 너무 시기를 놓친 후에는 마시지 말아야 한다.

와인 수명

와인은 살아 숨쉬는 식품이라 한다. 모든 살아있는 생물들은 탄생에서부터 생을 마감할 때까지 과정과 단계를 거치면서 변하기 마련인데 와인 역시 마찬가지이다. 와인 변화의 단계는 포도품종, 떼루아, 양조방법, 수확연도와 보관장소와 관리 등에 따라 매우 다르며 다양하다.

와인 수명을 단계 별로 나누어 설명해 놓은 도표와 같이 A를 탄생시점으로 하여 병입된 와인은 최고의 품질에 도달한 후 하락기를 거쳐 H점에서 마감하게 된다. 이러한 와인 수명 기간으로 최소 1년에서부터 약 100년의 생명을 가진 와인도 존재한다.

시간에 따른 와인 품질의 변화 단계

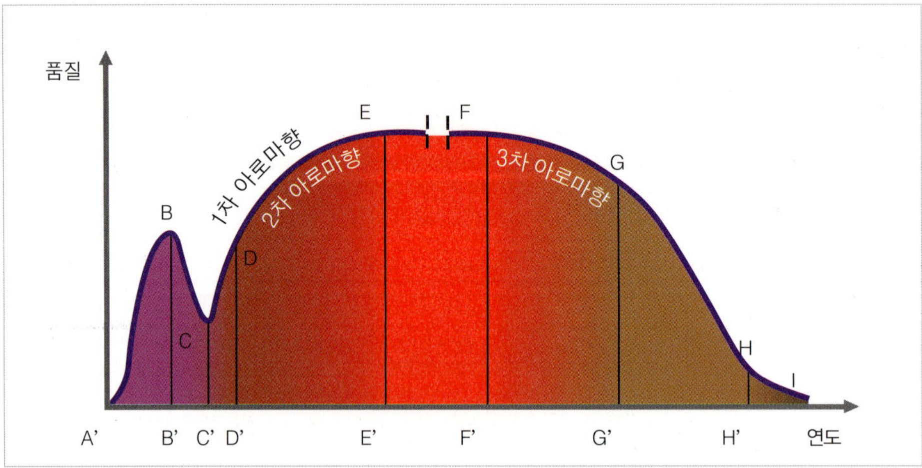

와인의 수명은 그 자신의 성질과 유형에 따라 매우 다양하다. 즉, 레드와인, 화이트와인, 로제와인에 따라, 드라이 와인, 스위트 와인에 따라 또는 떼루아, 기후, 품종 등과 관계된 원산지, 와인 구조알코올, 탄닌, 산도등, 양조 방법과 빈티지에 따라 다를 뿐 아니라 병의 크기와 보관 장소의 조건에 따라서도 달라진다. 그래서 어떤 와인의 수명을 정확하게 평가하기 위해서는 앞서 서술한 조건들을 함께 통합하고 또한 그 와인을 시음해 보아야 진단이 가능하다. 다시 말해 와인은 살아 숨쉬기 때문에 그 수명의 진행과정을 파악하기 위해서는 정기적으로 시음하는 것이 최상의 방법이라고 할 수 있다.

와인의 수명

시점	변화과정 및 진행단계
A	와인 탄생
A–B	오크통 또는 발효통 안에 저장 기간
B	와인 병입
B–C	병입 과정에서의 스트레스 야기, 안정화 과정
C–D	처음으로 품질로 자리잡는 시기
D–E	개선되어지고 맛이 좋아지는 단계, 마시기 시작할 시기
E	와인 최고의 절정기 도달
E–F	완전한 품질을 유지하는 시기, 마시기에 가장 적당한 기간
F	수명이 하락하는 시점, 3차 아로마가 형성되는 시기
F–G	숙성기간, 장기숙성용 와인은 마시기 매우 좋은 시기
G	수명이 빠르게 하락
G–H	품질로서 인정될 수 없는 시기, 더 이상 소비하기에 부적합한 단계
H	와인 수명 마감
H–I	폐기

보르도 와인 최적의 수명 기간

화이트와인, 로제와인	최적의 와인 수명
로제와인	3~4년 구조가 좋은 와인은 5년
드라이 화이트와인 (가볍고, 신선하며 산기가 있는 젊은 과일향의 와인)	4~5년
화이트와인 (풍부하고 조화가 있으며 기름지고 지속성이 있는 와인. 오크통에서 숙성한 화이트와인)	8~10년 그랑 크뤼는 15~20년 가능
스파클링 와인	4년

스위트 와인	최적의 와인 수명
세미 스위트 화이트와인 (약한 알코올 도수와 당도를 가진 와인)	8~10년
스위트 화이트와인 (높은 알코올 도수와 단맛의 "귀부 현상"으로 생산된 와인)	50년 또는 그 이상

레드와인	최적의 와인 수명
벵 프리뫼르vin primeur (보졸레 누보 와인 처럼 그해 생산되어 마시는 와인)	1년
가볍고, 유연하며 산도가 약간 있는 레드와인	3~4년
유연성과 산도의 조화가 있고 적당한 구조의 레드와인	5~8년
과일향이 풍부하며 탄닌이 잘 용해되어 구조와의 조화가 매우 좋은 레드와인	15년 그랑 크뤼는 20~30년 가능
진한 과일과 동물향이 있으며, 구조와 짜임새가 매우 강한 레드와인	30~50년

3. 와인 서비스

와인 서비스 온도

레드와인의 경우에는 와인을 서비스Service하기 몇 시간 전에 꺼내 놓아야 한다. 물론 서비스 장소의 알맞은 온도를 고려해야 한다. 와인을 실내온도와 같게 하는 실온화하기의 관습은 오늘날보다 아주 낮은 온도를 유지했던 오래전의 지하저장고나 식당에서 유래하였다. 하지만 최근 레스토랑이나 집안의 온도는 일반적으로 20°C 이상이기 때문에 와인을 실온화하기에는 너무 높은 온도이다. 따라서 실온화한다는 것이 와인을 정말 실내온도와 똑같게 한다는 것을 의미하지 않으며 레드와인은 15~18°C 정도의 온도를 유지하는 것이 중요하다.

와인의 서비스 온도는 여러 번 강조해도 지나치지 않을 만큼 중요한 부분이다. 이것은 와인을 시음할 때 직접적으로 감각에 영향을 끼치기 때문이다. 잘못된 온도에서의 서비스는 좋은 와인을 망가뜨리게 된다. 일반적으로 레드와인인 경우 온도가 너무 낮으면 탄닌이 강하게 나타나고 산도가 감춰진다. 반면에 너무 높은 경우 알코올의 더운 느낌을 갖게 되고 향과 맛을 느낄 수 없게 된다.

화이트와인 경우에는 온도가 높아지면 단맛의 성질은 무겁게 느껴지고 산도는 쓴맛이 느껴진다. 이 때문에 화이트와인은 차게 해서 마셔야 한다. 그렇다고 와인을 4도 이하로 너무 차게 서비스 하면 와인의 아로마는 제 향을 다 발휘하지 못하며 혀의 미각돌기는 실제로 거의 마취 상태에 이른다. 따라서 각각의 와인에는 최적 시음 온도가 있으며 이 온도를 고려하며 서비스해야 한다.

보르도 와인 서비스 온도

온도	보르도 와인
8°C	스위트 화이트와인, 단맛의 정도가 높을 수록 온도는 낮아지는 게 좋음
8°C~10°C	가벼운 드라이 화이트와인, 로제와인과 클라레, 스파클링의 크레망 와인
10°C~12°C	기름진 드라이 화이트와인, 특히 그라브 크뤼 화이트와인
12°C~15°C	가벼운 레드와인
15°C~18°C	탄닌과 골격, 짜임새 있는 레드와인, 올드 빈티지 와인

① 일반적으로 같은 와인일지라도 젊은young 와인을 올드old 와인 보다 더 낮은 온도에서 서비스해야 한다.

② 와인은 서비스 순간부터 병의 온도는 올라가며, 잔에 있는 와인 온도는 더욱 빠르게 상승한다. 흔히 실내온도가 23°C이면, 화이트와인은 9°C에서 12°C로 올라가는데 5분 밖에 걸리지 않으며 30분 후에는 18°C까지 올라가게 된다.

디캔팅

디캔팅을 행하는 중요한 이유 중 하나는 병 아래에 있는 찌꺼기를 제거하는 것이 아니라 와인에 공기를 접촉하게 하는 것이다. 물론 혹자들은 디캔팅이 찌꺼기 제거가 주 목적이라고 보는 이도 있다. 그러나 사실상 와인병의 침전물은 결점이 아니다. 자연적 현상으로 오래된 와인에 찌꺼기가 생기는 것은 정상적인 것이다. 이 티캔팅은 레드와인뿐만 아니라 잘 갖추어진 화이트와인에도 해당된다.

디캔팅은 탄닌과 구조감을 지닌 레드와인이나 오래된 와인을 마시기 전에 행하는 것으로 와인에 따라 시간을 달리 주어 공기와 접촉하게 하는데, 이는 맛과 향을 증진시키는 효과를 얻게 된다. 대체로 와인과 공기의 접촉을 위해 와인 마시기 몇 시간 전에 병마개를 따놓는 것이 일반적이지만, 이것만으로는 산소와의 접촉이 충분하지 않다. 공기와의 접촉면적이 매우 제한되어 있기 때문이다.

따라서 디캔팅이 필요한 와인을 크리스탈 또는 유리병으로 만든 디캔터Decanter로 옮기는 디캔팅을 통해 와인의 부케를 증진시키고, 아울러 완전하게 와인과 함께하는 식탁을 준비하게 되는 것이다. 게다가 이 디캔터 식사와 축제의 즐거움을 증가시키는 가장 우아한 데코레이션이기도 하다.

디캔팅 순서로는 서비스할 디캔터를 깨끗이 씻은 후 와인을 조금 넣고 살살 돌려 와인 냄새가 배게하고 시행한다. 젊은 와인일 경우 서비스 적어도 한 시간 전에 티캔팅을 하는 반면 올드 빈티지 와인은 가능한 적은 시간을 필요로 한다.

오래된 와인은 공기와의 접촉이 적당히 필요하며 지나치게 오랜 시간을 방치하면 그들의 가장 예민한 아로마 향이 사라져 버릴 수도 있다. 또한 이러한 와인은 뉘어져 있는 바구니에서 서비스하는 것이 바람직한데 혹시라도 침전물이 와인과 함께 서비스되는 것을 피하기 위해서이다.

와인 서빙Wine Serving

훌륭한 와인을 알맞게 서비스하는 것은 그 와인이 줄 수 있는 모든 즐거움을 얻게 되는 것이다. 이러한 와인 서비스를 위해 호텔이나 레스토랑에서는 와인 전문가인 소믈리에가 이 분야를 담당하고 있다.

소믈리에 레스토랑에는 소믈리에가 와인에 대한 총 책임자이다. 그들은 탁월한 와인 지식과 서비스 경험을 가지고 선택된 메뉴에 맞는 와인을 손님들이 고를 수 있도록 조언해주고 올바른 서비스를 제공해 준다. 그리고 대부분의 경우 와인 구매에서부터 와인 저장고의 관리, 판매 책임을 수행하는 것이 소믈리에의 주요 업무이다.

병 마개 따기 코르크 마개 따기에서 특히 장기보관용 와인은 갑작스럽게 흔드는 동작을 피하고 신중하게 따야 한다. 먼저 와인의 병 주둥이를 싸고 있는 캡슐을 병 입구 밑쪽 가락지 모양의 튀어나온 밑부분을 칼로 돌려 잘라 낸다. 병목은 혹시 있을지도 모르는 먼지나 곰팡이 등의 흔적을 지우기 위해 깨끗이 닦아낸다.

코르크 마개를 열기 위해서는 끝이 나사모양의 긴 코르크스크류를 사용하는 것이 좋다. 스크류 끝부분을 코르크 중앙에 삽입하여 나선형 스텝이 1개 정도 남겨질 때까지 서서히 돌려 넣는다. 코르크 조각이 와인 속으로 들어가지 않도록 해야 하며 스크류 끝이 아래 부분에 노출되지 않아야 한다. 그리고 레버를 가볍게 잡아 당기며 코르크가 부서지지 않도록 조심스럽게 뺀다.

코르크의 냄새 맡기 와인의 이상 여부를 확인하기 위해 코르크 냄새를 맡아본다. 이것은 단순히 냄새를 맡는 것이 아니라 코르크가 가져올 수 있는 아로마 중에서 질이 좋지 않은 병마개에 의해 발생하는 곰팡이 냄새를 확인하기 위함이다. 모든 와인에서 이런 현상이 올 수 있으며 '콜키corky'되었다고 한다.

이러한 현상의 원인은 여러 가지가 있다. 코르크를 다루는 과정에서 발생할 수도 있고, 코르크의 껍질 속에 있는 미세한 조직으로부터 발생했을 수도 있다. 이런 모든 추측들은 증명된 것은 아니므로, 손님에게 와인 서비스 하기 전에 최종적인 확인 사항으로 코르크 냄새를 맡아보는 것이 중요하다. 그리고 이 코르크에서 이상한 냄새가 날 경우 같은 종류의 와인으로 교체해 주며 고객에게 정중한 사과와 적절한 해명을 해야 한다.

와인 잔 어떤 와인 산지에서는 특별한 잔을 사용하기도 한다. 그러나 가능한 와인의 색깔, 향과 맛을 더욱 느끼기 위해 크리스탈로 된 무색의 아주 얇은 잔이 좋다. 잔의 다리가 긴 것은 와인이 손의 온도로 인해 덥혀지는 것을 방지할 수 있고 색깔과 투명도를 즐기도록 해 준다. 또한 잔이 튜울립 형이면 잔 입구가 점점 좁게 모아지므로 향을 느끼는데 유리하다.

아울러 테이블에 잔을 세팅하기 전에 잔에서 어떤 냄새가 나지는 않는지 꼭 확인해야 한다. 행주, 세제 냄새 혹은 장식장의 광택제 등의 냄새가 잔에 배게 되면 와인의 순수한 향을 해치게 된다. 이러한 잔이 준비되면 와인 제공은 잔을 흔들면서 와인 향을 즐길 수 있도록 잔 끝까지 채우지 말고 잔의 크기와 와인의 타입에 따라 1/3에서 최대한 2/3 까지만 따르도록 한다.

마시다 남은 와인 보관 와인은 마개를 따면서 산화작용이 시작되어 맛이 달라지기 시작한다. 따라서 가능한 개봉한 후 3~4시간 이내에 다 마셔버리는 것이 바람직하다. 그러나 와인이 남는 경우 보관에 문제가 생긴다. 이때 유의할 사항은 최대한 공기를 차단시키고 냉장고에 차게 보관하는 것이다. 병 속의 공기를 없애기 위해서는 와인 세이버 같은 액세서리를 이용하여 진공상태로 유지시키는 것이 중요하다. 이로서 와인과 공기와의 접촉을 최대한 줄이고 산화 작용 진행 속도를 늦추게 한다. 냉장고 보관은 일주일 정도는 무난하다. 그러나 2~3일 이내에 마시는 것이 처음 개봉했을 때 보다는 못하지만 그런대로 향과 맛을 즐길 수 있다. 와인 종류에 따라 오픈하여 보관해놓은 와인이 어느 정도 시간이 지나면서 더욱 맛이 좋아지는 경우도 있다. 따라서 냉장보관 후, 먼저 와인 상태를 체크해보고 버리는 것을 결정하는 것이 좋은 관리 요령이다.

4. 와인 시음

와인을 시음하고 감정한다는 것은 와인의 품질을 알고 그 특징을 찾아내기 위해 일정한 방법과 절차에 따라 사람의 감각기관을 통해 와인을 인지하고 분석하여 평가하는 의식적인 행위이다.

시음은 와인 산업에 종사하는 전문가로서 정확하고 엄격한 기술적인 시음과 감정을 해야 하는 경우와 단순히 소비자로서 시음하고 느낌을 나타내는 경우로 나눌 수 있다.

전문가로서의 시음은 포도원 관리인이나 와인 양조자, 학자들이 와인 생산 과정에서 훌륭한 와인을 양조하기 위해 거치는 시음일 것이고 와인 유통업자는 사업을 위해 품질 및 가격기준에 맞는 와인을 선택하기 위해 시음할 것이다. 그러나 일반 소비자나 와인 애호가들이 와인을 시음하는 것은 좋은 품질의 와인을 구입하거나 음식과 함께 마시기 위해 또는 단지 시음을 목적으로 하는 경우인 경우가 많다.

와인을 마시는 동기와 목적이나 의도가 달라도 와인을 마시는 방법은 동일하며 시음을 할 때에는 어느 정도 공감할 수 있는 객관적인 선별 기준이 있다.

와인 시음 단계

사람의 감각기관을 통한 와인 시음은 지각Perception – 분석Analysis – 해석Interpretation – 표현Expression – 선호Preference 단계를 통해 이루어진다.

① 먼저 와인을 인체의 감각기관이 포착하여 지각하는 단계이다. 지각을 하기 위해서는 일정한 수준 이상의 자극이 필요하며 사람에 따라 느낄 수 있는 강도가 다르게 나타난다. 어떤 사람이 단맛을 아주 강하게 느꼈다 할 지라도 다른 사람은 덜 느낄 수 있고 시음 장소와 시간에 따라서도 다르게 느낄 수 있다.

② 다음은 인지된 감각이 뇌세포를 통해 분석하고 해석하는 단계이다. 이미 학습된 뇌의 조직 데이터에서 이 감각과 일치를 이루는 자료를 찾아 분석하는 과정을 거친다.

③ 다음은 해석하고 평가Judgment하는 단계이다. 지금까지 분석한 내용을 해석하고 평가해야 한다. 시음한 와인 색상이 보랏빛이 있다든지 훈제 향이 있을 경우 그를 해석하고 평가한 후에 판단을 내려야 한다. 이때가 매우 중요하며 전문가의 지식과 경륜이 요구된다. 전문가의 판단은 와인 품질의 가치에 큰 영향을 끼치게 된다.

④ 표현하는 단계로서는 자기의 느낌을 나타내는 것으로 모두가 공감할 수 있는 적절하고 명확한 어휘를 사용해서 느낌을 표현해야 한다.

⑤ 마지막으로 선호 단계이다. 매우 주관적인 순서로서 앞선 와인에 대한 결정보다는 자신의 와인 선호도를 결정하는 단계이다. 사람의 맛에 대한 기호는 서로 다르기 때문에 와인 선택 또한 달라질 것이다. 매운 맛을 좋아하는 사람은 스파이스 향과 강한 맛의 와인을 좋아할 것이고 새콤한 맛을 좋아하는 사람은 산도가 있는 와인을 선호할 것이다.

시음 조건

와인 시음에 있어서 동일한 와인인데도 장소, 시간, 기분에 따라 다른 느낌을 받을 수 있다. 이것은 사람의 감각이 주관적이므로 시음하는 주변 환경의 영향을 받게 된다. 그래서 가치 있는 와인 시음을 하려면 여건을 제대로 갖추어야 한다.

와인 테이스팅에 목적이 있을 경우에는 와인 이름을 밝히지 않고 서비스해야 한다. 병에 붙은 라벨을 보여준 경우 이미 그 와인에 대해 많은 정보를 주게 된다. 따라서 시음자에게는 와인의 포도 재배지역 및 포도 품종, 수확연도의 정보만을 주며 산지명이나 생산자, 기타 특징에 대해서는 일체 언급을 하면 안 된다. 이러한 방법은 전문가들이 감별할 때 해당되는 조건이고 보통의 사교적인 와인 시음에서는 그럴 필요는 없다.

① **와인** : 시음하고자 하는 와인의 온도가 적정해야 한다. 화이트와인은 흔들림이 없고 얼리지 않은 상태에서 시원하게 제공해야 한다. 드라이 화이트와인은 10~12℃, 스위트 와인은 7~8℃가 적당하다. 레드와인은 실내 온도에서 시음 전 1~2 시간 전에 미리 병을 열어 두어야 한다.

② **장소** : 와인 시음을 하는 방은 햇빛이 많이 들어와 충분히 밝아야 되며, 특별히 눈에 띄는 색채가 없고 색상을 관찰하기 용이한 흰 식탁보나 하얀 종이가 깔려 있으면 좋다. 와인 시음장의 실내 온도는 18~20℃가 이상적이다. 23~25℃의 닫힌 공간에서 와인은 알코올이 더욱 휘발성을 나타내며 후각 모근을 더욱 강화시켜 다른 아로마향을 누르게 된다. 냄새가 없으며 통풍이 잘되는 장소이어야 한다. 즉 음식이나 담배연기, 강한 향수에서 오는 냄새는 피해야 하며 통풍이 안 되는 경우 여러 와인의 향들이 겹치게 된다. 또한 잡음이 있는 경우 집중력을 방해하기 때문에 소음이 없는 장소가 좋다.

③ **시간** : 와인을 시음하기에 가장 적당한 때는 배고픔을 느끼게 되는 점심 직전인 오전과 저녁 식사전인 오후이다. 중요한 시음은 보통 오전 11시경에 이루어 지는데 이것은 오전에는 미각 기관이 중성적일 뿐 아니라 휴식을 취한 후이므로 집중해서 시음할 수 있기 때문이다.

④ **와인 잔** : 전문가와 애호가 모두에게 와인 시음에 있어 주요한 도구이다. 특히 시각과 후각이 개입되는 시음의 모든 단계에서 중요한 역할을 한다.

전통적으로 와인 중개인Courtier이 사용한 시음 잔을 따뜨벵Tate-Vin, 또는 따스뜨벵Taste Vin이라고 부르는데 원래 이 도구는 까브에서 오크통 와인을 분석하고 구매하기 위해 사용하였다. 은색을 띠는 작은 용기로서 따르고 비우기가 매우 용이하고, 깨지지 않아 휴대하기에 좋다. 까브에서의 와인 분석은 빛의 투과에 의하여 이루어 지는데 빛이 은잔의 표면에 반사되어 와인에 투과 될 때 색깔을 판단 할 수 있었다. 그러나 이 잔은 향을 모으는데 어려움이 있고, 금속 잔이기 때문에 입술과의 접촉시 쾌적하지 못하며 시음에 적합하지 않아 현재는 잘 사용되지 않으며 역사적인 유물로 기억되고 있다.

시음하는 유리잔은 빠른 시간 내에 와인의 품질을 파악할 수 있어야 하기 때문에 몇 가지의 조건을 갖추어야 한다. 색상 관찰을 용이하게 위해서 잔은 색깔이 없고 무늬가 없으며 투명한 크리스탈이어야 한다. 후각을 위해서 잔은 냄새가 없어야 하며 향을 가두고 잔을 흔들 수 있도록 배는 불룩 나오고 위로 올라가면서 좁아지는 모양이어야 한다. 또한 적당한 넓이의 잔 받침과 다리가 날씬하고 길어야 하며 잔 두께는 얇을수록 좋다.

프랑스에서는 시음하는 잔 사용의 혼란을 막기 위해 1970년 프랑스 국립원산지명칭 연구원에서 'INAO Wine Glass'라는 잔을 표준화하여 이용하고 있다. 주석성분이 9% 함유된 210~220ml 잔이 규격이지만 최근에는 용량이 좀 더 큰 크리스탈 잔을 사용하는 추세이다.

① **시음 횟수와 종류** : 이상적인 시음 횟수는 시음자 개인의 숙련도에 따라 다르다. 와인 전문가들은 하루에 몇 시간 동안 많은 횟수의 와인을 시음한 후에도 정확한 평가를 내릴 수 있다. 그러나 보통의 와인 애호가들은 6가지 정도를 시음하는 것이 적당하다. 시음할 때는 한 모금 들이킨 와인을 입안에 머금고 있다가 분석하고 평가한 후 곧 바로 뱉어야 한다. 그렇지 않으면 와인을 얼마 마시지 않아도 알코올의 작용 때문에 감각 기관의 인지 능력이 급속히 떨어지게 되어 올바른 시음을 할 수 없게 된다.

② **감정 방법** : 수평적 감정과 수직적 감정으로 나누어 실시하며 수평적으로는 동일한 빈티지의 다양한 여러 지역을 비교하여 시음하는 것이고, 수직적인 방법으로는 동일한 와인 브랜드의 각기 다른 빈티지의 특성을 비교하는 것이다.

③ **시음 순서** : 와인 즐기는 순서와 동일하며 약한 와인에서 강한 와인으로, 단순한 와인에서 복합적인 맛의 와인으로, 젊은 와인에서 숙성된 와인으로 하면 된다. 다시 말해 화이트와인에서 레드와인으로, 드라이 와인에서 스위트 와인으로 순서를 정하는 것이 일반적이다.

시각적 검사

와인의 시각적 특징을 검사를 위해서는 위에 서술한 시음조건과 더불어 기술적인 방법이 요구된다.

① 먼저 손 지문으로 색상을 방해 받지 않고 체온 전달을 방지하기 위하여 손가락을 이용하여 잔의 다리 혹은 받침대를 잡는다.

② 와인의 색상, 색조, 밀도, 투명도와 광택을 파악하기 위해 밝은 불빛 앞에 눈 높이만큼 잔을 갖다 놓는다.

③ 하얀 바닥에 잔을 내려 놓고 위에서 보고 난 후 잔을 비스듬히 기울여 와인의 색상과 투명도, 광택을 본다.

④ 마지막으로 부드럽게 잔을 돌려 와인이 잔의 내벽을 타고 흘러내리게 하여 와인의 눈물 또는 다리의 수, 굵기, 흐르는 속도를 통해 알코올과 글리세롤의 함량, 점도를 알아 본다.

색상Robe

와인의 색과 전체 외관은 빠른 시간 내에 정확한 판단을 할 수 있고 중요한 정보를 많이 내포하고 있다. 레드, 화이트, 로제, 스파클링 와인의 와인 유형, 양조, 숙성, 필터, 기술적인 내용, 생산지 지리 및 역사적 특성뿐 아니라 와인의 나이 및 잠재성, 신선도를 알아낼 수 있으며 와인의 향과 맛의 장단점을 파악할 수 있다.

색조Nuance

와인 색조는 와인의 나이와 숙성 조건을 나타내는 중요한 정보이다. 색깔은 와인 저장고에서의 보관상태에 따라 해를 거듭할 수록 산화되어 자연적으로 변화되어 간다.

① **화이트와인**은 초기에 흔히 초록빛을 띤 연한 노랑색에서 숙성되면서 이러한 색깔은 점점 연한 황금색, 황금색을 거쳐 오랜 시일이 되면 호박색, 갈색, 밤색의 색조로 점점 진한 색상으로 변화된다.

② **레드와인**은 초기에 보랏빛이 감도는 적색이었다가 점점 보랏빛이 사라지고 루비색을 거쳐 주홍빛 적색, 적갈색, 황갈색으로 연한 색조로 변한다.

와인 숙성기간에 따른 색깔 분류

	화이트와인	레드와인
	무색Colourless	푸른빛을 띤 적색Blue Red
숙성초기Young	녹색을 띤 노랑색Greenish Yellow	보랏빛을 띤 적색Violet Red
⇧	연한 노랑색Pale Yellow	자주빛을 띤 적색Purple Red
	연한 황금색Pale Gold	체리빛을 띤 적색Cherry Red
	황금빛을 띤 노랑색Golden Gold	루비색을 띤 적색Ruby Red
	빛 바랜 황금색Old Gold	암홍빛을 띤 적색Garnet Red
	낙엽색Dead Leaves	벽돌빛을 띤 적색Brick Red
	적색을 띤 밤색Maderised	오렌지빛을 띤 적색Orange Red
⇩	호박색Amber	기와색을 띤 적색Tile Red
숙성말기Aged	연한 갈색Russet	적색을 띤 갈색Reddish Brown
	갈색Brown	황갈색Ochre

이러한 와인 숙성기간에 따른 색깔 분류에 따라 초기의 보랏빛 레드와인과 초록빛의 화이트와인은 강한 산도를 나타내는 것을 파악할 수 있고, 4년 이내의 레드와인이 갈색을 나타낸다면 보관상태가 좋지 않아 이미 조숙했다는 것을 의미한다.

*독일와인협회

색상의 밀도Intensity

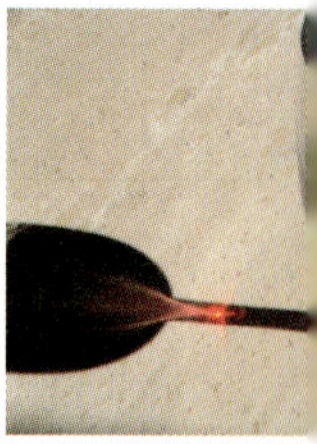

색상의 강도와 농도는 양조 방법과 관련된 와인 구조를 나타낸다. 색상의 강도는 와인의 미각적인 농도를 예측하고 그 생명을 추론할 수 있다. 그것은 포도알 농도, 수확연도 잠재성, 양조에 있어서의 침용과 기술적인 것이 직접 반영된 것이며 대부분의 레드와인의 경우에 해당한다.

① **색상이 연하고 밀도가 낮은 경우** : 색소의 추출이 작은 것을 의미하며 포도알 성분의 농축이 부족한데서 기인한다. 이것은 포도나무의 낮은 식재 밀도, 어린 수령의 포도나무, 덜 성숙된 포도 수확, 비가 많이 온 수확연도가 원인이기도 한다. 또한 양조과정에서 의도적으로 짧은 기간, 낮은 온도에서 생산할 경우이다. 이러한 가벼운 와인은 쉽게 마실 수 있으나 오래 보관하기에는 적합하지 않다.

② **색상이 진하고 밀도가 강한 경우** : 높은 식재 밀도의 포도원에서 완전히 성숙된 포도를 수확하여, 이 포도로써 양조 과정을 통해 탄닌과 안토시안을 아주 잘 추출한 경우이다. 이러한 와인은 골격과 짜임새가 있으며 구조가 강해 장기 숙성이 가능하며 좋은 조건 하에서는 탁월한 맛을 제공한다.

③ **화이트와인의 경우** : 연한 색상과 밀도가 없으면 수확 연도가 좋지 않거나, 덜 익은 포도 수확으로 포도알이 덜 농축된 것을 의미한다.

색상의 밀도와 관계된 표현

+	매우 진한Very Dark
	깊게 진한Deep
	짙은Dark
	두드러진Rich
	중간의Midium
	가벼운Light
−	옅은Pale

점도Viscosity

잔에 흐르는 와인의 점도를 통해 그 와인의 알코올 수준과 당도, 숙성 정도를 파악할 수 있다. 와인의 흐름이 진하고 끈적끈적 할수록 당도와 알코올 도수가 높으며, 어느 정도 숙성되었다고 볼 수 있다.

와인의 점도를 파악하기 위해서는 와인 잔의 내용물을 가볍게 흔들어 준 후 다시 아래로 흘러내리는 모양으로 판단한다. 와인 잔을 흔들면 잔의 안쪽 옆면에 와인이 줄무늬를 이루면서 아래로 흘러 내린다. 이때 흐르는 와인의 속도가 느릴수록 또한 와인의 방울이 굵고 균일할수록 그 와인은 알코올과 당분의 일종인 글리세롤을 많이 함유하고 있다는 것을 의미한다. 이러한 성분의 함량에 따라 '기름진Oily', '진한Heavy', '보통의Normal', '묽은Watery' 등으로 점도의 강도를 표현할 수 있다.

와인이 잔을 타고 흘러내릴 때 구조감이 약한 화이트와인은 눈물이 길고 아주 섬세하게 흐른다. 반면에 골격이 있는 레드와인이나 스위트 화이트와인의 경우 많은 알코올과 글리세린의 함유로 풍부한 눈물과 다리를 보여주게 된다.

흔히 점도 관찰에 있어 '와인 다리의 견고성을 판단하기 위해서 와인을 울게 한다' 또는 '액체의 색상에서 아름다운 다리를 감상한다.'라는 것처럼 문학적으로 표현하기도 한다. 여하튼 간에 와인의 눈물은 잔 속에 응축되어 있는 와인의 에센스라 할 수 있다.

투명도Limpidity

와인이 투명한 것은 그 와인에 이물질이 없다는 것이다. 일반적으로 양조기술로 인하여 와인은 거의 투명하지만 숙성과정이나 추운 곳에서의 보관상태로 인해 와인에 입자가 생기는 경우가 있다. 불순물을 관찰하기 위해 와인 잔을 정지시키거나 옆으로 뉘어 조명 아래서 약간의 거리를 두고 살펴본다. 잘 정화된 투명한 와인과 찌꺼기를 구별하기 위해서는 어두운 부분과 흰 부분을 번갈아 배경으로 두고 파악하면 더욱 잘 찾아 낼 수 있다.

이물질 존재는 와인의 현재 상태뿐만 아니라 와인 수명과 양조장에서의 정화과정, 알코올 발효 후의 와인 수준도 나타낸다. 잔의 정지상태에서 날아다니는 물질이나 솜털모양의 이물질이 보이거나 잔 바닥에 색소 찌꺼기가 깔리는 경우도 나타난다. 잔 아래에 찌꺼기가 생기는 경우라면 그 와인은 디캔팅이 필요하다.

투명도와 관련된 표현

+	투명한Transparent
	깨끗한Limpid
	불투명한Opaque
	흐릿한Dim
	흐린Suspect
	뿌연Hazy
	탁한Dirty
	우유빛의Milky
−	찌꺼기가 많은Cloudy

광택Brillance

와인의 광택은 산도에 기인하여 그 와인의 활기와 생명력을 보여주는 것이다. 특히 화이트와인의 경우 매우 반짝거리며 빛나는 것은 젊은 와인에서 나타내는 산도가 강한 와인을 뜻한다. 레드와인 역시 반짝거림이 약하거나 윤기가 없다면 거의 숙성이 이루어진 와인이며 광택이 없이 흐릿한 모양은 생명이 다한 와인의 징표이기도 하다.

광택과 관련된 표현

+	크리스탈같은Crystalline
	반짝이는Brilliant
	빛나는Luminous
	윤기없는Mat
−	흐릿한Dull

후각적 검사

후각은 가장 잘 훈련된 감각이다. 훈련을 거치면 미각으로 느끼는 감각보다 무려 10,000~ 100,000배 정도로 더 잘 느낄 수 있다. '코'라는 감각기관을 통해 냄새를 느끼는 경로는 두 가지가 있다.

① **코 속을 통한 경로** : 잔 속의 와인에서 나오는 냄새를 직접 코로 느끼는 것으로 공기 중의 향 입자는 콧구멍을 통해 코로 들어가 천정에 있는 민감한 점막세포에 부딪쳐 냄새를 인식하게 되는 경로이다.

② **입 안을 통한 경로** : 입안에서 와인은 향Aroma을 발산하여 인후를 통해 거꾸로 코 점막세포로 올라가 뇌로 전달 된다. 입안에서 공기를 받아들여 와인을 굴린 후 뱉거나 마신 후에 이러한 향을 느끼는 경로이다.

후각적 검사 3 단계

① 첫 번째에서 잔을 흔들지 않고 아로마향의 잠재성을 아는 단계이다. 이때는 기화성 아로마향만이 나타난다. 연한 밀도의 와인을 검사하는 경우 주변의 강한 향이나 잘 세척되지 않은 잔이나 강한 향수 등으로 인해 방해를 받기도 한다.

② 두 번째로는 점진적으로 잔을 돌려 검사한다. 처음에는 서서히 시작하여 조금 빠르게 잔 속의 와인을 돌린다. 이 단계에서는 와인의 복합적인 아로마향을 판단할 수

있다. 흔들림으로 와인이 공기와 접촉하게 되고 용해되어 있는 가스를 제거하며 휘발성이 없는 약한 향을 열게 한다. 조금 후 과일, 꽃, 식물 등 모든 복합적인 향이 펼쳐지게 된다. 이때 '와인이 공작 꼬리를 펼친다.'라는 표현을 하기도 한다.

③ 마지막 단계로는 와인을 마시고 난 후 빈 잔을 맡아보는 단계이다. 빈 잔에는 계속해서 아로마향이 진행되고, 남아 있으며 오랫동안 지속된다. 강한 알코올에 의해 숨겨져 있던 미묘한 향들을 새롭게 느낄 수 있다.

와인의 향은 와인 애호가들에게 많은 놀라움을 제공하는데 이는 수천 가지의 구성요소로 되어 있는 복합적인 향이 들어 있기 때문이다. 이렇게 많은 향이 있어 처음에는 찾아내기 어렵다고 느낄지라도, 사람의 후각은 매우 민감하기 때문에 후각적인 경험이 있으면 그 향을 찾아내어 그 이름을 기억하고, 느낌이 깨어나기도 한다. 이러한 즐거운 발견은 찾으려는 의도와 약간의 훈련만 있으면 된다. 전문가들의 교육과정에서 사용하는 '아로마 키트'를 사용하지 않더라도 얼마든지 향을 느끼며 즐거움을 찾을 수 있다.

향의 강도Intensity와 품질

잔에 있는 와인을 흔든 후 코를 잔 깊숙이 넣은 후 향의 존재와 강도를 파악해야 한다. 이때에 향이 거의 없다면 와인에 이상이 있거나 또는 근본적으로 향이 거의 없는 포도 품종을 사용하였거나 잘 익지 않은 포도로 양조한 경우이다. 반면에 강도가 강하면 잘 익은 포도로 완벽하게 양조한 것이다.

향의 강약에 따라 강도를 표현하는 데는 '약한'Weak, '중간의'Medium, '진한'Intense, '강한'Powerful 등으로 나타낸다. 이러한 향의 강도를 파악한 후에는 향의 섬세함, 즉 품질을 결정해야 한다. 향의 품질에 관한 평가는 다분히 주관적이긴 하나 전문가들은 '향 파장의 길이와 지속성'으로 품질 형태를 확신하고 평가한다.

몇 가지 향에 대한 품질 표현을 살펴보자.

① 기분 나쁜 : 신선함과 개성, 복합성이 없고 주지되는 결점을 가지고 있는 향
② 거친 : 섬세함과 매력이 없고, 잘못 양조되어 지나치게 잠재성이 큰 향
③ 일반적인 : 생기가 없고, 평범하며, 약한 품질의 향
④ 기분 좋은, 섬세한 : 매력은 있지만 복합적이거나 기품이 부족한 향
⑤ 우아한 : 기분 좋은 향을 가진, 분명하게 다른 와인과 구별되는 향
⑥ 기품있는 : 독창적인 향이 잘 드러나며, 지역 전통성이 함유된 향
⑦ 전형적인 : 포도품종을 잘 나타내고, 쉽게 떼루아를 인식할 수 있는 향
⑧ 균형적이고 풍부한 : 잘 표현되어지고, 안정되었으며, 매우 복합적인 향

아로마Aromas와 부케Bouquet향

와인의 향은 세 종류의 아로마향으로 설명된다. 특히 잔의 와인을 잘 흔든 단계에서

와인은 자신이 가지고 있는 향을 잘 발산하고 표현한다.

① **1차 아로마** : 특별한 꽃 종류와 포도품종에 해당하는 향이다. 와인 양조 때 다양한 품종이 블렌딩된 포도의 향이기도 하며 이 향은 포도 자체에 함유되어 있고 주로 포도알 껍질에서 생긴다. 잔을 흔들지 않은 상태에서 발산하는 향으로 포도 품종에 따라 전형적인 향을 발산한다.

② **2차 아로마** : 발효과정에서 새로 얻어진 향과 포도 품종의 특징이 결합하여 생겨난 향이다. 예로서 가메 품종의 와인은 1차 발효인 탄산가스 침용Maceration carbonique을 통해 바나나향이 나타나게 되고, 그 후 2차 말로락틱 발효에서는 버터와 개암열매의 향으로 변화된다.

③ **3차 아로마** : 와인 숙성과정에서 얻어지는 복합적인 결과의 향이다. 포도품종이나 떼루아, 양조 방법과 관련하여 생성된 와인이 오크통 숙성과정을 통해 산화, 융합, 응축 작용을 통해 발생된다. 또한 병 속에서의 숙성을 통해 와인은 벌꿀향, 절인 과일향으로 변화되어 간다.

부케Bouquet는 오크통이나 병속에서 와인이 숙성되면서 복합적인 작용을 통해 모든 아로마들이 동질화되고 결합되어 새로운 조화와 복합적인 향으로 형성된 것을 의미한다. 이러한 부케는 초기 젊은 와인에 나타나는 아로마향이 많으면 많을수록 와인이 오랜 기간 숙성되면서 더욱 명백하고 훌륭하게 나타나게 된다. 만일 이러한 1차 아로마향이 초기에 없으면 나중에 복합적인 부케가 형성되지 못하는 것이 일반적이다.

향에 영향을 주는 요소

포도품종부터 재배, 양조, 와인 보관까지 많은 요소들이 와인의 복합적인 향에 영향을 미친다.

① **포도품종** : 향에 개성과 특징을 지어 준다.

② **토양** : 특히 향의 강도에 영향을 미친다.

③ **기후와 태양열** : 포도송이의 성숙에 영향을 주며 스위트 와인의 경우 귀부현상 변화를 일으킨다.

④ **포도 재배 조건** : 비료 사용, 포도나무 크기와 밀도에 따라 와인 구조의 강약이 나타난다.

⑤ **연중 기후 조건** : 포도품종의 건강 상태에 영향을 끼치거나 곰팡이와 석유 냄새 등도 유발한다.

⑥ **양조기술** : 다양하고 새로운 향을 찾고 개선시켜 준다.

⑦ **숙성** : 스테인레스 또는 오크통에서의 숙성에 따라 나무향, 과일향 등이 표현된다.

⑧ **와인 보관 상태** : 병입된 와인의 보관 상태에 따라 산화과정의 변화가 달라진다.

결점있는 향

와인 시음 시에 냄새의 결점에도 주의를 기울여야 한다. 이런 결점은 와인에 이상이 생겼다는 증거이다. 특히 코르크 냄새, 곰팡이, 유황 냄새가 대표적인 불쾌감을 주는 냄새이다. 코르크 냄새가 역할 경우 '코키Corky'하다고 하며 이러한 와인은 품질에 문제가 있는 것이다. 곰팡이 냄새는 확인하기 까다로운 냄새이며, 상한 포도로 인해 생기는 썩은 냄새와 상한 치즈, 약초냄새도 결점이 있는 향이다. 또한 후각적 시음에서 가장 불쾌하게 느껴지는 냄새는 유황 냄새인데 이것은 썩은 계란 냄새와 유사하다.

향Aroma의 종류

아로마향을 크게 비슷한 종류의 향들로 11개 그룹으로 구분하고 어떤 향은 기분 좋은 향 또는 그렇지 못한 향으로 나누어 진다. 이 두 향의 경계는 확실하지 않은데 와인이 같은 향을 가지고도 적당한 향일 때는 좋은 품질의 향으로 인식되지만 지나치게 농축된 향이라면 결점이 되기 때문이다. 또한 와인 유형에 따라 있어야 할 향기가 없거나, 없어야 할 곳에 있는 향 또한 결점인 것 이다.

향의 그룹과 종류

11 그룹 향	아로마 향(Aromas)
동물향Animal	사냥 동물, 사향노루 등 동물 냄새, 각종 고기류, 햄, 소시지, 피, 가죽, 고양이 오줌, 양젖 치즈 …
숲향Balsamic	소나무, 잣나무, 송진, 이끼 …
나무향Woody	고목나무, 참나무, 마른 나무, 젖은 나무, 코르크 냄새, 삼나무 …
화학적향Chemical	석유, 벤젠, 알코올, 식초, 요오드, 약, 소독제, 썩은 계란, 플라스틱, 금속류 …
향신료향Spices	계피, 각종 후추, 박하, 허브, 감초, 정향, 아니스, 송로버섯 …
탄내나는향Burnt	담배연기, 굽는 냄새, 연기, 구운 빵, 카라멜, 커피 볶은 향, 누룽지, 오크 태운 향, 바닐라, 초콜렛 …
에테르-발효향Ethereal	푸른 사과, 설익은 바나나, 아세톤, 양초, 요구르트, 버터, 맥주 …
꽃향Floral	오렌지꽃, 아카시아꽃, 튤립, 장미, 금잔화, 라일락, 제비꽃 아이리스
과일향Fruity	포도, 자두, 체리, 버찌, 살구, 복숭아, 사과, 배, 산딸기, 카시스, 메론, 오렌지, 파인애플, 망고, 대추야자, 리치 …
미네날향Mineral	마그네슘, 부싯돌, 석회, 백묵, 먼지 …
식물향Vegetal	허브, 포도잎, 줄기, 각종 피망류, 카시스잎, 보리수 잎, 담배 잎 …

주요 와인 향

동물향Animal

① **가죽향** : 레드와인에서만 나타나는 가죽향은 동물에 따라 냄새가 다르다. 향은 강하고 아주 우아하고 야성적이지만 너무 강한 경우 신발창같은 냄새일 수 있다. 오래 숙성된 고급 레드와인에서 섬세한 가죽향을 찾을 수 있다.

② **사향** : 사향노루의 적갈색 분비물의 냄새로서 너무 강하지만 아주 약한 경우 좋은 향으로 느껴지며 향수로도 사용되고 있다. 와인에서 이 향은 오래 숙성된 레드와인에서 접할 수 있는데 보르도에선 메를로 품종의 와인에서 잘 나타난다.

나무향Woody

① **서양 삼나무향** : 연필 깎을 때 나는 나무 냄새와 거의 비슷하며 향긋하면서 강하다. 까베르네 소비뇽 품종으로 만든 고급 레드와인에서 나타나며 섬세하고 우아한 부케 향이다.

② **소나무향** : 강렬하면서 기품이 있는 향으로 자갈이나 모래 토양에서 자란 까베르네 소비뇽 포도로 만든 레드와인에서 찾을 수 있다. 특히 메독 지역 레드와인에 나타나는데 이 와인의 부케에 활력을 주며 복잡성을 더 해 준다.

향신료향Spices

① **송로 버섯향** : 아주 귀한 프랑스 요리 재료인 검은 송로 버섯은 향이 강하고 복합적이다. 이 향은 메를로 품종으로 만든 뽀므롤, 쌩떼밀리용 지역의 그랑 크뤼 와인에서 잘 나타난다.

② **바닐라향** : 오크통에서 숙성한 화이트와인과 레드와인 모두에서 감지 할 수 있다. 연한 농도에서도 감지할 수 있는 아늑하고 지속적이며 섬세한 향이다.

③ **계피향** : 동양적인 감미롭고 환상적인 향이다. 오크통 숙성을 통해 얻을 수 있는 고급향으로 부케의 품질을 더해 준다. 계피향은 레드와인과 화이트와인 모두에서 나타나며 특히 뽀므롤, 쌩떼밀리용에서 메를로 품종으로 생산된 레드와인에서 강하게 느껴진다.

④ **후추향** : 이 향은 쉽게 발견하기 어려운 향신료 향으로서 은은하며 자극적이지 않다. 까베르네 소비뇽, 까베르네 프랑으로 만든 보르도 그랑크뤼 레드와인에서 섬세한 향으로 나타난다.

⑤ **박하향** : 향신료로 사용되는 박하는 아주 강하고 마음을 이끄는 매력적인 향이다. 까베르네 품종으로 만든 로제와인에서 잘 나타나며 매우 상쾌하여 후각에 기분 좋은 느낌을 제공한다.

⑥ **감초향** : 새 오크통에서 숙성한 메를로, 까베르네 소비뇽 품종의 레드와인에서 나

타나는 향으로 부드러우면서 진한 느낌을 준다. 보르도 와인의 향들 속에서 뚜렷하게 구별되며 새로운 오크통의 탄닌과 결합하여 발생한다.

태운 향Burnt

① **구운 빵** : 잘 구워진 갈색 색깔의 빵에서 나는 구수하며 탄 냄새를 동반한 향이다. 여러 곡식 냄새를 포함한 이 향은 오크통에서 숙성된 샤르도네 품종의 화이트와인에서 전형적으로 나타난다. 레드와인의 경우 새 오크통에서 숙성된 까베르네 소비뇽 품종에서 섬세하게 표현된다.

② **볶은 아몬드향** : 신선하고 말린 아몬드를 볶아 나온 이 향은 화이트와인에서 주로 맡을 수 있는 고급 향이다. 부르고뉴 고급 화이트와인과 발포성의 뮈스까데 품종 와인에서 나타난다.

③ **카라멜향** : 달고 끈적거리는 이 카라멜 향은 메를로 품종으로 생산한 레드와인에서 발견된다. 주로 쌩떼밀리용, 뽀므롤 지역의 오크통에서 숙성한 와인에서 찾을 수 있다.

④ **커피향** : 화이트와인과 레드와인 모두에서 나타나는 이 커피 향은 매혹적이고 친근한 향이다. 고급 보르도, 부르고뉴 지방의 새 오크통에서 숙성한 와인에서 맡을 수 있는 고급향이다.

꽃향Floral

① **보리수꽃향** : 루아르 지방 화이트와인에서 발견되는 향으로 슈넹 청포도 품종으로 만든 무감미, 감미 와인에서 찾을 수 있다. 달콤한 향으로 흔히 어린 와인에서 느끼지만 숙성되면 사라진다.

② **아카시아꽃향** : 하얗거나 노란 아카시아꽃의 향기로 아주 달콤하고 매혹적인 강한 향을 가지고 있다. 샤르도네 고급 청포도 품종에서 나타난다.

③ **금작화향** : 덤불로 형성된 이 꽃에서는 무거운 풀 향기를 주면서 동시에 "고양이 오줌" 냄새와 같은 농축된 향이 발견된다. 덜 성숙된 쏘비뇽 블랑으로 만든 화이트와인에서 나타난다.

④ **장미꽃향** : 장미는 매혹적이고 감미로운 향을 소유하고 있다. 이 향은 까베르네 계열 품종의 최적 성숙 상태에서 수확하여 양조를 통해 나타낸다. 레드와인에서 장미향은 잘 숙성된 그랑 크뤼 와인에서 자주 등장한다.

⑤ **제비꽃향** : 장식용 꽃으로 제과점에서나 향수제조에 사용된다. 이 향은 백토에서 수확된 까베르네 프랑에서 아주 섬세한 아로마향이 있으며 가끔 가메 품종에서도 나타난다. 또한 숙성을 통해 더욱 강조되기도 한다.

⑥ **아이리스향** : 아이리스의 향은 거의 제비꽃과 비슷하다. 전통적인 그랑 크뤼 레드와인에서 나타난다.

⑦ **벌꿀향** : 벌이 지역의 꽃에서 모은 꿀로서 시럽 같은 아주 달콤한 꿀 향이다. 이 향은 늦게 수확한 포도나 귀부병에 걸린 포도로 생산한 쏘떼른 지역 감미 와인의 오랜 숙성 후에 잘 나타난다.

과일향Fruity

① **까시스향** : 까막까치밥나무는 열매뿐만 아니라 잎에도 많은 향을 소유하고 있다. 이 향은 까베르네 소비뇽으로 만든 레드와인에서 아주 강하게 표출된다. 전체적으로 우아하고 귀족적이지만 가끔 거칠거나 너무 두드러지기도 한다.

② **산딸기향** : 작은 핵과로 백색 또는 장미색의 이 과일은 은은하고 향기로우며 섬세한 향을 가지고 있다. 주로 발효과정 중 낮은 온도에서 짧은 기간의 침용을 통해 얻어진 레드와인이나 드라이한 로제와인에서 잘 나타난다. 특히 피노누아 품종의 주 향기이다.

③ **딸기향** : 재배 딸기는 싱싱한 맛을 지닌 섬세한 향을 지니고 있다. 로제와인이나 신선한 맛을 지닌 레드와인에서 찾아볼 수 있다.

④ **검은딸기향** : 검은 열매가 달콤하고 농축된 아로마향이 매우 풍부하고 짜임새 있는 레드와인에서 이 향은 포도가 완전히 숙성된 후 만들어졌다는 징표이다. 시라 품종으로 생산된 와인에서 주로 나타난다.

⑤ **사과향** : 이 사과향은 매우 잠재성이 있는 싱싱함을 가지고 있다. 화이트와인과 스파클링 와인에서 나타나는 기본적인 생동감이 있는 향이다. 아주 잘 익은 포도로 만든 경우 이 향은 사라진다.

⑥ **바나나향** : 바나나향은 아주 가벼운 식물의 뉘앙스를 가지고 있다. 탄산가스 침용 방법으로 생산한 가메 품종 와인의 향 특징이다. 잘 익은 포도로 만든 감미 와인에서는 매우 달콤한 향으로 표현된다.

⑦ **살구향** : 단단한 육질의 살구향은 포도품종으로 잘 성숙될 때까지 기다려서 스위트 화이트와인으로 만들었을 때 잘 나타난다. 아주 미묘하며 매혹적인 향으로 고급향에 속한다.

⑧ **파인애플향** : 파인애플향은 강하고 아주 생동감이 있으며 새큼한 향을 가지고 있다. 열대과일인 이 향은 일반적으로 발효과정에서 발생하며 무감미, 스위트 화이트와인에서 모두 찾을 수 있으나 곧 사라지는 특징이 있다.

⑨ **레몬향** : 드라이 화이트와인의 특징적인 향으로 매우 신선하고 새콤하다. 향의 뉘앙스는 무의식적으로 와인의 산도와 연결된다. 쏘비뇽, 리슬링 와인에 등장하며 쏘떼른 와인처럼 당도가 강할지라도 와인에 신선감을 제공한다.

⑩ **체리향** : 핵과인 체리는 달콤하고 농축된 향과 동시에 한편으로는 싱싱하고 새콤한 향을 가지고 있다. 강한 향은 아니지만 기품있는 로제와인이나 부르고뉴 샹베르땡 와인에서 나타난다.

⑪ **배향** : 알코올 발효과정을 통해 화이트와인에서 나타나며 드라이 화이트와인과 샴페인에서 검출된다. 배 향기는 고급향으로서 부드럽고 섬세하며 보르도 스위트 화이트와인에서 표출되기도 한다.

⑫ **복숭아향** : 큰 씨와 과육질이 풍부한 이 과일은 신선하고 달콤한 향을 가지고 있다. 특히 쏘비뇽 블랑이나 샤르도네, 슈넹 포도 품종으로 만든 드라이 와인에서 발견된다.

⑬ **말린 자두향** : 잘 익은 포도로부터 생성되는 향으로 레드와인에 빠지지 않는다. 생자두 향보다 더 무거우며 훈제냄새가 강하고 지속력과 방향성이 있는 매력적인 향이다. 보르도, 부르고뉴 지방의 숙성된 그랑 크뤼 레드와인에서 찾을 수 있다.

식물향Vegetal

① **아스파라거스** : 주로 사르노레 화이트와인에서 영할 때 신선하게 나타난다. 채소향이지만 상쾌하고 가벼운 느낌을 주고 숙성되면 사라진다.

② **피망향** : 피망향은 주로 루아르나 보르도 지방의 까베르네 프랑에 지배적으로 나타난다. 숙성되지 않은 젊은 와인에 두드러지며 과도하게 성숙된 포도로 생산된 와인에서는 이러한 피망 향은 사라진다.

미각적 검사

와인 시음에서 무엇보다 즐거운 것은 직접 마셔보는 것이다. 프랑스의 노르베르 고Norbert Got는 "와인은 한 잔 마신 후에 그 와인이 좋으면 다시 한 잔 더 마시고 싶어진다."라고 마시는 즐거움을 표현했다. 그러나 올바른 미각적 검사를 위해서는 기술적인 방법과 순서에 의거하여 정확한 분석이 요구된다.

검사 방법과 순서

① 먼저 시음자는 와인 구조를 분석하기 위해서는 입안에 적당한 분량 10~15 ml을 머금어야 한다. 너무 적은 양일 경우 입 안의 타액에 희석된다.

② 입안에 머물러 있는 와인을 음식처럼 약 15~20초 정도 잘 씹으면서 입안 전체의 점막이 젖도록 전후좌우로 천천히 잘 돌려준다. 이때의 감각은 거의 본능적으로 느껴지며 기분 좋거나 일반적인 또는 불쾌한 맛으로 느껴진다.

③ 공기를 조금 흡입하여 입안의 와인 향 입자를 발산시키면 향은 비강을 통해 올라간다. 따뜻해진 공기로 인해 강해진 향은 코로 직접 맡은 감각의 미비점을 보완해 준다.

④ 충분하게 입안에서 분석 후 우아하게 와인을 뱉는다. 와인의 향과 맛의 여운이 분출되도록 입을 삐쭉 거리면서 입술을 꼭 다문다. 침은 필요하지만 지나친 타액은 좋지 않다. 많이 시음해야 하는 경우 입안을 물로 헹군 후 다시 하면 된다.

⑤ 마지막으로 와인 향과 맛의 여운이 얼마나 지속되는가 분석한다. 입안의 와인을 뱉거나 마신 후에 잔류하고 있는 향과 맛을 파악하는 것으로 와인의 품질과 잠재성을 평가한다. 지속되는 시간을 꼬달리Caudalies로 나타내고 1 꼬달리는 1초에 해당한다. 지속성이 오래 될수록 좋은 와인이다.

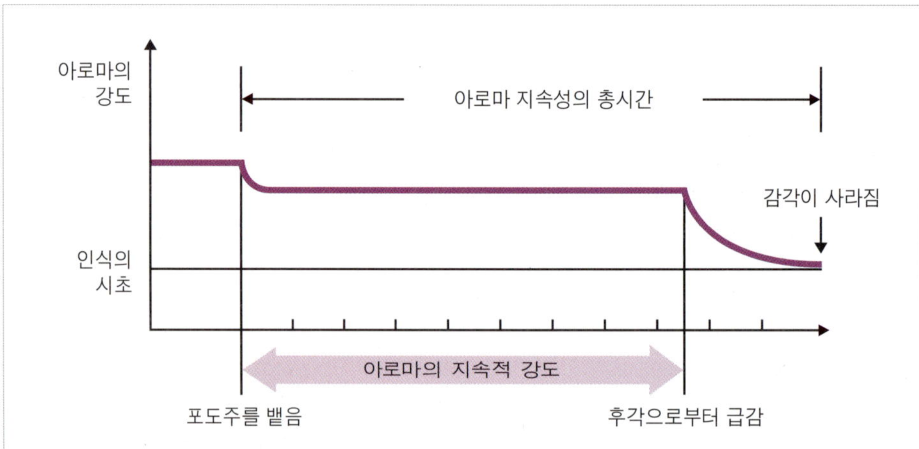

기관과 감각

미각의 느낌은 혀로 인지하고 5가지로 구분할 수 있다.

① **기본적인 4가지 맛의 구성요소** : 단맛, 신맛, 쓴맛, 짠맛이 혀의 위치에 따라 다르게 느껴진다.

② **촉감** : 접촉에 의한 느낌으로 와인에 함유되어 있는 탄닌에 기인하며 '텁텁한', '짜임새 있는', '부드러운', '매끄러운', '실크같은' 표현으로 원단이나 재료의 느낌을 사용하여 표현한다.

③ **온도 감지** : 와인 제공 온도에 따라 차갑거나 더운 감각이 느껴진다.

④ **화학적 느낌** : 톡 쏘는 탄산가스나 알코올도수가 높은 경우 뜨거운 느낌을 받는다.

⑤ **통증 느낌** : 알코올 등의 와인 요소가 지나치게 강할 때 입 안에서 일종의 통증을 느끼게 된다.

맛의 구성 요소

구강 내에서 가장 부드러운 부분이자 미각을 감지하는 혀에는 수 천만개의 예민한 미각 세포가 있다. 혀끝은 단맛에, 혀의 앞쪽 양 가장자리는 짠맛에, 혀의 중간 양 가장자리는 신맛에, 혀의 뒷부분은 쓴맛에 반응한다. 따라서 시음 시에는 와인을 혀 위에서 여러 번 굴리는 것이 미각을 느끼기에 유리하다.

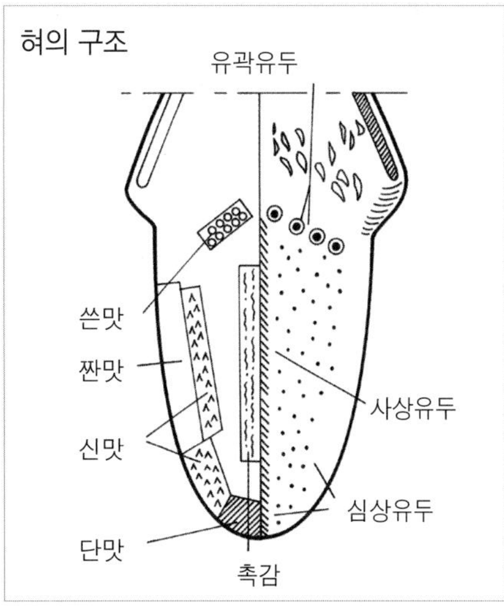

① **단맛** : 와인의 단맛은 '기분 좋은', '밋밋한', '달콤한' 이라는 표현으로 나타내며 점착성을 동반한다. 단맛은 당분에 의해서만 생기는 것은 아니며, 알코올 또한 단맛을 내는 중요한 요소가 된다. 특히 1리터당 20~100g의 당분이 있는 스위트 화이트와인에서는 강한 단맛을 느끼지만 대개의 경우 와인에 함유된 양이 미미하다. 당도가 높은 단맛의 와인은 달콤하고 부드러우며, 기분 좋은 느낌을 제공하며 미끈거리며 기름지다고 표현하고 비중감 있는 와인이 된다.

② **신맛** : 와인의 신맛은 남쪽지방 와인보다 북쪽지방 와인이 강하고, 수확이 좋지 않은 해의 와인, 2차 발효를 거치지 않은 와인에서 더욱 신맛을 느낀다. 신맛은 혀 양끝을 조이는 느낌을 주며 타액을 분비시킨다. 신맛을 느끼게 하는 산도는 와인에 생기와 청량감을 제공하므로 산 성분이 부족하면 특징이 없는 시시한 와인이 되어버린다. 산도는 조금만 수치가 달라도 느끼는 맛이 아주 다른 특징이 있다.

③ **쓴맛** : 저급 와인을 마신 후에 적은 양의 쓴맛을 느끼기도 한다. 기분 좋은 맛은 아니며 거칠고 오래 지속되는 맛이다. 쓴맛은 주로 포도의 껍질, 씨, 푸른 줄기를 압착할 때에 들어가는 탄닌 성분 때문에 생긴다. 포도가 덜 익거나 줄기와 씨를 너무 강하게 압착해서 나오는 경우 쓴맛과 아린 맛이 난다. 반면에 양질의 탄닌 성분은 입안에서 떨떠름하고 오므라드는 듯한 떫은 맛 효과를 내는데 이것이 훨씬 더 복합적이고 개성있는 와인을 만든다.

④ **짠맛** : 와인에서 느끼기는 어려운 맛이다.

와인의 균형 도표

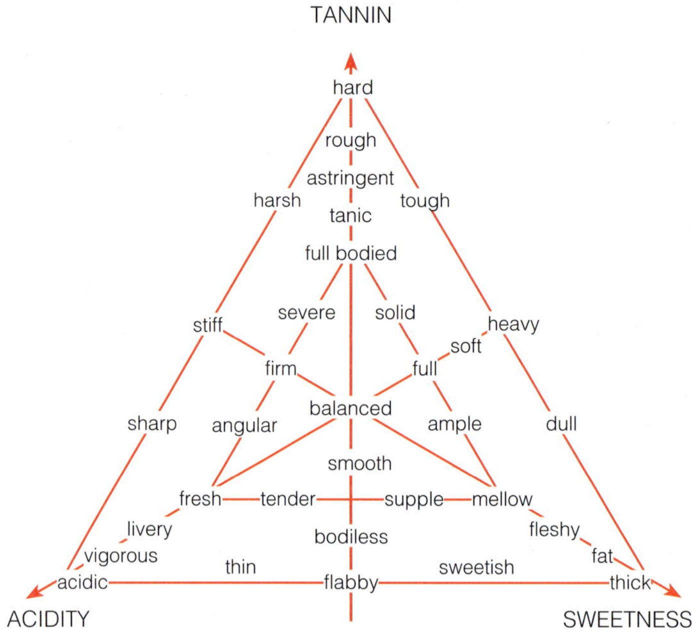

레드와인

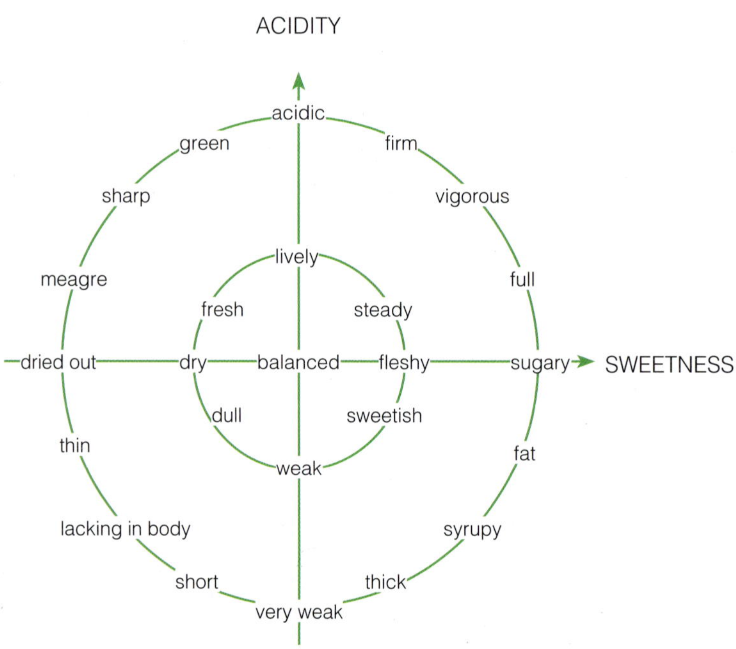

화이트와인

Prâtis des vins de Bordeaux, cole du Vin de CIVB

와인의 균형과 조화

와인 미각의 특징은 신맛, 단맛과 탄닌의 쓴맛이 균형을 이루고 조화로운 결과로서 나타난다. 이 모든 맛과 느낌들은 서로 상호작용을 일으켜 복합적인 새로운 맛을 갖는다. 시음자는 이러한 맛의 느낌에서 조화로운 균형을 판단한다.

어느 한편으로 맛이 너무 약한 경우 와인은 밋밋하여 맛이 잘 느껴지지 못하거나 반대로 너무 강한 경우 지나치게 풍부하여 거부감을 주게 된다.

레드와인의 경우 탄닌, 산도와 부드러운 단맛의 세 축으로 하는 구도에서 농도의 크기를 표현한다. 삼각형 중앙에 산도는 약하고, 당도는 적당하며 탄닌이 아주 부드러운 위치를 나타낼 때 와인은 균형이 있다.

① **떫은 탄닌맛** : 거칠고 텁텁한 탄닌에 의해 나타나며 지나치면 와인 구조의 균형을 깨며 쓴맛을 낸다. 좋은 수렴성은 유연하며 부드럽고, 풍부하며 육감적인 구조를 가지게 된다.

② 부드러운 단맛 : 벨벳처럼 부드러우며 기름진 맛으로 표현한다. 이 맛은 매우 중요하지만 너무 지나치지 않아야 하다.

③ 새콤한 산도 : 레드와인인 경우 산도가 제한적이고 적당하게 있으면 신선한 느낌을 준다. 그러나 지나치면 날카로운 신맛을 느끼게 된다.

화이트와인의 경우 탄닌은 거의 없으며 산도와 알코올로 나누는 두 축을 이룬다. 젊은 와인에서는 유연하고 생동감 있으며 풍부한 꽃향, 흰색과일 향이 나타난다. 기품있고 숙성된 화이트와인은 적은 신맛과 부드러운 미각을 느끼게 한다.

적당량의 감미로운 단맛과 알코올은 전적으로 짜임새 있는 스위트 화이트와인을 만든다. 그러나 반대로 너무 많은 단맛과 지나친 알코올은 역효과를 낳는다. 산도는 삼각형 구도에 주요한 위치를 차지하며 지나치지 않으면 와인에 활기를 넣어준다. 또한 이 맛들은 서로 도와주기도 하고 감추어 주기도 한다.

맛에 대한 여러 가지 느낌 표현

① 산도Acidity : 특징이 없는, 무미 건조한, 밋밋한, 부드러운, 산뜻한, 생생한, 강한, 강렬한, 설익은, 아린, 신, 톡 쏘는 …

② 당도Sweetness : 아주 드라이한, 드라이한, 마시기 좋은, 미디엄 드라이, 감미로운, 달콤한, 스위트한, 시럽 같은 …

③ 탄닌Tanin : 전혀 없는, 가벼운, 유연한, 부드러운, 떫은, 거친, 강한, 아주 강한, 쓴맛 …

④ 구조 짜임새Structure : 약한, 가벼운, 원만한, 골격이 있는, 풍미가 있는, 묵직한, 견고한, 튼튼한, 짜임새 있는, 육감적인, 바디감이 있는 …

⑤ 밀도, 바디Body : 매우 가벼운, 가벼운, 중간의, 풍부한, 진한, 아주 진한 …

⑥ 균형Balance : 불균형인, 좋은, 균형잡힌, 완전한 …

⑦ 여운Finish : 짧은, 괜찮은, 오래가는, 아주 오래 남는 …

와인 시음

1. 자~ 마개를 따볼까요.

2. 잘 보관 되었겠지?

3. 조심스레 와인을 따르고...

4. 가슴이 두근두근!!

5. 음~ 멋진 색상이야.

6. 그윽한 향을 맡으며...

7. 입안 가득 느껴지는 전율!

8. 음~ 바로 이 맛이야~

9. 와인은 최고의 취미!

삽화 : *Wine shop Enoteca*

5. 와인과 요리

와인을 요리에 맞출 것인가 아니면 요리를 와인에 맞춰야만 하는 것일까 하는 정해진 법칙은 없다. 그리고 와인과 요리를 맞추는 것은 매우 까다로운 일이다. 그만큼 서로 조화시킬 수 있는 방법은 다양하고 종류가 많다는 의미이다. 하지만 요리로 인해 와인의 향과 맛이 감소되는 경우는 피해야 한다. 와인의 향과 맛의 균형, 대조와 차이가 어우러져 요리와 와인이 조화를 이룰 수 있도록 해야 한다.

와인과 요리 어느 한 쪽으로 치우친 선택은 피해야 한다. 강한 와인이 섬세하고 가벼운 요리에 제공되는 것은 어울리지 않는다. 또한 생굴이나 조개류, 갑각류, 생선을 레드와인과 함께 먹지는 않을 것이다. 역시 화이트와인을 붉은 살 고기나 구운 산짐승 고기와 마시지 않는다. 하지만 경험을 할 수 있으며 동반자들에게 이에 대한 의견을 물어볼 수는 있다.

특히 와인 소스로 요리한 경우 가능한 사용한 와인과 요리를 함께하는 것이 조화로우며 로제와인이나 클라레는 일상적인 후식류나 과일들과 부담 없이 어울리기도 한다. 또한 스위트 화이트와인은 전채요리뿐 아니라 점심이나 저녁의 식사 중에도 매우 즐거움과 만족을 주는 와인이라는 것을 느끼게 된다.

흔히 식사와 관련된 와인 서비스에서 두 가지가 질문이 많이 거론된다. 첫번째는, "식사 중 어떤 순서로 와인을 마셔야 합니까?"이다. 가장 좋은 방법으로는 곧 준비되는 와인이 그 전에 마신 와인을 아쉬워하게 만들어서는 안 된다는 점이다.

일반적으로 햇 와인에서 오래된 와인으로, 화이트와인에서 레드와인으로, 가벼운 느낌의 와인에서 바디감이 있는 묵직한 와인의 순서로 마시는 것이 바람직하다. 두 번째 질문은 "식사 중 언제 와인을 제공해야 합니까?"이다. 이 질문의 대답은 와인은 확실하게 항상 요리가 나오기 전에 제공해야 한다는 것이다.

그리고 와인과 요리의 조화를 통해 얻어지는 최고의 즐거움을 찾아내는 것이 매우 바람직하다. 이러한 즐거움을 얻기 위해서 와인과 요리를 절차와 순서에 따라 시음, 시식하게 되면 더욱 잘 느낄 수 있다. 아래의 나선형의 순서 방식은 이들의 조화를 완벽하게 표현해 가는 도표이다. 이 순서로서 시음, 시식함에 따라서 다양한 성분들을 찾을 수 있고 이를 표현함으로써 즐거움이 더욱 나타나게 된다.

와인과 요리를 통한 감각의 확장 단계

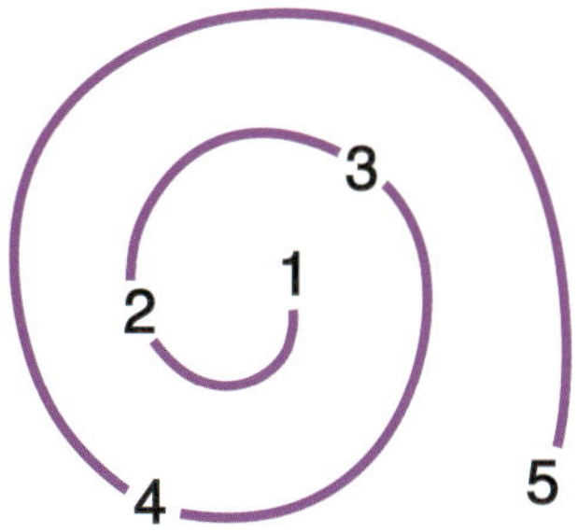

① 와인 시음 : 미각으로 부터 얻는 즐거움으로 신맛, 단맛, 텁텁한 맛과 알코올의 조화를 느끼며 와인 향을 표현하는 단계
② 주 요리를 시식하고 와인의 새로운 점을 발견하는 단계
③ 야채, 과일 등을 곁들인 고명으로부터 얻어지는 촉각을 느끼는 단계
④ 요리 소스를 시식하고 느낀 내용을 나타내는 단계
⑤ 마지막으로 다시 와인을 마시고 결론을 내리는 단계

이러한 방법은 복잡한 것이 사실이다. 그러나 관심을 갖고 조금만 신경 쓰면 자연스럽게 분석되고 머리 속에 메모되어 기억할 수 있다. 이렇게 되면 나중에 같은 와인과 요리를 즐기더라도 그 즐거움이 몇 배나 증가하게 된다.

이 책에서는 보르도 지역별 와인과 잘 알려진 양식, 한식을 기본으로 요리와의 조화를 도표로 만들었다. 물론, 이는 절대적이지 않으며 개인 스스로 표를 만들어 조금은 대담한 조화를 시도해 볼 수도 있다. 표에서는 보르도와인을 레드와인과 화이트와인으로 나누고 지역별로 구분하여 레스토랑이나 가정에서 많이 즐기는 서양요리와 한식 메뉴를 설정하였다.

20여명의 와인 전문가와 음식평론가들의 도움으로 와인과 요리가 가장 잘 어울린다고 여겨지는 곳은 최고의 점수로 별표 3개(★★★)로 시작하여 두 개, 한 개로 정리하였다. 별표(★)가 하나 또는 없다고 해서 어울리지 않다거나 나쁘다는 것이 아니라 지역 와인에 따라 좀 더 나은 요리를 동반하는 것, 다른 한편으로는 요리가 좀 더 나은 이 지역 와인과 함께 하는 것이 좋다고 판단한다는 뜻이다. 따라서 개인의 취향과 기호에 따라 와인과 요리 궁합은 달라질 수 있다는 것을 염두에 두고 이 도표를 참조하길 바란다.

보르도 지역별 와인과 요리의 조화

레드와인-지롱드강과 가론강 좌안 지역 와인

	메독 오메독	쌩떼 스테프	뽀이약	쌩줄리엥	마르고	물리스 리스트락	뻬싹 레오냥	그라브
전채(햄, 소시지류)	★★	★	★	★	★	★★	★	★★★
흰살 육류 및 가금육	★★	★	★	★	★	★★	★	★★
적색 육류	★★★	★★★	★★★	★★★	★★★	★★★	★★★	★★★
사냥 고기류	★★	★★★	★★★	★★★	★★★	★★	★★★	★★
치즈	★★★	★★★	★★★	★★★	★★★	★★★	★★★	★★★
피자(콤비네이션)	★★	★★						★
스파게티(미트 소스)	★★★	★★	★	★	★	★★	★	★★
구절판	★	★	★★	★★	★★	★	★★	★
전, 빈대떡	★★	★	★	★	★★	★★	★	★★
수육(머리고기)	★★	★★	★★	★★	★★	★★	★★	★★
삼겹살	★★	★	★	★	★	★★	★	★★
안심구이	★★	★★★	★★★	★★★	★★★	★★	★★★	★★
불고기(양념)	★★	★★	★★★	★★	★★★	★★	★★★	★★
갈비구이	★★	★★★	★★★	★★★	★★★	★★	★★★	★★

★ 파란색은 양식, ★ 적색은 이태리 요리, ★ 검은색은 한식

레드와인-도르돈뉴와 가론강 우안 지역 와인

	쌩떼 밀리용	쌩떼밀리 용 위성	뽀므롤	라랑드 뽀므롤	프롱싹	부르그 브라이	꼬뜨 지역	보르도 레드 와인
전채(햄, 소시지류)	★	★	★	★	★	★★	★★	★★
흰살 육류 및 가금육	★	★★	★	★★	★★	★★	★★	★
적색 육류	★★★	★★★	★★★	★★★	★★★	★★★	★★★	★★★
사냥 고기류	★★★	★★	★★★	★★	★★	★★	★★	★
치즈	★★★	★★★	★★★	★★★	★★★	★★★	★★★	★★
피자(콤비네이션)		★★		★		★	★★	★★★
스파게티(미트 소스)	★★	★★	★	★	★	★★	★★	★★★
구절판	★★	★★	★★	★★	★	★	★	★
전, 빈대떡	★	★	★	★	★	★	★	★★
수육(머리고기)	★★	★★	★★	★★	★★	★★	★★	★★
삼겹살	★★	★★	★★	★	★	★★	★★	★★
안심구이	★★★	★★	★★★	★★	★★	★★	★★	★★
불고기(양념)	★★★	★★	★★★	★★★	★★	★★	★★	★★
갈비구이	★★★	★★★	★★★	★★	★★	★★	★★	★★

★ 파란색은 양식, ★ 적색은 이태리 요리, ★ 검은색은 한식

화이트와인과 로제와인

	스위트 화이트와인				드라이 화이트와인			로제와인 끌라레
	쏘떼른 바르싹	쎄롱	가론 우안 지역 와인	미디엄 스위트 와인	그라브 빼삭 레오냥	앙트르 드 메르	기타 보르도	보르도
전채(해산물류)					★★	★★	★★	★★
푸아그라라(거위간)	★★★	★★	★★	★				
굴, 조개류					★★	★★★	★★	★★
소스넣은 생선,갑각류	★★	★★	★★	★	★★			★
흰살 육류 및 가금육					★★	★★	★★	★★
푸른 양젖 치즈류	★★★	★★★	★★★	★★				
후식(케익, 초코렛)	★★	★★★	★★★	★★	★	★	★	
피자(치즈)					★★	★★★	★	★★★
스파게티(해물)					★★	★★★	★★	★★★
전, 빈대떡					★★	★★	★★	★★★
구절판					★★	★★	★★	★★
모듬회					★★★	★★★	★★★	★★
튀김류(생선, 야채)					★★	★★	★★	★★
구절판					★★	★★	★★	★★★
생선구이					★★★	★★★	★★★	★★
닭고기(후라이드)					★★	★★	★★	★★★
떡(단맛이 있는)	★★	★★★	★★★	★★★				
모듬 과일	★★	★★	★	★★	★★★	★	★	★

★ 파란색은 양식, ★ 적색은 이태리 요리, ★ 검은색은 한식

6. 와인 빈티지

보르도 최고 양조학자의 한 사람인 에밀 뻬이노Émile Peynaud는 "와인에 있어서 나쁜 빈티지는 없다. 다만 어려운 빈티지만 있을 뿐이다."라고 정의하고 있다. 그러나 소비자들은 각 연도 빈티지를 와인 품질을 결정하는데 아주 편리하게 사용하고 있으며 "좋은 해" 또는 "나쁜 해"로 기억하고 있다는 점을 유념할 필요가 있다. 오늘날까지, 빈티지의 중요성은 줄어들지 않고 있으며 보르도에서 매년 새로운 빈티지를 결정하여 와인 생산에 대한 결과 증거로 제공하고 있다.

와인은 매년 일회 생산하는 농산물이다. 그래서 그 해 기후적인 변동으로 인해 각기 특유의 특징과 수명을 지닌 와인을 만들기 때문에 한 해 빈티지는 다른 연도와 똑같을 수가 없다. 전반적으로 매년 와인 품질은 포도밭과 양조 기술에 대한 지식과 처리의 수많은 발전으로 인해 많이 개선되었다. 하지만 각각의 포도품종과 떼루아의 기후적인 여건에 따라 다르게 반응을 보이며 포도재배업자들의 고유한 노하우에 의해서 차이가 있을 뿐이다. 그래서 너무 섣불리 생산연도만 가지고 품질을 평가하여서는 안되며 또한 전 포도밭에 일반화시켜 적용해서는 안 되는 것이다.

이처럼 정해진 빈티지 와인의 앞날을 내다보기란 결코 쉬운 일이 아니다. 유망하던 것이 결국엔 실망스러울 수도 있으며 중간 정도였던 것이 아주 훌륭해질 수도 있다. 가장 경험이 많은 와인 애호가들이 새로운 생산연도의 품질에 대한 판단이 틀리는 경우도 있다. 자연은 매년 모든 포도밭의 포도재배업자에게 새로운 도전을 던지고 포도가 익는 것과 와인이 와인병에서 변하는 것은 내다볼 수 없는 일이기 때문이다.

게다가 절정기의 와인 품질에 대한 정의는 전문가들에 따라 다르며 와인의 수명을 예견하기란 항상 어렵다. 빈티지의 품질은 지역마다 다르기도 하며 한 지방 내에서 다른 것은 당연한 것이다. 1982년은 보르도 레드와인은 매우 훌륭한 해였으나 부르고뉴에게는 그렇지 못하였다. 보르도에서 메를로에게 좋은 해라고 하여 꼭 까베르네 소비뇽에게 좋은 것은 아니다. 동일한 생산연도인데 쌩떼밀리용과 뽀므롤이 메독보다 더 좋은 경우도 있다.

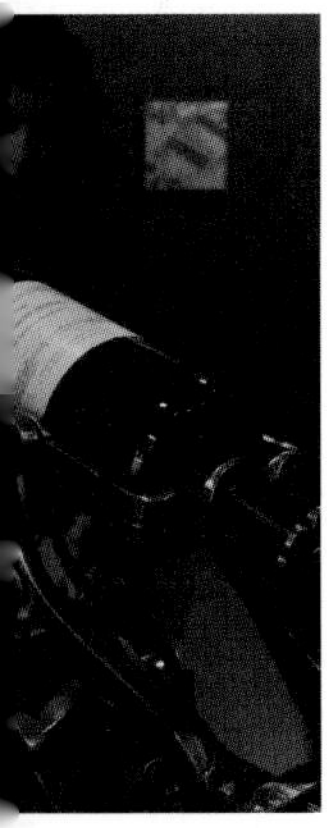

보르도 내에서 유명 스위트 화이트와인에 필수인 귀부현상이 잘 일어나도록 했던 연도는 대체로 레드와인에게는 부정적인 생산연도다. 그리고 빈티지는 일반적인 해부터 뛰어난 연도까지 다양하다. 어떤 해의 경우 최고급 와인인 경우 곧바로 음용 가능하다고 하더라도 같은 지역의 다른 와인은 기다려야 하는 경우가 있다. 또한 좋지 않은 빈티지 와인은 산도가 있거나 물 섞인 맛이 나기도 하며, 평균적인 빈티지 와인은 짧은 수명 기간 내에 마시는 것이 좋을 수 있다. 물론 훌륭한 빈티지라 할 지라도 기대되는 결과를 얻지 못하는 경우도 생긴다.

그러나 이 빈티지는 와인에 있어 중요한 두 가지 정보를 제공해 주고 있다. 첫째로는 보관에 관한 정보이다. 와인별로 보관할 수 있는 기간이 다르기 때문에 생산연도를 알고 있는 것은 중요하다. 와인은 포도품종과 제조방법에 따라 그 보존기간이 다르다. 까베르네 소비뇽 같은 품종으로 만든 와인은 상대적으로 오래 보관할 수 있으나 가메 품종으로 만든 와인은 그렇지 못한 편이다.

또한 양조법상으로 볼 때도, 오랜 시간 껍질과 함께 담가서 충분한 바디Body를 형성한 와인이나 오크통 속에서 충분히 배양과정을 거친 와인은 그렇지 못한 와인과 그 보관기간이 다를 수 밖에 없다. 따라서, 무조건 오래 되었다고 좋은 것이 아니고 최적의 숙성시기에 마셔야 한다. 갓 숙성되어 신선하고 상큼한 맛으로 마시는 와인이 있는가 하면, 장기간 세월의 관록이 밴 묵직하고 그윽한 맛을 즐겨야 하는 와인이 따로 있다는 뜻이다. 그래서 생산연도 표기가 필요하다.

생산연도가 중요한 둘째 이유는, 포도의 발육과 성숙을 좌우하는 기후조건이 매해 다르기 때문에 좋은 해, 아주 좋은 해, 예외적인 해 등 여러 가지 표현으로 각 빈티지의 특성을 표현한다. 그러나 빈티지 표를 볼 때, 전반적인 사항임을 잊지 말아야 한다. 포도재배업자들의 노력과 노하우 또는 약점들을 고려하지 않았기 때문에 빈티지 표를 만들기 위해서는 일반적으로 평균보다 높은 포도재배업자들의 결과들을 참조하기도 한다.

생산연도의 명성과 와인의 품질에 관한 모든 것이 반영되거나 그렇지 않을 수 있다. 따라서 빈티지 표는 보관 가능한 시기적인 여부를 판단할 수 있게 해주므로 이를 참고로 적절한 시기에 와인을 유통하고 소비하는 것이 무엇보다 중요하다.

보르도 와인 빈티지 도표

레드와인

2014 ■	2013 ●	2012 ●	2011 ●	2010 ▲	2009 ▲	2008 ■
2007 ●	2006 ■	2005 ▲	2004 ■	2003 ■	2002 ●	2001 ■
2000 ▲	1999 ■	1998 ▲	1997 ●	1996 ▲	1995 ■	1994 ●
1990 ▲	1989 ▲	1988 ▲	1986 ▲	1985 ■	1983 ■	1982 ▲
1978 ■	1975 ■	1970 ■	1966 ■	1964 ■	1961 ▲	1959 ▲
1955 ▲	1953 ■	1949 ■	1947 ■	1945 ▲	1929 ●	1928 ■

드라이 화이트와인

2014 ▲	2013 ■	2012 ▲	2011 ▲	2010 ▲	2009 ▲	2008 ■
2007 ▲	2006 ■	2005 ■	2004 ■	2003 ■	2002 ●	2001 ■
2000 ■	1999 ■	1998 ●	1997 ●	1996 ■	1995 ■	1994 ●
1993 ●	1992 ■	1991 ●	1990 ■	1989 ■	1988 ■	1987 ■
1986 ■	1985 ●	1984 ●	1983 ■	1982 ●	1981 ■	

전반적으로 성공적인 연도
비교적 균등하게 전 지역에서
성공한 해.

여러지역에 걸쳐 상당수의
품질이 우수한 포도주가
생산된 해

여러지역에 걸쳐 불균등한 해.
일부지역에서만 좋은
포도주를 생산한 해

영 와인의 향긋함을 지녔으며
앞으로 장기숙성이 가능한 연도

어느 정도의 숙성도에
이르렀으며 계속적으로 품질이
향상될 수 있는 연도

매우 숙성이 잘되어 시장에
출하되어 판매 될 수 있는 연도

스위트 화이트와인

2014 ▲	2013 ■	2012 ■	2011 ▲	2010 ▲	2009 ■	2008 ■
2007 ▲	2006 ■	2005 ▲	2004 ●	2003 ▲	2002 ■	2001 ▲
2000 ■	1999 ●	1998 ■	1997 ▲	1996 ■	1995 ■	1990 ▲
1989 ▲	1988 ▲	1986 ■	1985 ■	1983 ▲	1982 ■	1978 ●
1976 ■	1975 ▲	1970 ●	1967 ▲	1962 ■	1961 ▲	1959 ▲
1955 ▲	1949 ▲	1947 ▲	1945 ▲	1937 ▲	1929 ▲	1921 ▲

*보르도 와인 학술원(*Academi du Vin de Bordeaux*)

7. 와인과 건강

와인과 건강에 관한 내용은 아주 옛날 와인이 약으로 통용되던 시대부터 최근의 연구 결과에 이르기까지 와인 효능에 대하여 많은 이야기들이 나왔으며 문자로 기록이 되어 있다. 그간에 많이 발표된 와인과 건강에 관한 다양한 의학적 연구에 대하여 이 책에서는 깊게 다루지 않을 것이다. 다만 와인의 구성 성분과 이미 잘 알려진 '프랑스인의 역설French Paradox'에 관하여 발표된 연구 결과와 최근의 신문 기사들을 요약해 본다.

와인의 구성 성분

와인은 무엇으로 구성되어 있는가? 와인을 구성하고 있는 생물학적, 화학적 성분은 놀랄 만큼 복잡하고 다양하다. 와인의 유형에 따라 성분의 차이는 있지만 와인은 약 85%의 수분과 10~13%의 알코올, 유기산, 에스테르, 당분, 색소와 탄닌, 칼슘, 마그네슘, 철, 황산염, 인 등 헤아릴 수 없는 무기물질들이 다양하게 포함되어 있다.

이 구성 성분들은 포도와 와인 양조과정에서 생성되는 것인데 포도알에 있는 세포로부터 나온 것으로 발효과정을 통해 새로운 성분들이 나타나게 된다. 자연의 기적이라고 하는 이 발효과정의 효모 작용으로 인하여 유발된 화학적 반응으로 수백 가지의 성분으로 나타나는데 각 성분의 함유량은 매우 다르다.

이미 와인에는 300여 가지의 성분이 있다고 밝혀졌지만 아직도 많은 구성 물질들이 밝혀지지 않고 있다. 이미 밝혀진 와인 성분들은 또한 건강과 관련하여 약리학적으로 중요한 작용을 하고 있다. 특히 이러한 성분들 중에 항박테리아성 물질, 비타민B 복합체, 아미노산, 폴리페놀 등은 생체 내에서 중요한 작용을 한다.

프랑스인의 역설French Paradox

1991년 미국 방송국 CBS의 60 Minutes에서 '프랑스인의 역설French Paradox'에 관한 내용을 방영되었다. 이 프로에 초대된 세르즈 르노Serge Renaud 박사가 프렌치 패러독스가 존재한다는 사실을 미국 시청자들에게 처음으로 공개한 것이었다. 이미 이 용어는 그 전해인 1990년에 잡지 헬쓰Health의 미국 기자인 에드워드 돌닉Edward Dolnick이 만들어 낸 신조어였고 그 해 방영된 TV 프로에서도 마찬가지로 프랑스인들의 심장계 질환으로 인한 사망률이 낮은 이유를 설명했다.

기름기 있는 음식을 주로 하는 나라에서는 심장혈관 계통의 병으로 인한 사망률이 높은 것은 이미 잘 알려진 사실이다. 그런데 프랑스인들은 높은 콜레스테롤, 알코올 섭취에도 불구하고 운동도 많이 하고 식이요법을 하는 미국인들보다 심장병으로 인한 사망률이 낮았다.

이와 같은 역설적인 상황에 대해서 두 가지 이유를 가정하여 내세웠다. 하나는 지중해식 식습관으로 우유를 많이 섭취하는 것이었고, 다른 하나는 와인을 규칙적으로 마시는 것이었다. 그러나 이 중 우유는 완전 식품이기는 하나, 어른들은 이를 잘 소화해 내지 못하므로 문제점이 제기되었고 연구 결과 오히려 우유 섭취량을 늘릴수록 심장관련 질병으로 인한 사망률이 높아진다는 것이 밝혀졌다. 반면에 와인은 하루에 3잔 정도 마실 경우 심장에 좋다는 결과가 나왔다.

잇따른 연구 결과를 종합해보면 와인 특히 레드와인에 함유되어 있는 폴리페놀 성분이 몸에 나쁜 콜레스테롤인 LDL의 함량을 떨어뜨리고 대신 몸에 좋은 HDL의 함량을 높여 동맥 경화를 예방하는 효과가 있으며 혈관 내의 혈소판 응집을 지연시켜 혈액 순환을 원활하게 함이 밝혀졌다.

와인의 성분 중에 이러한 효과는 레드와인에 집중되어 있으며 이 중에서도 까베르네 소비뇽Carbenet Sauvignon 품종에 가장 많이 함유되어 있고 그 성분은 레스베라트롤Resveratrol, 퀴세틴Quercetin 등 폴리페놀 성분으로 밝혀졌다. 이들 성분은 매우 강력한 항산화 작용도 있어 몸의 노화를 방지하는 효과가 있는데 항산화 작용으로 잘 알려진 토코페롤보다 1,000배 희석된 와인이 더 강한 효과를 나타낸다고 한다.

세르즈 르노 박사의 프렌치 패러독스 가설 이후 많은 의학계에서 이 가설의 비밀을 밝히려는 연구는 계속되고 있고 미국 및 유럽 의학계에서 조금씩 결과가 나타나기 시작하고 있다. 그 중 몇 가지 연구 내용과 관련 기사를 살펴보자.

와인과 뇌졸중

뇌졸중이란 흔히 중풍을 일컫는 말로 뇌혈관이 동맥 경화 등으로 막혀 해당 부위의 뇌가 손상을 당하는 허혈성 뇌졸중과 해당 혈관이 터져 뇌실질에 피가 고여 기능을 못하게 되는 출혈성 뇌졸중으로 나눌 수 있다.

1999년 권위있는 의학 잡지인 'New England Journal of Medicine'에 알코올 소비량과 뇌졸중의 상관 관계에 대한 흥미로운 연구 결과가 수록되었다. 미국 남자 의사 22,701명을 대상으로 평균 12.2년간 조사를 한 결과, 뇌졸중은 679명에서 발생하였으며 놀랍게도 술을 전혀 먹지 않는 사람보다 하루 2~3잔의 와인을 즐긴 사람들의 뇌졸중 발생률이 27% 정도 적게 나타났다. 하지만 알코올 섭취가 증가할수록 다시 뇌졸중의 발생률은 증가하므로 적정량하루 2~3잔 정도의 와인이 건강에 도움을 준다고 하였다.

와인과 소화기 질환

십이지장 궤양은 과거에는 맵고 짠 음식, 술과 담배 등 위장에 자극적인 물질을 섭취하여 생기는 병으로 알려져 왔으나 최근에는 그 원인이 헬리코박터 필로리Helicobacter Pylori라는 세균에 의한 것이라는 것이 밝혀졌다. 이에 따라 와인의 성분에 있는 항박테리아성 물질이 십이지장 궤양에 효과가 있는지에 대한 연구가 이어졌다. 이 연구 결과, 레드와인은 같은 농도12.5%의 알코올에 비해 헬리코박터 필로리에 대해 더 강한 살균 효과를 보이며 맥주에 비해 2배의 효과를 보인다.

와인과 폐경기 여성의 건강

여성이 폐경기에 이르면 여러 가지로 신체 변화를 느끼게 된다. 특히 여성 호르몬의 결핍은 체내에 LDL 콜레스테롤의 축적을 가져와 동맥 경화나 심장 질환, 뇌졸중 등 여러 가지 질환의 위험을 높이게 된다. 이 시기에 적절한 레드와인의 섭취는 이러한 질환의 발생을 효율적으로 방지할 수 있는 좋은 식습관의 하나라고 할 수 있다. American Journal of Clinical Nutrition에 의하면 하루 권장량은 4 온스 정도로 이는 정상적인 레드 와인 2잔에 해당하는 양이다.

와인과 건강에 관련된 기사

레드와인 속의 성분이 전립선암의 확산을 막는 기능을 할지도 모른다는 실험실 연구결과가 나왔다. 스페인 연구진은 와인에 들어 있는 5종의 폴리페놀이 시험관 실험에서 전립선 암세포의 성장을 막고 암세포들의 소멸을 촉진한다는 사실을 밝혀냈다고 영국 의학전문지 BJU 인터내셔널을 통해 발표했다.

폴리페놀은 레드와인과 차, 특정 과일 및 야채에 함유된 항산화제 성분을 말하는 것으로 몰식자산과 탄닌산, 모린, 케르세틴, 루틴이 이에 속한다. 이같은 연구결과가 더욱 심오해지며 지중해권 유럽인들 사이에 전립선암 발병률이 낮은 이유를 설명할 수 있게 될 것이라고 연구를 지휘한 마드리드 소재 헤타페대학의 로메로 박사는 말했다.

레드와인을 비롯한 폴리페놀 함유 식품 섭취량이 많은 지중해 지역 남성들은 전립선암 발병률이 이들보다 낮은 경향을 보이고 있다. 로메로 박사는 "동물성 지방과 육류가 적고 신선한 과일과 야채, 파스타, 와인을 많이 섭취하는 지중해식 식단은 전립선암 등 내분비선 암의 예방기능을 가진 것으로 보인다"고 말했다. 이들은 전립선 암세포가 담긴 배양접시에 붉은 와인에 들어 있는 다섯가지 폴리페놀 성분을 다양한 양으로 첨가하여 이 성분들이 전립선암 세포에 미치는 영향을 연구한 결과 24시간 후 이 성분들 모두가 암세포 확산과 정상세포의 소멸을 막는 효과가 있는 것으로 나타났다.

화이트와인, 폐 건강에 좋다 화이트와인이 폐 건강을 유지하는데 효과가 있다는 연구결과가 나왔다고 영국의 BBC방송 뉴스 온 라인이 보도했다. 미국 버팔로대학의 홀저 슈네만 박사는 미국흉부학회 학술회의에서 이 같은 연구 보고서를 발표했다고 이 방송은 전했다. 슈네만 박사는 뉴욕 주민 1,555명을 대상으로 사람들의 음주 습관을 조사하고 폐기능 검사를 실시한 결과 와인, 특히 화이트와인이 폐 건강에 좋은 영향을 미치는 것으로 밝혀졌다고 말했다.

슈네만 박사는 심장병 예방에는 화이트와인보다 레드와인이 더 효과적으로 알려지고 있지만 폐 건강의 경우에는 반대로 화이트와인이 더 효과가 큰 것으로 나타났다고 밝혔다. 그 이유는 화이트와인에 들어있는 항산화물질이 폐 조직을 손상시킬 수 있는 유해산소인 유리기의 생성을 차단하기 때문으로 생각된다고 슈네만 박사는 말했다.

그러나 이에 대해 영국흉부학회의 존 하비 박사는 와인과 폐 기능간의 관계는 분명치 않으며 연구가 더 필요하다고 논평했다.

레드와인, 감기 예방 효과 와인이 심장병뿐만 아니라 감기도 예방하는 효과가 있다는 연구결과가 나왔다고 영국의 BBC방송 뉴스 온 라인이 보도했다. 스페인의 5개 대학 공동연구팀은 연구보고서를 통해 4천명을 대상으로 1년에 걸쳐 실시한 조사분석 결과 레드와인을 하루 두 잔 이상 마시는 사람은 전혀 마시지 않는 사람에 비해 감기에 걸릴 가능성이 44% 낮은 것으로 나타났다고 밝혔다.

하루 한 잔 마시는 사람도 감기예방 효과는 있었으나 많이 마시는 사람보다는 효과가 적었다고 이 보고서는 말했다. 이 보고서는 특히 화이트와인보다는 레드와인이 효과가 더 큰 것으로 밝혀졌다고 덧붙였다. 이 보고서는 맥주나 독주는 감기예방 효과가 없는 것으로 나타났다고 밝히고 이는 와인에 감기를 막아주는 어떤 성분이 들어있기 때문으로 생각된다고 말했다.

영국 카디프대학 의과대학 감기센터의 론 에클리스 박사는 레드와인이 감기를 막아주는 것은 레드와인에 들어있는 항산화물질의 효과일 것이라고 논평했다.

레드와인의 심장병 차단 이유 밝혀졌다 레드와인이 심장병을 예방하는 효과가 있는 이유가 과학적으로 밝혀졌다. 영국 런던의과 대학 윌리엄 하비 연구소의 로저 코더 박사는 과학전문지 '네이처Nature' 최신호에 발표한 연구보고서에서 레드와인의 심장병 예방 효과는 폴리페놀이라는 색소 때문이라고 밝히고 화이트와인과 로제와인에는 폴리페놀이 거의 없고 레드와인에는 많이 함유되어 있으나 이상하게도 심장병 예방효과는 없다고 말했다.

그러나 코더 박사는 레드와인에 들어있는 폴리페놀이 동맥 경화를 촉진하는 펩타이드인 엔도셀린-1의 생산을 억제하는 것으로 시험관 실험에서 밝혀졌다고 말했다. 코더 박사는 23종류의 레드와인, 4종류의 화이트와인, 1종류의 로즈와인, 1종류의 레드와인 추출물에 암소의 혈관벽에서 채취한 세포를 노출시킨 결과 폴리페놀의 양이 많을수록 엔도셀린-1이 줄어드는 것으로 나타났다고 밝혔다.

엔도셀린-1은 혈관을 수축시키는 물질로 이것이 과잉 생산되면 동맥에 지방 퇴적물이 쌓이면서 동맥협착 현상이 나타난다고 코더 박사는 말했다. 코더 박사는 화이트와인과 로즈 와인에는 폴리페놀이 전혀 없거나 거의 없었다고 밝히고 그 이유는 폴리페놀은 적포도의 껍질에 들어있는데 화이트와인과 로즈와인은 발효 전에 포도 껍질을 벗겨내기 때문이라고 지적했다.

코더 박사는 또 레드와인에는 폴리페놀이 많이 함유되어 있는데도 엔도셀린-1을 감소시키는 효과가 현저히 떨어졌다고 밝히고 이는 와인을 만드는 과정의 그 무엇이 폴리페놀의 특성에 변화를 일으킨다는 사실을 시사하는 것이라고 말했다. 코더 박사는 엔도셀린-1을 감소시키는 효과가 가장 높게 나타난 6종류의 레드와인 가운데 4종류가 완전히 또는 부분적으로 까베르네 소비뇽 종으로 만들어진 것으로 미루어 포도의 종류와도 연관이 있는 것으로 보인다고 덧붙였다.

지금까지 레드와인이 심장병 위험을 감소시키는 효과가 있다는 연구보고서들이 많이 발표되었지만 그 효과는 신체의 대사과정에서 발생하는 유해산소인 유리기의 해독을 무력화시키는 항산화물질이 레드와인에 많이 들어있기 때문으로 믿어져 왔다.

고려사항

오늘날 신빙성 있는 연구를 근거로 하여 소비자에게 와인 음용에 대해 강조하기엔 고려할 사항들이 있다. 먼저 술을 마시지 않는 사람에게 건강을 이유로 와인을 권할 이유는 없다. 과음하는 사람이나 알코올 중독 위험이 있는 사람은 술을 끊을 수 있도록 옆에서 도와줘야 한다. 또한 뇌, 심장혈관 관련 질환 발병위험이 높은 사람들의 경우 먼저 위험요소가 되는 흡연이나 고혈압 상승, 높은 콜레스테롤 수치 등을 고려하여 자제해야 하는 것이다.

따라서 건강을 위해 와인을 마셔야 한다고 지나치게 강조하는 것은 유의해야 한다. 위에서 설명한 것처럼 어떤 사람에게 좋은 것이 다른 사람에게는 해가 될 수도 있기 때문에 이러한 권유사항은 개인적인 것이어야만 한다.

결론적으로 각기 음주 문화나 기호로 인해 와인을 마시는 습관이 다를지라도 각자 성격이나 건강상태 또는 라이프 스타일에 따라서 적당한 양을 규칙적으로 마시는 방법이 건강에 바람직하다고 본다.

Château Petrus

Grand Cru
Pomerol

Chapter

VI

보르도 와인의 영광을 위해

1. 와인 네고씨앙Négociants
2. 와인 중개인Courtiers
3. 보르도 꽁프레리Confrérie 와인 기사
4. 보르도 와인생산자연합회CIVB
5. 보르도 와인학교École du Vin du CIVB
6. 보르도 와인학술원Académie du Vin de Bordeaux
7. 빈엑스포VINEXPO－국제와인전시회

1. 와인 네고씨앙
NÉGOCIANTS

네고씨앙négociant은 일반적으로 보르도 와인을 도매 유통하거나 수출하는 회사를 말한다. 오늘날 네고씨앙은 프랑스와 해외에서 다양하고 끊임없이 늘어나는 와인 고객들을 상대로 와인을 알리고 판매 촉진하는 더 중요한 역할을 담당하고 있다. 이같이 네고씨앙은 보르도 와인산업에 있어 포도재배자들과 함께 중요한 기둥이 되고 있다.

원래 네고씨앙은 영국 출신들이 많은데 이는 보르도 와인의 주 고객이었던 영국인들에게 제품을 소개하고 그들의 욕구를 충족시키기 위해 필요했기 때문이다. 네고씨앙의 전성시대는 18세기말에서 19세기초로 이 기간 동안 가론강 좌안 보르도 항구 부근에 자리를 잡기 시작하였다. 이들은 대부분 앵글로 색슨, 스칸디나비아 출신 네고씨앙들이었는데 그 곳이 보르도 와인 도매 무역 중심지인 샤르트롱Chartron 구역이 되었다. 그 당시 강을 따라 와인창고가 펼쳐져 있었고 이곳을 통해 와인이 해외로 수출되었다. 이러한 와인 무역 덕분에 보르도는 유서 깊은 항구가 되었다.

대부분의 네고씨앙들은 도매, 무역 업무 외에 와인을 숙성시켜 병입하는 기능도 수행하였는데 그들을 네고씨앙 엘르뵈르Négociant-éleveur라고 불렀다. 여러 포도재배자들로 부터 벌크로 사들인 와인들은 네고씨앙의 와인저장고에서 숙성과 정제 후 블렌딩되고 여과되어 오크통이나 병으로 판매되었다. 이러한 네고씨앙들의 역할에 대해 일반적으로 포도재배자들은 만족했는데 이유는 포도재배자들은 단지 포도원의 관리와 수확에만 신경을 쓰면 되었기 때문이었다.

"샤또Château"라는 용어를 넣어 와인을 생산하던 포도원이 1850년경에는 약 50곳이었으나 오늘날에는 보르도 지방에만 약 8,000개에 이른다. 이렇게 많은 샤또의 명칭은 다양성을 자랑하지만 오히려 소비자들에게 혼란을 줄 수도 있다. 이것은 관련 지식이 없는 소비자 경우는 보르도 와인에 접근하는데 있어 복잡하다는 느낌을 줄 수 있기 때문이다. 샤또 명칭의 와인 즉, 이 용어를 사용하기 위해서는 샤또에서 와인을 생산하고 숙성한 후 그 곳에서 병입했다는 것을 의미한다. 이렇게 생산된 샤또 와인도 일반적으로 네고씨앙이 유통시키는 것은 물론이다.

보르도 네고씨앙들은 7,600개의 일자리와 매년 170개의 나라에 8억병 이상의 와인을 유통시키는 대기업의 위력을 갖고 있으면서도 아울러 중소기업의 유연성을 지니고 있다. 그리고 네고씨앙과 생산자는 도매, 무역과 생산이라는 경제적 · 관계적 차원에서 서로가 필수적으로 도움이 필요한데 네고씨앙은 지속적으로 시장의 변화를 와인생산자에게 알려줄 수 있어 가장 좋은 여건에서 생산자들로부터 안정적으로 와인을 공급받을 수 있게 되는 것이다.

네고씨앙의 주요 역할은 시장을 조정하는데 있다는 것에는 의심할 여지가 없다. 와인은 자연식품으로 품질, 양, 가격은 모두 농업의 환경 변수에 달려 있다. 일반적으로 소비자는 이러한 변수에 적응하는데 어려움이 많으며 소비습관을 왜곡시키지 않는 제품을 선호한다. 따라서 와인 품질을 '안정화'시켜서 지속적으로 유통시키는 것이 중요하다.

오늘날 네고씨앙은 와인의 숙성에서부터 블렌딩, 병입, 포장, 그리고 와인의 보관에 적합한 최신의 창고시설들을 갖추고 있다. 이들은 와인을 병입, 포장하고 보관할 수 있는 능력으로 품질 및 가격변화에 따른 불안정한 와인 시장의 충격을 완화시킬 수 있으며 지속적으로 와인을 판매할 수 있어 고객들에게 만족을 주고 있는 것이다.

보르도 지방의 네고씨앙은 약 300업체가 있다. 이 중 200여 군데가 전통적인 네고씨앙-포도재배업자 가문들이다. 유통의 현대화에 따라 이 분야의 집중화가 강화된 것이 매우 흥미로운 일인데 보르도 총 매출액 38억 유로의 70%를 네고씨앙이 담당하고 있다.

네고씨앙은 와인 생산부터 소비자 판매까지의 각 유통단계에 관여하며 소비자의 모든 기대에 부응하려 한다. 아울러 유통의 상업적인 효과를 높이기 위한 목적으로 광고 홍보 활동에도 주력하고 있다. 그들은 프랑스 국내에서와 마찬가지로 해외 수출에 있어서도 고정적인 유통구조를 이루고 있다. 그들 기능은 와인 생산, 유통 및 소비자에게까지 미치는 직접적인 경제적 상업 활동만 하는 것은 아니다. 그들은 또한 유통업체의 와인 구매량, 와인 선택등에 조언을 제공할 뿐만 아니라 수요 정책에도 관여, 가격 형성 과정에도 개입하고 있다.

포도원의 자료는 매우 많은데 비해 네고씨앙에 관하여는 그들의 오랜 역사에도 불구하고 정확하게 소개되어 있는 미디어나 책자들이 드물다. 이는 소비자들과 직접 거래하지 않는 업무 특성 때문이다. 업무 특성과 관련하여, 네고씨앙들이 와인을 처음으로 거래하는 장소가 "보르도 광장"이라는 뜻을 가진 라 쁠라스 드 보르도 La Place de Bordeaux라는 곳이다.

쁠라스광장라는 단어는 중개인Courtier을 통하여 생산자와 네고씨앙이 거래를 하는 행정구역 내 와인 시장이 있기 때문에 생겨난 직업이다. 이 시장은 약 400년 전부터 지금까지 활동을 하며 와인 거래의 70% 이상이 이루어지고 있고, 보르도 네고씨앙들이 참여하여 보르도 와인을 출시할 임무를 맡고 있는 업체 전체가 들어와 있다.

따라서 이 장소는 와인 역사에 중요한 입지를 고수해오고 있으며, 보르도 와인을 알리고 판매하는 시장으로서 역할이 클 뿐 아니라 소비자 기호에 따라 와인을 변화시키게 하는 곳이다.

이곳 쁠라스에서 구매 행위가 이루어 지고 난 후에야 와인은 각 네고씨앙의 규모와 업무에 따라서 다음 유통채널로 넘어가게 된다. 다양한 형태의 유통 채널이 있기 때문에 유통되는 와인 스타일에 따라서 네고씨앙이 구분된다. 예로서 고급 크뤼, 샤또 와인, 일반 와인, 브랜드 와인 등을 동일한 방법으로 판매하지 않는다. 또한 어떤 방식으로 보관, 숙성, 병입하느냐에 따라서 네고씨앙도 구별되며 개인, 와인샵, 카페, 호텔, 레스토랑, 대형유통업체, 수출 등의 공급채널에 따라서 구분된다. 이같이 다양한 종류의 제품과 유통채널에 대하여 이들은 이러한 일련의 업무들을 다 하거나 이 중 하나만 하는 곳도 있다.

이렇듯 네고씨앙의 역할은 대체적으로 복잡하며 와인과 관련된 많은 업무들을 처리하고 담당하고 있다. 보르도 네고씨앙은 현재 지롱드 AOC 전체 생산의 70% 유통과 전체 수출의 80%이상을 차지하고 있다. 또한 이들은 보르도 와인 생산자연합회CIVB에 중요한 프로모션의 재정적 지원에 참여하고 있으며 독자적으로 기업과 와인 상품 홍보에 열의를 다하고 있다. 오늘날 해가 거듭될수록 네고씨앙은 기술, 유통방식, 소비형태의 변화와 증가하고 있는 외국회사와의 경쟁으로 새로운 역할이 요구되고 있다.

보르도 상표 와인

오랫동안 보르도 네고씨앙은 포도재배자들이 생산한 다양한 와인 판매를 책임지는 도매상일 뿐만 아니라 그들의 상표로 와인을 숙성시킨 후 병입하여 유통하고 있다. 그러나 그들의 상표를 가진 와인은 크게 알려져 있진 않다. 그것은 일반적으로 보르도 와인 소비자들이 네고씨앙 상표보다는 샤또에서 만든 와인을 선호하는 이유이기도 하다.

그럼에도 불구하고 네고씨앙 상표 와인들이 품질 면에서 우수한 것은 보르도 떼루아의 특색 있는 와인을 선정하여 숙성한 후 각각의 네고씨앙 고유 스타일의 와인을 생산하고 있기 때문이다. 더불어 품질에 대한 보증과 지속적인 "맛"의 유지는 네고씨앙 상표 와인의 장점이다.

보르도 주요 네고시앙

네고시앙	홈페이지
BARON PHILIPPE DE ROTHSCHILD	www.bpdr.com
BORIE MANOUX	www.borie-manoux.com
BOUEY	www.maisonbouey.fr
CASTEL	www.groupe-castel.com
CLARENCE DILLON WINES	www.clarendelle.com
CORDIER MESTREZAT GRANDS CRUS	www.cordier-mestrezat.com
H. CUVELIER & FILS	www.cuvelier-bordeaux.com
CVBG - DOURTHE-KRESSMANN	www.cvbg.com
DIVA BORDEAUX	www.divawine.com
DUBOS FRERES & CIE	www.dubos.com
DULONG - CALVET	www.dulong.com, www.calvet.com
GINESTET	www.ginestet.fr
HEBRARD	www.halleyws.com
JOANNE	www.joanne.fr
L.D. VINS	www.ldvins.com
MÄHLER-BESSE	www.mahler-besse.com
ETS JEAN-PIERRE MOUEIX	www.moueix.com
LA PASSION DES TERROIRS	www.lapassiondesterroirs.com
PRODUCTA VIGNOBLES	www.producta.com
CHEVAL QUANCARD	www.chevalquancard.com
SCHRÖDER & SCHŸLER	www.schroder-schyler.com
SICHEL	www.sichel.fr
THE WINE MERCHANT	www.the-wine-merchant.com
YVON MAU	www.yvon-mau.com

2. 와인 중개인COURTIERS

보르도 지방에서 꾸르띠에Courtiers라고 부르는 와인 중개인들은 매우 중요한 역할을 한다. 이들의 주 역할은 와인 판매자와 구매자들의 관계를 이어주는 것이다. 이 역할을 위해 완벽하게 와인 시장 분석과 관련 업자들의 욕구를 만족시키기 위해 다양한 포도원에서 생산된 와인 현황과 품질을 제대로 알고 있어야 한다.

와인 중개인들은 와인 유형과 생산지역에 따라 특화되어 있다. 일부는 레드와인 위주로 다루는가 하면 또는 화이트와인을 주로 취급하는 사람들이 있다. 아울러 특정지역에서만 일하는 사람과 병입된 와인만을 취급하는 중개인도 있다.

구매자가 원하는 와인 특성과 구매 희망가격을 명시한 경우에 중개인은 구매자 즉 네고씨앙이 희망하는 가격과 품질에 해당되는 와인을 보유한 생산자들을 찾게 된다. 반대로 생산자가 와인을 팔고 싶어할 경우 시음 및 분석을 한 후에 중개인은 관심이 있을만한 네고씨앙을 찾게 된다. 이러한 과정을 거쳐 거래가 현실화되고 시장의 조건에 관한 양측의 동의를 얻은 후, 중개인은 확인문서를 만들어 거래의 정확한 조건을 명시한다. 이로서 계약이 잘 이행되도록 중개인은 보증인이 되는 것이다.

이 직업을 갖기 위해서는 와인에 관한 전반적인 지식과 품질을 평가할 줄 알아야 할뿐 아니라 다양한 네고씨앙들이 취급하는 와인들의 특징을 잘 알고 있어야 한다. 이러한 중개 업무는 오랜 분석과 많은 시음, 실습 및 바른 판단을 통해 습득하게 되기 때문에 중개사무소에서 여러 해에 걸쳐 일을 배운 아들이 아버지의 중개업무를 물려받는 경우가 흔하다.

보르도 와인 역사의 관점에서 이들의 역할은 매우 중요하였다. 1854년 보르도 상공회의소는 1855년 만국박람회를 위한 등급 분류 시 중개인 조합에 도움을 청한 바 있다. 이외에도, 여러 와인 단체의 요청에 따라 실시한 수 차례의 '등급분류' 작업이 이 중개인 단체에 위임되었다. 특히 그라브, 쌩떼밀리용, 크뤼 부르주아, 메독 지역의 부르주아 분류에는 큰 역할을 담당하였다.

일반적으로 중개인 대표들은 다양한 원산지명칭승인위원회에 소속되어 있고 예전에 이들은 종종 와인관련 정부부처 직원이기도 하였다. 그리고 중개인이 되려면 자격 시험에 통과하여야 한다. 후보자들은 3개월간 와인 중개인으로부터 연수과정을 수료해야 하고 직업 경력이 있음을 심사단에 보여줘야 한다.

심사단의 구성은 지방 상공회의소장 또는 그 대리를 단장으로 상사재판관과 와인학 교수로 되어 있다. 심사단의 심사기준은 와인학 지식과 시음자질, 상법 및 중개 계약과 관련된 지식이다.

이러한 시험에 통과한 중개인들의 임무는 크게 보아 가격평가, 경매, 법률 전문평가 등이다. 또한 "보르도 와인 시장"인 쁠라스 드 보르도에서 이루어진 거래에 따라, 와인의 공식적인 견적서를 작성하는 임무를 맡고 있다. 예전에는 이 견적이 매 월요일에 이루어지고, 이 내용은 지방 일간지인 "쉬드 우에스뜨Sud-Ouest"의 화요일 포도-와인면에 게재되었다. 이러한 절차를 통해 처음으로 와인이 생산자에서 네고씨앙 또는 구매자에게 유통되며 이 과정에 와인 중개인들이 역할이 개입되는 것이다.

3. 보르도 꽁프레리 CONFRÉGRIES 와인 기사

보르도 포도재배자들은 오랫동안 그들만이 최고급 와인을 생산하고 있다는 것에 확신이 차 있었고 모두에게 잘 알려져 있다고 생각하여 광고에 전혀 관심을 갖지 않았다. 세계적인 권위의 상품을 판매하고 있다고 확신에 차있었던 네고씨앙들도 사정은 마찬가지였다. 세계 1, 2차 대전 이전에는 전세계에서 재정적인 능력이 있는 사람이 보르도 와인을 소비하였기에 이런 전제는 가능한 일이었다.

그러나 오늘날의 와인 소비자들이 옛날과는 전혀 다르다는 것을 인정해야만 했다. 프랑스를 포함한 소위 부국에서는 와인에 대한 지식이 없는 새로운 계층의 구매력이 상당히 증가되었고 또 보르도 와인을 소비할 수 있는 주 고객으로 확산되어 갔다. 그리하여 이들의 호기심을 유발하고 와인을 알고 음미할 수 있도록 교육과 홍보가 필요로 하게 되었다.

당연한 결과로서 수십 년 전부터 포도재배업자와 네고씨앙, 보르도생산자연합회CIVB등은 보르도 와인을 알리기 위한 홍보와 광고에 많은 노력을 하였다. 그 활동 중의 하나로서 보르도 지방의 행사를 통하여 와인과 문화를 알리기 위하여 와인 꽁프레리가 탄생하기 시작하였다.

꽁프레리 와인 기사는 농경사회의 지역 공동체로부터 그 기원을 찾을 수 있으며, 오늘날의 목적은 지방, 또는 지역 와인의 홍보가 주된 목적이다. 오늘날의 꽁프레리는 1930년대에 나타나기 시작하여 2차 대전 후에 비약적인 발전을 거듭하였다. 그들은 중세시대의 민속 의식을 와인 산지에 연계시킴으로써 옛날 전통적인 귀족 이미지를 연상시키고 유지하고 있다.

초창기의 와인 꽁프레리는 일정한 지역 공동체를 기준으로 같은 와인을 생산하는 생산자들의 모임이었다. 그러나 최근에는 참여가 확대되어 그 주변 산업 관련자들도 함께 모임에 참여하여 진정한 와인 축제가 되고 있다. 함께 모여 농사력과 관련된 각종 행사를 주관하고 서로의 친목을 다지며, 그들이 만든 와인을 홍보한다. 보르도 지방에서는 여러 꽁프레리가 있지만 메독과 그라브 지역의 꼬망드리 뒤 봉땅과 쌩떼밀리용의 쥐라드가 대표적이다.

메독과 그라브 봉땅 기사단Commandrie du Bontemps de Médoc et des Graves

중세 때 한 기독교 단체가 메독 지역 쌩로랑Saint-Laurent 근처의 베농Benon 이라는 곳에 교회를 건립하였고 그 곳에서 포도재배와 와인 양조 · 판매를 하여 이 수입이 교회의 중요한 재원이었다. 이들은 또한 교회 안에서의 활동에 만족하지 않고 주변 마을에 기술을 전수하며 도와주었고 농민들을 보호해 주었다. 그리하여 이 기독교 단체는 곧 이 지역사회에서 중요한 위치를 차지하게 되었다.

이러한 단체의 정신과 활동이 계승 · 재현된 것은 2차 대전 후이다. 1947년 보르도 와인생산자연합회CIVB가 설립되면서 곧 이어 와인 관련 민간 단체 모임도 만들어졌다. 1949년 메독의 관광자원을 홍보하기 위해 쌩줄리엥의 앙리 마르뗑Henri Martin이 와인 모임을 만든 것이 이 꽁프레리의 시초가 되었다. 그리고 그는 메독 지역의 독특한 양조 도구인 봉땅Bontemps을 기사단의 상징물로 선정했다.

9세기경에 와인을 정제하기 위해 사용하는 달걀 흰자를 넣고 휘젓는 통을 고안했다. 이때 만든 사람의 이름을 따서 갸스꼬뉴 지방어로 데스께desquet라고 불렀으며 현대 불어로는 봉땅Bontempts이다. 와인 생산자에게 꼭 필요하면서, 간단하고 단순한 이 도구가 기사단의 상징물이 되었다. 이것이 또한 기사단 회원이 쓰는 모자의 모델이 되었는데 레드와인에 젖은 나무통과 그 안에 들어 있는 부풀은 달걀 흰자색깔이 있다.

기사단답게 의장 또한 화려하다. 벨벳으로 된 보르도 칼라 옷에 오른쪽 어깨에 수건 모양의 상징적인 천을 걸친다. 천의 색깔에 따라, 녹색은 메독 지역, 황금 녹색은 그라브 지역 회원을 뜻한다. 왼쪽 가슴엔 회원을 상징하는 큰 배지를 달고 있는데, 중앙에 봉땅의 모형이 있고, 그 주위에 기사단 이니셜 C.B.M.G. 네 글자가 적혀 있다.

이 기사단은 와인과 관련한 세 분야에 종사하는 와인생산자, 중개인 그리고 네고씨앙들의 모임이며 단체다.

그러나 세 분야의 종사자들 뿐 아니라 와인과 와인 문화에 영향을 끼치는 명성있는 사람들을 회원으로 맞이하기도 한다. 일반적으로 가입 조건은 기존회원의 추천이 있어야 되며 경우에 따라서 명예회원에 임명되기도 한다. 각국의 정치인이나 연예 스타 등도 그 대상이다. 임명된 그들은 기사단 일원으로서 메독과 그라브 지역 더 나아가 보르도 지방 와인의 홍보를 위해서 활동한다.

꼬망드리 뒤 봉땅 기사단 활동은 다양하며, 정기적인 연중 행사로 세 번의 축제를 크게 개최한다.

① **쌩벵쌍**Saint-Vincent : 1월에 열리며 와인 수호성인인 쌩벵상Saint-Vincent을 모시는 포도재배 농군과 와인 생산자들의 축제
② **페뜨 드 라 플뢰르**Fête de la Fleur : 6월에 포도가 잘 맺혀 잘 익기를 바라는 꽃 축제
③ **방 데 방당즈**Ban des Vendange : 9월에 열리며 그 해의 포도수확 시작을 축하하는 축제

쌩떼밀리용 쥐라드La Jurade 기사단

이 기사단은 1948년에 시작되었지만 800년이 넘는 역사를 상징하고 있다. 역사적으로 1199년 당시 영국령이었던 쌩떼밀리용 지역에 사자심왕 리챠드가 자치권을 허락한다. 이것은 쌩테밀리옹의 시민 중에서 선발된 위원의 뜻인 쥐라Jurat가 도시의 사법과 행정을 자치적으로 관할하는 특권을 받았던 것이다. 이들 위원들은 도시 내부의 대소사를 집행하고 와인 수확과 그 품질을 관리하였는데 여기에서 쥐라드 기사단 역사가 유래되고 있다.

현대적인 쥐라드 기사단은 리부른 지방이 와인 산업의 중심도시로서의 면모에 어울리는 이 지역의 와인 행사를 대부분 주관하며 후원한다. 쥐라드 조직을 살펴보면 12명의 운영 위원을 포함한 54명 이하의 쥐라드 위원으로 구성되어 있다. 위원들은 와인 생산자와 유통업자, 와인 전문가 등이 포함되며 와인 소비 문화에 영향을 미칠 수 있는 사람들이 선정된다.

쥐라드 위원들은 행사 때 고전적이고 전통적인 의상을 갖춰 입는다. 붉은 보르도 색상의 고전적인 관복 위에 흰 망토가 붙은 드레스를 입으며 목 부분에는 흰색 긴 리본으로 장식을 하고 머리에는 둥그런 모자를 쓴다. 단순하지만 화려해 보이는 이 의상은 귀족적인 위엄과 권위를 지니고 있다.

쥐라드 와인 기사 수여 쥐라드는 매년 2회 와인 축제에 즈음하여 쌩떼밀리옹 와인 발전을 위해 기여했던 정치 · 경제 · 사회 · 문화 등 모든 분야에 프랑스인 뿐만 아니라 전 세계 유명 인사들에게 쌩떼밀리옹 쥐라드 기사 작위를 수여하고 있다.

주요 기사 작위 종류로는 다음과 같다.

Protecteurs de la Jurade Protector : 국가 원수급 대상으로 한 특별 작위

Pair de la Jurade Peer : 전세계 정치, 외교, 문학, 예술, 농업 및 국방 분야의 VIP 대상

Prud'hommes de la Jurade Counsellor : 와인생산자, 네고시앙, 수입회사, 호텔, 레스토랑, 와인샵 및 소믈리에 등 와인산업분야에서 발전에 크게 기여하신 분

매년 6월 3번째 일요일 "포도 꽃 축제F?te de Fleur"와 9월 3번째 일요일 "포도수확 축제Ban des Vendanges가 프랑스 보르도의 쌩떼밀리옹의 유서깊은 와인 마을에서 개최된다. 쥐라드Jurade라고 부르는 와인 기사단은 전통의 기사단복을 차려 입고 마을을 돌며 퍼레이드와 각종 행사를 진행한다.

4. 보르도 와인 생산자연합회CIVB

보르도에서 와인은 다양한 직업을 창출한 지배적인 산업이다. 와인과 관련된 중요한 두 직업은 의심할 여지없이 포도재배업자와 네고씨앙이다. 중개인Courtier의 중개 역할 보조하에 포도재배업자는 다양하고 전통성 있는 와인을 생산하고 네고씨앙은 소비자들에게 그 와인들을 유통하는 각각의 역할을 잘 수행하고 있다.

이러한 업무 특성과 기능을 완벽하게 조화시키고 활용하기 위해 포도재배업자와 네고씨앙, 중개인들이 함께 모여 보르도 와인생산자연합회Conseil Interprofessionnel du Vin de Bordeaux ; CIVB를 구성하게 되었다. 연합회에서 그들은 와인의 품질 개선, 홍보와 시장 개척뿐만 아니라 소비자들의 요구에 부응하는 제품을 생산하기 위한 공동의 관심사를 함께 논의하고 있다.

1948년 프랑스 정부의 법령으로 탄생한 오늘날의 CIVB는 3개 재배업자, 중개인, 네고씨앙의 전문 협회인에 의해 구성되어 있고 행정 업무는 상주 직원들이 집행하고 있다.

CIVB회장은 포도재배업자 또는 네고씨앙 중에서 매년 선거를 통해 1회 연임으로 돌아가면서 맡고 있다.

CIVB는 4개의 부서가 있으며 경제, 기술, 마케팅과 행정부로 나누어 활동하고 있다.

① **경제 업무** : 보르도 와인 산업에 관한 업무로서 전세계 다양한 와인 시장을 분석하고 조사하는 역할을 하고 있다.

② **기술 업무** : 보르도 와인의 품질을 지속적으로 개선하기 위하여 기술 연구의 중요한 작업과 자금을 지원하고 있다.

③ **마케팅 업무** : 국내외 보르도 와인을 홍보하고 있다.

④ **행정 업무** : CIVB의 행정과 재무업무를 관장하고 있다. CIVB의 자금은 보르도 재배업자와 네고씨앙이 분담하는 회비로 운영되고 있다.

5. 보르도 와인학교

Ecole du Vin du CIVB

보르도시 중심에 위치한 CIVB는 역사적인 건물인 메종 뒤 벵 드 보르도Maison du Vin de Bordeaux에 들어 있다. 이 와인 하우스는 포도와 와인관련 장식과 무늬 그리고 이 지역을 상징하는 이미지로 지어진 우아하고 아름다운 건물로 유명하다. 이곳에는 보르도 지방 와인관련 전문 조합들이 모두 상주하고 있어 한 장소에서 공적인 와인 업무가 이루어 지는 곳이기도 하다. 또한 1층 전시장은 매년 와인 관련 그림과 조각 등의 전시회가 열리고 있다.

CIVB는 이 건물 1, 2층에서 보르도 와인 학교를 운영하고 있다. 보르도 와인 학교는 와인에 대한 일반 초심자부터 전문가, 와인 애호가에서 와인 분야 종사자에 이르기까지 이들을 위한 초급반부터 전문가반까지 와인에 관심이 있는 모두를 위해 다양한 수업 프로그램이 있다. 강의 내용은 저녁시간의 상설강의를 비롯하여 주말반 그리고 단기 집중 강의가 저명한 양조학자와 소믈리에로 구성된 교수진에 의해 연중 진행되고 있다.

상설 강의 매주 1회씩 상시 운영되며 2시간씩 4회에 걸쳐 이루어진다. 시음 기술, 보르도 와인 소개와 기본적인 와인 서빙 방법 등을 교육한다.

주말 강의 일반적으로 2~3일 과정으로 구성된 보르도 포도원 방문을 겸한 시음 과정이다.

집중 강의 아침부터 저녁까지 집중적으로 이루어지는 교육과정으로 와인에 대한 기초상식이 있거나 그 분야 종사자들을 위한 전문가 과정이다. 불어, 영어과정이 있으나 영어과정은 매년 강의 수가 제한되어 있다. 3일씩 2단계 과정으로 1회 또는 연이어 2회 참여가 가능하다.

① **1단계Niveau I 과정** : 3일간 보르도 전 지역 와인 소개와 시음, 와인 생산과정, 포도품종과 재배, 직접 와인을 블렌딩하며 와인을 이해하고 규정에 대하여 교육한다.

② **2단계Niveau II 과정** : 와인 지식에 완성 과정으로 와인 서빙과 보관의 문제점을 직접 비교해 본다. 또한 포도원, 와인 생산 조합과 네고씨앙 회사를 직접 방문하여 제조와 유통과정을 배운다.

특별 강의 와인 관련 유통업자, 네고씨앙, 레스토랑 및 호텔 종사자들을 위한 특별 세미나가 있으며 이러한 강의를 요청할 경우 그룹으로 특별강의도 이루어 진다.

6. 보르도 와인 학술원
ACADEMIE DU VIN DE BORDEAUX

보르도 네고씨앙과 와인 생산자 유명 인사들의 추진으로 1948년 보르도 와인학술원Acad?mie du Vin de Bordeaux이 설립되었다. 이 학술원은 프랑스 국내외에서 보르도 와인의 역사와 문화 그리고 정신을 지키고 알리기 위한 유일한 공인 학술 기관이다.

보르도는 세계적으로 제일 유명한 와인 생산지이며, 와인은 이 지방의 삶의 방식을 깊숙이 바뀌어 놓았다. 여기에서 와인 생산자의 특별한 휴머니즘, 정신, 윤리, 완벽한 신비스러움이 함께 어울려 와인을 만들어 전세계에 빛을 발하고 있다. 와인학술원은 이 같은 정신과 이미지를 와인에 부여하고 가장 고급스러운 와인 문화 형식이 되도록 뒷받침해주고 있다.

보르도 와인의 정신적인 지주인 이 학술원은 현재 40명의 정회원과 명예회원, 110개의 샤또가 협력 회원으로 구성되어 있다. 보르도 유명 크뤼 소유주들뿐만 아니라 프랑스 한림원 회원, 소설가, 예술가, 지식인 및 학자들로 형성되어 있다. 이 와인학술원은 준회원으로 그랑 크뤼를 생산하는 소유주와 네고씨앙 및 중개인들도 참여시키고 있으며 또한 통신회원, 명예회원을 두고 보르도 와인 문화를 활발하게 전파하고 있다.

오늘날 학술원은 적극적인 활동을 통해 현대 생활에 보르도 와인 문화를 반영시키고 유지시키기 위해 노력하고 있다. 주요 활동 목적은 다음과 같다.

① 경제, 문화, 학술 단체 및 지방자치 기관과 함께 보르도 생활과 와인 문화의 공통적인 연계
② 학회, 회의, 전시회 등 와인 연구와 와인이 생활 속에서 함께하도록 와인행사 주최
③ 보르도 와인의 지식과 시음 참고 자료를 위해 2년마다 '빈티지' 표를 발행
④ 와인을 주제로 한 도서들 가운데서 가장 좋은 책을 선정하여 상을 수여
⑤ 와인 기록이 존속해 나갈 수 있도록 활발한 연구를 주관

이같이 보르도 와인의 문화를 반영하고 빛낼 수 있는 곳이면 어디에서나 기여하는 것이 이 와인학술원의 중요한 목표이다. 이러한 학술원의 정신적 지주 역할이 오늘날 보르도와 보르도 와인이 세계 와인의 상징으로 자리잡게 한 근원임에 틀림없다.

7. 빈엑스포VINEXPO - 국제와인전시회

와인 산업에 종사하거나 와인에 관심이 많은 사람이라면 빈엑스포VINEXPO 국제와인 전시회를 모르는 사람은 드물 것이다. 빈엑스포는 원래 프랑스 보르도시가 보르도 와인의 홍보와 무역을 위해 1981년부터 격년제로 보르도시에서 개최해오고 있는 세계 최대의 와인 축제이자 전시회다.

빈엑스포의 특징은 일반인의 관람을 배제하고 무역업자와 도소매업자, 주류전문가, 소믈리에, 언론인 등 와인과 관련된 전문가들만 참관하는 전시회라는 점이다. 이 전시회에서 세계 와인 시장의 트렌드 예측과, 다양한 와인을 접할 수 있는 기회와 함께 와인 비즈니스 광장으로서 많은 기대를 모으고 있다.

보르도에서 2년마다 열리던 빈엑스포는 98년부터 급성장하는 아시아 시장의 흐름에 발맞추기 위해 1998년 홍콩에서 빈엑스포 아시아-태평양 전시회를 처음으로 개최하였다. 그 이후 매 짝수 해마다 아시아 시장을 무대로 빈엑스포 아시아-태평양 전시회가 아시아 주요도시에서 열리고 있다. 이처럼 아시아 지역과 보르도 지역을 매년 번갈아 가며 개최되는 이 전시회는 그야말로 세계 최대 와인 박람회로 규모와 명성을 자랑하고 있다.

보르도 빈엑스포는 6월 중순에 보르도 국제전시장Bordeux's Parc des Exposition에서 열리는데 총 90,000㎡의 전시 면적에 보통 총 40여 개국의 2,400여 개의 업체가 출품하고 전세계 50,000 여 명의 참관자들이 행사장을 방문하고 있다.

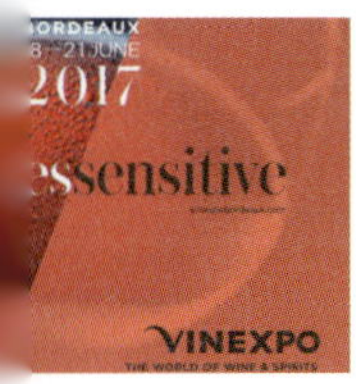

빈엑스포에 출품하는 회사들은 세계 정상의 와인 및 주류회사로 잘 알려진 대형 와인 제조업체와 네고씨앙들이 거의 참여하고 있다. 빈엑스포 기간 동안에 전문적인 와인 시음 행사가 매일 보르도의 그랑 크뤼뿐 아니라 각 나라, 지역별, 테마별로 다양하게 펼쳐진다. 또한 신제품, 새로운 기술 및 와인 지식을 얻고자 하는 방문객들을 위해 와인 전문 세미나와 치즈와 초콜릿, 요리등과 같은 식품과 와인의 매치를 위한 워크샵, 알코올과 건강에 관한 주제의 세미나 등이 기간 중 계속하여 개최된다.

Château d'Yquem

Premier Cru Supérieur Classé en 1855
Sauternes

부 록

- 프랑스 와인 용어
- 참고문헌
- 감사의 글

프랑스 와인 용어

A.O.C. 아오쎄 : 원산지통제명칭. Appellation d'Origine Controlée의 약어로서 특정지역 포도산지에서 생산된 와인이라는 사실을 보증하는 프랑스의 원산지 통제 명칭 제도.

Acidité아씨디떼 : 산도. 지나치지 않은 산도는 와인의 균형 및 와인의 신선함과 생동감을 부여한다. 산도가 너무 높을 경우에는 결점이 되지만 부족한 경우에는 와인이 밋밋하다.

Alcool알코올 : 와인에 있어 물 다음으로 가장 중요한 성분. 에틸 알코올이 와인에 더운 기운을 불어 넣는다. 하지만 너무 많이 함유되는 경우 와인이 타는 듯한 강렬한 느낌을 갖는다.

Arôme아롬 : 아로마향. 첫번째 아롬은 포도 품종에서 형성되는 특유의 다양한 향을 의미하며, 두번째 아롬은 알코올 발효 시 효모에 의해서 생성되는 향으로서 채소, 과일향 등을 뜻한다.

Assemblage아쌍블라즈 : 블렌딩. 여러 품종의 와인 섞기. 동일한 원산지의 와인을 섞어 각 포도원의 제품을 생산하는 방식으로 보르도에서는 두 가지 이상의 품종을 섞어 만든다.

Ban des Vendanges방 데 방당즈 : 포도수확 개시를 알리는 포고. 포도수확의 개시를 허가하는 날짜.

Barrique바리끄 : 오크통. 225ℓ 보르도 오크로 만든 통으로 옛날에는 와인 운반과 보관용으로 사용했으나 최근에는 숙성용으로 사용되고 있다.

Botrytis보트리티스 : 보트리티스균. 포도를 썩게 만드는 균류. 일반적으로 해롭지만, 특정 기후 조건하에서는 달콤한 화이트와인을 만드는 공정의 바탕이 되는 포도농축현상을 유발하기도 한다.

Bouquet부케 : 오크통이나 병속에서 와인이 숙성되면서 복합적인 작용을 통해 모든 아로마들이 동질화되고 결합되어 새로운 조화와 복합적인 향으로 형성된 것을 의미한다. 아로마가 포도와 양조과정에서 얻은 1,2차 향이라면, 부케는 병과 오크통에서 얻어지는 숙성향이다.

Brut브뤼 : 극히 미량의 당분이 함유된 발포성 와인. "브뤼 제로Brut Zero"는 당분이 전혀 없음을 의미한다.

Cabernet Franc까베르네 프랑 : 레드와인 품종으로 까베르네 소비뇽, 메를로와 함께 보르도 와인 생산에 쓰이며 쌩떼밀리옹과 뽀므롤에선 부쉐Bouchet라고 부른다. 대게 와인의 복합성과 부케향을 위해 소량 사용되며 올리브를 연상시키는 풀내음이 섞인 톡 쏘는 향을 내뿜는다.

Cabernet Sauvignon까베르네 소비뇽 : 대표적인 레드와인용 품종으로 메독 지방에서 많이 사용되고 있다. 탄닌이 많이 포함하고 있어 오크통에 숙성시킬 경우 오래 저장했다가 마실 수 있는 와인을 생산한다. 와인 색이 진하며 향기도 강렬하며 뒷 맛이 오랫동안 남는다.

Caudalie꼬달리 : 시음 후 입안에 향이 남아있는 시간을 측정하는 단위로서 1꼬달리는 1초에 해당된다. 오랜 꼬달리가 좋은 품질의 와인이다.

Cépage쎄빠즈 : 포도품종. 포도 나무의 다른 종을 일컫는다. 보르도 와인은 여러 품종을 섞어 만든다.

Chai쉐 : 와인 양조장. 주로 포도원 지상 1층에 위치하고 있는 와인 양조 건물.

Chaptalisation샵딸리자씨옹 : 보당. 포도즙에 설탕 넣기. 알코올 발효과정에서 알코올 함량이 너무 낮은 경우 함유량을 높이기 위해 법이 정해진 규정 내에서 설탕을 첨가하는 작업

Chardonnay샤르도네 : 유명한 화이트와인 품종으로 부르고뉴 고품질 화이트와인의 명성과 샴페인에 사용되는 3개 품종의 하나이기도 하다. 이 품종은 드라이하며 신선하고 깨끗한 맛을 주며 장기보관 가능한 와인은 부드러운 맛을 내기도 한다.

Château샤또 : 포도원. 포도와 관련된 용어로는 포도원 내의 양조시설, 저장창고 및 관리인 숙소가 있는 건물을 의미한다.

Chenin슈냉 : 루아르 지방의 무감미 또는 감미 화이트와인 품종으로 균형감 있고 미묘한 와인을 생산하며 매우 섬세한 꿀 향과 꽃향기가 느껴진다.

Clairet끌래레 : 영국인이 보르도의 레드와인에 붙인 이름으로 연한 레드와인 색상을 가지고 있다. 양조시 짧은 기간의 침용을 통해 만들어지고 로제와인보다 더 짙은색을 띠고 있다.

Climat끌리마 : 부르고뉴 지방 포도밭 토지대장에 있는 지명에 사용되는 개념으로 특정 포도밭을 뜻함.

Clos끌로 : 울타리가 쳐진 포도밭. 일부 지방에서 벽으로 둘러싸인 포도밭을 의미하는 용어로 많이 사용된다. 그 의미가 확대되어 포도원 자체를 의미하기도 한다.

Collage꼴라즈 : 와인 맑게 하기. 계란 흰자나 어교를 오크통에 넣어 와인을 정화시키는 작업.

Crémant크레망 : 작은 거품이 이는 발포성 와인. 용액에 이산화탄소가 적은 스파클링 와인.

Cru Bourgeois 크뤼 부르주와 : 메독 지역에서 1855년 등급에 들지 못한 포도원 중에서 우수한 포도원에 크뤼 끌라쎄 보다 한 등급 밑의 포도원 등급이다. 이 등급 포도원에서도 고품질 와인이 생산된다.

Cru Classe 크뤼 끌라쎄 : 일정 지역이나 AOC 안에서 생산되는 최고급 와인의 품질을 구분하기 위한 순위 등급으로 각 지역마다 등급 규정이 조금씩 다르다.

Cru 크뤼 : 와인의 특정생산지역을 가리키는 용어로서 지방에 따라 의미가 달라지기도 한다.

Cuvaison 뀌베종 : 발효공정. 레드와인 양조과정에서 발효조 안에서 발효되는 포도즙이 있는 기간. 와인의 빛깔과 탄닌성분 함량이 이 기간에 따라 결정된다.

Cuvée 뀌베 : 원래는 특정 발효통이나 오크통의 와인을 의미한다. 요즘에는 블렌딩한 후, 와인의 최종 결과물을 지칭하는 여러 오크통 와인이 혼합된 상태.

Décantation 데깡따시옹 : 디캔팅. 병안에 생성된 가라앉은 미세한 찌꺼기를 제거하거나 와인을 공기와 접촉시켜 숨을 쉬게 해주기 위해 병에서 카라프 병에 옮기는 세심한 작업.

Décuvage 데뀌바즈 : 발효 후 와인에서 자연적인 액체 와인인 뱅드구뜨와 분리하는 과정.

Dépôt 데뽀 : 병안에 가라 앉은 침전물. 특히 오래된 와인에서 볼 수 있는 와인의 고체 찌꺼기 또는 침전물로서 비정상적으로 생성된 것이 아니며 디캔팅을 통해 제거하면 된다.

Doux 두 : 달콤한. 감미 와인에 사용되는 용어.

Effervescent 에페르베상 : 발포성의. 거품을 내는 스파클링 와인을 나타낸다.

Êlevage 엘르바즈 : 숙성. 양조과정에서 알코올 발효후 오크통에서 병입이 되기 전 까지 숙성시키는 일련의 작업.

Fermentation 페르망따시옹 : 발효. 효모가 당분을 알코올로 변화시키면서 포도즙이 와인이 되어가는 과정.

Filtration 필트라시옹 : 여과. 필터를 통해 와인을 정화하여 맑게 하기.

Foulage 푸라즈 : 압착. 포도송이를 터뜨리는 작업.

Fumé 퓌메 : 소비뇽과 같은 청포도 품종이며 특징으로 훈제와 비슷한 냄새를 나타낸다.

Gamay 가메 : 보졸레 지역이 대표적인 생산지이며 과일향이 진하며 신선해 누구나 쉽게 마실 수 있는 와인을 만든다. 보졸레 누보 와인을 만드는 포도품종이다.

Gewurtraminer 게뷔르츠트라미네 : 알자스 지방에서 재배되며 이 지방 포도나무의 20%를 차지한다. 향이 강하고 짜임새 있는 힘찬 무감미 와인을 주로 생산하는 포도품종.

Glycérol 글리쎄롤 : 포도즙의 발효에서 생긴 약간 달콤한 세 개의 알코올로 기름기 있는 와인을 만든다.

Goutte 구뜨 : 레드와인 양조시 데뀌바쥬과정을 통해 나온 자연 액체의 와인.

Grand Vin 그랑벵 : 보르도에서 사용되는 용어. 샤또의 가장 잘 알려진 이름으로 판매하는 와인을 지칭하고 이런 와인의 경우 최고의 포도로만 생산된다. 이 와인을 생산하는 과정에서 사용되지 않고 제외되었던 와인들은 2차 와인second label, 3차 와인 등으로 분류, 생산되어 그 샤또의 다른 라벨로 판매되기도 한다.

Graves그라브 : 자갈. 둥근 돌멩이와 자갈로 된 토양으로 고품질의 와인을 생산하는데 매우 유리하다. 보르도의 지역 와인 생산지 명칭이기도 하다.

Greffage그레파즈 : 접목. 필록세라 파동 후 쓰여진 방법으로 필록세라에 저항성이 있는 나무에 그 지역 접지를 대는 것.

Grenache그르나쉬 : 스페인이 원산지인 포도품종으로서 매우 힘차며 가뭄에 강해 지중해 지역 포도원에서 재배된다. 향이 강하고 기운이 있는 레드와인을 생산한다.

Jeroboam제로보암 : 750cl 일반적인 와인 4병에 해당하는 용량의 큰 병.

Lactique Acide 락틱 아시드 : 말로락틱 발효공정을 통해 얻은 산.

Larmes라르므 : 눈물. 와인잔을 흔들거나 기울였을 때 잔에 흐르며 남는 자국으로 당도와 알코올 성분.

Léger레제 : 가벼운. 빛깔이 약하고 향미가 강하지 않지만 균형이 잡힌 상쾌한 와인을 나타내거나 알코올 함량이 낮은 와인의 표현

Levures르뷔르 : 효모. 모든 와인생산에 있어서 절대적으로 필요한 곰팡이류. 효모는 다양한 효소를 생산해 내는데, 이들은 알코올 발효과정을 완성시키는데 필수적인 요소들이다.

Liquoreux리꼬뢰 : 감미로운. 당분이 다량 함유된 화이트와인으로 "귀부현상"에서 생긴 포도로부터 얻어진다.

Macération carbonique마세라씨옹 까르보닉 : 탄산에 의한 침용. 햇 와인 생산에 주로 사용되는 양조법으로 보졸레누보 와인 생산 방법.

Macération마쎄라씨옹 : 침용. 발효공정 기간동안 포도즙이 포도의 껍질과 씨앗의 고체 부분과 접촉되어 색깔과 질감이 만들어지는 과정이다.

Magnum마그넘 : 보통 750cl병 두개의 용량에 해당하는 병.

Maître de Chai메트르 드 쉐 : 와인 양조 책임자. 셀라 마스터로서 와인 제조와 숙성을 담당하는 일을 맡아 지휘하는 책임자.

Malbec말벡 : 지방에 따라 명칭이 다른 레드와인 품종. 까오르지방 와인의 주요 구성품종으로 보르도 지방에서는 말벡이라고 부르며 탄닌 성분이 많고 색상이 강하며 조합용으로 사용된다.

Malique acide말릭 아씨드 : 말릭산. 자연상태로 대부분의 와인에 포함되어 있으나 말로락틱 발효공정을 통해 락틱산으로 변한다.

Marc마르크 : 찌꺼기. 양조과정에서 와인 압착 후 남아있는 고체물질.

Merlot메를로 : 보르도 지역의 쌩떼밀리옹과 뽀므롤의 주요 포도품종이며 그 외 다른 지역에서도 주로 탄닌이 많은 까베르네 소비뇽과 혼합하면 부드러운 맛을 내게된다. 이

를 사용한 와인은 과일향이 풍부하며 부드러워 마시기 편해진다.

Meunier 뫼니에 : 피노누와 포도품종보다 더 투박한 털이 있는 잎이 특징인 피노에서 파생된 레드와인용 품종.

Millésime 밀레짐 : 포도가 수확되어 와인을 생산한 연도를 말하며 영어의 빈티지.

Moelleux 므왈뢰 : 감미로운. 드라이와 감미주 사이 정도의 스위트한 화이트와인에 사용되는 표현. 알코올에 의해 입안에 벨벳과 같은 느낌을 주는 기름진 듯한 느낌을 나타낸다.

Mousseux 무쐬 : 테이블와인과 VQPRD등급에 해당되는 발포성 와인.

Moût 무 : 포도즙. 포도를 압착하여 얻어진 발효되기 전 단맛의 포도 쥬스

Muscadelle 뮈스까델 : 보르도의 화이트와인 품종으로 쎄미용과 소비뇽과 함께 섞어 사용한다.

Muscadet 뮈스까데 : 루아르 계곡에서 재배되는 향이 뛰어난 무감미 화이트와인 품종. 원산지통제명칭AOC와인의 생산에 사용되는 유일한 포도 품종이다.

Muscat 뮈스까 : 프랑스 남부 및 알자스 지방에서 재배되며 포도 열매 맛에 가까운 과일향이 진한 와인을 만든다. 프랑스 남부에서는 식전이나 디저트와 함께 마시는 스위트와인을 만드는데 사용한다.

Mutage 뮈따즈 : 포도즙의 발효를 중단시키는 작업.

Négociant 네고씨앙 : 무역, 중개상. 원산지명칭의 큰 지역의 경우, 네고시앙이 와인을 매입하여 판매할 뿐만 아니라 햇 와인을 가지고 병입될 때까지 숙성작업, 보관에 이르기까지 직접 작업을 한다.

Nouveau 누보 : 새로운. 올해 수확기에 거두어진 포도로 만든 와인을 지칭한다.

Oenologue 외놀로그 : 양조학자. 와인에 관한 학문을 연구하는 사람. 포도 재배과정과 양조, 숙성 과정 전반에 걸친 모든 와인을 분석하고 조언하는 와인 과학자.

Oidium 오이디움 : 오이듐균. 작은 균으로 인해 발생하는 포도의 질병으로 회색빛이 돌고 송이가 마른다. 유황으로 치료가 가능하다.

Ouillage 우이야즈 : 오크통 숙성 동안 정기적으로 오크통에 와인을 부어서 항상 가득차도록 해 공기와의 접촉을 피해 산화하는 것을 막는 작업.

Oxydation 옥씨다시옹 : 산화. 공기의 산소가 와인에 작용하여 나타난 결과. 레드와인의 경우 붉은빛을 띤 노란색이 되거나 향이 변질된다.

Pasteurisation 빠스뙤리자시옹 : 저온살균법. 파스퇴르가 개발한 열에 의한 살균 기술.

Perlant 뻬를랑 : 이산화탄소의 작은 기포를 일으키는 와인을 나타낸다.

Pétillant 뻬띠앙 : 톡톡 튀는. 발포성 와인보다는 약한 거품이 있는 와인을 의미한다.

Petit Verdot 쁘띠 베르도 : 보르도 포도 품종으로 포도가 완전히 잘 익었을 경우 진한 색깔, 탄닌성분, 알코올향의 달콤한 맛을 제공해준다. 반대로 이 품종이 잘 익지 않았을 때는 와인이 시고 쌉쌀한 거친 맛을 띄게 된다. 일반적으로 까베르네 소비뇽과 메를로

와 함께 사용되는 품종이다.

Phylloxéra 필록세라 : 필록세라. 1860년과 1880년 사이에 프랑스 포도나무를 갉아먹은 진디. 이 해충으로 인한 벌레먹은 포도나무 뿌리는 거의 죽는다.

Pièce 삐에스 : 228ℓ 또는 216ℓ의 부르고뉴 오크통의 이름.

Pineau d'Aunis 삐노 도니스 : 루아르 지역에서 재배되는 적포도 품종으로 빛깔이 연한 와인을 생산한다.

Pinot Noir 피노누아 : 부르고뉴 레드와인용 품종으로 기후에 민감해 재배하기가 어렵고 생산성이 낮아 경비가 많이 드는 품종이다. 포도알이 작고 즙이 많으며 다른 품종과 혼합되는 경우는 드물다. 부르고뉴 레드와인 이외에 포도즙 색이 투명해 샴페인 양조에도 사용된다.

Pourriture Noble 뿌리뛰르 노블 : 귀부현상. 스위트 화이트와인 생산 지역에서 수확 직전 포도에 생기는 곰팡이 일종인 보트리스균 작용에 의해 포도 껍질에 구멍을 내어 과육을 점차 건조시켜 포도의 당도가 매우 높아지는 현상.

Presse 프레쓰 : 레드와인의 경우, 발효 후 포도 고체 찌기에서 압착을 통해 뽑은 와인.

Pressurage 프레쉬라즈 : 압착. 발효작업을 마친 후에 즙이나 와인을 뽑기 위해 포도의 찌끼를 압착한 작업.

Primeur vin de 뱅 드 프리뫼르 : 햇 와인. 올 해 수확한 포도로 생산된 누보Nouveau와인.

Remontage 르몽타쥬 : 와인 양조 시 색상이나 탄닌 성분을 최대한 추출하기 위해 발효 중인 와인을 발효통 하단의 출구를 통해 뽑아 상단에 다시 펌프질해 다시 부어 넣는 작업.

Remuage 르뮈아즈 : 침전물 제거. 샹파뉴지역 제조 방법으로 병을 움직이게 하여 받침대에 놓여있는 병의 마개쪽으로 침전물을 모으는 작업.

Riesling 리슬링 : 알자스 지방에서 재배되는 청포도 품종으로 매우 특별하고 기품있는 와인을 생산한다. 알코올함량이 낮으며 신 맛이 강하다. 과도 숙성된 포도로는 스위트 와인을 만든다.

Robe 로브 : 색상. 와인의 빛깔과 외관을 묘사하기 위해 사용되는 용어.

Rond 롱 : 둥근. 입안에서 원만한 느낌을 주는 유연하고 감미로우며 벨벳같이 부드러운 와인을 나타낸다.

Salmanazar 쌀마나자르 : 보통 750cl병 12개의 용량을 가진 대용량 병.

Sauvignon Blanc 쏘비뇽 블랑 : 여러 지역에서 재배되는 화이트와인 품종으로 섬세한 와인과 숙성용 와인을 생산한다.

Sec 쌕 : 드라이한. 화이트와인의 경우 당분이 없는 것이 특징. 스파클링 와인 등급의 경우 당분이 많지 않는 드라이한 와인을 의미.

Sémillon 쎄미용 : 보르도 지역에서 많이 재배되는 화이트와인 품종으로 주로 소비뇽과 섞어 사용하고 있으며 특히 최고의 감미 와인으로 평가되는 쏘테른 와인을 만드는데 사

용한 경우 수 십 년간 저장했다가 마실 수 있다.

Sommelier소믈리에 : 레스토랑에서는 와인을 담당하는 책임자로서 와인 구매와 저장, 와인 리스트를 작성을 하며, 고객에게 와인과 음식을 조화시켜 주는 역할을 한다.

Souple수플 : 유연한. 약간의 산미와 떫은 맛이 균형 잡혀 있는 순한 와인을 나타낸다.

Soutirage수띠라즈 : 옮겨넣기. 와인에 나쁜 영향을 끼칠 수 있는 찌끼를 제거하기 위해 와인을 다른 오크통 또는 발효통으로 옮기는 작업.

Stabilisation스따빌리자시옹 : 안정화. 발효 후 와인을 일정 기간동안 안정화시키는 일련의 과정.

Structure스트뤽띠르 : 구조, 와인의 골격과 와인의 전반적인 구성을 의미한다.

Sulfitage쉴피따즈 : 아황산염처리. 질병이나 사고를 예방하거나 효모를 선별하기 위해 포도즙이나 와인에 유황액을 첨가하는 일.

Syrah시라 : 더운 기후인 프랑스 남부 론, 랑그독루씨옹 지역에서 많이 재배되는 적포도 품종. 시라를 사용한 와인은 초기에는 쓴 맛이 많이 나지만 오랫동안 보관해 두었다가 마시면 제 맛이 난다.

Tanin따넹 : 탄닌. 포도송이의 껍질, 씨, 꽃자루등에 있는 유기 성분으로 와인이 장기간 보존될 수 있도록 해 주며 미각적인 특징을 살려 준다.

Terroir떼루와 : 어떤 포도원이 특징지어지는 전반적인 자연적 요소를 의미하며 자연환경, 토질, 방향, 지정학적 조건과 기후 등을 일컫는다.

Tranquille트랑낄 : 발포성이 없는 일반적인 와인을 의미한다.

Ugni-Blanc위니블랑 : 프랑스 중부지방에서 재배되는 화이트와인 품종으로 숙성기간이 짧은 와인을 생산한다. 꼬냑과 브랜디를 생산하는 주 품종

V.D.N.뱅두나뛰렐 : 천연 감미 와인. 사향포도, 그뤼나슈, 마까베오와 그리스산 등 많은 당분이 있는 포도로 생산. 재배법에 관한 엄격한 기준에 부합하는 와인이다.

Végétal베제딸 : 풀이나 식물을 연상시키는 와인 향이나 향기를 표현하는 용어.

Vert베르 : 풋풋한. 산미가 강하여 완성되지 않은 비숙성 와인을 나타낸다.

Vif비프 : 신선하고 약한 와인을 나타내며 신맛이 있으나 지나치지 않아 상쾌한 느낌을 준다.

Village빌라즈 : 마을. 넓은 의미인 원산지명 내의 특별지역을 구분짓기 위해 일부 지역보졸레, 꼬뜨뒤론에서 사용하는 용어.

Vin de Pays뱅드뻬이 : 테이블와인 부류에 속하는 와인이나 라벨에 지역명을 표기할 수 있다.

Vinification비니피까씨옹 : 와인양조. 와인 생산의 전반적인 기술과 방법.

Viognier비오니에 : 론 지역에서 재배되는 화이트와인용 포도품종으로 고품질의 미묘한 느낌의 와인을 생산한다.

참고 문헌

• Charles COCKS, Édouard FÉRET, “Bordeaux Et Ses Vins” 19rd ed, Feret, 2014.
• Collectif, “Le grand Larousse du vin”, Larousse, 2016.
• Franck Ferrand, Dewey Markham “Bordeaux Chateaux: A History of the Grands Crus Classes since 1855” 3rd ed, Flammarion, 2013.
• Hugh Johnson, “The Finest Wines of Bordeaux” University of California Press 2010.
• Hugh Johnson, Jancis Robinson, “The World Atlas of Wine” 7 rd ed, Mitchell Beazley, 2013 .
• Jacques Dupont, “Le guide des vins de Bordeaux”, Grasset, 2011.
• Jancis Robinson, “The Oxford Companion to Wine” Rev.3rd ed, Oxford University Press, 2006 .
• Jane Anson, “Bordeaux Legends” Harry N. Abrams, 2013.
• Jean-Charles Chapuzet, “1855 – Bordeaux – Les grands crus classes”, GLENAT, 2014.
• Jean-Marie LAUGERY, Philippe DUFRENOY “Saint-Emilion”, Feret, 2011.
• Laure Gasparotto, “L'Atlas des vins de France”, OENOLOGIE, 2015.
• Michel Dovaz, “BORDEAUX Terre de Légende”, Assouline, 2014.
• Nicholas Faith, “The WINEMASTERS of BORDEAUX”, Read How You Want, 2013.
• Olivier Bompas, “Les vins de Bordeaux : accords gourmands”, Hachette, 2013.
• OZ Clarke, “Bordeaux: The Wines, The Vineyards, The Winemakers”, Sterling Epicure, 2012 .
• Pascal Ribéreau-Gayon, “Atlas Hachette des Vins de France”, Hachette, 2000.
• Robert Joseph, “Vins de France”, Librairie Gründ, 2000.
• Robert M. Parker, Jr. “GUIDE PARKER VINS DE BORDEAUX”, Solar 2006.
• Sophie Brissaud, “L'Essentiel des vins de Bordeaux”, La Martini?re?, 2014.
• Stephen Brook, “The Complete Bordeaux”, Octopus Publishing, 2007 .
• Steven Kolpan, “Exploring Wine” Rev.3rd ed, Wiley, 2010 .
• Tom Stevenson, “Sotheby's Wine Encycolpedia”, Rev.5rd ed, DK, 2011.

보르도 와인 연합회CIVB ; Conseil interprofessionnel du vin de Bordeaux : www.bordeaux.com
보르도 와인 학술원Académie du Vin de Bordeaux : www.academie.vins-bordeaux.fr
보르도 그랑 크뤼 연합 UGCB ; Union des Grands Crus de Bordeaux : www.ugcb.net
보르도 네고시앙 연합회 UMB ; Union des Maisons de Bordeaux : www.vins-bordeaux-negoce.com

감사의 글

머리말에서 밝혔듯이 필자가 책을 쓰기 위해 자료 수집에 대한 지원과 와인 분야 전문가의 감수 없이 와인 생산에서 유통까지 모든 부분에 걸쳐 이 분야의 전문가로서 글을 쓴다는 것은 쉽지 않은 일이었습니다. 이러한 필자의 부족한 식견과 자료 수집에 실로 많은 분들이 도움을 주셨습니다.

주한 프랑스대사관 경제상무관실, 한국소펙사, CIVB는 물론 국내 와인 분야에서 권위 있는 전문가들의 조언이 있었고, 김형암팀장과 정미영선생님의 꼼꼼한 수정과 교정으로 완성될 수 있었습니다. 또한 이성희교수님과 이내영 사진작가님께서 제공해주신 사진이 더욱 도움이 되었습니다.

그리고 출판을 결정해준 지구문화사의 주민기이사님과 그랑벵코리아 및 와인마케팅경영연구원의 직원들의 도움 없이는 탄생이 어려웠을 것입니다. 끝으로 원고 정리한다는 명분으로 사무실에서 저녁 늦게 귀가함은 물론 거의 주말과 공휴일에 가족과 함께 보낼 수 없게 되어 장선희님과 아들 은우에게 너무 미안함과 함께 고마움을 표합니다.

이 모든 분들께 진심으로 깊은 감사를 드립니다.

사진제공 Photos : HAN Kwan-Kyu

CIVB Conseil Interprofessionnel du Vin de Bordeaux : Phototheque

Château Angélus (A), Château Ausone (A), Château Cheval Blanc (A)

Château Cos-d'Estournel, Château d'Yquem, Château Haut-Brion

Château Haut-Brion, Château Lafite-Rothschild, Château Latour

Château Margaux, Château Mouton Rothschild, Château Pavie (A)

Château Petrus, Chateau Smith Haut Lafitte

Domaine de Chevalier

www.winecns.com에 오시면,
저자가 강의하는 "보르도 그랑크뤼 와인" 과정을
만나실 수 있습니다.

보르도 와인

한관규 글 · 사진

초판 1쇄 인쇄 : 2017. 4. 25.
초판 1쇄 발행 : 2017. 5. 1.

발행처 : **지구문화**
발행인 : 주병오

등록번호 : 제 9-57호
등록일자 : 1979. 7. 13

경기도 파주시 회동길 209 파주출판문화정보산업단지
전화 : (031) 955-7731 팩스 : (031) 955-7731

독자 의견에 항상 귀 기울이고 있습니다.
홈페이지 : www.ji-gu.co.kr
E-mail : jigupub@hanmail.net

*값은 뒤표지에 있습니다.
*잘못된 책은 바꾸어 드립니다.

ISBN 979-89-7006-809-1